초등학교 6학년의
주제독서토의토론글쓰기

꿈샘 문성환(꿈샘17기 22명 친구들)

－현)서울탑동초등학교 교사

▶ 스마트러닝으로 학급운영 날개 달기(퍼플)

▶ 초등학교 6학년의 독서록 100편(퍼플)

▶ 2016 꿈샘17기 친구들의 독서록 71편(퍼플)

▶ 2016 꿈샘17기의 활동 사진집(부크크)

18년 동안의 초등교사 생활 중에 15년을 6학년 담임을 맡고 있으며, '꿈이 샘솟는 교실, 꿈을 심어주는 선생님' 이라는 뜻이 담긴 [꿈샘]이 학급 이름이고, 2017년 현재 꿈샘18기와 함께 생활할 예정이다. 학급 활동 이야기는 아래 누리집에 고스란히 담겨져 있으며, 학급 친구들 모두와 함께 티볼 활동을 하는 등 다양한 학급 운영을 시도하고 있다. 2016학년도에는 학급 아동들 전체가 1인 1책 출간하기 활동을 하였고, 교보문고 인터넷서점을 통해 판매되는 진짜 꼬마 작가가 되었다. 이 책은 2016학년도 꿈샘17기 아이들과 주제독서토의토론글쓰기 활동을 하면서 나온 자료를 모아 책으로 만들어 보았다.

*꿈샘 누리집 http://youcan.new21.net/

초등학교 6학년의 주제독서토의토론글쓰기

초판 1쇄 인쇄 2017년 03월 10일
초판 1쇄 발행 2017년 03월 10일
지은이 꿈샘 문성환(꿈샘17기 22명 친구들)
펴낸이 손 형 국
펴낸곳 해피소드
출판등록 2013. 1. 16(제2013-000004호)
주소 153-786 서울시 금천구 가산디지털 1로 168,
우림라이온스밸리 B동 B113, 114호
홈페이지 www.book.co.kr
전화번호 (02)2026-5777
팩스 (02)2026-5747

ISBN 978-89-98773-20-5 03370

초등학교 6학년의
주제독서토의토론글쓰기

꿈샘 문성환(꿈샘17기 22명 친구들)

행복한 이야기 **해피소드**
HAPPISODE™

들어가며

2000년부터 시작해서 18년 째 초등교사로 생활을 하고 있다. 18년 중에 16년을 6학년 담임을 하면서 체덕지 중심의 교육으로 다양한 도전들을 해 보고 있다.

2002년부터 학급누리집(http://youcan.new21.net)을 운영하면서 아이들이 독서 후에 간단하게 생각을 남길 수 있도록 독서감상록 게시판을 만들었다. 그리고 아침독서 활동도 꾸준하게 진행하고 독서감상록도 꾸준하게 기록해 가면서 2017년 2월 현재 18736권의 독서록이 올라와 있다. 이 독서록을 책으로 엮을 계획은 없었지만, 2016년 한 해, 꿈샘17기부터 1인 1책 만들기 프로젝트를 계획하면서 우연히 교보문고에서 자가 출판을 할 수 있는 방법을 찾았고, 미리 책을 만들어 보기 위해서 탑동초에서 만난 꿈샘11기부터 꿈샘 16기까지 친구들이 올린 독서록 중 다른 6학년 친구들도 읽어봤으면 하는 책을 선정해서 100편의 독서록을 엮었다. 그리고 2016학년도 여름 방학 기간에 꿈샘17기 친구들의 독서감상록 71편을 엮어서 책을 출판하였다.

그리고 2016학년도 1학기에 아이들이 집중한 주제독서토의토론글쓰기 활동에서 나온 아이들의 글을 모아서 주제독서토의토론글쓰기라는 이름으로 책을 만들어 본다. 이러한 결과물을 통해서 주변의 초등학교 선생님들에게 아이들의 독서, 토론, 글쓰기에 대한 다양한 아이디어도 제공하고 아이들의 1년 결과물들이 소실되지 않도록 하려고 한다.

지금은 2016학년도 졸업식을 마치고 2017학년도 꿈샘18기 아이들을 맞이할 준비를 하고 있다. 꿈샘17기 친구들과 만나면서 계획한 1인 1책 만들기 활동이 잘 마무리 되었고, 꿈샘18기 아이들과도 1인 1책 만들기를 진행하려고 한다. 이번에는 아이들의 생각이 더 많이 담긴 책을 만들어 갈 수 있도록 인문고전 읽기에도 도전해 보려고 한다. 그 도전에 대한 약속을 이 책에 남기면서 2016학년도 꿈샘17기의 모든 1년을 마무리 한다.

2017년 2월 27일 꿈샘 문성환

차례

주제독서토의토론글쓰기의 실제

주제1 : 동물

주제2 : 환경

주제3 : 역사적인 사건(6.25 전쟁)

주제독서토의토론글쓰기의 과정

　우리 인생에서 독서는 가보지 못한 길을 가게하고, 생각하지 못한 것을 상상하게 하는 마법과 같은 역할을 한다. 그래서 평생을 독서와 함께 우리의 삶을 더욱 더 풍성하게 만들어 갈 수가 있다. 하물며 지식의 기초 개념이 형성되고, 다양한 친구들과 어울리며 사회성을 기르면서 행동반경을 넓혀가는 초등학교 시기의 아이들에게는 독서가 더욱 더 중요한 역할을 한다.

　독서의 중요성을 알기에 현재 초등학교에서는 다양한 방법을 동원해서 아이들이 책을 접할 수 있도록 묘안을 만들어 내고 있다. 예를 들어, 아침 시간이나 국어 교과 시간 등을 이용해서 아이들이 책을 읽게 하거나, 초등학교 1학년부터 6학년까지 각 학년 아이들이 읽기를 권장하기 위한 '학년별 권장도서'를 20여권 선정해서 해당 학년의 아이들이 꾸준하게 읽을 수 있도록 지도하고 있다. 더 나아가 독후 활동으로 독서감상록을 쓰게 하거나, 교내 행사로 '독서 골든벨' 같은 행사를 열어 책 내용과 관련한 문제를 내고 많은 문제를 맞힌 아이는 시상하기도 한다. 이러한 일련의 활동들은 독서를 통해서 얻을 수 있는 가치가 매우 크기 때문이다. 하지만, 초등학교 아이들은 학년이 올라갈수록 이러한 독서 관련 활동을 별로 좋아하지 않는다.

　초등학교 저학년 아이들은 짧은 분량의 글 수가 적은 그림책을 잘 찾는다. 학급에서 담임교사가 독서 결과표를 붙여 놓고 많이 읽은 아이들을 칭찬해 주기라도 하면, 자신도 칭찬을 받고 싶은 마음에 분량이 매우 짧은 책을 내용을 제대로 살피지도 않은 상태에서 많은 권수를 읽는 데에만 몰두하는 경향을 보인다. 중학년이 되면 여러 친구들과 어울리면서 사회성도 더 길러지고 세계관이 조금 넓어지면서 과학, 역사, 인물 등 다양한 분야의 책을 접하게 된다. 물론 아이들이 접하게 되는 책은 아직도 짧은 줄글의 책이나 이미지화되어 있는 책을 선호한다. 중학년까지는 부모님이나 선생님의 권유, 그리고 비교적 자발적인 태도로 독서를 하곤 하는데, 고학년이 되면 아이들은 독서하기를 많이 꺼린다. 가정에서 부모님이 별도로 지도하지 않거나, 학교에서 담임교사의 독서 지도가 별도로 없을 경우에는 상당 수 아이들이 책을 멀리하게 된다. 더군다나 고학년이 되면 학습량이 많아지고, 사교육에 더 많은 시간을 투자하게 되어서 독서를 할 수 있는 시간도 부족해 보이기도 한다.

요즘은 인문독서가 강조되면서 초등학교 고학년을 중심으로 인문고전이나 고전문학을 접하게 해 보려는 시도를 조금씩 해 가는 부모님이나 교사들이 생겨나고 있다. 책을 통해서 다양한 간접경험과 함께 가치 있는 사고 활동을 통해서 문제해결력을 높일 수 있으며, 다양한 주제로 토의와 토론 활동을 진행해 갈 수도 있다.

요즘은 초등학교 국어수업에서도 조금씩 변화를 보이고 있다. 교과서 속에 일부만 발췌되어 있는 짧막한 글이 아닌, 한 권의 책을 완전하게 읽는 '온책 읽기'를 통해서 다양한 국어적 지식도 습득하고 작가의 생각을 더 깊이 이해할 수 있다. 한 편, 책 속에 담겨 있는 문화를 함께 공유하면서 과거와 현재 그리고 미래를 상상해 볼 수 있는 다양한 생각의 기회를 가질 수 있다.

이렇게 중요한 독서를 초등학교 고학년 아이들도 즐겁고 값지게 해 갈 수 있도록 주제독서를 진행하였다. 주제독서하기는 아이들이 브레인스토밍을 통해서 다양한 주제를 제시한다. 학급 아이들이 제시한 주제 중에 토의를 통해서 독서할 주제를 정하게 된다. 주제가 정해지면 책을 특정하지 않고, 결정된 주제와 관련한 책을 학교 도서관이나 지역 도서관 등에서 빌리게 된다. 해당 주제에 대해서 관심이 더 높은 아이들은 서점을 이용해서 책을 구입하기도 한다. 1주일 동안 아이들은 해당 주제와 관련해서 아침 시간이나 방과 후 집에서 독서활동을 진행하게 된다. 주제만 정했기 때문에 아이들이 읽은 책의 종류는 다양하다. 그리고 주제와 관련해서 아이들이 자발적으로 자신이 읽을 책을 골랐기 때문에 독서를 더 책임감 있게 해 가는 모습이었다.

1주일 동안 독서를 한 후에, 자신이 읽은 책을 통해서 주제와 관련한 토론 주제를 각자가 만들어 내게 된다. 4명으로 구성된 모둠원 친구들과 토의를 통해서 모둠에서 한 가지 토론 주제를 결정한다. 모둠에서 결정된 토론 주제는 모둠별로 칠판에 기록하게 된다. 6개의

[1차 활동-토론 주제 정하기]

모둠이 구성되어 있어서 총 6개의 토론 주제가 만들어지게 되는데, 모둠별로 기록한 토론

주제를 학급 아이들 전체가 꼼꼼하게 읽어 본다. 내용을 읽어 보면서 이해가 되지 않거나 하는 부분은 해당 토론 주제를 제시한 아이들의 보충 설명을 들으면서 이해를 더 깊게 한다. 6개의 토론 주제 중에 아이들에게 가장 선호도가 높은 토론 주제 한 가지를 선정하게 된다.

아이들이 주제와 관련해서 1주일 동안 독서를 했기 때문에, 당일에 결정된 토론 주제와 관련해서 아이들 나름대로 각자 생각할 수 있는 여지는 있다. 그래서 1대1 토론으로 다양

[1차 활동-1대1 토론하기]

한 친구들과 돌아가면서 결정된 토론 주제와 관련해서 다양한 토론을 진행하게 된다. 찬성과 반대의 입장을 꼭 결정하기 보다는 다양한 생각을 다양한 친구들과 의견을 나누면서 다양한 사고 활동을 해 갈 수 있는 시간이 된다. 4~5명의 친구들과 돌아가면서 토론해 가는 과정에 습득되는 지식을 자신의 지식과 연결해 보고 자신의 생각을 더 구체적으로 정립해 갈 수 있는 시간이 된다. 1대1 토론 후에는 컴퓨터실로 이동해서 토론 주제와 관련해서 자신의 생각을 1차로 남기게 된다. 그리고 토론 주제와 관련해서 1주일 동안 책이나 인터넷 자료 등을 통해서 다음 토론 활동을 준비해 간다.

다음 토론 활동 시간에는 본격적인 2대2 토론과 4대4 승부내기 토론을 진행한다. 2대2 토론에서는 한 모둠이 4명이기 때문에 2명씩 짝을 만든다. 그리고 토론 주제에 대해서 찬성의 입장에서 토론하기도 하고, 역할을 바꾸어 반대의 입장에서 토론을 진행한다. 이러한

[2차 활동-2대2 토론하기]

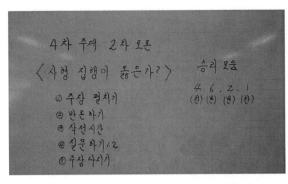

[2차 활동-4대4 승부내기 토론 과정]

과정에서 자신의 생각을 더욱 더 논리적으로 키울 수도 있고, 서로의 생각을 더 존중해 줄 수 있는 '따뜻한 토론'을 만들어 낼 수도 있다.

찬성과 반대의 입장에서 각각 진행된 2대2 토론 후에는 바로 4대4 승부내기 토론을 진행한다. 4대4 승부내기 토론은 총 3개의 모둠이 필요하다. 한 개의 모둠은 찬성의 입장, 한 개의 모둠은 반대의 입장, 그리고 마지막 한 개의 모둠은 판정단과 진행자의 역할을 맡게 된다. 모둠별로 찬성의 입장이 될지, 반대의 입장이 될지 모르기 때문에 아이들은 찬성과 반대의 입장에 대해서 모두 의견을 만들어 오게 되고, 2대2 토론 과정에서 다양한 지식을 습득하고 자신의 생각을 정리해 가기도 한다. 아이들은 찬성과 반대의 입장에 서는 토론자의 역할도 재미있어 하고, 때로는 토론의 승패를 결정하는 판정단의 역할을 더 재미있어했다. 판정단에 의해서 찬성과 반대팀의 승패가 결정되면, 승리한 모둠이 판정단이 되고, 판정단을 한 모둠과 패한 모둠이 다시 4대4 승부내기 토론 2차전을 하게 된다. 이러한 과정을 통해서 각자의 역할에 대한 이해를 더 넓힐 수 있었고, 토론에서 승

[2차 활동-4대4 승부내기 토론]

리만이 답이 아닌, 서로의 입장을 배려해 가는 따뜻한 토론 시간을 만들어 가게 된다. 2대2토론과 4대4 승부내기 토론 후에는 컴퓨터실로 이동해서 지난 1차 글쓰기에 더 많은 생각을 담아서 2차 글쓰기를 진행한다. 글쓰기 후에는 1주일 동안 토론 주제와 관련해서 더 많은 자료를 조사해 보고, 찬성과 반대의 입장 한 가지를 최종 결정해서 마지막 집단 토론을 준비한다.

마지막 3차 집단 토론 시간에는 찬성과 반대의 입장으로 구분해서 약 30분 동안 집중 토론을 해 간다. 집단 토론에서는 찬성과 반대의 수가 한 쪽으로 치우치기도 하고, 비교적

[3차 활동-집단 토론]

균형을 이루기도 한다. 최초에 있던 찬성과 반대의 수에서 최종 결정했을 때 어떤 변화가 생기는지 보는 재미가 있다. 집단 토론이기 때문에 토론 활동을 좋아하는 아이들은 매우 적극적으로 내용 조사도 해오고, 토론 시간에 많은 발언 기회를 가지려고 한다. 그리고 1차 주제보다는 5차 주제로 갈수록 더 많은

아이들이 집단토론에서 발언 기회를 가지는 모습이었다. 4대4 승부내기 토론에서는 작전타임이 있었으나, 집단토론에서는 인원이 많아서 작전 타임을 갖기가 어려워 작전 타임을 빼고, 질문하기를 2번에 걸쳐서 할 수 있도록 진행하였다. 집단 토론을 마무리 하고 컴퓨터실로 이동해서

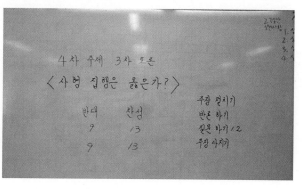

[3차 활동-집단 토론 과정]

마지막 3차 글쓰기로 자신의 글을 다듬으면서 한 가지 주제에 대한 최종 3차까지의 토론

[3차 활동-3차 글쓰기]

활동을 마무리 하였다. 3차까지의 글쓰기가 마무리 되면, 그 자리에서 다시 브레인스토밍을 통해서 다음 주제를 정하게 된다. 이렇게 해서 1학기 동안 동물, 환경, 역사적인 사건, 법, 인터넷의 5가지 주제를 가지고 그에 따른 토론 주제를 세우고, 주제독서토의토론글쓰기라는 새로운 활동을 진행해 보

았다. 다음에 그 활동의 실제 내용인 아이들의 글쓰기 결과가 있다. 한 아이의 1차 글, 2차 글, 3차 글을 동시에 볼 수 있도록 실었다. 그리고 하나의 토론 주제 아래 쓴 3개의 글도 비교해 보고, 1차에서 5차로 갈수록 아이들의 글이 어떻게 변화하는지 알 수 있다. 이

렇게 1학기에 진행한 주제독서토의토론글쓰기를 2학기에는 다양한 책을 아이들이 접할 수 있도록 아이들이 자율적으로 선택한 책을 가지고 자율적인 독서토론 활동을 진행하였다. 그리고 독서토론과 글쓰기 활동을 바탕으로 해서 아이들의 2학기 마무리는 1인 1책 만들기를 진행하였다. 20명의 아이들이 책 만들기를 완료하였고, 아이들의 책은 인터넷 교보문고에서 판매되고 있다.

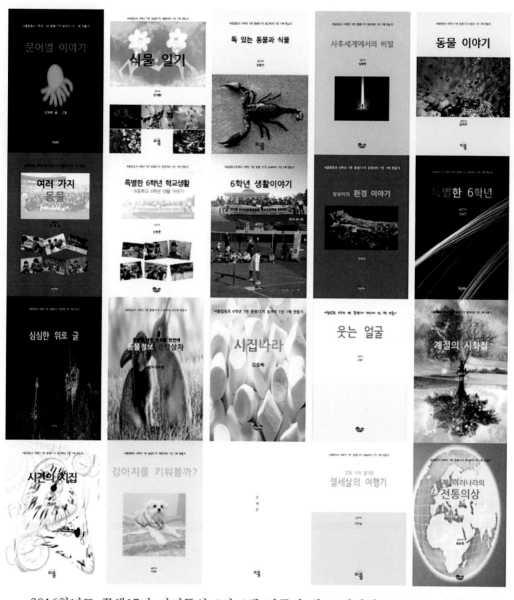

2016학년도 꿈샘17기 아이들의 1인 1책 만들기 완료 인터넷 교보문고 판매 서적

주제독서토의토론글쓰기의 실제

주제 1

동물

토론주제 : 동물을 안락사 시켜도 되는가?

동물을 안락사 시켜도 되는가?

2016.03.04 ~ 2016.03.25

첫 주제로 아이들이 다양한 주제를 제시하였다. 아이들이 제시한 주제 중에 토의를 통해서 '동물'을 첫 활동 주제로 정하게 되었다. 동물과 관련해서 학교 도서관에 가서 다양한 책을 읽고, 집에 있는 책 중에 동물과 관련한 책을 가지고 와서 1주일 동안 읽기로 하였다.

1주일 후에 아이들과 동물과 관련해서 읽은 책을 바탕으로 토론 주제 만들기를 하였다. 토의 활동을 하면서 1차 토론 주제인 '동물을 안락사 시켜도 되는가?'를 학급 토론 주제로 선정하게 되었다.

2차 글쓰기를 하기 전에 학급에서 토론 활동을 진행하였다. 관련한 책과 자료를 읽어보고 준비한 친구들이 여러명 보였다. 적극적인 준비로 토론 활동을 적극적으로 펼치고, 2차 글쓰기 또한 적극적인 모습으로 글을 써 내려가는 친구들이 많았다.

3차 글쓰기는 친구들이 쓴 1차와 2차 글을 읽어보고, 자신의 보완할 점을 보완하고 1주일 간 다시 생각해 본 내용을 바탕으로 최종 찬성과 반대 결정을 하고 3차 글을 남기게 되었다.

- 1차 글쓰기(첫주제 관련 독서와 토론주제 결정 후 바로 쓴 글)-2016.03.11
- 2차 글쓰기(추가 독서와 자료 조사, 토론 진행 후에 쓴 글)-2016.03.18
- 3차 글쓰기(자신의 글과 친구들의 글을 비교한 후, 최종으로 쓴 글)-2016.03.25

글쓴이	강권휘
읽은 책	재미있는 동물 이야기
주요 내용	동물은 사냥을 어떻게 하는지, 동물의 종류는 어떻게 되는지, 동물의 종류는 무엇이 있는지, 각 종류마다 특징은 무엇인가?
내가 정한 토론 주제	1)동물은 암컷이 수컷보다 더 살까? 2)동물은 여자가 가장 역할을 할까? 여자가 할까?
1차 글쓰기	찬성합니다. 왜냐하면 유기견 센터에서도 안락사 시키긴 하지만 어쩔 수

	없다고 생각합니다. 그 동물의 입장을 생각하면 불쌍하고 안타깝긴 하지만 어쩔 수 없는 것 같습니다. 왜냐하면 유기견 보호소에서 수용할 공간이 모자라기 때문입니다. 왜냐하면 다른 유기견들도 있기 때문에 어쩔 수 없다고 생각합니다. 애완동물이 심한 병에 걸렸으면 특히 시켜야 한다고 생각합니다. 왜냐하면 애완동물도 스트레스를 받아서 죽을 수도 있다고 생각하기 때문입니다. 그리고 애완동물은 매일 고통을 받으면서 살 생각을 하면 걱정이 된다고 생각합니다. 어차피 죽는 것 고통스럽지 않게 죽는 게 괜찮다고 생각하기 때문입니다.
읽은 책 또는 자료	유기동물 안락사와 반려동물 등록제의 어두운 면
주요 내용	유기동물 안락사 아직은 불가피 하다고 한다
찬반 결정	찬성
주제토론후 2차 글쓰기	찬성합니다. 대구 동물보호협회에서 근무하는 분의 인터뷰를 보면 안락사 없이 끝까지 키우고 싶은 '마음'이 있지만 개들도 동물이기에 세력이 생기고 힘없는 개는 물리고 다쳐서 고통을 받는 경우가 있다고 합니다. 그리고 처음부터 심하게 사고를 당해서 온 강아지나 전염병 등을 갖고 오거나 노견이 경우가 80%라고 합니다. 그러므로 고통을 줄여주고 더 건강한 많은 강아지를 잘 키우기 위해 어쩔 수 없이 해야 한다고 생각합니다. 아픈 강아지는 다 죽이자 그런 말이 아니라 아직 제대로 갖추어져 있지 않은 보호소인데 무조건 생명이 중요하다고 생각하는 것은 아니라고 생각합니다. 저도 안락사를 최대한 줄이는 것은 찬성합니다. 그리고 개들을 그냥 길가에서 돌아다니게 하면 다른 사람들이 싫어할 수 있기 때문에 어쩔 수 없다고 생각합니다. 왜냐하면 만약에 안락사를 안 시키면 보호소에 들어오지 못하기 때문입니다. 　집에서 키우는 강아지들은 어쩔 수 없이 아프면 해야 한다고 생각 합니다. 왜냐하면 스트레스 받지 언제 죽을까 두렵지 몸이 너무 고통스럽지 그리고 또 그 고민을 말해줄 친구가 없기 때문입니다. 차라리 개들은 그냥 죽는 게 낫다고 생각할 수 있기 때문입니다. 　오늘 토론을 하고 제 생각은 바뀌지 않았습니다. 왜냐하면 채은님이 논리적으로 질문을 하고 자기 의견을 말했기 때문입니다. 오늘 판정단 역할을 해본 결과 어떻게 하면 설득이 될까 알게 되었습니다. 제 이야기를 들어주셔서 감사합니다.
최종 찬반 결정	찬성
최종 3차 글쓰기	저는 안락사 시켜도 되는 것에 대한 찬성입니다. 왜냐하면 대구 동물보호협회에서 근무하는 분의 인터뷰를 보면 안락사 없이 끝까지 키우고 싶

은 '마음'이 있지만 개들도 동물이기에 세력이 생기고 힘없는 개는 물리고 다치는 일도 있다고 합니다. 그리고 처음부터 사고를 당한 개나 전염병을 갖고 오거나 노견인 경우가 80%라고 합니다. 그렇기 때문에 곧 죽을 개보다는 더 오래 살 수 있는 개들을 들여보내는 게 좋다고 생각합니다. 우리나라의 동물보호소는 잘 갖추어져 있지 않습니다. 그렇기 때문에 건강한 개를 키우는 게 좋다고 생각합니다. 안락사하지 않고 키우려면 치료를 해야 하고 치료를 하면 돈이 어마 어마하다고 합니다. 그런데 만약에 가난한 집이면 개를 살리는 것은 옳지 않다고 생각합니다. 왜냐하면 저는 개인적으로 동물의 생명보다 사람의 생명이 훨씬 더 중요하다고 생각하기 때문입니다.

동물을 살리려고 하다가 막 굶고 그럴 바에는 차라리 동물의 희생으로 사람들이 고통을 안 받는 게 중요하다 생각합니다. 부잣집은 물론 이거랑 관련된 상황은 아니지만 개 때문에 전염병에 걸릴 수도 있기 때문입니다. 물론 생명을 돈으로 생각하면 안 되지만 괜히 사람까지 아플 바에는 개가 그냥 편안하게 하늘나라로 가는 것이 좋다고 생각합니다. 그리고 수용 공관에서 얼마나 고통스러울까요. 그렇게 좁은 공관에서 있을 바에는 그냥 안락사를 시켜서 편안하게 가는 것이 좋다고 생각합니다. 그리고 못 움직일 정도로 아프면 그냥 죽고 싶을 것 같습니다. 개들은 하늘나라 가서는 고통 없이 살라고 그냥 안락사를 시키는 것이 좋다고 생각합니다.

질병에 걸려 다른 동물들에게 병을 옮기고 그럴 바에는 안락사를 시켜야 한다고 생각합니다. 특히 집에서 키우는 아픈 동물이 있으면 저는 꼭 시켜야 한다고 생각합니다. 왜냐하면 그게 개한테는 큰 스트레스가 될 수 있기 때문입니다. 사람에 욕심으로 개를 안락사를 시키지 않는 것은 아니라고 생각합니다. 저는 고통스럽게 죽는 것이 제일 힘들 것 같습니다. 저는 마지막 가는 길은 편안하게 생명이 조금 없어지더라도 편안하게 안락사로 죽는 것이 낫다고 생각합니다.

오늘 머릿속에 생각이 잘 안 나고 떨려서 못했지만 다음 토론에는 꼭 발표를 열심히 하고 잘하겠습니다. 이상으로 제 3차 주독토글쓰기를 맞추겠습니다.

글쓴이	권재환
읽은 책	새
주요 내용	새는 우리 눈보다 20배나 더 발달되었다. 여러 새들은 어릴 때 부모가 주는 음식을 먹고 새끼에서 조금 성숙해지면 혼자 생활한다. 새의 뼈는 머리뼈, 날개뼈, 용골돌기, 발가락뼈가 있다.

내가 정한 토론 주제	1)나쁜 새라고 해도 잡아야 하나 2)나쁜새라 해도 우리에게 피해가 되나 3)경제활동으로 인하여 새를 멸종위기로 몰아야 하나?
1차 글쓰기	안락사 허용 국가는 안락사에 대해서 잔인하다고 생각을 안 하고 별거 아니라고 생각했을 텐데 동물의 생각을 알고 안락사를 시키는지? 아니면 동물의 아픈 모습을 보기 싫어 죽이는지 등 여러 가지 생각이 있지만 동물과 입장을 바꿔보세요. 무섭고 두렵고 안하고 도망치고 싶고 등 하지만 우리는 그래도 합니다. 동물은 우리보다 더 고통스럽게 그러다 죽습니다. 저는 그래서 안락사는 우리도 무섭고 동물도 무서우니 하지 않으면 좋겠습니다.
읽은 책 또는 자료	동물을 안락사 시켜도 되는지에 대한 찬성자료
주요 내용	내가 남은 삶은 삶이 아닌 고통스럽게 죽어가는 것 이다.
찬반 결정	찬성
주제토론후 2차 글쓰기	저는 안락사에 대해 찬성합니다. 동물이 죽기 1일전에 고통스럽게 있는데 재미있게 놀아주면 고통스러운 것을 놀 때 봐야 되고 얘기를 하면 정이 들 때 죽으면 더 슬픕니다. 그래서 안락사를 시켜야 한다 생각합니다. 1일 남았는데 그래도 살아야 하나 왜냐하면 고통스럽게 사느니 차라리 안락사가 났다고 생각한다. 안락사 반대야 말로 고문이다. 왜냐하면 고통스럽게 지내는 것만으로도 고문이다. 안락사의 찬성 의견 고통스럽게 죽는 것 보다 상대의 마음 을 헤아려서 안락사를 해야 한다고 생각합니다.
최종 찬반 결정	찬성
최종 3차 글쓰기	'안녕하세요! 저는 안락사의 찬성 의견을 낼 권재환입니다. 저는 안락사 시켜도 된다 생각합니다. 이 이야기를 읽어 보세요. 　어느 한 사람이 강아지를 사왔습니다. 말도 잘 듣고 훈련도 잘 되었습니다. 그래서 주인은 그 강아지를 데리고 산책을 갔습니다. 그런데 집에 오고 나서 강아지가 밥도 안 먹고 끙끙 대며 있기에 병원에 데리고 갔습니다 그런데 의사의 말은 이 강아지의 병은 못 고치겠습니다. 안락사를 하시겠습니까? 하지만 주인은 아니요 라고 했습니다. 의사는 안락사를 하실 거면 다시 오세요. 그리고 그 강아지는 앞으로 1주일 만 더 살 수 있습니다. 그리고 주인은 '1주일 동안 재미있게 놀아주고 좋은 추억을 남겨야지' 그렇게 생각하고 주인은 집으로 돌아가 강아지와 놀려고 하였습니다. 평소 같으면 뛸 강아지가 오늘은 그냥 끙끙대며 가만히 있었습니다. 그래서 주인은 포기하고 강아지한테 먹이를 주었습니다. 하지만 강아지는 천천히 조금만 먹었습니다. 물론 끙끙대면서 말이지요. 그래서 주인은 강

아지와 산책을 나가려고 할 때 계속 끙끙대길래 그냥 나가지 않았습니다. 그래서 강아지를 데리고 병원에 가 그 의사에게 말했습니다. "저 제 강아지 좀 안락사를 시켜주세요." 의사는 "알겠습니다." 하고 강아지를 데리고 갔습니다. 그 주인도 안락사가 되기 전 강아지에게 말했습니다. '잘 가 여태까지 부족한거 많았지? 그래도 마지막은 편안히 보내줄게 다음에도 내 애완동물이 되서 병 걸리지 않고 행복하게 지내자" 하며 보냈습니다.

그래서 저는 안락사를 시키지 않는 게 고문이라 생각합니다. 왜냐하면 자연사 할 때 동안 고통스럽게 있는 것보다는 차라리 안락사를 시키는 게 낫다고 생각합니다.

오늘 집단토론을 할 때 느낌은 반대편 의견도 좋다고 생각하고 다음 토론 때는 자신 있게 발표를 해야겠다.

글쓴이	김민기
읽은 책	곤충의 신비한 생활
주요 내용	곤충은 허물을 벗을수록 더 커진다. 쇠똥구리는 똥을 먹고, 자연의 청소부이기도 하다.
내가 정한 토론 주제	1)곤충이 서로 도우며 사는데 그게 진짜일까? 2)곤충은 진짜로 몸을 보호 할까요? 3)곤충은 진짜로 체온조절을 할까요?
1차 글쓰기	안락사는 자신이 할 수 있는 게 아닙니다. 근데 할 수 있는 사람은 의사입니다. 근데 누군가 어떤 물체를 죽이면 너무 슬픕니다. 마음이 아픕니다. 그래서 안락사는 하면 안 된다는 것입니다. 그래서 안락사를 하는 것은 살인과 똑같고 그래서 조사를 받아야 해요. 그래서 안락사를 하지 맙시다.
읽은 책 또는 자료	안락사
주요 내용	학설 중에는 합리주의 또는 인도주의를 근거하는 게 있다.
찬반 결정	찬성
주제토론후 2차 글쓰기	안락사는 모든 병원에서 가능합니다. 동물은 개인의 재산으로 소유되는데 다니는 병원이 있으면 몸무게를 물어보고 그 약을 물어 보면 되요. 근데 시체를 땅에 묻는 것은 안 됩니다. 근데 그 냄새를 맡고 들고양이가 파헤치면 동네가 더러워집니다. 근데 쉽게 말해 쓰레기봉투에 늦거나 화장을 시켜야 된다. 근데 또 땅에 묻을 경우 비가 올 때 근대 화장비용이 더 비쌉니다. 그래서 반련견이 안락사는 병원에서 해야 되요. 그래서 안락사는 해도 된다. 심판은 찬성을 원할 겁니다.
최종 찬반 결정	찬성

최종 3차 글쓰기	안락사는 모든 병원에서 가능합니다. 동물은 개인의 재산으로 소유되는데 다니는 병원이 있으면 몸무게를 물어보고 그 약을 물어보면 되요. 근데 시체를 땅에 묻는 것은 안 됩니다. 근데 그 냄새를 맡고 들고양이가 파헤치면 동네가 더러워집니다. 근데 쉽게 말해 쓰레기 봉투에 넣거나 화장을 시켜야 된다. 근데 또 땅에 묻을 경우 비가 올 때 화장 비용이 더 비쌉니다. 그래서 반려견의 안락사는 병원에서 해야 돼요. 그래서 안락사는 해도 된다. 동물이 이렇게 하루하루 고통스럽게 사는 거는 너무 끔찍합니다. 근데 안락사를 안하면 비용적 부담이 너무 많습니다. 그리고 동물을 보호하는 센터에는 개들이 너무 많아서 저는 안락사는 시켜도 된다. 그래서 수용공간이 너무 부족해서 안락사는 해도 되고 그리고 동물들이 매일매일 스트레스나 아니면 고통을 받고 있을 것입니다. 그런데 예를 들어봅시다. 그런데 저는 가난한 사람을 고려라도 해서 산소호흡기가 비용이 많이 들고 비쌉니다. 그래서 안락사는 해도 된다고 저는 생각하고 있습니다. 여러분의 생각은 어떤가요? 그런데 이렇게 심한 병을 갖고 오거나 교통사고를 당해서 온 동물은 아주 경제적 심각한 피해를 입습니다. 그래서 안락사는 해도 된다고 생각합니다. 저는 오늘 느낀점은 안락사는 해도 된다는 것입니다.
글쓴이	# 김용근
읽은 책	why? 동물
주요 내용	동물을 공부하면서 동물을 사랑하는 모임도 들어가고 각 나라의 동물을 공부하는 내용이다. 또 동물의 특징을 배우는 내용이다.
내가 정한 토론 주제	1)사람이 함부로 동물을 죽여도 되는가? 2)동물을 책임감 없이 길러도 되는가? 3)독 있는 동물은 해로운 것인가?
1차 글쓰기	내 생각은 안락사를 시켜도 된다 생각한다. 왜냐하면 고통을 줄여주고 싶다. 또 애완동물이 고통스러운 것을 보면 나도 힘들 것 같다. 나는 안락사를 시켜도 그 동물도 고통스러운 것보다는 한 번 아픈 것이 더 좋을 것 같다. 아무리 마음이 아파도 그냥편이 보내주는 것이 좋다 생각한다.
읽은 책 또는 자료	안락사찬성vs안락사반대
주요 내용	안락사의 의견이 들어있다.
찬반 결정	찬성
주제토론후 2차 글쓰기	동물을 안락사 시켜도 된다고 생각한다. 왜냐하면 그 동물의 삶은 삶이 아닌 고통스럽게 죽어 가는 것이다. 그런데도 정말 살아야하는가? 만약 1시간이 있어도 정이 더 들다가 죽으면 안락사 시키는 것에 비해 더욱 마

	음의 큰 상처를 남길 것이다. 그러니 한번 아프고 보내는 것이 행복할 수 있다. 　만약 내가 아끼는 강아지가 죽을병에 걸리면 1일을 남기고 안락사 시킬 것이다. 마음이 아파도 꾹 참고 하늘로 보낼 것이다. 하지만 내가 말하는 것은 죽을병에 걸리지 않은 동물을 안락사 시키지 않을 것이고 죽을병에 걸린 동물을 안락사 시킨다는 것이다. 　만약 온몸에 암세포가 전염이 된 환자는 스스로 할 수 있는 것이 거의 없을 것이다. 숨 쉬기 위해서는 산소마스크를 끼고 영양을 공급받기위해서 튜브를 코에 삽입한 채 간신히 버텨갈 것이다. 실제로 환자의 힘으로 손가락하나 까딱하는 정말 어려운 것이다. 또 그 기계를 제거하면 환자는 죽을 것이다. 그러니 동물을 고통스럽게 죽이지 말고 안락사 시키는 것이 좋을 것 같다. 　2006년에 이탈리아 남성은 대통령에게 안락사를 허락해주라고 한다. 그는 내가 남은 것은 삶이 아닌 고통스럽게 죽어가는 것이다.
최종 찬반 결정	찬성
최종 3차 글쓰기	동물을 안락사 시켜도 된다고 생각한다. 왜냐하면 그 동물의 삶은 삶이 아닌 고통스럽게 죽어가는 것이다. 그런데도 정말 살아야하는가? 만약 1시간이 있어도 정이 더 들다가 죽으면 안락사 시키는 것에 비해 더욱 큰 마음의 상처를 남길 것이다. 그러니 한번 아프고 보내는 것이 행복할 수 있다. 만약 내가 아끼는 강아지가 죽을병에 걸리면 1일을 남기고 안락사 시킬 것이다. 마음이 아파도 꾹 참고 하늘로 보낼 것이다. 하지만 내가 말하는 것은 죽을병에 걸리지 않은 동물을 안락사 시키지 않을 것이고 죽을병에 걸린 동물을 안락사 시킨다는 것이다. 　만약 온몸에 암세포가 전염이 된 환자는 스스로 할 수 있는 것이 거의 없을 것이다. 또 동물은 주인의 소유물이다. 그런데 아프면 자연사 보다 생명을 조금 줄여도 안 아프게 보내고 싶다. 다른 사람이 내가 개가 되어서 생각해보라고 하면 나는 개가 되어 본적이 없어서 생각 못한다고 할 것이다. 동물이 죽을병에 걸려도 자신과 함께 있으면 행복하겠다는 생각을 하면 안 된다. 왜냐하면 동물은 자신이 죽을 것을 알면 안락 사시키는 것이 좋다. 어느 사람들은 동물이 싫어할 수도 있다고 말하지만 그 반대로 안락사 시키는 게 편한 방법일수도 있다. 동물의 생명은 우리가 정하는 것이 아니면 하늘이 내려주는가? 하늘이 죽을병을 주면 그냥 안 아프고 죽으면 더 좋을 것 같다. 또 안락사를 시키지 않으면 동물의 수가 늘어나면 떠돌이동물이 많아지면 그 동물을 보호하는 보호소로 가지만 그자리가 없어지면 남은 동물은 어떻게 되나 그러니 어쩔 수 없이 안락사를

	시켜야 된다고 생각한다. 또 다른 기구를 사용해서 생명을 연장하면 어차피 죽는데 빨리 보내야 된다 생각한다. 또 비용부담이 클 것이다. 동물이 소중해도 비용부담의 걱정도 해야 된다고 생각한다. 또 병이 있는 동물들은 사람들에게 병을 옮길 수 있기 때문이다. 죽을병에 괴로운 동물은 삶이 아닌 고통뿐 일거다. 그러므로 안락사를 시켜도 된다고 생각한다.
글쓴이	# 김준서
읽은 책	판다
주요 내용	판다는 대나무 사냥꾼이라 불림만큼 대나무 속을 갉아먹는다. 새끼가 3살이 되면 어미와 헤어진다. 자기 생활을 해야하기 때문이다.
내가 정한 토론 주제	1)판다의 가죽을 사용하기 위하여 판다를 죽여도 되는가? 2)판다를 막 잡아 동물원에 데려가도 되는가? 3)판다의 먹이 대나무를 막 사용해도 되는가?
1차 글쓰기	하면 안 된다 라기보다는 되도록이면 안락사 시키지 않는다. 병자를 편하게 보내주는 [죽이는] 것이다. 좋게 죽이는 것이다. 내 생각에는 고통스럽지 않게 죽기 때문이고 병에 걸려서 죽이는 것은 나쁘지는 않지만 되도록이면 죽이지 않는 것이 좋다.
읽은 책 또는 자료	안락사 N지식백과
주요 내용	행복하게 시설에서 지낸 동물도 있어서 안락사 시키면 안됀다.
찬반 결정	반대
주제토론후 2차 글쓰기	동물을 안락사를 시켜도 된다는 사람들이 많이 나왔다. 나는 이번 토론을 하면서 이런 저런 의견이 나왔지만 동물을 안락사 시키면 안 된다고 생각한다. 왜냐하면 동물들이 죽고 싶지 않은데 안락사 시키면 동물이 속상하고 얼마나 서럽겠습니까? 그래서 안 되고 시설에서 10일 정도만 봐준다는 걸 더 늘리면 동물을 키워준 사람이 많아 질 것이고 그만큼 안락사가 안 되는 것이라서 저는 안락사 시키면 안 된다고 생각하고시설에서 봐주는 시간 을 늘리면 좋겠습니다.
최종 찬반 결정	찬성
최종 3차 글쓰기	안녕하십니까? 김준서 토론자 입니다. 저는 원래 반대였습니다. 하지만 찬성 측의 의견이 더 맞다고 생각이 들고 더 논리적이고 확실한 주장인 것 같고 마음이 바꿔서 찬성 측으로 오게 되었습니다. 저의 생각은 안락사 시키는 것이 옳다고 생각합니다. 왜냐하면 경제적 여유도 그렇긴 그렇지만 동물들이 아파서 낑낑 돼고 다른 동물이나 사람들에게 피해를 입히고 불편하게 하는 것은 옳지 않고 동물의 생명도 그렇지만 죽고 싶은 동물에게는 도움이라고 생각하고 동물에

게 돈을 많이 쓴다는 것은 좀 아니고 언제 올지 모르는 주인을 힘들고 고생하며 기다리는 것 보다는 생명도 생명이지만 안락사를 시키는 것이 맞고 동물은 사람과 다릅니다. 동물과 사람이 같다면 왜 동물을 돈 주고 사고 팔겠습니까?

동물은 생명이지만 사람과 동물을 비교한다는 것은 좀 아니라고 봅니다. 그리고 동물들의 아픔과 고생을 느끼게 하는 것과 주인이나 분양할 사람을 기다리는 것 그리고 동물 때문에 경제적 비용이 줄어드는 것은 좋은 생각이 아니고 생명을 막 다룬다고 오해하는 분들이 많은데 저는 동물의 아픔을 그냥 지켜보는 것보다는 안락사 시키는 게 맞다고 생각합니다. 저의 의견을 들어주셔서 고맙습니다. 이번토론을 하며 많은 것을 알고 많이 이해하였습니다.

글쓴이	김현민
읽은 책	
주요 내용	거북의 종류, 거북의 생김새, 거북의 탄생부터 산란기까지 과정을 알려준다. 거북은 참거북, 팬케이크 거북, 다이아몬드 거북, 갈라파고스 거북, 땅거북 등이 있고, 생김새는 등딱지, 배딱지, 꼬리, 모리, 다리 2쌍 등이다.
내가 정한 토론 주제	1)거북을 맛있다고 잡아먹어도 되는가? 2)거북이 만약 장수바다거북같이 목,다리,꼬리가 등딱지, 배딱지 속으로 들어가지 않아도 지금같이 개체수가 비슷할까? 3)애완동물과 주인이 갑자기 바뀐다면 사람이 된 애완동물은 동물된 주인을 괴롭힐까? 4)새로 데이트 같은 것을 할까?
1차 글쓰기	안 된다고 생각한다. 버려진 동물들을 그냥 시간 지났다고 죽이는 것은 나쁘지만 나가서 고통스럽게 살다 죽을 것을 아프지 않게 따끔하기만 하게 죽이는 것이고 안락사를 금지하면 특히 아픈 동물들이 고생을 많이 할 것이다.
읽은 책 또는 자료	고마워, 너를 보내줄게
주요 내용	아픈 동물을 계속 살리려 하다보면 비용적 부담이 커진다
찬반 결정	찬성
주제토론후 2차 글쓰기	저는 아직도 계속 찬성 합니다. 왜냐하면 애완동물 중에 가끔 아픈 동물들이 있습니다. 그 아픈 동물을 계속 치료를 하며 생명을 연장시켜서 자연사하게 만들려는 사람들이 있습니다. 그러면 비용적 부담이 커지고 애완동물들도 고통 받습니다. 그 애완동물들은 고통스러워 하지만 생명은 연장됩니다. 하지만 안락사를 시킨다면 생명은 조금 단축시키게 되지만

	애완동물의 고통을 덜어줄 수 있고 비용적 부담을 딜 수 있습니다. 그리고 가끔씩은 동물의 질병에 의해 주인까지 위험해지거나 다른 사람들에게 해를 가하고 심한 짓을 할 때에도 안락사를 시킵니다. 이와 같이 다른 사람들의 안전도 위험해지게 됩니다. 실제로는 사람이 동물보다 더 소중하기 때문에 더 이상의 피해를 막기 위해서는 안락사를 시켜야 합니다. 정말로 자신의 동물을 사랑한다면, 정말로 다른 사람들을 위한다면 주인은 애완동물을 안락사 시킬 권리가 있고 그렇게 할 수 있어야 한다고 생각합니다.
최종 찬반 결정	찬성
최종 3차 글쓰기	저의 최종 결정은 찬성입니다. 역시 동물들은 질병에 의해서 고통스러워합니다. 그래서 고통스러워하는 동물들을 자꾸 치료하려고 하고 그러다보면 질병이 초기증상에서 말기증상으로 심해져가면서 애완동물들은 더욱 고통스러워지고 돈은 점점 더들어가고 이것을 몇 년만 반복하면 거지가 되고 말 것입니다. 만약에 질병에 걸린 애완동물이 난폭하다면 주변 사람들을 물어서 주변 사람들까지 감염될 수 있기 때문에 안락사 시켜야 합니다. 그리고 주변 사람들에게 피해를 주는 애완동물이 있다면 그 동물을 치료를 몇 번이고 시도해도 안 된다면 안락사 시켜야지 더 이상의 피해를 막을 수 있습니다. 그리고 유기동물들을 보호소에 데려가서 아무나 데려가지 않으면 죽이는 것을 반대하는 사람들이 있는데 그건 옳은 일입니다. 계속 유기동물들을 보호소에 놔둔다면 보호소는 아주 많아야 할 것이고 보호소에 동물들은 넘쳐흐를 것입니다. 게다가 그렇게 죽을 때까지 보호소에 가둬둔다면 동물들 상에선 무기징역이나 다름없습니다. 이와 같이 무조건 자연사를 추구하면서 동물들을 계속 살리려 하면 보호소를 짓는데 쓰는 국가의 돈은 엄청나게 많이 들것이고 그러면 세금도 많아질 것이고 안락사를 시키지 않기 때문에 사람들은 비용적 부담이 이미 큰데 세금까지 많아지고 결국 그렇게 되면 나라는 망합니다. 그리고 사람들도 아파서 죽고 싶을 때가 있는데 동물은 말도 못하고 낑낑 앓고 있는데 주인이라는 사람은 편하게 보내주지는 못할망정 계속 치료하면서 고통을 늘려주기만 하고 있으니 애완동물은 이게 무슨 생고생입니까? 동물은 "주인님 저 아프니까 좀 놔주세요"하고 있는데 계속 붙잡고 있으니 얼마나 억울할까요? 그리고 사람도 나쁜 짓을 저지르면 사형을 시킬 때가 있듯이 안락사도 같은 것입니다. 동물들이 막 사람들을 물면서 계속 피해를 주고 가끔씩은 사람을 죽이기도 하는데 이건 사람 같으면 사형을 시킬 수 있는데 막 동물을 심리 치료하겠다고 계속 안될 것을 고집을 피우면 애완동물은 점점 더 심한범죄를

저지르게 된다고 보면 됩니다. 그리고 애완동물은 살고 싶을 수도 있다고 하던데 질병에 걸렸는데, 고통스러워하는데, 계속 살고 싶을 가능성은 거의 없습니다. 물론 그냥 난폭해서 안락사 시키는 건 동물들은 억울할 수 있겠는데 일단 범죄이기 때문에 안락사를 시키는 겁니다. 그렇게 해서 동물을 안락사해도 되는 것이라고 생각합니다.

글쓴이	김희주
읽은 책	산에서 사는 동물
주요 내용	사람은 수컷만 뿔이 난다.
내가 정한 토론 주제	1)책에 나오는 것처럼 동물을 귀엽게 그려도 되나요?
1차 글쓰기	동물을 안락사 해도 된다. 왜냐하면 동물이 아파서 오래 못 살면 안락사를 해줘야 한다. 그래야 동물이 고통 없이 바로 갈 수 있다.
읽은 책 또는 자료	없음
주요 내용	안락사를 시켜도 된다
찬반 결정	찬성
주제토론후 2차 글쓰기	나는 찬성이다. 왜냐하면, 동물을 사랑하면은 고통 없이 바로 보내줘야 한다. 어차피 조금 있으면 죽으니까 안락사를 시켜줘야 한다. 그리고 승욱님의 생각을 들어 봤는데 승욱님 말도 좋은 것 같다. 그리고 심판을 해 봤는데 그냥 그랬다.
최종 찬반 결정	찬성
최종 3차 글쓰기	저는 찬성입니다. 왜냐하면 동물이 고통스러워하니까 안락사를 해야 합니다. 어차피 안락사를 안 시켜줘도 조금 살다가 죽습니다. 안락사를 하면 고통을 덜 받고 죽을 수 있습니다. 개가 병에 걸렸다고 개를 버리는 사람도 있습니다. 그러니까 버려져서 길거리에서 죽는 것 보다는 버리지 말고 안락사를 시켜주는 게 좋습니다. 동물이 죽는 건 슬프지만 고통 없이 바로 갈 수 있으니까 안락사는 좋다고 생각합니다.

글쓴이	박재형
읽은 책	독, 희귀 동식물
주요 내용	이 책은 만화책이지만 잘 들어오고, 재미있었다. 동물 종류 중에 독이 있거나, 희귀하거나 무엇을 먹는 것을 잘 나타내 주었다.
내가 정한 토론 주제	1)독이 있는 동물과 식물은 죽여도 되는가? 2)희귀한 동물을 꼭 지켜야 하는가?
1차 글쓰기	동물이 아프고 힘들고 괴로워하면 안락사를 해도 된다고 생각하지만, 멀쩡하고 안 아프고 건강한 동물을 안락사를 시키는 건 아니라고 생각을 합

	니다. 그것도 길거리에 다니는 개, 고양이 이런 동물들은 동물병원에서 잘 키워줘야 하는 것인데, 동물병원이 아닌 다른 곳에서 불법으로 죽이는 건 원래 안 되지만 더욱더 안 된다고 생각을 합니다. 그래도 최대한 안락사를 안 시켰으면 더 좋겠다고 생각합니다. 그리고 다른 나라는 되지만 적어도 우리나라만 미래에도 안했으면 더 좋겠다고 생각을 합니다.
읽은 책 또는 자료	안락사를 시키면 안 된다.
주요 내용	안락사를 시키지 말아야한다.
찬반 결정	반대
주제토론후 2차 글쓰기	저는 안락사를 시키면 안 된다고 생각합니다. 왜냐하면 사람도 죽을 때는 가족과 같이 있고 싶은 만큼 동물들도 죽을 때 그나마 가족이랑 같이 있으면서 가는 게 더 가족한테도 좋고 동물도 편히 갈 수 있다고 생각을 합니다. 그리고 사람은 안락사를 시키지 못하게 되어 있는데 동물들도 안락사를 시키지 말아야 한다고 생각합니다. 동물도 아프지만 꼭 살고 싶은 마음은 있을 것 같습니다. 저희도 가족이랑은 꼭 있고 싶은 만큼 조금이라도 안락사를 시키지 말고 가족이랑 조금이라도 시간을 보내는 것이 더 동물한테 편할 것 같습니다. 물론 사람들도 동물들이 아픈 것을 보는 것이 사람들도 보기 힘들 것 같습니다. 찬성에도 한번 들어가고 싶었지만 동물을 죽일 순 없을 것 같아서 계속 반대를 하고 싶습니다. 원래 찬성이었는데 자료를 못 가져와서 원준님 한테 자료 좀 달라고 부탁을 했는데 찬성을 할 수가 없었습니다. 찬성팀은 동물이 아픈 것을 보기 힘들다는 것이었지만 그래도 그냥 같이 있었으면 좋겠습니다. 물론 저도 동물이 아픈 것이 너무 보기 힘들고 가엾지만 그래도 갈 때만 이라도 안락사도 편하겠지만, 같이 가족이랑 있는 것도 편할 것 같습니다. 저는 꼭 안락사를 시키지 않았으면 좋겠습니다.
최종 찬반 결정	반대
최종 3차 글쓰기	안녕하세요. 저는 동물을 안락사 시켜도 되는가? 에 반대하는 박재형입니다. 모든 얘기를 들어도 안락사를 시키면 안 된다고 생각을 합니다. 왜냐하면 1년에 안락사를 시키는 유기견은 37만마리라고 합니다. 동물이 못고치는 병이 있어도 동물도 괴롭고 지켜보는 주인도 힘들겠지만 죽을 때 혼자 안락사를 죽는 것 보다는 같이 가족들과 함께 있다가 죽는 게 여한이 없을 듯합니다. 사람도 사람이 아프고 괴로워하는 것을 보고 싶은 게 아니라 그래도 가족이랑 같이 있는 게 그래도 기분이 좋을 것 같습니다.

처음에 비용이 크다면 왜 처음부터 동물을 키우지 말지 왜 안락사를 시켜서 죽는 것일지 잘 모르겠습니다. 저의 생각으로는 안락사를 시키는 것은 처음 키울 때 비용을 생각하지 않고, 처음부터 동물을 안 좋아 한 것처럼 생각합니다. 거의 반대랑 찬성이 반 반이었는데 찬성들이 더 많아졌습니다. 그리고 토론할 때 2명이 갔지만 그래도 안락사를 시키면 안 된다고 생각합니다. 그리고 동물이 안 아프고 그냥 가는 것도 좋은 선택이라고 생각이지만, 동물도 생명이 있으니까 안락사를 시키면 안 된다고 생각합니다. 그리고 동물들은 아무것도 모른 채 그냥 바로 가는데 동물이 싫다고 짖으면서 의사표현을 하는데도 사람들은 그냥 억지로 바로 주사를 놓아 버립니다. 그래서 안 된다고 생각합니다.

그리고 계속 해서 안락사를 시키고 시키다가 온 나라가 동물 시체로 찰수가 있습니다. 정말 고통스럽고 힘든 동물들은 안락사를 시켜도 된다고 생각합니다. 근데 사람들은 애가 아프고 괴로운 것도 잘 모르고 안락사를 시키는 사람들이 많습니다. 그리고 동물들도 저희와 같이 생명과 권리가 있듯이 비록 말은 못해도 안락사를 막 시키지 않았으면 하는 생각입니다. 그리고 아까 토론할 때 찬성팀의 의견이 좋긴 좋았지만 그래도 찬성은 할 수가 없었습니다. 저는 동물을 안락사 시켜도 되는가의 반대를 합니다.

글쓴이	신원준
읽은 책	why? 동물
주요 내용	여러 종류의 동물을 많이 소개해 주고 동물의 먹이, 습성, 특징, 먹이, 사는 곳을 많이 알 수 있다.
내가 정한 토론 주제	1)고릴라는 가슴을 쳐도 안 아플까? 2)낙타는 사람이 타는 게 좋을까?
1차 글쓰기	안녕하세요. 저는 신원준입니다. '동물을 안락사 시켜도 되는가?' 에 대한 제 생각은 안 된다는 생각입니다. 왜냐하면 동물을 어떻게 무슨 방법으로 죽이든 어차피 죽는 거는 똑같습니다. 안락사는 안 아프게 죽이는 것입니다. 근데 동물은 안 아프게 죽는 것도 싫어할 수 있습니다. 동물의 입장도 생각 했으면 합니다. 물론 병에 걸리면서 사는 것보다 안 아프게 죽는 것이 더 나을 수 있습니다.(사람생각으로는) 그런데 동물은 그것이 싫을 수도 있습니다. 그러니 저는 동물의 입장을 생각하여 안락사는 안 된다고 생각합니다. 지금까지 저의 이야기를 읽어주어 감사합니다.
읽은 책 또는 자료	안락사
주요 내용	안락사 시켜도되는가에대한 찬/반
찬반 결정	반대

주제토론후 2차 글쓰기	안녕하세요? 저는 신원준입니다. 저는 안락사를 시키면 안 된다고 생각합니다. 왜냐하면 동물을 안락사 시키면 동물은 너무 안쓰럽습니다. 그리고 사람은 안락사를 시키면 싫다고 말을 할 수 있지만 동물들은 아무 것도 모릅니다. 그냥 사람의 마음대로 하는 것은 정말 큰 죄인 거 같습니다. 사람은 그게 좋은 방법일수도 있겠다는 생각을 할 수도 있지만 동물들은 그것이 큰 두려움과 큰 공포로 다가올 수 있습니다. 　동물은 사람의 장난감과 놀이기구가 아닙니다. 막 사람의 마음대로 죽이고 유기하고 괴롭히면 안 된다고 생각합니다. 동물 한 마리 한 마리가 굉장히 소중한 생명입니다. 그러니 단지 아프다고, 주인이 없다고 안락사를 시키면 굉장히 안 좋은 행동입니다. 　동물도 사람과 똑같은 소중한 생명입니다. 그러니 동물한테 안락사를 시키는 행동은 사람한테 하는 거와 똑같은 행동입니다. 사람에게 동물들을 마음대로 죽일 수 있는 권리는 없습니다. 저는 동물들 안락사 시키는 것을 반대합니다.
최종 찬반 결정	반대
최종 3차 글쓰기	저는 동물을 안락사 시켜도 되는가? 에 대한 저의 생각은 안 된다(반대) 라고 생각합니다. 왜냐하면 동물들을 사람 마음대로 동물의 생명을 앗아가는 것은 정말 해서는 안 될 짓입니다. 동물들은 얼마나 무섭고　힘들겠습니까? 동물을 안락사 시키는 것은 살해와 갔다고 생각합니다. 왜냐하면 안락사 시키는 것도 죽이는 것입니다. 살해도 죽이는 것이고. 그러니 다 똑같이 죽이는 것이기 때문에 나쁜 짓이라 생각합니다. 　동물들도 사람과 똑같은 생명이고, 이 세상에 하나밖에 없는 존재입니다. 우리가 정말 동물을 사랑하고, 좋아한다면 안락사를 시키면 안 된다고 생각합니다. 동물들도 주인을 믿고 사랑하는데 그런 애들을 안락사를 시켜 죽이는 것은 절대 해서는 안 됩니다. 동물들은 아무리 아프거나 주인이 찾아오지 않아도 더 살고 싶어 할 수도 있습니다. 그런 아이들을 사람의 마음대로 아이들의 의견을 묻지도 않고 죽이는 것은 안 좋은 행동입니다. 사람과 같이 소통도 하고 같이 사는 동물을 죽이는 것은 아니라고 봅니다. 그리고 동물을 이왕 구매를 했으면 끝까지 키우고 돌봐야 됩니다. 　한번 입장을 바꾸어 보면 동물들은 그동안 사람에게 당한 것을 똑같이 행동할 것이고 동물들이 사람에게 안락사를 시킬 수 있습니다. 절대 그럴 일이 없겠지만 그렇게 생각을 해보면 절대 시키면 안 됩니다. 그리고 우리나라 법에서 사람은 안락사를 시키면 안 되고 동물은 된다. 이거는 매우 불공평합니다. 동물들이 만약 이 사실을 알고 있다면 굉장히 심한 차별을 당한다고 생각해서 정말 싫어 할 것입니다. 우리도 차별을 싫어하면

서 동물에게도 차별이 없어야 합니다. 그리고 어차피 좀 살다가 죽을 것인데 왜 아프다는 이유와 주인이 없다는 이유만으로 동물의 인생을 파괴하고 왜 생명을 단축시켜 죽입니까? 이런 행동을 하면 절대 안 되고 큰일 날 행동입니다. 동물들도 그 주사 바늘과 안락사를 당하는 장소 그런 것을 다 알고 있을 수도 있습니다. 그러니 안락사를 당할 때 동물들은 공포와 두려움을 분명히 느낄 것입니다. 그러니 저는 안락사를 동물에게 시키는 것은 반대하고 싫어합니다. 동물들이 너무 불쌍하고 안쓰럽습니다. 그러니 저는 반대합니다.

오늘 집단 토론을 하면서 매우 재밌었습니다. 친구들의 의견을 듣고 말하며 토론의 재미를 느꼈습니다. 나중에는 토론을 더 잘하고 싶다.

글쓴이	양승욱
읽은 책	대단한 동물 이야기
주요 내용	여러 가지 동물에 대해 사는 곳과 특징, 생김새가 나와서 동물을 잘 알 수 있었다.
내가 정한 토론 주제	1)동물을 학대해도 되는가? 2)동물을 힘들게 가르쳐도 되는가? 3)동물도 남녀차별을 하는가?
1차 글쓰기	저는 양승욱입니다. 오늘 주제는 동물을 안락사 시켜도 되나 입니다. 저의 생각은 동물을 안락사 시키면 안 된다고 생각합니다. 왜냐하면 동물도 사람과 같이 생명이고 사람한테 안락사를 하면 안 되는 것처럼 동물도 안락사를 시키면 안 됩니다. 그리고 생명은 어차피 다 태어나서 인생을 살면 죽게 되는 것입니다. 그래서 꼭 동물한테 안락사를 시키는 건 생명을 죽이는 행위와 같은 것입니다. 동물의 생각과 마음도 헤아려 주었으면 합니다. 사람도 생각을 하듯이 동물도 생각을 하기 때문입니다. 만약 사람을 안락사하면 어떻겠습니까? 동물도 최선을 다해 살고 싶을 겁니다. 그러기에 동물을 치료나 다정다감하게 대해주었으면 합니다. 동물과 사람은 똑같은 생명이고 다를 게 없다는 걸 알아주셨으면 합니다. 지금까지 동물을 안락사 시켜도 되나요에 제 생각이었습니다. 감사합니다.
읽은 책 또는 자료	안락사의 관한 나의 생각
주요 내용	동물을 안락사 시켜도 되나?
찬반 결정	반대
주제토론후 2차 글쓰기	저는 동물을 안락사 시키면 안 된다고 생각합니다. 왜냐하면 동물을 안락사 시키는 법은 있고 사람은 안락사 시키는 법이 없으면 불공평 합니다. 그리고 동물은 더 살고 싶은 생각이 있을 수도 있는데 안락사를 시키

	면 안 됩니다. 강아지 입장에서 마음을 헤아려 주어야 된다고 생각합니다. 만약 사람을 안락사 시키면 어떻습니까? 동물도 살고 싶을 겁니다. 또 동물을 안락사 시키면 살인이라고 생각합니다. 사람과 동물은 똑같은 생명입니다. 제가 직접 동물을 안락사 시켜도 되나에 대해 찬성, 반대를 나누어 토론을 해 보았는데 저는 반대지만 찬성의 입장에서 얘기를 들어보니 설득력은 있었지만 제 생각은 동물의 생각을 알 수 는 없지만 저는 공감 할 수는 있다고 생각합니다. 사실 우리 모두 동물의 생각은 이해 못 합니다. 비록 상대방의 생각을 완전히 설득 시키진 못했지만 제 생각은 이해해 주었으면 합니다. 토론을 하는 동안 서로의 생각도 들어보면서 하니까 더 이해가 쉬운 것 같습니다.
최종 찬반 결정	반대
최종 3차 글쓰기	저는 양승욱입니다. 이글은 동물의 안락사에 대한 것인데 저는 반대합니다. 동물도 사람과 다를 게 없는 생명이고 사람이 동물을 소유권처럼 갖고 안락사를 시킨다면 동물은 정말 억울할 것입니다. 그리고 이 행위는 엄마가 아들의 목숨을 앗아가는 행동과 똑같다고 보고 생명은 오직 누구도 판단 할 수 없는 존재이기 때문에 더욱 더 안락사를 시키면 안 됩니다. 거기에다가 동물은 안락사 시키는 법이 있고 사람은 안락사 시키는 법이 없으면 불공평합니다. 강아지는 아파도 더 살고 싶은 마음이 있기 때문이고 만약 사람이 개가 되고 개가 사람이 되어서 유기견을 수용할 공간이 부족해 안락사를 당한다면 정말 무섭고 겁이 날 것이고 1년에 안락사를 당하는 개가 평균38만 마리라는데 너무 많은 것 같습니다. 동물이 병에 걸렸다 해도 동물은 주인과 이별을 하고 싶지만은 않을 겁니다. 사람도 동물도 다를 바 없는 생명이라고 생각하고 이러하기 때문에 사람은 동물을 더 잘 보살펴 주어야 한다고 생각됩니다. 그리고 사람이 유기견처럼 가족을 잃어버린다면 사람은 안락사 시키는 법이 없어 가족을 찾아주지만 유기견은 안락사 시키는 법이 있어 죽는 건 인생이 짧고 허무합니다. 이렇기 때문에 동물을 안락사 시키는 법을 금지 시켜야 한다고 생각합니다. 그리고 유기견을 분양해서 1년에 안락사를 당하는 동물의 숫자를 더 줄일 수 있다고 생각합니다. 보호소에 간 동물이 나라고 생각해 보세요 얼마나 억울하고 슬플 것 같습니다. 동물을 안락사 안 시키는 법이 안 생긴다고 해도 유기견을 최대한 더 돌봐주었으면 한다고 생각합니다. 동물을 안락사를 시킨다고 해도 동물을 안락사 안시는 방법을 생각을 해보는 것도 좋다고 생각합니다.

동물이 아파 안락사를 당하면 더 편하게 죽는다고 생각 할 수 도 있는데 저는 아니라고 생각합니다. 더 주인과 같이 있는 게 동물은 좋을 겁니다. 또 동물은 아무 것도 모르고 안락사를 하면 서러울 것 같습니다. 동물을 안락사를 시키면 편하게 죽을 수 있지만 동물한테는 그게 공포로 다가 올 것 같습니다. 혹시나 큰 병에 걸렸다 해도 치료를 해주면 좋을 것 같습니다. 그리고 동물은 안락사 시키면 그것은 좋은 방법만은 아니라고 생각합니다. 안락사는 안 시켰으면 좋겠다고 생각합니다.

토론을 해보았는데 친구들의 설득력을 보고 놀랐고 저도 좀 더 성장한 것 같습니다. 동물은 안락사는 시키지 않았으면 합니다.

글쓴이	유창성
읽은 책	마당을 나온 암닭
주요 내용	잎싹이 마당을 나와서 일어난 많은 이야기들과 기적들에 관한 내용
내가 정한 토론 주제	1)잎싹이 마당에 나오고 마당까지 떠났는데 그것이 가능한 것인가? 2)나그네가 족제비에게 죽어준 것이 잘한 것인가?
1차 글쓰기	안녕하세요? 저는 안락사를 시켜도 되는가? 라는 토론주제에 반대합니다. 왜냐하면 아무리 가망이 없어도 안락사를 시키는 것은 너무 불쌍하기 때문입니다. 또 불쌍한 것을 떠나서 안락사를 하면 생명에 무감각 해질 수도 있습니다. 물론 고통스럽게 천천히 죽어가는 것 보다는 안락사 시키는 것이 나을 수도 있으나 그래도 안락사를 시킬 때 당시에는 고통스럽고 마음도 아플 것입니다. 또한 아프다고 해서 죽이면 치료할 가망이 사라지게 되고 아무리 현재에 안 된다고 해서 지금 죽이면 나중에 고칠 수 있는 가능성이 생길수도 있는데 죽이는 것이기 때문에 살생과 똑같은 것이기 때문이다.
읽은 책 또는 자료	안락사를 합법해야하는가
주요 내용	동물 안락사를 해도 되는가
찬반 결정	반대
주제토론후 2차 글쓰기	저는 동물 안락사를 해도 되는가의 대해서 안된다고 생각합니다. 동물을 안락사 시키는 경우는 크게 2가지가 있는데 일단은 유기견과 불치병에 걸린 동물입니다. 일단 오늘 나는 유기견에 대해서만 집중적으로 토론을 했는데 이 토론에서 나는 정말 찬성이 정답인걸까? 라는 생각도 하였다. 일단 내가 반대인 이유는 수이다. 1년에 안락사를 시키는 유기견이 평균 37만 마리가 넘고 반올림을 하면 38만 마리가 되기 때문이다. 나는 이 자료를 보고 안락사를 시키는 동물의 수가 이렇게 많은 이유는 안락사가 합법이여서라는 결

	론을 내었다. 즉 안락사가 합법이니까 불필요한 동물들까지 안락사 시키는 것이라고 생각했다. 비록 다른 주장은 완전하지 못한 주장이나 그래도 이것은 분명하다고 생각했다. 　물론 그때처럼 완벽한 반대는 아니다. 확실히 스트레스나 다른 문제들이 있다고 생각한다. 하지만 나는 그런 것들이 점점 나아지면 되고 동물이 안락사를 당하고 싶은지도 모르는데 그것을 우리가 우리 생각만으로 안락사를 시키는 것은 동물이 정말 좋아할지도 모르는데 그런 이유로 안락사를 시키는 것은 약간 억지도 있는 것 같고 살생인 것 같기도 하다. 또 동물을 처리하기 귀찮아서 하는 것이기도 한다.(안락사 시키는 사람들) 　즉 나는 안락사를 당하는 동물이 너무 많고 우리 마음대로 동물을 죽이는 것은 그냥　의미가 적은 살생인 것 같다.
최종 찬반 결정	반대
최종 3차 글쓰기	저는 동물을 안락사 시키면 안 된다고 생각합니다. 왜냐하면 동물들은 사람들이 소유물처럼 여기고 스스롤 안락사 당하고 지 싶지 않을 수도 있는데 자신이 죽고 사는 문제조차도 사람들이 결정해서 죽이면 그것은 정말 나쁜 행동인 것 같기 때문입니다.　또한 1년마다 동물들은 평균 삼십 칠만 마리나 안락사를 당합니다. 하지만 그것이 정말 할 수 없이 안락사 시키는 동물들의 수를 최소화 시켜서 나온 수일까요?? 저는 그것이 아니라고 생각합니다. 제가 아는 바로는 유기견들은 동물 보호소에서 십일에서 십오일 안에 죽인다고 합니다. 하지만 십일 정도밖에 시간을 주지 않고서 '찾아오는 주인이 안 온다, 입양되는 강아지들이 극히 소수이다'등 이러한 소리를 하는 것은 약간 무리가 있다고 생각합니다. 　이렇게 덜 기다려 주는 것은 제 생각에 현행법상 안락사가 합법이고 아픈 동물이나 유기견들을 주인들이 마음대로 안락사를 시킬 수 있기 때문에 일어난 문제라고 생각합니다. 즉 안락사가 합법이 되니까 잘하면 새 주인이 오거나 살 수 있는 동물마저 죽이는 것이 합법으로 만들어주는 법, 그리고 사람들이 동물의 생명을 하찮게 여기게 된 아주 나쁜 법인 것 같습니다. 만약 이 법이 없었다면 적어도 삼십 칠만 마리의 안락사를 당하는 불쌍한 동물들을 적어도 몇만 마리라도 죽일 수 있다고 생각하고 점점 방법이 생겨나서 점점 지속적으로 안락사를 당하는 동물들을 줄일 수 있었다고 생각하는 면이 약간은 있습니다. 물론 이러한 생각은 저의 망상일수도 있습니다. 저도 그러한 사실들을 알고 있습니다. 　그러한데도 제가 안락사를 1차글쓰기, 2차글쓰기, 그리고 지금 내가 쓰고 있는 제3차 글쓰기에서도 내가 이렇게 안락사를 반대하고 있는 이유는 아무래도 저의 성향인 것 같습니다. 저는 일단 비교적으로 생명을 아주

	소중히 여기고 그것이 옳다는 생각을 합니다. 안락사 같은 문제는 제 생각에 논리적인 문제보다는 사람들의 가치관에 따라 의견이 오고가는 문제인 것 같습니다. 그래서 저는 찬성도 옳다고 생각합니다. 하지만 죽어가는 동물들은 불쌍한 것 같습니다. 이러한 이유로 저는 안락사에 반대합니다.
글쓴이	**정승진**
읽은 책	동물도 이야기해요
주요 내용	동물은 사는 지역에 따라 같은 동물이라도 우리나라의 사투리처럼 말이 다르다. 그리고 동물마다 초음파 행동, 소리를 내어 말한다.
내가 정한 토론 주제	1)동물들은 나이가 많은 동물에게 예의를 지켜 말할까? 2)동물들은 사람들을 높게 평가할까?
1차 글쓰기	저는 동물을 안락사 시키면 안 된다고 생각합니다. 왜냐하면 동물도 살아있는 생명인데 안락사 시킨다면 살인과 같다고 생각합니다. 그리고 사람을 안락사 시킬 때는 그 사람의 동의가 필요하지만 동물은 그 동물의 동의를 받지 못하기 때문에 그 동물을 진심으로 사랑한다면, 그 동물을 생각해줄 수 있다면 안락사 시키는 것은 좋지 않은 행동이라고 생각합니다. 물론 그 동물을 사랑한다고 편히 죽어가라고 안락사를 시키지만 그 동물은 자신이 살고 싶어 할 수도 있기에 안락사를 시키는 주인은 그 동물의 마음을 진심으로 이해해주지 못하는 주인이라고 생각합니다. 그리고 또 입장을 바꿔서 생각하면 자신이 살고 싶은데 애기하지 못하고 죽는다면 너무 원망스러울 거 같습니다. 그러니 동물의 입장을 진심으로 생각하고 이해해주는 주인 이라면 안락사 시키는 것은 옳지 않다고 생각합니다.
읽은 책 또는 자료	안락사에대한 자료
주요 내용	요즘 개나 고양이가 있는 시설에서 넘쳐나 안락사를 시키고 있다.
찬반 결정	찬성
주제토론후 2차 글쓰기	저는 안락사를 시켜도 된다고 생각합니다. 저는 원래 안락사를 하면 안 된다고 생각했지만 고민 고민 해보니 안락사를 해도 된다고 생각합니다. 제가 자료를 찾아본 결과 안락사를 시키면 좋은 점이 많다고 생각합니다. 1.요즘 들어 개나 고양이들이 많이 떠돌아다니는 데 그 아이들을 돌봐줄 시설들에 개나 고양이들이 넘쳐나 안락사를 많이 시킨다고 합니다. 2.개나 고양이를 안락사 시키지 않으면 비용적 부담이 많이 든다고 합니다. 3.안락사를 시킬 경우에는 개나 고양이가 편히 갈 수 있기 때문에 안락

	사를 시켜는 것이 좋다고 생각합니다.
	다른 의견을 들었는데 이런 의견을 들었습니다. 비용적 부담은 봉사를 하는 단체나 광고를 넣어 비용적 부담을 줄여 안락사를 시키지 말자는 의견을 들었는데 충분히 가능한 의견이었지만 비용적 부담을 덜어내도 동물이 고통스러워 한다는 등 여러 가지 문제점이 있기 때문에 저의 최종적 종합의견은 안락사를 시켜도 된다고 생각합니다.
최종 찬반 결정	찬성
최종 3차 글쓰기	저는 안락사를 시켜도 된다고 생각합니다. 저는 원래 안락사를 하면 안된다고 생각하지만 고민 고민 해보니 안락사를 해도 된다고 생각합니다. 제가 자료를 찾아본 결과 안락사를 시키면 좋은 점이 많다고 생각합니다. 첫째, 요즘 들어 개나 고양이들이 많이 떠돌아다니는 데 그 아이들을 돌봐 줄 시설들에 개나 고양이들이 넘쳐나 안락사를 많이 시킨다고 합니다. 둘째, 개나 고양이를 안락사 시키지 않으면 비용적 부담이 많이 든다고 합니다. 셋째, 안락사를 시킬 경우에는 개나 고양이가 편히 갈 수 있기 때문에 안락사를 시켜는 것이 좋다고 생각합니다. 다른 의견을 들었는데 이런 의견을 들었습니다. 비용적 부담은 봉사를 하는 단체나 광고를 넣어 비용적 부담을 줄여 안락사를 시키지 말자는 의견을 들었는데 충분히 가능한 의견이었지만 비용적 부담을 덜어내도 동물이 고통스러워 한다는 등 여러 가지 문제점이 있고 38만마리 정도가 있다는 것을 들었는데 그 말을 듣고 마음은 아팠다 하지만 38만마리가 계속 보호 된다면 계속 들어오는 병든 반려동물들을 치료 해줄 수 없는 것을 생각하니 그건 좀 아니다 라고 생각해서 이 의견에 대한 나의 생각은 정말 살 수 있는 지에 대한 가능성을 일일이 따져보고 그에 대한 안락사를 시키는 것이 맞다고 생각합니다. 그리고 다른님이 계속 반려 동물과 주인이 바뀌어서 안락사를 시키면 어떨 것 같냐고 해서 나라면 약간의 상처는 있을 것 같지만 주인이 나를 안락사 시켜주는 것이 상처 받는 게 고통 받는 것보다 더 편할 것 같았다. 그리고 또 다른 의견 중에서 동물을 개인소유물로 생각해서 안락사를 시키다면 차라리 개인이 소유를 하지 않았으면 어떨까에 대한 의견이 있었는데 나라면 개인 소유로도 생각하지 않고 반려동물을 정말 친한 친구라고 생각하여 그 친구를 위하는 거라고 생각한다면 좋을 것 같다는 생각을 가지고 있다. 그리고 정말 그 동물을 친구도 아닌 가족으로 생각 한다면, 떠나가면 정말 슬플 것 같은 생각이 든다면 정말 마음이 찢어질 것 같지만 그 가족을 위해, 정말 친한 친구를 위해 나라면 아프지 않게 편하게 갈수 있도록 안락사를 시 키는 것이 좋을 것 같다.

글쓴이	김가영
읽은 책	패딩턴3, 패딩턴4, 늑대아이
주요 내용	늑대를 인간병기로 만들기 위한 실험으로 '늑대아이'가 탄생한다. 인간 순이와 늑대아이 철수가 알아가는 인성이야기
내가 정한 토론 주제	1)동물을 가지고 실험을 해도 되는가? 2)소, 닭, 돼지를 먹기 위해서 동물들을 죽여도 되는가? 3)사람들은 애완동물을 기르다가 버리는데 애완동물을 길러도 되는가?
1차 글쓰기	동물을안락사시키는것에대해서찬성하십니까?라고물어보고싶습니다. '동물을 안락사 시키는 것은 너무 잔인하지 않나?'라고 생각하시는 분들이 대부분이실 겁니다. 하지만 저는 그렇게 생각하지 않습니다. 왜냐하면 동물들이 아파서 더는 다시 살릴 수 없을 때는 동물을 살려두어서 아프고, 고통스럽게 살려두는 것보다는 아프지 않게 편안히 보내 주어야 한다고 생각합니다. 사람과 동물을 비교하는 것에는 문제들이 있지만 애완동물과 사람에게 비슷한 점이 있다면 애완동물과 사람은 둘 다 고통스럽다는 것입니다. 자신이 사랑하는 애완동물이므로 고통 속으로 내몰기보다는 편안하게 고통 없이 보내주는 것이 낫다고 생각합니다.
읽은 책 또는 자료	우리는 혼자가 아니다
주요 내용	시력을 잃은 고양이가 분양받아서 사는일상이야기
찬반 결정	찬성
주제토론후 2차 글쓰기	동물의 안락사 시켜도 된다에 저는 찬성합니다. 왜냐하면 길고양이, 유기견들은 유기견 보호소에 있다가 3일후에 안락사를 시킵니다. 유기견을 버리는 이유는 대부분 장애가 생기거나 치매 치료 가능성이 별로 없는 강아지나 고양이들을 버리곤 합니다. 그런 강아지나 고양이들은 주인이 버리기 전에 주인이 동물을 한 번 더 생각해서 길거리에 버리지 않고 동물들을 안락사 시킨다면 질병으로 고통 받는 강아지나 고양이는 조금 더 행복하게 하늘로 갈 수 있습니다. 제가 읽은 '우리는 혼자가 아니다'라는 책에서는 시력을 잃은 고양이가 젊은 커플들에게 발견 됩니다. 하지만 이 고양이가 발견 되지 않았다면 이고양이는 차에 치이거나 다른 길고양이들에게 비극적인 죽음을 맞이할 수도 있습니다. 하지만 이고양이를 버리기 전에 주인이 한 번 더 생각해서 안락사를 시켰더라면 고양이는 시력을 잃어도 주인 옆에서 행복하게 죽을 수 있습니다. 안락사는 살인이 아니라 동물들을 살려주는 행복의 주사가 될 수 있습니다. 오늘 토론을 하면서 저는 심판역할을 맡았습니다. 모둠원들의 이야기를

	들어보면서 저의 의견의 잘못된 점을 찾을 수도 있었고 여러 사람의 이야기를 들어보니 더 많은 생각을 할 수 있었습니다. 처음에는 현민님의 이야기가 좀 더 현명 하다고 생각 했습니다. 하지만 승진님의 의견도 들어보니 승진님이 좀 더 현명하다고 결정 하였습니다. 이유를 설명하고 있었는데 현민님이 이 건 잘 못 되었다고 하였을 때는 이유를 차근차근 설명하였지만 내 말은 다 잘못 되었고 감정이 섞여 있다고 말하셨을 때는 정말 억울하였습니다. 현민님이 저를 계속 놀리신 것은 맞지만 감정이 섞여 있는 것은 아니었습니다. 하지만 저는 현민님이 계속 저에게 잘못되었다고 말하였을 때 심판은 이런 거구나 하고 느꼈습니다. 심판은 현명하게 잘 선택하여야지 이런 상황이 발생하지 않구나라고 생각 하였습니다. 하지만 사람마다 생각은 다른데 저는 아직도 저의 생각을 말하고 판단을 한 것이 잘못된 것이라고 생각하지 않고 있습니다. 하지만 저에게 저의 인권을 존중하지 않은 현민님께 저는 제대로 된 사과를 받고 싶습니다. 오늘 저는 저의 토론점수가 0점이라고 생각합니다. 저의 어떤 행동이 현민님을 화나게 하였고 그로 인해 싸웠기 때문입니다. 하지만 저의 인권을 존중해주지 않은 현민님께 제대로 된 사과를 받고 싶습니다.
최종 찬반 결정	찬성
최종 3차 글쓰기	저는 동물을 안락사 시켜도 된다 주제에 찬성 합니다 왜냐하면 요즘 들어 길거리에 동물들을 버리는 사람들이 많아졌습니다. 그 대부분의 이유는 장애가 생겨서, 고칠 수 없는 병에 걸려서, 이사를 가서, 이런 동물들을 발견하고 대려가 주는 곳이 유기견 보호소입니다. 그래도 동물들도 생명이 있는데 안락사 시키는 것은 조금 그렇지 않나? 라고 생각하시는 분들이 많으실 겁니다. 하지만 동물들을 점점 더 많이 버리고 있고 그에 따라 유기견 보호소에는 점점 강아지를 보호할 수 있는 자리가 부족합니다. 그러기에 3일 이네에 입양을 하거나 데려가지 않는다면 바로 안락사를 시킵니다. 이런 동물들이 불쌍하기는 하지만 그렇다고 정부에서도 당장 마련할 수 있는 대안법을 내 놓고 있지 않습니다. 그래서 버려지는 동물들은 버려지고 또 안락사 시킵니다. 제가 읽은 우리는 혼자가 아니다 라는 책에서는 시력을 잃은 고양이를 젊은 커플들이 발견해서 동물 병원에 데려 옵니다. 하지만 고양이를 데려 가지는 않습니다. 그래서 고양이는 시력수술을 받은 뒤 사람이 데려갈 때까지 기다리게 됩니다. 이고양이가 만약 젊은 커플들에게 발견되지 않았더라면 길거리에서 차에 치이거나 또 다른 강자들에게 공격받거나 치이거나 맞거나 굶어서 싸늘한 주검으로 발견될 수도

있었습니다. 저는 차라리 이렇게 버릴 거라면 마지막으로 주인과 함께 안락사를 시켜 편히 하늘로 보내주는 것이 더 동물에게도 사람에게도 더 좋은 방향이라고 생각합니다.

그리고 또 비용적부담도 있기 때문에 저는 안락사를 시켜야 한다고 봅니다. "에이, 그래도 동물 목숨을 돈으로 바꾸면 안 되지"라고 생각하시는 분들이 있으시겠지만 그것이 사실입니다. 부자거나 돈이 많으면 당연히 자연서 할 때까지 치료비를 내주고 자연사 할 때까지 기다려 줄 수 있지만 형편이 어렵거나 그런 사정이 되지 않는다면 저는 안락사 시키는 것이 답이라고 생각합니다.

"안락사는 잔인하다", 사람은 안락사 시키면 안 되는데 왜 동물은 안락사를 시켜야하는가?"라는 생각이 있으시겠지만 저는 자연사 할 때까지 기다리고 챙겨주는 것은 무리가 있다고 봅니다. 사람도 너무 아프면 죽고 싶듯이 동물도 그럴 것입니다. 동물의 마음을 읽을 수는 없지만 동물이 사람들에게 병을 옮기거나 난폭하게 행동을 하면 더 이상 그 주인이 기르지 못할 수도 있습니다. 저는 그런 상황의 대비해 안락사가 있는 거라고 생각합니다. 저는 안락사가 잔인하다고 생각하지 않습니다.

저는 안락사의 주사가 병으로 인해 고통 받고 아파하는 동물들에게는 구세주, 즉, 행복의 주사가 될 수 있습니다.

오늘 토론을 하면서 사람들이 많은 이야기를 하고 많은 생각을 들어서 그런지 오늘 글쓰기 하는 것이 더욱 편하였습니다. 오늘 토론을 하고 나서 많은 사람들이 찬성 편으로 와서 기뻤습니다. 오늘 토론 정말 재미있었습니다.

글쓴이	김수현
읽은 책	why? 파충류, 양서류
주요 내용	파충류와 양서류의 특징이 나옴. 파충류는 알을 낳고, 양서류는 직접 아이를 낳는다(난생, 태생, 난태생)
내가 정한 토론 주제	1)동물의 모피로 만든 제품을 사용해도 되는가? 2)개구리가 작은 양서류라고 마구잡이로 죽여도 되는가?
1차 글쓰기	저는 동물을 안락사 시키면 안 된다고 봅니다. 여러분 만약 여러분이 자신의 반려동물을 안락사 시킨다고 쳐 봅시다 안락사를 시키기 위해 처음 할 것은 안락사를 시킬지 생각해야 합니다. 그런데 여러분 그거 아십니까? 동물은 자주 자신의 주인이나 주위 사람들의 생각을 그대로 전달 받을 때가 있다고 합니다. 여러분이 반려동물 앞에서 또는 주위 에서 안락사 고민을 했다고 해 봅시다. 그 순간 반려동물이 그 생각을 전달 받으면 바들바들 떨며 무서워 할 것입니다. 물론 약물 처방으로 조용히 아프지

	않게 보내는 것도 중요 합니다 하지만 동물이 우리에게 해주는 긍정적인 면은 우리가 생각하는 것보다 크고 아름답습니다. 제가 예를 대어 보겠습니다. 1.동물은 자신이 아무리 아파도 주인에게 표 나게 하지 않습니다. 이유 : 자신이 아프다는 것을 주인에게 표 하면 주인이 피해를 받을 까 봐 2.동물은 자신의 주인을 믿습니다. 3.동물은 자신의 주인을 반겨줍니다. 또 사랑합니다 4.동물은 자신이 세상을 떠날 때 에도 주인과 함께 하길 바랍니다. 등등 여러 가지 반려동물은 우리에게 좋은 마음을 남겨 줍니다. 저는 반려동물이 죽지 않기를 바랍니다. 하지만 이 세상 모든 생물은 죽기 마련입니다. 그래도 꼭 마지막 까지 살기를 바랍니다. 여러분 우리에게 이렇게 좋은 마음을 남겨주는 동물에게 살인을 저지르시겠습니까?
읽은 책 또는 자료	72시간
주요 내용	자신의 동물을 떠나보내야 하는...
찬반 결정	찬성
주제토론후 2차 글쓰기	저는 동물을 안락사 시키는 것을 찬성 합니다. 왜냐하면, 동물이 많이 아프면 버티기도 힘들고 아무리 주인이랑 행복한 시간을 보낸다고 하더라도 더 고통스러울 것 같기 때문입니다. "에이 주인이랑 있는 그 시간을 가장 좋아하는 동물이 왜 주인이랑 노는 시간을 싫어하겠어?"라고 생각하는 분들 있을 것 같습니다. 하지만 여러분 여러분이 좋아하는 또는 친한 친구와 놀 때 아파서 제대로 같이 놀지도 못하고 내가 아픈 것 때문에 피해 받는 친구들을 생각해 보세요 나도 불편하지만 다른 지인이나 친구도 불편합니다. 무슨 뜻 인지 아셨나요?? 여기서 '나'는 동물이고 '친구'는 주인입니다. 동물은 여러분의 말씀대로 주인과 함께 놀고 싶어 합니다.하지만 아픈 몸을 어떻게 하겠습니까? 쉴 수밖에 없습니다. 그럼 그 동물은 자신이 그 아픔과 싸우고 버티는 시간은 물거품이 되는 것이나 같습니다. 그리고 또한, 그 안락사 고민의 대상 동물이 내가 돌봐준 동물이 아닐 수 있습니다. 그 동물이 그 자리에서 발견된 유기견이라면 동물병원에서 기다리다 주인이나 키워줄 지인이 없으면 안락사를 시킵니다. 여기서도 동물을 안락사 시킵니다. 계속 방치할 수 없고 그렇다고 다시 도로나 아무데나 내놓을 수 없기 때문입니다 그리고 여러분 생각 해 보세요. 사람도 암이나 각종 병에 걸립니다. 병에 걸리면 병은 도지고 심해지기 마련입니다. 차라리 병이 심각해지기 전에

	보내주는 게 좋다고 생각합니다. 다시 한 번 말씀드리겠습니다. 저는 찬성 합니다.
최종 찬반 결정	찬성
최종 3차 글쓰기	저는 동물을 안락사 시키는 것을 찬성 합니다. 왜냐하면 동물이 많이 아프면 버티기도 힘들고 아무리 주인이랑 행복한 시간을 보낸다고 하더라도 더 고통스러울 것 같기 때문 입니다 　"에이 주인이랑 있는 그 시간을 가장 좋아하는 동물이 왜 주인이랑 노는 시간을 싫어하겠어?"라고 생각하는 분들 있을 것 같습니다. 하지만 여러분 여러분이 좋아하는 또는 친한 친구와 놀 때 아파서 제대로 같이 놀지도 못하고 내가 아픈 것 때문에 피해 받는 친구들을 생각해 보세요 나도 불편하지만 다른 지인이나 친구도 불편합니다. 무슨 뜻 인지 아셨나요?? 　여기서 "나"는 동물이고 "친구"는 주인입니다. 동물은 여러분의 말씀대로 주인과 함께 놀고 싶어 합니다.하지만 아픈 몸을 어떻게 하겠습니까? 쉴 수밖에 없습니다. 그럼 그 동물은 자신이 그 아픔과 싸우고 버티는 시간은 물거품이 되는 것이나 같습니다. 　그리고 또한 그 안락사 고민의 대상 동물이 내가 돌봐준 동물이 아닐 수 있습니다. 그 동물이 그 자리에서 발견된 유기견이라면 동물병원에서 기다리다 주인이나 키워줄 지인이 없으면 안락사를 시킵니다. 여기서도 동물을 안락사 시킵니다. 계속 방치할 수 없고 그렇다고 다시 도로나 아무데나 내놓을 수 없기 때문입니다. 그리고 여러분 생각 해 보세요. 사람도 암이나 각종 병에 걸립니다. 병에 걸리면 병은 도지고 심해지기 마련입니다. 차라리 병이 심각해지기 전에 보내주는 게 좋다고 생각합니다. 　그리고 동물병원에서 길거리에 발견된 유기견을 데리고 있다가 주인이나 키워줄 지인이 오지 않으면 안락사 시킵니다. 왜냐하면 유기된 그 동물 이외에도 더 많은 동물이 들어오는데 계속 그 먼저 들어온 동물이 계속 있다면 여러 동물을 맡겨 둘 자리도 없으면 유지시킬 비용 부담도 많이 들기 때문입니다. 만약 계속 데리고 있다면, 더 들어오는 다른 동물은 자리가 없어 바로 안락사 당하거나 다른 동물병원으로 이송 될 것입니다. 계속 다른 동물병원으로 이송이 된다고 해도 동물병원 자리가 만석이 되면 안 되기 때문입니다. 　예를 들어 전 세계에 200여개 동물병원이 있다고 치자면 1개서부터 시작해 계속 차 갈 것입니다. 이렇게 1번째 병원이 다 차고 다음 다음 다음 다음 다음 병원으로 지속적으로 이송 될 것입니다. 개나 사람이나 동물이나 곤충이나 다 번식 합니다 번식하는 만큼 버려지거나 길거리에 떠도는 동물은 많아질 것 입니다.

또 다른 이야기로는 계속 아픈 것을 치료해 준다고 해 봅시다. 물론 불치병이라도 고통을 줄여주는 약을 처방 받을 순 있을 것입니다. 하지만 평균수명이 13년인 강아지를 계속 키우며 돈 보태주고 하실 것입니까? 그 말은 엄청난 비용적 부담 하신 다는 것입니다. 그리고 또한 유기된 동물은 병을 앓고 있을지 모릅니다. 한 고양이가 전염병을 가지고 있습니다. 잘 못하면 큰 재앙이 불어올 수 있습니다. 다른 사람, 동물, 식물 등 여러 생명체에게 피해를 줍니다. 그러니까 한마디로 다른 사람이 피해 받지 않게 안락사를 시켜야 하는 것 같습니다.

오늘 토론 참여하면서 토론은 일단 너무 즐거웠고요. 또 더욱 많이 의견이 모여졌고 더욱 많은 의견을 들은 것 같았습니다. 그리고 반대도 찬성도 다 맞는 말인 것 같습니다. 다음에 또 하고 싶습니다.

글쓴이	김승하
읽은 책	
주요 내용	이 책은 동물들을 나타낸 책이다. 동물의 특징, 동물들이 먹는 것을 알 수 있다.
내가 정한 토론 주제	1)우리는 동물을 해치지 않고 잘 지켜갈 수 있는가? 2)우리는 동물한테 학대를 해도 되는가?
1차 글쓰기	저는 동물한테 안락사를 시키면 안 된다고 생각합니다. 왜냐 저는 동물을 아픔 없이 안락사 시키는 것도 생각했지만 그러기에는 동물이 좀 슬프거라고 생각합니다. 하지만 살아있는 동물이고 생명이 있는데 꼭 안락사를 시키는 것이 너무 하다고 생각합니다. 저는 안락사 시키는 것도 인정합니다. 저는 만약에 저희 강아지가 안락사를 시켜야 된다고 하면 저는 두렵고 무서워서 안락사를 시키지 않을 겁니다. 그리고 저는 강아지를 한 달이 다 되지 않도록 같이 살아왔지만 벌써 정이 들어서 보내기도 좀 아까웠습니다. 보내기도 안쓰럽고 그렇습니다. 그리고 저는 저희 강아지는 오른쪽 다리가 아파서 수술을 했습니다. 저는 그 면에서도 마음이 아픈데, 저는 개 키우는 사람의 생각을 생각해서 말씀하겠습니다. 만약에 강아지를 키운다고 생각합시다. 그럼 당신은 자신의 강아지를 안락사를 시키실 건가요? 네덜란드는 사람도 안락사를 시켜도 된다고 합니다. 저는 그 생각도 반대입니다. 저는 왜 멀쩡한데 왜 안락사를 하나 그것입니다.
읽은 책 또는 자료	유기동물에 관한 슬픈 보고서
주요 내용	유기견 동물 보호소에 있는 강아지들의 관한 이야기입니다.
찬반 결정	반대
주제토론후 2차 글쓰기	저는 안락사를 하면 안 된다. 저희 나라는 이런 법이 있습니다. 만약에

	동물이 유기견 동물 보호 센터에 들어가면 안전을 보장 할 수는 없죠. 법정보호기간인 10일~15일이 지나면 분양되지 못하고 그냥 안락사를 당하게 됩니다. 안락사를 하지 않는 나라를 찾았습니다. 바로 미국 뉴욕의 38번가에 위치한 BIDEAWEE라는 동물 보호소가 있는데, 이 동물 보호소는 곁에서 보면 애견샵처럼 보이지만 사실은 유기동물 보호소입니다. 여기는 동물을 엄청 사랑하는 거 같습니다. 왜냐 안락사를 당하기 바로 직전에 데리고 와서 동물을 평생 보살펴 주었다. 그리고 다른 나라도 있습니다. 바로 독일 입니다. 독일은 반련동물 매매가 법적으로 금지 되어 있었습니다. 독일에 있는 모든 동물은 법적으로 보호를 받게 되는 셈이지요. 독일은 일정기간이 지나도 안락사를 하지 않는다고 생각합니다. 여기도 마찬가지 입양이 되지 않아도 안락사를 죽을 때까지 보호한다. 학대를 받고 버려지고 그러면서 강아지는 스트레스를 더 많이 받을 것이라고 생각합니다. 한마디만 말하면 우리는 동물을 죽일 자격이 없다고 생각합니다. 장난감처럼 버려진 강아지들 마음이 아프지 않습니까?
최종 찬반 결정	찬성
최종 3차 글쓰기	저는 안락사를 시켜도 된다 에 찬성합니다. 왜냐하면 저는 강아지들이 고통을 받는 것보다 그냥 고통 없이 그냥 편안하게 하늘나라로 보내면 좋겠다고 생각합니다. 저는 강아지가 있습니다. 근데 다리를 수술 받았는데 다리를 절뚝거리니까 마음이 아파서 한번은 안락사를 해서 그냥 아프지 않게 하늘나라로 보내는 것이 좋다고 생각은 했습니다. 그리고 아프면 비용이 많이 들어서 가정이 힘들어 집니다. 그러니 깐 그냥 안락사를 하면 돈도 적게 들고 괜찮다고 생각합니다. 요즘에 길거리에 그냥 다니는 길고양이나, 강아지들이 있습니다. 근데 어차피 이 녀석들은 다 안락사가 됩니다. 그리고 편히 가라고 안락사를 시키는 것도 좋다고 생각합니다. 그리고 저희 부모님들도 안락사를 시켜도 된다에 찬성을 하였습니다. 강아지를 보면서 힘든 점도 있지만 저희 강아지는 너무나 힘들어 팔려고 까지 했습니다. 그리고 저희 집 강아지는 매일 스트레스를 받기도 합니다. 그래서 그냥 스트레스를 받을 바에 그냥 안락사를 시켜서 편안히 보내는 것도 나쁘지 않다고 생각합니다. 저는 그래서 안락사를 시키면 동물에게 배려가 될 수도 있고 강아지는 고통을 받지 않고 아프지 않고 그러니깐 강아지는 오히려 좋을 수도 있습니다. 그리고 우리나라에도 안락사를 시키게 되어 있습니다. 한 10일~15일 동안 입니다. 그리고 우리나라는 거의 동물들을 안락사 시킵니다. 왜냐하면

	그 강아지나 고양이들을 그 곳에서 1년 아님 5년 동안 계속 있도록 할 겁니까? 저는 그 곳에 계속 있도록 놔두지 않고 이 아이들도 편안히 안락사를 시키는 것이 좋다고 생각합니다. 저의 최종 결론은 안락사를 시켜도 된다. 왜냐하면 편안히 갈 수 있도록 해주기 위해서입니다. 오늘 집단 토론을 하면서 정말 재미있었고 다른 님들의 주장을 듣고 나니까 찬성쪽 님들이 너무 잘 해주어서 제가 그쪽 팀으로 간 것 같습니다. 그리고 다음 토론을 기대합니다. 오늘 찬성쪽 님들과 반대쪽 님들 모두 수고하셨습니다.
글쓴이	# 김채은
읽은 책	why? 동물
주요 내용	동물의 먹이사슬, 동물의 서식지, 동물의 생활 등 여러 가지 동물에 대하여 나온다.
내가 정한 토론 주제	1)인간의 편의를 위해 동물들의 서식지를 파괴해도 되는가? 2)모든 동물의 말은 서로 통할까?
1차 글쓰기	저는 동물을 안락사 시키면 안 된다고 생각합니다. 동물도 생명이기 때문에 아무리 병에 걸렸다고 해도 안락사를 시키는 것이 동물에게 더 좋지 않을 것 같습니다. 차라리 동물을 안락사 시키는 것 보다는 더 살아 있다가 죽는 것이 더 좋을 것 같습니다. 안락사를 시켜 죽이기보다는 동물이 살아있는 동안 더 잘해주고 동물을 죽기 전까지 편하게 해주는 것도 좋은 방법이라고 생각하기 때문입니다. 따라서 저는 동물을 안락사 시켜도 된다고 생각 합니다.
읽은 책 또는 자료	생명 윤리와 법
주요 내용	동물의 안락사와 사람의 존엄사
찬반 결정	반대
주제토론후 2차 글쓰기	저는 동물을 안락사 시키면 안 된다고 생각합니다. 동물도 사람과 소통하는 생명이기 때문에 동물을 죽이는 것은 살인이라고 생각하기 때문에 안락사 시키는 것은 좋지 않은 것 같습니다. 동물을 안락사 시키는 이유는 크게 동물이 질병에 걸렸거나 키우다가 보호소에 맡기는 경우 그렇게 2가지입니다 . 저는 동물을 키우다가 책임감 없이 보호소에 맡겨 안락사를 시킬 바에는 처음부터 키우지 않거나 동물을 분양하는 방법이 낫다고 생각합니다. 또 질병에 걸린 동물을 안락사 시키기 보다는 뉴욕처럼 안락사를 시킬 동물을 모아 죽을 때까지 보살펴주는 것도 좋은 방법이라고 생각합니다. 다른 나라 중에서는 안락사를 법적으로 반대 하는 나라도 있다고 합니

	다. 우리나라가 꼭 다른 나라를 따라 해야 하는 것은 아니지만 생명을 소중히 하는 점에서는 다른 나라의 생각을 이유가 타당하다는 상황 안에서 받아들이는 것이 좋을 것 같습니다. 위와 같은 이유에 있어 저는 안락사를 시키는 것을 반대합니다.
	저는 오늘 토론을 하면서 저의 의견에 대하여 의견제시와 상대방의 의견의 대한 질문을 하는 것이 재미있었습니다.
최종 찬반 결정	반대
최종 3차 글쓰기	저는 안락사를 시키면 안 된다고 생각합니다. 동물도 사람과 소통할 수 있는 소중한 생명 입니다. 사람의 존엄사가 우리나라에 합법화 되지 않은 것처럼 동물의 안락사도 좋지 않은 것이라고 생각합니다. 생각해보십시오. 동물은 자신의 주인을 믿고 따릅니다. 아무리 힘이 들고 아파도 사람들, 자신의 주인에게는 그 아픔을 감추고 주인을 자기로 인해 걱정시키지 않으려 합니다. 이러한 동물들을 똑같은 생명이 있는 인간이 죽이면 되겠습니까? 저는 이러한 것은 불공평하다고 생각합니다. 사람은 각각의 생각이 다르기에 안락사를 법적으로 찬성하는 나라들이 있을 것입니다. 하지만 우리나라가 먼저 안락사를 막아서고 동물 생명의 소중함을 알린다면 사람들이 동물의 생명을 더 소중히 생각할 것입니다. 저는 안락사를 시키는 방법보다는 처음부터 동물을 키우지 않거나 분양하는 방법이 있습니다. 그리고 사람은 동물을 애완견으로 키울 때 그 동물이 병에 걸리더라도 끝까지 자신이 책임지겠다는 책임감을 가지고 동물을 키우고 실제로 자신의 애완견이 불치병에 걸렸을 때 책임감을 가지고 죽는 순간까지 보호해주는 방법도 좋은 것 같습니다. 안락사를 시킬 동물들을 모아 죽을 때까지 보살펴 주는 뉴욕처럼 우리나라도 안락사를 시킬 동물을 모아서 보호해주고 경제적 부담이 든다고 하더라도 우리나라가 다시 한 번 생명의 소중함을 느꼈으면 합니다. 정말로 동물을 사랑하십니까? 정말로 동물을 사랑하신다면 고통스러워하는 동물을 죽이기보다는 끝까지 동물을 사랑하는 마음으로 보살펴 주셨으면 좋겠습니다. 저는 이러한 내용에 있어 동물을 안락사 시키면 안 된다고 생각합니다.
글쓴이	**박유빈**
읽은 책	대단한 동물 이야기
주요 내용	어류, 포유류 등 많은 동물들의 생김새나 특징 등 자세히 나타나 있다.
내가 정한 토론 주제	1)동물을 훈련시켜도 되는가? 2)동물들에게도 신분이 있는가?

	3)동물들도 남녀차별을 하는가?
1차 글쓰기	저는 동물을 안락사 시키면 안 된다고 생각합니다. 왜냐하면 동물도 하나의 생명이기 때문입니다. 우리나라에서도 사람을 안락사 시키면 안 되듯이 동물 또한 안락사를 시키면 안 된다고 생각합니다. 물론, 안락사는 고통 없이 죽는 하나의 방법이지만 제가 생각하기에는 고통 없이 죽는 것보다는 하루하루 고통에 시달려도 하루 만에 할 수 있는 일들이 정말 많다고 생각합니다. 사람이 감정을 느낄 수 있듯이 동물도 감정을 느낄 수 있습니다.아마 동물들 입장에서도 하루라도 더 살고 싶은 마음일 것입니다. 동물이 하루라도 더 살고 싶은 마음이 있는데 사람들이 안락사를 시켜버리면 제가 생각하기에는 정말 억울한 죽음이라고 생각합니다. 동물의 말을 사람들이 알아들을 수는 없지만 자신이 만약 동물이 된다고 생각 하면 이해할 수 있을 것입니다.
읽은 책 또는 자료	형편이 가난한 가정은 최대한 좋은쪽으로 안락사를 시켜 편안히 보내주는것이 낫다.
주요 내용	안락사를 시켜도 된다
찬반 결정	찬성
주제토론후 2차 글쓰기	저는 동물을 안락사 시켜도 된다고 생각합니다. 예를 들어 보겠습니다. 사람이 고칠 수 없는 불치병에 걸렸습니다. 가족들은 어떻게 해서든 살려보려고 돈을 쓸 것입니다. 하지만 형편이 가난한 가정을 생각해 보십시오. 돈이 없어서 어쩔 수 없는 가정이 있을 것입니다. 동물 또한 마찬가지 입니다.동물도 생명이긴 합니다. 하지만 그 동물의 가족들은 어떻게 해서든 편안히 살 수 있도록 도와줄 것입니다. 　그리고 인터넷에는 산소호흡기가 돈이 정말 많이 든다고 합니다. 하지만 돈이 없어 어쩔 수 없는 가정이 있을 것입니다. 저는 형편이 가난한 가정을 고려해서라도 안락사를 시켜 죽을 때라도 편안히 보내주는 것이 나을 것입니다. 또한 고통 속에 사는 것은 사는 게 사는 것이 아닐 것입니다. 비록 동물은 말할 수 없지만 최대한 좋은 쪽으로 생각 해 보면 죽을 때 편안히 가는 것 이 가장 나은 방법이라 생각합니다. 동물은 자신을 최대한 좋은 쪽으로 고민하고 또 고민한 사람에 마음을 이해해 줄 것입니다. 그러므로 저의 최종견론은 (형편이 가난한 가정을 고려해서라도)동물을 안락사 시켜도 된다 입니다.
최종 찬반 결정	찬성
최종 3차 글쓰기	저는 동물을 안락사 시켜도 된다고 생각합니다. 왜냐하면 매년 38만 마리이상의 동물들이 길거리를 떠돌다가 동물보호 센터로 보내집니다. 하지만 동물보호센터에 보내진 유기견들은 또 다른 주인을 기다리며 외로움을

견디며 고통 속에 살아가고 있습니다. 하지만 버려지는 모든 동물들이 동물보호센터에 보내지진 못합니다. 매년 38만마리가 버려지는데 그 모든 유기동물들이 동물보호센터에 맡겨진다면 국가적 비용부담도 커질테고 그 많은 유기동물들을 수용할 수 있는 자리가 없습니다. 또한 더 오래살 수 있느냐가 중요한 것이 아니라 그 동물이 자신의 삶에 대해 얼마나 더 즐겁고 행복했느냐가 저는 중요하다고 생각합니다.

그리고 인터넷에는 산소호흡기는 비용적 부담이 크다고 합니다. 하지만 돈이 없어 어쩔 수 없는 가정이 있을 것입니다. 저는 형편이 가난한 가정을 고려해 서라도 안락사를 시켜 죽을 때라도 고통 받지 않게 편안히 보내주는 것이 나을 것이라 생각합니다. 안락사란 전혀 고쳐질 수없는 불치병을 가지고 있는 동물이나 사람을 고통 없이 편안히 보내줄 수 있는 약물인데 안락사를 않으면 그만큼 고통 속에 힘겹게 살아가야한다는 뜻입니다.

저는 개인적으로 고통 속에 힘겹게 살아갈 바에는 약물을 투여해서 편안하게 보내주는 게 나을 것입니다. 또한 고통 속에 사는 것은 사는 게 사는 것이 아닐 것입니다. 그 동물도 자신의 삶을 행복하게 변화해준 주인을 이해할 것입니다. 그리고 버려진 유기견들 또한 외로움 속에 고통 받으며 주인을 기다리는 것 보다는 죽을 때라도 고통 없이 편안하게 하늘나라에 가는 것이 나을 것입니다. 그러므로 저의 최종견론은 동물을 안락사 시켜도 된다입니다.

그리고 오늘 반대토론자들이 반론을 잘하셔서 하마터면 반대쪽으로 설득당할 뻔 했고 오늘 토론 재미있었습니다.

글쓴이	박초언
읽은 책	독있는 동식물
주요 내용	독이 있는 동물은 거의 바다 쪽과 땅 쪽에 많이 있었다. 땅에는 뱀 종류와 거미종류 등이 많이 있었고, 바다 쪽에는 물고기나 해초 등에 많은 종류가 있었다.
내가 정한 토론 주제	1)동물의 생명을 버려도 되는가? 2)동물들은 멸종위기를 만들어야 하는가? 3)동물들의 생명을 버려도 되는가? 4)동물을 안락사 시켜도 되는가? 5)위험하다고 동물을 죽여도 되는가?
1차 글쓰기	저는 동물을 안락사 시키면 안 된다고 생각합니다. 그 이유는 동물을 키우는 사람들은 한두 가지의 이유 때문에 동물을 안락사 시키는 경우가 종종 있습니다. 단지 그런 이유 때문에 생명을 즉, 동물을 죽여도 되는 것

	인가요? 사람들이 동물을 안락사 시키는 이유는 동물이 병에 걸려서 키우기가 힘들어서 안락사를 시키는 사람이 많습니다. 그런데 당신은 그 강아지의 심정을 생각해보셨나요? 생각해 보셨다면 강아지의 심정을 알 수 있었을 것입니다. 그런데 생각을 알 수 없죠. 당신의 애완견은 그것도 모른 채 자신이 죽음의 앞길로 가는 것을 모른 채 당신을 따라가고 있습니다. 그렇기 때문에 전 동물을 안락사 시키면 안 된다고 생각합니다. 마지막 말을 하겠습니다. 당신은 당신의 애완견을 정말 사랑합니까? 그럼 당신은 어떻게 할지 당신에 손에 달려있습니다.
읽은 책 또는 자료	자기 생각, 인터넷
주요 내용	동물을 안락사 시키는 건 살인과 똑같은 것이다.
찬반 결정	반대
주제토론후 2차 글쓰기	저는 동물을 안락사 시키면 안 된다고 생각합니다. 제가 토론을 했습니다. 그런데 찬성을 한다는 주장을 펼치는 분들은 자신의 동물을 차라리 고통스럽게 하루하루 힘들게 사는 것보다 그냥 빨리 보내는 게 낫다고 말을 했습니다. 그런데 그게 정말 동물들은 사랑해서 안락사를 시키는 것입니까? 저는 그건 사랑하는 게 아니라고 생각합니다. 그 이유는 정말 당신의 동물을 사랑한다면 안락사를 시키는 것 보다 오히려 그 시간 동안 더 행복하게 지내는 게 그동안 자신의 동물을 정말 사랑한 게 아닌가요? 만약 당신이 당신의 동물을 사랑한다면 안락사를 시키지 마세요. 동물을 죽이는 건 살인과 마찬가지입니다. 마지막으로 한마디 하겠습니다. 당신의 동물이 아파서 안락사를 시킬 생각을 하면 당신은 그 시간부터 살인범이 된다 것입니다.
최종 찬반 결정	반대
최종 3차 글쓰기	저는 동물을 안락사 시키면 안 된다고 생각합니다. 안락사를 당하는 강아지는 약 38만마리 그런 강아지는 자신이 언제 죽을지 모르는 불안감과 초조함에 하루하루를 지내고 있습니다. 사람들이 집에서 키우는 애완견을 보셨나요? 사람들이 키우는 강아지는 이쁘고 사랑스럽습니다. 그런데 유치장에 살고 있는 강아지들은 정반대입니다. 그런데 유치장에 살고 있는 강아지들은 왜 그 곳에 있는 것 일까요? 그 강아지들은 주인들에게 버려져서 데리고 오는 것 그리고 길거리에 있는 강아지들을 데리고 오는 것입니다. 그런데 그 강아지들 중 주인을 만나지 못하는 강아지들이 있습니다. 그 강아지들은 약 2년 3년 동안만 있습니다. 그런 다음 결국 주인을 찾지 못 한 강아지들은 안락사라는 끔찍한 죽음을 당하게 됩니다. 주인을 찾은

강아지는 38만마리중 1, 2마리정도가 될까 말까입니다. 나머지 강아지들은 생명줄이 좀 있으면 계속 그 자리에 있으나 다른 강아지는 안락사를 당하게 됩니다. 그 안락사를 당하는 강아지의 심정은 어떨까요?

저는 수의사가 꿈입니다. 제가 만약 커서 수의사가 된다면 안락사를 당할 강아지들의 마음을 조사하고 싶을 정도로 안락사를 막고 싶습니다. 마지막으로 한마디 하겠습니다. 동물도 사람과 똑 같은 생명을 가지고 있습니다. 그런데 그 동물을 안락사 시키는 건 사람을 죽이는 것과 마찬가지입니다. 만약 강아지를 사랑한다면 어떻게 해야 하실지 알 것입니다.

글쓴이	박혜연
읽은 책	동물농장
주요 내용	장원 농장의 동물들이 혁명을 일으켜 주인인 존스씨를 내 쫓고 사람처럼 살기 싫었지만 점점 사람처럼 살게 되는 내용
내가 정한 토론 주제	1) 사람과 동물이 함께 산다고 동물은 정말 행복할까? 2) 말과 소는 인간을 도우려고 태어난 것일까?
1차 글쓰기	저는 동물을 안락사 시켜도 된다고 생각합니다. 왜냐하면 동물을 사랑한다면 동물이 고통스러운 것을 바라지는 않을 것입니다. 안락사는 고통과 편안함을 바꿔주는 것입니다. '얼마나 더 사느냐 보다 얼마나 행복하다고 느끼냐'가 더 소중합니다. 물론 동물의 생명을 함부로 해쳐서는 안 됩니다. 그러나 동물들은 그것을 원할지도 모릅니다. 안락사를 시킨다는 것은 살아있다는 것입니다. 생명은 붙어있지만 동물들이 고통스럽게 며칠을 사는 것보다 동물들이 편하게 죽는 것이 좋다고 생각합니다. 그리고 아픔을 버티고 살아가는 것은 고통과 고문과 다름없다고 생각합니다. 심한 병은 고칠 수도 없습니다. 그것을 보고만 있는 것은 학대와 다름없다고 생각하기 때문에 저는 동물을 안락사 시켜도 된다고 생각합니다.
읽은 책 또는 자료	인터넷 검색
주요 내용	동물들이 힘들게 살아가는 것보다 약물로 아프지 않게 하늘나라로 보내주는 쪽이 동물들에 대한 배려라고 생각합니다.
찬반 결정	찬성
주제토론후 2차 글쓰기	저는 동물을 안락사 시켜도 된다고 생각합니다. 그 이유는 매년 20만 마리 이상 버려지는 동물들은 낯선 거리에서 쓰레기통을 뒤지며 살아야 합니다. 이러한 유기동물들은 낯선 거리에서 쓰레기통을 뒤지며 살아야 합니다. 이러한 유기동물들은 유기동물 보호소에 보내지는데 이때 일정기간이 지날 때까지 주인이 찾아오지 않으면 안락사를 시킵니다. 그런데 20만 마리의 유기 동물을 보호소에 넣어 놓기만 하는 것이 정말로 보호일까요?

	유기 동물들은 사람들의 사랑을 받고 자라서 산책도 하고 장난감도 가지고 놀았습니다. 그런데 보호소에서 20만 마리의 동물들에게 일일이 산책을 시켜주고 장난감을 줄 수 있을까요? 사료비용만 해도 엄청나고 공간도 비좁은 곳에서 스트레스를 받는 유기동물들에게 보호소는 보호받는 공간이 아닌 갇혀있는 공간일 뿐입니다. 안락사는 슬픈 일이지만 동물들은 그 동물을 산 사람이 책임을 져야 하는 것입니다. 그런데 그 사람이 책임을 지지 않고 동물을 버렸는데 그것을 다른 사람들, 국가나 보호소에서 돌보아야 할 책임은 적다고 보아야 합니다. 그리고 요즘 들어 버려지고 있는 동물들이 많은데 모든 동물들이 다 보살펴 줄 수 있는 것도 아니고 수용소라던지 그런 아이들을 위한 장소도 꽉꽉 차고 있기에 언제까지 그 사태를 나 몰라라 할 순 없습니다. 계속해서 늘어나는 버려진 동물들을 빨리 안락사 시켜줌으로서 다른 동물들을 위한 자리를 계속 만들어야 합니다. 또 주인이 언제 올까 기다리는 초조함이 동물들에겐 스트레스가 될 수 있습니다. 또, 엄청난 고통 속에서 살아가는 것 보다는 차라리 죽는 게 났다고 생각할 수도 있습니다. 아픔을 품고 고독, 두려움을 버티며 살아가는 건 고문과 다름없는 행위입니다. 저는 버림받고 부상당하고 장애 입은 동물들이 힘들게 살아가는 것보다는 약물로 아프지 않게 하늘나라로 보내주는 쪽이 동물들에 대한 배려라고 생각합니다. 동물보호소에서 케이지에서 언제 와줄지 모르는 주인을 기다리며 괴로워하는 병든 동물들이 입양될 때까지 계속 아프고 힘든 시간을 보내야 하는 것을 저는 안타깝게 생각합니다. 그러기에 안락사가 있는 것입니다. 못된 주인 앞에서 인형처럼 살아가는 것은 죽는 것 보다 괴롭다고 생각합니다. 그러므로 저는 동물을 안락사 시켜도 된다고 생각합니다. 저는 이번 토론을 하면서 반대쪽의 의견과 까닭을 듣고 잘못하면 설득이 될 뻔했습니다. 이번 토론 정말 재미있었습니다.
최종 찬반 결정	찬성
최종 3차 글쓰기	저는 동물을 안락사 시켜도 된다고 생각합니다. 왜냐하면 요즘 들어 버려지고 있는 동물들이 많은데 모든 동물들을 다 보살펴 줄 수 없습니다. 유기견 센터 같은 곳들에도 유기 동물들을 위한 장소도 꽉꽉 차고 있기에 언제까지 그 사태를 나 몰라라 할 순 없습니다. 계속해서 늘어나고 있는 버려진 유기동물들을 빨리 안락사 시켜줌으로서 다른 동물들을 위한 자리를 계속 만들어야 합니다. 또 주인이 언제 올까 기다리는 초조함이 동물들에겐 스트레스가 될 수 있습니다. 엄청난 고통 속에서 살아가는 것 보다는 차라리 죽는 게 났다고 생각할 수도 있습니다. 아픔을 품고, 고독,

49

두려움을 버티며 살아가는 건 고문과 다름없는 행위입니다. 버림받고, 부상당하고 장애 입은 동물들이 힘들게 살아가는 것 보다 약물로 아프지 않게 하늘나라로 보내주는 쪽이 동물들에 대한 배려입니다.

동물보호소의 케이지에서 언제 와줄지 모르는 주인을 기다리며 괴로워하는 병든 동물들이 입양될 때 까지 계속 아프고 힘든 시간을 보내야 하는 것을 저는 안타깝게 생각합니다. 안락사는 아픔과 고통을 줄여주는 것이라고 생각합니다. 그리고 병든 동물들의 삶은 삶이 아닌 고통스럽게 죽어가는 것입니다. 어떤 사람들은 그 아픈 동물을 계속 치료를 하며 생명을 연장시켜서 자연사하게 만듭니다. 그러면 비용적인 부담이 커지고 동물들도 고통 받습니다. 안락사는 너무 잔인하지 않나? 라고 생각하시는 분들이 계십니다. 그러나 저는 자신이 사랑하는 애완동물이므로 고통 속으로 내몰기보다는 편안하게 고통 없이 보내주는 것이 낫다고 생각합니다. 질병으로 고통 받는 동물들을 한 번 더 생각해서 조금 더 행복하게 갈 수 있도록 해야 합니다.

그리고 매년 20만 마리 이상 버려지는 동물들은 유기 동물 보호소에 보내지는데 일정기간이 지날 때 까지 주인이 안 오면 안락사를 시킵니다. 그런데 20만 마리의 유기 동물을 보호소에 넣어 놓기만 하는 것이 정말로 보호일까요? 아닙니다. 유기 동물들은 대부분 사람들의 사랑을 받고 자라서 산책도 하고 장난감도 가지고 놀았습니다. 그런데 보호소에서 20만 마리의 동물들에게 일일이 산책을 시켜주고 장난감을 줄 수 없습니다. 사료비용만 해도 엄청나고 공간도 비좁은 곳에서 스트레스를 받게 됩니다. 그리고 아픈 동물들을 바라보는 주인의 마음은 얼마나 슬프겠습니까? 주인들은 동물을 살리고 싶겠지만 동물들은 편안하게 가고 싶어할 것입니다. 저는 그러므로 동물을 안락사 시켜도 된다고 생각합니다.

저는 오늘 3차 토론을 해보았습니다. 1차, 2차보다 오늘이 제일 재미있었던 것 같습니다. 제 의견에 반론이 많이 달려서 더 재미있었던 것 같습니다. 조금 아쉬운 점이 있다면 판정단을 해보지 못한 점이 아쉬웠습니다. 그래도 오늘 토론 정말 재미있습니다.

글쓴이	이서현
읽은 책	동물농장
주요 내용	매너농장의 동물들이 주인인 존스를 내쫓음. 스노블은 내쫓은 나폴레옹이 풍차를 만들자고 함. 나폴레옹 뿐만 아니라 다른 돼지들까지 자신들이 만든 7가지 법가지 다 바꾸며 인간처럼 살게 됨.
내가 정한 토론 주제	·

1차 글쓰기	저의 생각은 안락사 시켜도 된다고 생각합니다. 왜냐하면 동물이 죽을 때까지 고통을 느끼며 아파하는 것을 그냥 보기에는 불쌍합니다. 그리고 또 보면 우리가 방관자 같기도 합니다. 이런 동물이 죽는 날만 기다리며 아파하는 것 보다는, 안락사를 시켜, 고통 없이 빨리 죽는 게 낫다고 생각합니다. 물론 동물도 생명이고, 소중합니다. 하지만 죽는 날을 기다리며 고통을 참는 것보다 안락사를 시켜 죽는 게 더 좋다고 생각합니다.
읽은 책 또는 자료	인터넷으로 찾아본 것이랑 나머지는 저의 생각입니다.
주요 내용	동물을 안락사 시키는거에 찬성한다.
찬반 결정	찬성
주제토론후 2차 글쓰기	동물을 안락사 시키는 것에 찬성합니다. 저는 동물을 안락사 시키는 것에 찬성 합니다. 왜냐하면 안락사는 동물들의 아픔을 줄여준다는 것 때문입니다. 혼자 아파 낑낑 되는 동물들, 보고만 있을 것 입니까? 저는 아파서 죽을 거 같은 동물을 그냥 보고만 있을 수는 없습니다. 물론 안락사 말고도, 치료할 수 있는 동물들도 있겠다고 생각하지만, 그에 비해 치료할 수 없는 불치병에 걸린 동물들이 수 없이 더 많다 생각합니다. 이런 동물들을 위해 우리가 해줄 수 있는 건 안락사 뿐 이라고 생각합니다. 물론 동물도 생명이고, 정말 소중합니다. 그렇지만 죽는 날을 기다리며 고통을 참는 건 옳지 않다고 생각합니다. 만약 이런 동물처럼 여러분들 사람이 그런 병에 걸렸다고 가정해봅시다. 사람이든 동물이든 자신이 느끼는 고통과 아픔은 똑같습니다. 실제로 사람들 중에서도 너무 아파 죽음을 택하신 분들도 꽤 있습니다. 방관자처럼 계속 지켜보기보단 먼저 보내주는 게 맞다고 생각합니다. 강제가 아닌 동물, 사람 모두 서로를 위해 하는 것 입니다. 안락사를 시키지 않고 지켜보는 건 동물에 대한 예의가 아닙니다. 우리 모두 동물을 위해 배려하는 게 어떻습니까? 수많은 동물들 중에서 고치지 못하는 동물 정말 많습니다. 그런 동물들을 지켜 보실 겁니까? 그냥 편하게 보내주는 게 맞다고 생각합니다. 그리고 오늘 토론을 해본 결과 저는 생각이 바뀌지 않았습니다. 저는 동물들을 편하게 보내주고 싶은 마음입니다. 심판을 하여 반대 분의 말을 또 들어봤지만, 저는 찬성이 맞다고 봅니다. 고통과 아픔 속에서 살아가는 동물들을 위해 배려하고 싶습니다. 동물이나 사람 상관없이 생명들에게 배려하는 게 맞지 않습니까? 현재 우리나라는 동물들을 보호할 보호소가 모든 동물들을 보살피기에 수 없이 부족합니다. 그런 상태인 우리나라에서 보호소에 보살핌을 못 받고 혼자 낑낑 되는 동물들을 정말 보고만 있을 겁니까? 이런 불쌍한 동물들을 위해 '안락사' 하는 게 맞다고 생각 합니다. 그리고 저는 아픈 동물을 위해 다음 생으로 희망을 주는 게 맞다고도 생각합니다. 반려동물 중에서 인간만 믿고 살다 버려지는 동물들도 꽤 많습니다.

	이런 동물들을 위해 하는 안락사는 총 같은 아픔 있는 죽음이 아니라, 아픔 없이 천천히 죽는 게 맞다 생각합니다. 그렇기 때문에 저는 안락사 시키는 것에 찬성하는 바 입니다.
최종 찬반 결정	찬성
최종 3차 글쓰기	1차 , 2차 , 3차 토론 모두 해봤지만 저의 생각은 바뀌지 않았습니다. 저는 동물을 안락사 시켜도 되는가에 찬성 합니다. 저는 안락사가 아픈 동물에게 다음 생으로 희망을 주는 것이라고 생각합니다. 왜냐하면 동물에게는 말할 수 있는 지능은 없습니다. 아프면 아프다고 말할 수가 없으니 물거나 도망치는 동물들이 곳곳에 있습니다. 인류에게 길러지는 반려동물들도 인류만 믿고 있다가 버려지는 아이도 있습니다. 하지만 안락사라는 개념은 사람마다 다 다르기 때문에 사람에게서 각자의 개성이 있듯이 동물에게도 새로운 희망을 줄 수 있다는 것이 나타나야 합니다. 여기서 희망을 줄 수 있는 것은 총으로 아프게 죽이는 것이 아니라, 천천히 아프게 보내줘야 된다고 생각합니다. 따라서 우리들은 동물에 대한 생각을 바꿔나가야 합니다. 안락사는 인류에 보탬이 될 수 있는 첫 희망이라고 생각합니다. 제가 많은 자료들을 찾아보면서 약간 흔들리기도 했습니다. 어떤 반대 측 자료에서 안락사를 당하는 동물의 삶의 이유가 없다한 글을 보았을 때 저도 또한 그렇게 생각했습니다. 하지만 고통과 아픔 속에 살아가는 동물들을 그냥 지켜보는 게 더 나쁘다고 판단을 했습니다. 저는 아픔 속에 살아가는 동물들을 위해 하는 '안락사'는 동물에게 큰 배려라고 생각합니다. 그리고 만약 안락사를 안 시키고 자연사로 하기 위해 유기견 보호소에 놔두면 그 보호소가 얼마나 된다고 몇 배나 더 많은 동물들을 다 넣을 수 있다 생각합니까? 그럴 바에는 상태가 많이 악화 된 동물들을 '안락사' 시키는 게 맞다고 생각합니다. 그리고 또 오늘 토론에서 경제적 부담 때문에 동물을 '안락사' 시키는 건 맞지 않다고 말하신 분들이 많았는데, 그럼 그 동물들 때문에 경제가 혼란이 되는 건 맞다고 생각합니까? 안락사는 사람들, 동물들 모두를 위해 하는 것 입니다. 돈 문제가 아니라 사람들과 동물들을 위한 배려라고 생각하기 때문에 '안락사' 하는 것은 맞다 생각합니다.
글쓴이	이하늘
읽은 책	why? 새
주요 내용	새의 종류와 사는 곳, 특징, 새의 종류에 따른 깃털생김새 등이 소개되었다
내가 정한 토론 주제	1)새끼라도 신분이 나뉠까? 2)앵무새가 말할 때 뜻을 알고 말할까?

1차 글쓰기	저는 동물을 안락사 시켜도 된다고 생각합니다. 왜냐하면 동물이 고통스럽게 간신히 하루하루를 살아갈 바에는 차라리 안락사를 시켜야한다고 생각하기 때문입니다. 살릴 수 있으면 살려야겠지만 고칠 수 없는 병에 걸린 동물을 보는 주인도 힘들 것입니다. 그리고 유기견 보호 센터 같은 곳에는 애완동물들이 아주 많기 때문에 입양을 시켜야 합니다. 하지만 입양을 시키지 못하면 안락사를 시킬 수밖에 없다고 생각합니다. 또 병든 동물들이 다른 동물들에게 병을 옮길 수도 있고 유기견들은 사람들을 해칠 수도 있습니다. 그렇기 때문에 저는 동물을 안락사 시켜도 된다는 입장입니다.
읽은 책 또는 자료	동물을 안락사 시켜도 된다는 것에 대한 인터넷 자료
주요 내용	반려동물이 고칠 수 없는 병에 걸린 경우에는 동물들이 편하게 갈 수 있도록 도와줘야 한다.
찬반 결정	찬성
주제토론후 2차 글쓰기	동물을 안락사 시켜도 된다고 생각합니다. 요즈음 반려동물을 기르는 사람들이 많아지고 있습니다. 그리고 길거리로 버려지는 동물들도 증가하고 있습니다. 그렇게 버려진 동물들 중 운이 좋은 동물들은 유기견 보호센터로 보내집니다. 유기견 보호센터에서는 버려지거나 주인을 잃은 동물들을 맡아서 보호해 주는 역할을 하는 기관입니다. 하지만 언제까지나 유기견들을 맡아 길러줄 수는 없습니다. 왜냐하면 재료비 등 동물들을 기르는 비용들이 부담되기 때문입니다. 그렇기 때문에 그런 기관에서는 동물들을 10일에서 15일 정도밖에 맡아주지 못한다고 합니다. 그 기간 안에 입양되지 못한 동물들은 할 수 없이 안락사를 시킬 수밖에 없는 것입니다. 그리고 동물들이 질병에 걸려 다른 동물에게 옮기거나 피해를 줄 수 있는 경우가 있습니다. 그런 경우에는 다른 동물의 건강을 위해 안락사를 시켜야 합니다. 그리고 반려동물들을 안락사 시키는 사람들은 동물들을 사랑하지 않아서 안락사를 시키는 것이 아닙니다. 고칠 수 없는 병에 걸린 동물들은 살고 싶긴 하겠지만 하루하루가 고통스럽고 힘들 것입니다. 그뿐만 아니라 그런 반려동물을 바라보는 주인들도 마음이 아플 것입니다. 주인들은 동물을 살리고 싶지만 살릴 수 없다는 것을 알면 당연히 자신의 동물이 고통 없이 편안하게 가는 것을 원할 것입니다. 당연히 살 수 있고 다른 사람을 해치지 않는 동물들을 안락사로 다 죽이자는 것이 아닙니다. 사람들에게 피해를 끼치고 다른 동물들에게 병을 옮기는 동물들은 안락사를 시켜야 합니다. 오늘 동물을 안락사 시켜도 되는가? 라는 토론주제로 토론을 하면서 토론자 역할을 맡았습니다. 저는 평소에 토론을 잘 해보지 않아서 나의 의

	견을 주장하고 다른 사람을 설득시키는 것을 어렵고 지루한 일이라고만 생각했습니다. 하지만 오늘 토론을 해보니 반대편의 의견을 들어볼 수 있어서 정말 좋았고 설득시키는 과정이 재미있고 흥미 있었던 것 같습니다.
최종 찬반 결정	찬성
최종 3차 글쓰기	저는 동물을 안락사 시켜도 되는가? 라는 의견에 찬성합니다. 왜냐하면 사람도 암 같이 고치기가 매우 힘들고 치료비가 정말 많이 드는 경우가 있습니다. 그것과 비슷하게 동물들도 고칠 수 없는 병에 걸릴 수 있습니다. 그런 반려동물들은 신경이 예민해져 주인을 물고 할퀴는 등 피해를 끼칠 수 있습니다. 그뿐만 아니라 전염병에 걸린 동물들은 다른 동물들에게 옮겨 더 큰 상황이 되지 않도록 안락사를 시켜야 합니다. 동물을 진정으로 사랑하는 주인이라면 동물이 아무리 아파도 잘 보듬어 길러줘야 한다고 생각하실 수도 있습니다. 하지만 정말 고치기 힘든 병에 걸린 동물들은 비록 살고 싶다는 생각을 하긴 하겠지만 하루하루가 고통스러운 지옥 같을 것 입니다. 그리고 고칠 수 없다는 것을 아는 주인은 너무 마음이 아픕니다. 그렇기 때문에 동물을 정말 진심으로 사랑하는 주인이라면 조금 더 편하고 고통 없이 갈 수 있도록 안락사를 시켜주는 것이 주인의 도리라고 생각합니다. 유기견 보호센터를 아십니까? 유기견 보호센터는 버려지거나 주인을 잃은 동물들을 주인 대신 맡아 보호해 주는 역할을 하는 기관입니다. 유기견 보호센터에서 동물들이 진정으로 행복할까요? 그렇지 않습니다. 유기견 보호센터에 가보면 동물들은 모두 작은 우리에 갇혀 있습니다. 게다가 유기견 보호센터에서는 계속 들어오는 동물들을 다 받아줄 수 없기 때문에 유기견들을 10일에서 15일 정도밖에 맡아주지 못합니다. 비용적 부담이 너무 크기 때문입니다. 그 유기견들을 모두 받아준다면 우리나라의 돈을 모두 동물에 사용해야 할 수도 있습니다. 물론 당연히 병에 걸려도 고칠 수 있는 병에 걸린 동물, 다른 사람을 해치지 않는 동물, 다른 동물들에게 병을 옮기지 않는 동물들을 안락사를 시켜 죽이자는 것이 아닙니다. 하지만 더 많은 동물들을 위해서, 많은 사람을 위해서, 아픈 동물들을 보며 슬퍼하는 주인을 봐서라도 그런 경우에는 할 수 없이 안락사를 시켜야 합니다. 오늘 동물을 안락사 시켜도 되는가? 라는 주제로 집단토론을 해보았습니다. 평소에 토론을 많이 해보지 않아서 토론은 어렵고 떨리는 일이라고만 생각했습니다. 하지만 나의 생각을 주장하고 그 의견으로 반대편의 토론자들을 설득시키는 것이 너무 재미있고 흥미로웠습니다. 다음에도 이런 재미있는 토론을 했으면 좋겠습니다. 지금까지 제 글 읽어주셔서 정말 감사합니다.

글쓴이	정유빈
읽은 책	비둘기 전사 게이넥
주요 내용	비둘기 전사 게이넥은 원래 겁이 많았지만 게이넥의 아빠 덕분에 비행을 할 수 있었다. 게이넥은 점점 발전해 부모님보다 더 뛰어난 실력을 갖게 되었지만 사고로 부모님이 돌아가시고 잠시 동안의 슬럼프를 겪었지만 곧 주인님의 보살핌 속에서 되돌아옴
내가 정한 토론 주제	1)비둘기는 사람이 길들일 수 있는 동물인가? 2)새들 중 가장 비행을 잘하는 새는 매이다. 3)비둘기도 서열싸움을 하는가? 4)비둘기는 정말로 해로운 동물인가?
1차 글쓰기	저는 동물을 안락사 시키는 것을 허용하면 안 된다고 생각합니다. 왜냐하면 아무리 고쳐지지 않는 병이고 고통이 심해 힘들다고 해도 이 세상에 존재하지 않는다는 것과 그 동물의 가족들이 느낄 상실감과 슬픔보다는 힘들지 않을 것이라고 생각하고 동물들의 생명을 인간이 좌지우지 한다는 것도 이해가 되지 않기 때문입니다. 그리고 말하지 않아도 동물들이 안락사 당하는 걸 다 알고 있어서 큰 스트레스를 받는다고 생각하기 때문입니다. 마지막으로 안락사를 허용하면 안락사를 이용해 동물을 학대하는 일이 많아질 수 있고 이 외에도 안락사를 악용하는 사람이 있을 것이기 때문입니다. 그러므로 저는 동물을 안락사 시키는 것에 대해 반대하는 입장입니다.
읽은 책 또는 자료	라이카 사건 인터넷 기사
주요내용	안락사 시켰다고 주장하였지만 몸에 화상을 입어서 죽음
찬반결정	찬성
주제토론후 2차 글쓰기	저는 동물을 안락사 시켜도 된다고 생각합니다. 라이카 사건을 바탕으로 제 주장을 펼치겠습니다. 러시아에서 일어난 일입니다. 라이카는 원래 길거리를 떠도는 떠돌이 개였습니다. 하지만 어느 날 연구원들에게 잡혀 다른 개들과 상자 안에서 오랫동안 버티고 먹이를 먹고 배변을 보는 훈련을 받았습니다. 다른 개들과 훈련을 받은 결과 라이카가 상자 안에 가장 오랫동안 가만히 있었고 라이카가 대표로 우주탐사를 떠나게 되었습니다. 라이카가 떠난 일주일 뒤 라이카가 미리 투입해 놓은 먹이안의 독극물 때문에 죽었다고 러시아는 주장하였지만 사실은 그게 아니었습니다. 사실은 라이카가 우주선을 타고 올라갈 때 엄청난 굉음 때문에 라이카는 매우 겁을 먹고 있는 상태였고 또 올라가면서 떨어진 단열제 때문에 우주선안의 온도는 41도로 매우 뜨거웠습니다. 이 때문에 라이카는 온몸에 화상을 당한채로 4시간 만에 겁에 질려 죽었습니다.

	제가 이 이야기를 한 이유는 라이카가 우주선 안에서 받았던 고통과 불치병에 걸려 있는 강아지들의 고통이 같다고 생각되어 너무 안타까웠기 때문입니다. 저는 하루하루를 고통 속에서 힘겹게 살아갈 바에는 안락사를 해서 편하게 하늘로 보내주는 것이 훨씬 동물들을 위해주는 일이라고 생각합니다. 고통 속에서 하루하루를 힘들게 살아가는 것은 사는 게 사는 것으로 느껴지지 않을 것입니다. 또 그걸 지켜보는 동물의 가족들도 매우 고통스러울 것 같습니다. 　실제로 저희 어머니도 키우던 강아지가 허리를 다쳐서 안락사를 시켰는데 고통 받던 강아지의 모습을 보는 것이 너무 힘들었다고 말하셨습니다. 또 유기견 같은 경우 사람과 동물 모두 전염되는 전염병에 걸려 사람의 생명, 동물의 생명 모두 위협할 수도 있고 유기견을 수용할 공간은 한정되어 있는데 유기견의 수가 자꾸만 늘어간다면 어쩔 수 없이 유기견을 안락사 시켜야합니다. 그리고 안락사를 시키지 않고 국가에서 돌볼 경우 비용적으로도 부담이 매우 커서 할 수 없습니다. 　결론적으로 고통으로 하루하루를 힘겹게 살아갈 바에는 편히 보내주는 것이 낫다고 생각하고 또 유기견일 경우 수용할 공간이 한정되어 있어 국가에서 보살피면 비용적으로 부담이 매우 큽니다. 마지막으로 사람과 동물에게 모두 전염되는 전염병에 걸린 동물일 경우 더 큰 피해가 발생하면 안 되기 때문에 안락사를 시켜야 한다고 생각합니다. 지금까지 긴 글 읽어 주셔서 감사합니다.
최종 찬반결정	찬성
최종 3차 글쓰기	저는 동물의 안락에 대하여 찬성하는 입장입니다. 저는 라이카 사건을 바탕으로 제 주장을 펼치겠습니다. 이 사건은 러시아에서 일어난 일입니다. 라이카는 원래 길거리를 떠도는 떠돌이 개였습니다. 하지만 어느 날 연구원에게 잡혀 다른 개들과 상자 안에서 오랫동안 버티고, 먹이를 먹고, 배변을 보는 훈련을 받았습니다. 다른 개들과 훈련을 받은 결과 라이카가 상자 안에 가장 오랫동안 가만히 있었고 라이카가 대표로 우주탐사를 떠나게 되었습니다. 라이카가 떠난 일주일 뒤 라이카의 먹이에 미리 투입해 놓은 먹이안의 독극물 때문에 라이카가 죽었다고 러시아는 주장하였지만 그것은 새빨간 거짓말 이었습니다, 사실 라이카는 우주선을 타고 올라 갈 때 나는 커다란 굉음 때문에 매우 겁을 먹고 있는 상태였고 또 우주선이 올라갈 때 떨어진 단열제 때문에 우주선안의 온도는 무려 41도였습니다. 이 때문에 라이카는 온몸에 화상을 입은 채 4시간 만에 생을 마감하였습니다, 　이 라이카처럼 고통 속에서 하루하루를 힘들게 살아가고 또 언제 죽을지 모르는 두려움에 휩싸여 불안하게 살 바에는 그냥 편안하게 고통을 받지 않고 생을 마감할 수 있도록 안락사를 시켜주는 것이 낫다고 생각합니다.

반대 측 입장으로는 동물이 조금이라도 살 마음이 있을 거라고 생각하시는데 저는 고통 속에서 하루하루를 살아가는 것은 정말 사는 게 사는 것이 아니라고 생각합니다. 또 그렇게 고통을 받는 애완동물을 지켜보는 가족들의 마음도 찢어질 것입니다. 또 유기견의 경우는 매년 증가하고 있는 추세인데 우리가 유기견을 수용할 수 있는 한정되어 있습니다. 만약 유기견을 보호하기 위해 국가에서 유기견을 수용 할 공간을 더 만들어 유기견을 보호해준다면 비용적 부담이 매우 클 것입니다. 또 노견은 입양도 안되고 병에 걸리면 매우 고통스럽습니다. 이렇게 사랑하는 애완동물이 고통 받는 모습을 지켜만 보실 것 입니까? 또 다른 경우로 동물과 사람이 모두 걸려서 생명의 위협을 주는 전염병이 걸릴 경우에도 안락사를 시켜야한다고 생각합니다. 전염병에 걸린 동물 한 마리 때문에 몇십명 아니 어쩌면 몇백, 몇천 마리의 동물과 사람이 피해를 입을 수 있습니다. 고작 한 마리의 동물을 살리려고 많은 동물과 사람이 피해를 입는다는 것이 저는 상식적으로 납득이 가지 않습니다.

그리고 안락사는 보호기간이 지나거나 병에 걸려 살아남기 힘들 경우, 죽음보다 더한 고통, 진통제가 듣지 않는 경우에만 어쩔 수 없이 안락사를 시키는 것이기 때문에 절대 불합리적이라고 생각하지 않습니다. 동물도 자신을 치료하기 위한 병원비로 인하여 주인이 비용적 부담을 안고 하루하루를 힘들게 걱정 속에 빠져 사는 것을 원치 않을 것 입니다. 결론적으로 저는 동물이 고통 속에서 힘들게 하루하루를 살아가는 것은 살아있는 것만 못하다고 생각하고 또 유기견 같은 경우는 수용 할 공간이 한정되어 있어서 비용적 부담이 매우 크고 사람과 동물의 생명에 모두 위협이 되는 전염병에 걸린 동물은 안락사를 시켜야 한다고 생각합니다. 마지막으로 동물이 주인을 정말 사랑하고 생각해준다면 주인이 자기 때문에 병원비로 인하여 고통받고 하루하루를 힘겹게 살아가는 것을 바라지 않을 것입니다. 그러므로 저는 동물을 위해 안락사를 시켜줘야 한다고 생각합니다.

그리고 오늘 토론을 한 결과 반대 측에서도 매우 좋은 의견과 근거들이 많았지만 제가 속해 있는 찬성편의 토론자님들의 다양한 의견 덕분에 제 마음이 흔들리지 않았습니다. 또 앞으로 더 노력하고 연습하여 나의 의견을 더 강력하게 어필할 수 있도록 해야겠다는 마음도 들었습니다, 앞으로 이런 활동 꾸준히 많이 하였으면 좋겠습니다. 지금까지 긴 글 읽어주셔서 고맙습니다.

1차 활동 모습(첫주제 관련 독서와 토론주제 결정 후 글쓰기)-2016.03.11

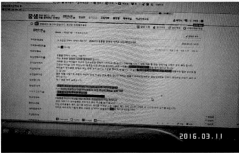

2차 활동 모습(추가 독서와 자료 조사, 토론 진행 후에 글쓰기)-2016.03.18

주제 2

환경

토론주제 : 환경보다 개발이 먼저인가?

환경보다 개발이 먼저인가?

2016.03.25 ~ 2016.04.15

　두 번째로 아이들이 선택한 주제는 환경입니다. 녹음이 짙어지는 계절인 4월이라 주변 환경에 대해서 더 생각해 볼 수 있는 좋은 기회가 될 것 같았습니다. 아이들이 학교 수업이나 평소 생활 속에서 환경에 대해서 생각해 본 것들이 많이 있을 것이라 생각합니다. 그래서 1차 토론에서부터 자신의 생각을 활발하게 펼쳐가는 모습이었습니다. 토론 주제가 정해지고 나서 1주일 동안 추가 독서와 자료 조사를 한 후에 진행된 2차 토론에서는 더 격렬하게 1대1 토론과 2대2 토론을 진행하는 모습이었습니다. 그리고 4대4 승부내기 토론에서는 상대의 입장도 고려하면서 자신의 생각을 풀어가는 친구들이 있었습니다. 글쓰기에서도 상대의 의견 중에 좋은 점을 제시하면서 자신의 주장을 더 객관적이고 논리적으로 풀어가는 친구들이 보였습니다. 토론이라는 것이 상대의 의견을 무시하면서 자신의 의견을 주장하는 것이 아닌, 상대의 의견을 존중하면서 자신의 생각을 더 객관적이고 논리적으로 풀어가면서 우리의 삶과 연결할 수 있도록 노력해 가는 과정이라 생각합니다. 그런 점에서 토론에 임하는 아이들의 모습에 조금 더 집중을 해 가려고 합니다.

　3차 글쓰기는 친구들이 쓴 1차와 2차 글을 읽어보고, 자신의 보완할 점을 보완하고 1주일 간 다시 생각해 본 내용을 바탕으로 최종 찬성과 반대 결정을 하고 3차 글을 남기게 되었습니다.

　특히, 마지막 3차 집단토론에서는 1:21로 찬성측이 수적으로 불리했지만, 찬성 측의 1인인 현민님은 끝까지 자신의 주장을 관철해 가는 모습이 인상적이었습니다. 그리고 집단토론 2번째에는 반대 측에서 토론을 위해서 의견을 찬성으로 움직여서 자신의 생각을 펼치는 모습에 모든 친구들이 박수를 치면서 감탄하는 모습을 보이기도 하였습니다.

　토론의 마지막 부분에 제가 찬성 측에 들어가서 반대 측 토론자에게 삶과 현실을 직시할 수 있는 질문을 통해서, 상대를 설득하는 모습을 보여주었습니다. 아이들이 놓치고 있었던 부분에 대해서 다시 한 번 생각해 볼 수 있는 무엇인가를 깨달았다는 표정을 보고, 토론의 재미를 다시 한 번 느끼게 해 준 것 같아서 개인적으로 마음이 따뜻해졌습니다.

　3차 글쓰기에서 2차 주장과 다르게 의견을 바꾸어서 기록하는 친구들이 여럿 생겼습니다. 아이들의 의견이 주관 없이 흔들렸기 보다는 다양한 의견을 수용하고, 수용하는 과정에서 비판적인 사고를 통한 판단을 한 것으로 생각됩니다. 앞으로 토론을 준비하는 과정에서 더욱 더 유연하고 비판적인 안목을 가져 갈 수 있도록 가정에서도 함께 해 주시기를 소망해 봅니다.

- 1차 글쓰기(첫 주제 관련 독서와 토론주제 결정 후 1차 토론 후에 1차로 쓴 글)-2016.04.01
- 2차 글쓰기(추가 독서와 자료 조사, 2차 토론 진행 후에 2차로 쓴 글)-2016.04.08
- 3차 글쓰기(최종 3차 토론으로 찬반 집단 토론 후, 자신의 최종 3차로 쓴 글)-2016.04.15

글쓴이	강권휘
읽은 책	지구를 지키는 101가지 방법
주요 내용	환경에 대한 101가지 방법에 대해 잘 드러나 있고 환경을 왜 아껴야 되는지 알려 준다.
내가 정한 토론 주제	1)환경은 시간이 지나도 유지될까? 2)50년 후에는 환경이 파괴되었을까?
1차 글쓰기	저는 반대하는 의견입니다. 　왜냐하면 개발을 해서 우리가 편안해진다고 생각해봅시다. 그런데 근처에 있는 계곡이나 그런 게 오염되면 좋을 것 같습니까? 저는 아니라고 생각합니다. 나무를 깎아서 사용하면 산사태도 일어납니다. 산사태가 일어나면 우리가 개발한곳이 망가지게 됩니다. 그리고 공기 안 좋은데 가면 재채기가 나오고 기침도 나오지 않습니까? 그렇게 되면 각종 안 좋은 질병에 걸릴 수 있게 됩니다. 개발하면 나무, 꽃, 곤충 등이 사라집니다. 개발 안하고도 볼 수 있는 아름다운 것들이 사라집니다. 개발을 하면 나무가 사라지겠죠. 나무가 사라지면 나무가 만들어내는 좋은 공기가 사라져가겠죠. 좋은 공기가 사라지면 숨을 편히 못 쉬겠죠. 안 좋은 공기를 마시는 사람은 병에 걸려 죽을 수도 있죠. 그러면 편안하게 살려고 개발하는 것은 우리가 잘 살자고 그러는 것인데 고통을 받으면 의미가 없기 때문입니다. 그리고 그 근처에 동물들이 살아 있다 해도 안 좋은 공기를 마시면 죽을 것 같기 때문입니다. 개발하면 관광객들도 많이 옵니다. 그러면 쓰레기도 버립니다. 그것 때문에 오염된 우리 환경은 어쩔 겁니까? 한번 파괴된 환경은 되돌리기 힘듭니다. 그렇기 때문에 저는 반대 합니다.
읽은 책 또는 자료	꼬불꼬불 나라의 원자력이야기
주요 내용	원자력에 대해 잘 알려 준다.
찬반 결정	반대
주제토론후 2차 글쓰기	저는 환경을 개발해도 되는가? 라는 토론주제에 반대합니다. 　왜냐하면 개발은 우리가 편안해지라고 하는 것인데 개발을 하다보면 공

	기가 오염될 것입니다. 환경이 오염되면 우리가 원하던 편안한 세상이 될까요? 생각해봅시다. 환경이 오염되면 병에 시달릴 수도 있습니다. 그러면 우리가 원하는 세상이 아닌 우리가 전혀 원하지 않는 세상이 될 것입니다. 저는 아니라고 생각합니다. 나무를 깎아서 사용하면 산사태도 일어납니다. 산사태가 일어나면 우리가 개발한곳은 망가지게 됩니다. 그러면 우리는 돈 낭비 하는 것이나 마찬가지입니다. 그리고 공기 안 좋은데 가면 재채기가 나오고 기침도 나오지 않습니까? 그렇게 되면 각종 안 좋은 질병에 걸릴 수 있게 됩니다. 　환경을 개발하면 풀이 사라집니다. 풀이 사라지면 초식동물도 사라집니다. 그러면 초식동물을 먹고 사는 육식 동물은 굶어서 죽겠지요. 그러면 그 동물들을 먹고 있는 우리도 많이 죽을 수도 있기 때문입니다. 우리는 조금 씩 조금 씩 개발하면 괜찮다고 생각합니다. 그 조금씩 조금씩이 얼마나 많아질까요. 그리고 그 조금씩 개발한 것도 자연한테 어마어마한 피해를 줍니다. 우리는 자연과 조화를 이루는 개발은 좋다고 생각합니다. 그러나 자연과 조화를 이루는 개발은 전혀 없다고 생각합니다. 왜냐하면 조금은 나무를 깎을 수 있기 때문입니다. 예를 들어 정화시설을 만든다고 생각해봅시다. 그런데 그 정화시설을 만드느라 나무를 깎고 그러기 때문에 환경을 보호하기 위해 만든다고 하지만 그냥 돈 낭비 인 것 같습니다. 왜냐하면 개발안하고 환경을 보호하면 돈 하나도 안들이고 자연을 보호할 수 있기 때문입니다. 여러분 환경은 우리한테 굉장히 많은 도움을 주었습니다. 그러나 우리는 이미 환경을 파괴했습니다. 그러기 때문에 지금부터라도 개발을 안 하는 게 환경에 대한 예의가 아닌가 생각이 듭니다. 　그렇기 때문에 저는 반대합니다. 　오늘 토론을 하면서 느낀 점은 찬성 쪽도 좋은 의견도 있구나라는 생각이 들었습니다. 채은님이 그렇게 논리적으로 반론, 질문할 줄은 몰랐습니다. 그리고 유창성님도 논리적으로 입론을 했습니다. 정유빈님도 같은 팀이었는데 다 정유빈님이 첫 번째로 말해서 어떻게 말할지 저에게 많은 도움을 주었습니다. 오늘 정말 토론이 즐거웠습니다. 내 주장만 아닌 다른 사람의 주장을 들어보니 많은 도움이 되었습니다. 우리 1모둠도 토론을 정말 잘했습니다. 다음 집단토론도 매우 기대됩니다.
최종 찬반 결정	반대
최종 3차 글쓰기	저는 환경을 개발해도 되는가?　라는 토론주제에 반대합니다. 　왜냐하면 개발은 우리가 편안해지라고 하는 것인데 개발을 하다보면 공기가 오염될 것입니다. 환경이 오염되면 우리가 원하던 편안한 세상이 될

까요? 생각해봅시다. 환경이 오염되면 병에 시달릴 수도 있습니다. 그러면 우리가 원하는 세상이 아닌 우리가 전혀 원하지 않는 세상이 될 것입니다.

골프장에 예를 들어보겠습니다. 골프장에 수많은 문제점이 있습니다. 규모에 따라 종류가 여러 가지 있는데 가장 많은 건 18홀짜리 골프장이라고 합니다. 그런데 이 골프장 한곳의 면적만 해도 무려 축구장 100개에 해당 된다 합니다. 보통 수십만 평은 된다고 합니다. 이 드넓은 땅에 사는 식물들을 모두 걷어내야 한다고 합니다. 그리고 그것뿐만 아니라 생명체가 거의 살 수 없는 모래와 인공 흙으로 덮은 후 그 위에 외래종 잔디를 심고 끊임없이 유독한 농약과 비료를 뿌려주어야 합니다. 유독한 농약이 비가 오면 씻겨 하천과 지하수로 내려가 오염시키고 토양과 산림도 망가집니다. 또 잔디를 유지하려면 물을 자주 뿌려주어야 하는데 이때 대부분 지하수를 이용하기 때문에 골프장 주변의 물에 양이 줄어들어 큰 피해가 생깁니다. 그리고 골프장을 개발한다고 경제가 ㅈ호아지는 것은 아닙니다. 왜냐하면 골프장 안 에는 모든 시설을 다 갖출 수 있기 때문이고 주변 식당들은 오히려 문을 닫는 경우가 많고 일자리도 불안정하고 임금이 낮은 경우가 대부분입니다. 또 골프장의 경제 효과는 일시적이고 한계가 뚜렷합니다. 그리고 골프장 탓에 물이 부족해지고 수질도 오염되며 토양과 산림도 파괴 됩니다. 그래서 오히려 땅값도 떨어지고 농사도 못 짓게 되어 큰 피해를 보게 됩니다. 골프장 터와 근처에서 농사도 못 짓게 되어 큰 피해를 보게 됩니다. 골프장 터와 근처에서 농사짓던 사람들은 생계수단을 잃어버리고 정든 당을 떠나야 합니다. 지하수가 마르고 땅이 파괴되는 거야 말로 가장 큰 경제 피해라고 생각하기 때문에 경제에도 좋은 점이 없다고 생각 합니다.

깎아서 사용하면 산사태도 일어납니다. 산사태가 일어나면 우리가 개발한곳은 망가지게 됩니다. 그러면 우리는 돈 낭비 하는 것이나 마찬가지입니다. 그리고 공기 안 좋은데 가면 재채기가 나오고 기침도 나오지 않습니까? 그렇게 되면 각종 안 좋은 질병에 걸릴 수 있게 됩니다.

그리고 우리는 지금 급속한 산업화와 경제 성장 속에서 수많은 상품들을 대량으로 생산하고 대량으로 소비하고 대량으로 버리는 게 지금 우리 사회의 모습입니다. 그리고 그 결과 흥청망청 낭비를 일삼는 게 일상이 되었고, 대부분의 사람들이 돈 많이 버는 것만으로 최고로 여깁니다. 세상이 그렇게 되면서 자연은 그저 인간의 욕심과 필요에 따라 마음대로 파괴하고 정복하고 약탈해도 되는 것으로 여겨지게 되었습니다. 그 결과 지구는 지구 온난화와 기후 변화 같은 것으로 위협받고 있습니다.

또 환경을 개발하면 풀이 사라집니다. 풀이 사라지면 초식동물도 사라집니다. 그러면 초식동물을 먹고 사는 육식 동물은 굶어서 죽겠지요. 그러면 그 동물들을 먹고 있는 우리도 많이 죽을 수도 있기 때문입니다. 우리는 조금 씩 조금 씩 개발하면 괜찮다고 생각합니다. 그 조금씩 조금씩이 얼마나 많아질까요. 그리고 그 조금씩 개발한 것도 자연한테 어마어마한 피해를 줍니다. 우리는 자연과 조화를 이루는 개발은 좋다고 생각합니다. 그러나 자연과 조화를 이루는 개발은 전혀 없다고 생각합니다. 왜냐하면 조금은 나무를 깎을 수 있기 때문입니다. 예를 들어 정화시설을 만든다고 생각해봅시다. 그런데 그 정화시설을 만드느라 나무를 깎고 그러기 때문에 환경을 보호하기 위해 만든다고 하지만 그냥 돈 낭비 인 것 같습니다. 왜냐하면 개발안하고 환경을 보호하면 돈 하나도 안들이고 자연을 보호할 수 있기 때문입니다. 여러분 환경은 우리한테 굉장히 많은 도움을 주었습니다. 그러나 우리는 이미 환경을 파괴했습니다. 그러기 때문에 지금부터라도 개발을 안 하는 게 환경에 대한 예의 아닌가 생각이 듭니다. 오늘 집단 토론 재미있었습니다. 마지막에 설득 되었지만 정유빈님이 참 잘 말하신 것 같고 김채은님도 잘 말한 것 같습니다. 오늘은 준비를 많이 했지만 떨려서 말을 못했습니다. 너무 아쉬웠습니다. 저번에는 발표를 하겠다고 한 것 같은데 저 자신이 정말 바보인 것 같습니다. 다음에는 더 열심히 하겠습니다. 또 환경과 개발에 대해 잘 알게 된 것 같아 기분이 좋습니다. 다음에는 꼭 발표하겠습니다.

글쓴이	**권재환**
읽은 책	Why?물, 자연재해, 물고기
주요 내용	환경은 우리를 도와주는데 우리는 환경을 파괴해도 되는가?
내가 정한 토론 주제	1)무분별한 개발로 인하여 환경을 파괴해도 되는가? 2)경제활동으로 인해 환경을 파괴해도 되는가?
1차 글쓰기	환경보다 개발이 먼저인가에 대해 토론을 하는데 저는 반대입니다. 　저의 주요 내용은 물고기는 강에 나오는 세제 등으로 인하여 여러 마리가 죽습니다. 　그리고 아무리 개발이 먼저 되었어도 환경이 없으면 아름다운 나무 꽃 나뭇잎 풀 등 여러 가지를 볼 수 없게 됩니다. 그래서 저는 이런 이유 말고 다른 의견도 낼 수 있습니다. 1.나무가 없으면 길에서 그늘을 찾지 못합니다. 2.꽃이 없으면 산책할 때 마음을 가다듬기 힘듭니다. 그리고 3.아무리 개발을 해봤자 발전 됩니다. 하지만 자연은 자신의 모습을 잃습니다. 그리고 나중에 후손들에게 자연을 보여줘야 합니다. 우리 조상님들께서는 자연을 후손들에게 주었는데 우리는 환경을 파괴 합니다. 우리는 거울입

	니다 왜냐하면 지금은 자연을 파괴하는데 나중에는 아~ 자연 괜히 파괴했네 라고 하지 말고 지금이라도 멈추시고 자연을 보존합시다.
읽은 책 또는 자료	Why 환경, 반대자료
주요 내용	아름다운 꽃을 못 본다.
찬반 결정	반대
주제토론후 2차 글쓰기	저는 환경보다 개발이 먼저인지 에 대해 반대입니다. 왜냐하면 봄에 피는 꽃도 환경입니다. 만약 환경을 파괴하면서 까지 개발을 하면 아름다운 꽃도 못 보고 공기를 마실 수 없습니다. 그렇게 되면 산소 호흡기를 사야 합니다. 그리고 여름 때 나무가 없으면 햇빛을 피할 수 없습니다. 그리고 환경은 우리의 심장이나 다름없습니다. 그 이유는 심장은 우리 몸에 없으면 살 수 없습니다. 환경도 마찬가지 우리에게 없으면 죽습니다. 그래서 저는 환경을 생각해서라도 범위 내 에서만 개발을 하면 된다고 생각합니다. 만약 나무가 없으면, 산사태가 일어나면 방어할 방패가 없습니다. 그리고 물도 없고 음식조차 얻을 수 없습니다. 그렇기 때문에 저는 개발을 환경을 파괴 하면서 까지 개발하는 거에 반대합니다. 토론할 때의 느낌과 생각은 내가 반대인데 찬성 측에 설득당할 뻔 했다.
최종 찬반 결정	찬성
최종 3차 글쓰기	안녕하세요. 저는 환경보다 개발이 먼저인가에 대해 토론할 권재환입니다. 저는 찬성입니다. 왜냐하면 아무리 환경을 보호 한다 그래도 나중에는 개발을 해야 합니다. 그 이유는 지금 만약 초가집처럼 생활은 할 수 있습니다. 하지만 만약 시골에서 많이 아프면 병원에 가야 하는데 개발이 안 되어 버스가 다니지 못해 아침 까지 기다리거나, 집적 가야합니다. 그리고 점화시설을 개발해 환경을 생각하여 환경을 위해 개발과 범위 내에 까지만 개발을 하면 됩니다. 그리고 아무리 환경을 보존한다고 해도 언젠가는 개발을 해야 합니다. 그리고 현재 금천구는 개발이 안 된 지역입니다 그렇기 때문에 범위 내까지만 개발을 하고 나머지는 환경으로 나두면 좋겠습니다, 그래서 개발과 환경이 어우러져서 살 수 있습니다. 그래서 저는 찬성 측입니다. 오늘 토론할 때는 원래 반대인데 찬성으로 바뀌었다. 그리고 만약 당신에 아프리카에 살고 있습니다. 그런데 부모님이 굶고 있습니다. 갑자기 미국이 와서 개발과 먹을 것을 준다면 당신은 환경입니까? 아님 개발입니까? 저는 개발입니다. 왜냐하면 다 개발하는 것 도 아닌데 부모님과 먹으면서 살 수도 있고 개발도 되어 환경도 있고 개발도 되고 부모님도 굶지 않아 이런 장점이 있습니다. 하지만 단점은 환경이 파괴되고 그들의 생활

	도 망가집니다. 그러므로 저는 개발이 먼저라고 생각합니다. 그래서 저는 환경을 보존을 오래 하지 못할 것 같습니다.
글쓴이	# 김민기
읽은 책	why환경
주요 내용	환경이란 우리를 둘러싸고 우리를 도와주고 있는 것이고 그런데 사람들은 계속환경을 파괴하고 나무가 계속 없어지고 숲이 없어지고 우리의 환경이 망가진다. 우리는 이제 환경을 보전하고 아끼고 사랑해야 된다.
내가 정한 토론 주제	1)환경을 파괴해도 되는가? 2)환경을 왜 파괴하는가?
1차 글쓰기	why환경을 읽고 느낀 점은 사람들이 계속환경을 파괴하고 계속 보전을 안 하는 이유를 모르겠다. 환경이란 저는 이렇게 생각합니다. 우리를 둘러싸고 우리가 살게 해주고 왠지 문성환 선생님 같아요. 그런데 만약에 예를 듭시다. 만약에 나무가 1개도 없다고 생각해요. 그냥 이건 민둥산이란 것이고 똑같은 것이에요. 근데 저는 사람들이 환경을 왜 파괴 하는지 모르겠고 꼭 개발 때문에 환경을 파괴한다는 것은 저는 옳지 않다고 생각합니다. 가난한 사람을 고려해서 산소호흡기나 산소마스크 같은 것을 사지 못합니다. 왜냐하면 돈이 없는 사람은 이걸 못 사면 사람이 죽고 그러면 안 됩니다. 그래서 저는 환경을 생각하지만 개발을 좀 많이 해야 될 것 같습니다. 그래서 우리 금천구는 개발을 해야될 것 같아요. 여러분은요? 환경을 보전합시다.
읽은 책 또는 자료	에너지 위기
주요 내용	에너지가 위기이다.
찬반 결정	반대
주제토론후 2차 글쓰기	저는 환경보다 개발에서 저는 환경을 선택합니다. 안녕하세요. 저는 환경이 먼저라고 생각합니다. 왜냐하면 저는 환경이 사람을 살리는 것과 같이 저는 환경이 심폐소생술, 인공호흡, 심장충격기 같은 걸로 저는 보고 느낍니다. 근데 환경이 한번 파괴되면 되돌리기 어렵고 힘들다고 저는 생각합니다. 그런데 개발을 하면 좋은 점도 있지만 안 좋은 점도 있습니다. 그런데 개발을 하면 자연환경이 많이 파괴되니까 한번 파괴되면 엄청난 피해를 입고 엄청난 재산피해를 봅니다. 그리고 사람한테는 큰 피해를 입고 큰 위협이 됩니다. 그래서 저는 개발이 필요 없다고 합니다. 유창성님이 1년에 깎이는 나무가 우리나라크기

	만큼 된다고 합니다. 우리가 만약에 10분 동안 공기를 못 먹으면 사람이 죽고 물을 7일 동안 못 먹으면 죽습니다. 그다음은 1달 동안 음식을 안 먹으면 사람이 죽습니다. 　우리는 이제부터라도 환경을 보전합시다. 지금까지저의 이야기를 들어주셔서 고맙습니다. 오늘 저는 환경에 대한 토론을 했는데 너무 장난 쳐서 죄송합니다. 이제부터장난안하겠습니다. 환경을 사랑합시다.
최종 찬반 결정	반대
최종 3차 글쓰기	저는 환경보다 개발에서 저는 환경을 선택합니다. 안녕하세요. 저는 환경이 먼저라고 저는 생각합니다. 왜냐하면 저는 환경이 사람을 살리는 것과 같이 저는 환경이 심폐 소생술, 인공호흡이나 심장충격기와 같은 걸로 저는 보고 느낍니다. 근데 환경이 한번 파괴되면 되돌리기 어렵고 힘들다고 저는 생각합니다. 그런데 개발을 하면 좋은 점도 있지만 안 좋은 점도 있습니다. 　그런데 개발을 하면 자연환경이 많이 파괴되니까 한번 파괴되면 엄청난 피해를 입고 엄청난 재산피해를 봅니다. 그리고 사람한테는 큰 피해를 입고 큰 위협이 됩니다. 그래서 저는 개발이 필요 없다고 합니다. 저는 유창성님이 1년에 깎이는 나무가 우리나라만큼 된다고 합니다. 　우리가 만약에 10분 동안 공기를 못 먹으면 사람이 죽고 물을 7일 동안 못 먹으면 죽습니다. 그 다음은 1달 동안 음식을 안 먹으면 사람이 죽습니다. 우리는 이제부터라도 환경을 보전합시다. 지금까지 저의 이야기를 들어주셔서 고맙습니다. 　오늘 저는 환경에 대한토론을 했는데 너무 장난쳐서 죄송합니다. 이제부터장난안하겠습니다. 환경을 사랑합시다. 　안녕하십니까? 저는 김민기입니다. 근데 저는 환경을 택합니다. 왜냐하면 저는 공기가 없으면 우리가 못살기 때문입니다. 그래서 우리는 환경을 보전하고 사랑하고 보전합시다. 그래서 우리는 지금 지구가 아주 더럽고 아주 못 생겼습니다. 그래서 지금이 개발이 먼저라고 생각을 안 합니다. 그래서 우리는 어느 정도 개발을 하고 환경을 보전하겠습니다. 그래서 우리는 지금 금천구를 조금이라도 깨끗한 우리의 자랑스러운 금천구를 만들고 사랑하겠습니다. 근데 우리가 만약에 숨을 못 쉰다면 우리는 공포감을 느끼고 있습니다. 그래서 우리는 개발보다 환경이 먼저라고 생각합니다. 지금까지 저의 얘기를 들어주셔서 고맙습니다.
글쓴이	김용근
읽은 책	why물. 자연재해

67

주요 내용	물의 관한 것을 배우고 자연재해를 알아 가는 것
내가 정한 토론 주제	1)자연재해를 어떻게 하면 막을 수 있을까?
1차 글쓰기	나는 조금 불편하지만 개발보다 자연이 먼저라고 생각한다. 왜냐하면 자연을 없애면서 개발을 하면 우리가 살 수 없기 때문이다. 내가 아무리 편해도 자연을 많이 파괴하는 것은 아니라고 생각한다. 개발은 우리가 편해서 하는 것이지만 자연은 우리가 되돌려 놓는 것이 힘들기 때문이다. 개발을 마구잡이로 하면 자연이 파괴된다. 하지만 자연을 지키면 우리가 편하게 살수가 없다. 그래도 자연을 생각하는 것이 옳다고 생각한다. 아무리 힘들어도 자연이 없어지면 우리가 없어지기 때문에 자연을 파괴하면 안 된다고 생각한다. 우리가 쉽게 살려고 자연을 파괴하다가는 그게 부메랑처럼 우리에게 되돌아올 것이다. 자연은 우리에게 생명줄과 다름없는 것이다. 왜냐하면 자연이 없으면 우리는 존재할 수 없기 때문이다. 예를 들어 물이 없으면 우리가 살 수 없듯이 자연이 없어도 살 수 없는 것이다. 하지만 아얘 개발을 안 하는 것이 아니라 자연을 소중히 여기며 개발을 하자는 것이다. 아무리 힘들어도 자연을 아끼는 것이 더 좋을 것이다.
읽은 책 또는 자료	환경비밀수첩
주요 내용	환경이 중요한 이유를 알아가는 내용
찬반 결정	반대
주제토론후 2차 글쓰기	저는 개발보다 환경보존이 더 좋다고 생각한다. 그 이유는 환경은 다시 되돌리기 힘들지만 기개는 만들기 쉽다. 나무는 우리에게 공기를 준다. 그런데 나무도 자연이다. 그러니 자연이 없어지면 우리는 살수 없게 된다. 아무리 우리가 편하게 살 수 있지만 우리는 자연 없이는 살수 없다. 또 골프장 하나를 만드는 것에도 만은 동물과환경이 파괴된다. 우리의 여가생활을 즐기기 위해서 동물과 환경을 파괴하면 안 된다. 또 차들이 내뿜는 이산화탄소가 대기층을 파괴하면 지구의 얼음은 녹고 그러면 지구온난화가 된다. 그러면 지구가 파괴된다. 간척사업을 하면 물고기와 생명들이 죽는 것을 볼 수밖에 없다. 동물 한 종이 없어지면 다른 한 종이 멸종이 되면서 몇 백 마리의 생명이 멸종이 될 수 있다. 그러다가 우리가 죽게 될 수 있다. 그러니 개발보다는 환경을 아끼는 것이 좋을 것 같다. 또 나무를 베는 수 가 우리한반도의 크기와 비슷하다고 한다. 그러면 우리를 숨 쉬게 해주는 공기를 만들어 주는 나무도 없어진다. 그러니 저는 환경이 우선이라고 생각한다.
최종 찬반 결정	반대
최종	저는 개발보다 환경보존이 더 좋다고 생각한다. 그 이유는 환경은 다시

3차 글쓰기	되돌리기 힘들지만 기개는 만들기 쉽다. 나무는 우리에게 공기를 준다. 그런데 나무도 자연이다. 그러니 자연이 없어지면 우리는 살수 없게 된다. 아무리 우리가 편하게 살 수 있지만 우리는 자연 없이는 살수 없다. 또 골프장 하나를 만드는 것에도 만은 동물과환경이 파괴된다. 우리의 여가 생활을 즐기기 위해서 동물과 환경을 파괴하면 안 된다. 또 차들이 내뿜는 이산화탄소가 대기층을 파괴하면 지구의 얼음은 녹고 그러면 지구온난화가 된다. 그러면 지구가 파괴된다. 간척사업을 하면 물고기와 생명들이 죽는 것을 볼 수밖에 없다. 동물 한 종이 없어지면 다른 한 종이멸종이 되면서 몇 백 마리의 생명이 멸종이 될 수 있다. 그러다가 우리가 죽게 될 수 있다. 그러니 개발보다는 환경을 아끼는 것이 좋을 것 같다. 또 나무를 베는 수 가 우리 한반도의 크기와 비슷하다고 한다. 그러면 우리를 숨 쉬게 해주는 공기를 만들어 주는 나무도 없어진다. 그러니 저는 환경이 우선이라고 생각한다. 또 개발을 하다가 나무가 많이 없어져서 사람들이 숨을 쉴 수 가 없다. 그러면 인간은 지구에서 멸종할 것이다. 또 석유는 무한지급 되지 않는다. 그런데도 우리는 석유 같은 자원을 펑펑 쓰고 있다. 그리고 다른 사람들은 개발을 하여서 숲을 살리면 된다고 했다. 하지만 그런 기계가 만들어진다는 보장도 없다. 그리고 그런 자연을 살릴 수 있는 기계를 만드는 것보다. 그 돈 으로 자연을 보호하는 것이 더 유익하다고 생각한다. 또 나무를 쓰기 위해서는 나무를 심어야 하는데 우리는 쓰기만 하는 것 같다. 개발도 유익하다고 하지만 환경에게는 개발이 독 같은 것이다. 그러니 자연을 소중하게 여기고 보존하여야 된다. 또 다른 나라는 자신이 잘살면 끝이라고 해도 그러한 생각이 다시 돌아올 수 있다. 나중에 후회하는 것보다 지금 자연을 아끼는 것이 중요하다고 생각한다. 아무리 개발은 중요하다고 생각하지만 우리는 지금도 편안하게 생각한다. 편안한 것도 중요하다. 그렇지만 자연을 보존을 하면 우리에게 도움이 될 것이다. 개발을 적당히 하면 된다. 라고 생각하는 것은 된다고 하지만 그런 생각이 지구의 아름다운 자연을 파괴하는 행동이라고 라고 생각한다. 우리가 행복하기 위해서는 자연이 필요하다고 생각한다. 자연은 우리에게 행복을 주는 것이다. 또 자연을 만드는 기계가 있어도 아마존 같은 큰 땅은 다시 되돌리기 어렵다.
글쓴이	# 김준서
읽은 책	why?환경
주요 내용	개발 때문에 환경이 많이 오염되고 있기 때문에 환경에 도움을 주자
내가 정한	1)일회용품 활용을 줄이자

토론 주제	2)대중교통을 되도록이면 이용하자
1차 글쓰기	저는 환경보다 개발이 먼저인가에 반대합니다. 왜냐하면 개발 때문에 환경을 오염시키는 것은 우리의 목숨을 지켜주는 환경에게 피해를 준다는 것은 양심 없는 행위이기 때문입니다 그리고 개발 때문에 환경을 오염시키면 우리의 삶은 개발이 책임집니까? 아닙니다. 오로지 돈 때문에 환경을 오염시키면 안 됩니다. 길가다 쓰레기를 막 버리거나 길에 침을 뱉는 행위가 우리에게는 별거 없지만 환경에게는 많은 피해를 줍니다. 일회용품 사용이나 석탄, 가스, 연탄 사용을 좀 줄이면 환경에게는 아주 큰 도움이 됩니다. 환경을 지키는 노력에 신경 쓰면 우리에게도 도움이 됩니다. 이상입니다 모두 노력합시다. 고맙습니다.
읽은 책 또는 자료	지구를 살려 주세요.
주요 내용	환경에 힘쓰자.
찬반 결정	반대
주제토론후 2차 글쓰기	안녕하십니까? 저는 김준서 토론자입니다. 저는 환경보다 개발이 먼저인가에 반대 합니다. 이번 토론을 하며 찬성에 대한 의견도 괜찮지만 양심 없는 행위 우리에게 도움을 주는 환경에게 도움을 주지도 않고 개발 때문에 환경을 오염시키는 것은 아주 양심을 버린다는 것은 아니라고 봅니다. 지금 북한이 핵개발 이나 돈을 얻기 위해 나무나 산 동물 사람에게 많은 피해를 줍니다. 이런 북한처럼 개발에 시달릴 것 입니까? 저는 환경이 먼저라고 생각합니다. 왜냐하면 개발만 하면 모든 동식물, 사람에게 피해를 주기 때문이고 개발만 하다보면 환경이 파괴돼서 지구는 점점 썩어갈 것이고 그 후로는 지구가 멸망하고 생명이 사라 질수 있기 때문이다. 환경이 망하면 우리의 삶은 누가 책임집니까? 환경을 보호 하고 힘씁시다. 이번 토론을 하며 환경에 대하여 많은 것을 알았다. 이상입니다. 고맙습니다.
최종 찬반 결정	찬성
최종 3차 글쓰기	안녕하십니까? 저는 환경보다 개발이 먼저인가에 찬성합니다. 이번 토론을 하며 반대의 의견에서 찬성의 의견이 더 확실하고 환경보다 개발이 먼저인 것 같아 개발에 넘어 왔습니다. 이번 토론을 하며 다양한 의견을 알게 되었습니다. 저의 생각은 개발을 하지 않으면 환경도 없다고 생각합니다. 환경은 개발을 한 다음에 환경을 보호하는 개발도 만들어 가면서 도로, 건물, 군사력 등등 개발해 가서 지금까지 노력한 것처럼 개발에 힘을 쓰고 환경에 대한 보호시설, 공기정화 등을 만들면 좋을 것 같습니다.

동식물 들은 좋은 곳으로 이주시키고 우리는 개발로 힘쓰고 노력하고 발전하고 우리나라를 개발시켜 가난하지 않고 풍성한 나라로 발전하고 그 다음 개발을 하고 환경을 개발로 발전시켜 나가자 라는 의견입니다. 아프리카처럼 가난하고 못사는 나라보다는 잘살고 환경도 살려나가는 대한민국이 됩시다. 반대 측이 어떻게 환경을 만들자고 말하시는데 환경을 위해 개발을 하고 나라를 위해 개발을 하자라는 의견입니다. 발전을 해서 환경을 살리자는 것이지 환경을 망치자 라는 것이 아닙니다. 우리가 편하게 살아야지 무조건 환경만 생각하십니까?

개발을 해야 환경이 있는 것이라고 개발학자들이 말하였습니다. 과연 개발학자들은 환경을 망치자는 것일까요? 아닙니다. 저의 생각은 개발을 하고 환경을 살리자는 것입니다. 개발학자들은 이런 주장을 내었습니다. 저도 같은 생각입니다. 우리 모두 노력 합시다. 이상입니다. 고맙습니다.

글쓴이	김현민
읽은 책	민향이의 환경일기, 모두가 아픈 도시
주요 내용	개발을 먼저 하면 환경도 만들어 낼 수 있는 힘이 생긴다.
내가 정한 토론 주제	1)꼭 지구온난화를 온실가스 때문이라고 해야 하나? 2)꼭 지구온난화가 계속되면 땅들이 물에 잠기는 것을 막지 못하고 잠겨버릴 수밖에 없다고 해야 하나?
1차 글쓰기	저는 개발이 먼저였고 지금도 개발이 먼저고 앞으로도 개발이 먼저일 것 이라고 생각합니다. 왜냐하면 오래 전에는 환경은 전혀 문제가 되지 않았고 개발이 더욱 어려웠습니다. 그리고 지금도 모든 것을 개발을 하려고 합니다. 우리는 환경에 연연할 필요가 없습니다. 왜 그러냐면, 꼭 환경이 우리 주변에서 자연적으로 만들어져야 합니까? 우리는 환경을 만들어 낼 수 있습니다. 하지만 그러기 위해선 개발이 필요합니다. 계속 환경을 보호한답시고 개발을 하지 않고 환경만 개발한다고 환경이 그대로 일 순 없습니다. 그리고 우리는 자연만 중요시 하는 미개한 존재로 우주에 기록될 것입니다. 예를 들어 우리는 지구온난화를 지금이라도 막아서 더 진행되는 것을 막고 있습니다. 그래서 빙하가 녹는 것을 막으려 합니다. 하지만 더욱 개발을 한다면 우리는 남극만 한 얼음덩어리 같은 것은 그냥 만들 수 있을 것입니다. 그렇다고 지구의 물이 얼음의 부피 때문에 넘쳐흐르는 것도 아닙니다. 만약 우리가 개발에만 집중한다면 지구의 물들은 그냥 우주 저 멀리로 보낼 수 있을 것입니다. 꼭 우리는 환경을 생각할 필요는 없습니다. 환경은 우리가 만들어 낼 수가 있습니다. 결국 지금의 환경은 우리의 빈껍데기나 마찬가지라고 보면 될 것 입니다.우리는 지금의 환경을 지킬 필요가 있는 게 아닙니다. 지금의 환경은 빈껍데기 입니다.그

	냥 지금의 환경을 계란 껍데기라고 보시면 될 것입니다. 우리는 계란의 껍데기를 버리고 이제는 노른자를 개발해야 할 것입니다.
읽은 책 또는 자료	숲을 지킨 아이들, 모두가 아픈 도시
주요 내용	나는 개발이 항상 먼저다
찬반 결정	찬성
주제토론후 2차 글쓰기	저는 환경보다 개발이 더 중요하다는 것에 찬성합니다. 왜냐하면 환경은 지금의 상황에 따라서는 우리가 아주 지켜야할 최상급 천연기념물로 생각하고 있습니다. 하지만 우리는 개발을 계속한다면 지금의 환경은 우리의 그냥 개발을 위한 첫 번째 땅일 수 있게 되고 우리는 환경을 마음껏 개발해도 되고 우리는 지금의 기술로 충분히 지구 이외의 다른 행성을 찾고, 개척할 수 있습니다. 우리는 환경을 만들 수 있는 힘이 충분히 있습니다. 자연적으로도 만들어지는 환경을 나중에 충분히 과학기술이 뛰어난 우리의 힘으로 못 만들 것이라고 생각할 수가 없을 것입니다. 우리는 환경을 충분히 만들 수 있고 다른 행성을 찾아 개척할 수도 있습니다. 하지만 우리는 충분히 환경을 창조할 수 있음에도 환경만 생각을 하면서 개발을 할 생각을 하지 않고 환경을 살리려고 합니다. 만약 우리가 개발을 한다면 충분히 지구를 되살릴 수도 있고 다른 행성을 찾을 수 도 있습니다. 어차피 언젠가 파괴될 환경을 우리는 끝까지 사용을 하는 것이 효율적입니다. 지금의 우리의 과학기술로는 환경을 되돌리는 것은 턱없이 부족합니다. 그러므로 우리의 첫 번째 땅을 충분히 사용하여 힘을 키우고 다른 환경을 개발하는 것이 가장 낫다고 생각합니다. 그리고 나무를 지키고 심어야 한다며 나무를 사용하지 않고, 자원이 고갈될 것이라고 계속 지켜야한다고 하면 우리는 개발을 더 이상 할 수 없을 것입니다. 우리는 개발을 더한다면 자원은 과학기술로 만들 수 있을 것이고 숲도 충분히 만들 수 있고 정말 개발에만 집중한다면 우리 지구 같은 행성을 또 생성할 수 있을 것이라고 생각합니다. 우리는 개발에만 집중하고 언젠가 자전이 멈출 지구를 버리고 다른 행성을 찾아갈 준비를 하려고 우리의 1번째 땅을 이용하는 것이 가장 중요하다고 생각한다. 우리가 우주에서 가장 초월적인 존재가 되는 것이다. 이러한 근거로 인하여 저는 개발이 더 중요하다고 생각합니다. 오늘 토론은 꽤 성공적이었던 것 같았습니다.
최종 찬반 결정	찬성
최종 3차 글쓰기	저는 환경보다 개발이 먼저라는 것에 찬성합니다. 왜냐하면 우리는 지

금으로서는 환경을 아끼고 중요하게 생각하며 개발을 반대하지만 만약 우리가 환경만 지키지 않고 개발에 집중한다면 우리는 더 나은 삶을 살 수 있을 것입니다. 그렇다고 환경이 망가진다고 할 필요도 없습니다. 우리 지구의 허파라고 하는 아마존 같은 땅덩어리는 지금의 기술로도 간척지가 있고 우리가 개발에 집중한다면 땅을 만드는 것은 매우 간단한 일이 될 수 있고 또 지구온난화라고 한다면 우리는 냉각시스템 같은 것으로 빙하를 더 만들어서 다시 고칠 수 있고 또 공기가 오염되었다고 하면 정화 시스템 같은 것들로 고칠 수 있고 나무는 베고 다시 심어서 빨리 키우는 기술을 계발해서 나무들을 급속도로 다시 자라게 할 수 있지만 우리가 지금의 환경을 지키려고만 한다면 어차피 더 악화될 환경은 영원히 사라질 것이고 우리가 더 나은 삶을 살 수 있고 환경을 다시 되돌릴 수 있는 기회는 날아가 버릴 것입니다. 어차피 다시 고칠 수 있는 환경을 지금은 충분히 이용해야합니다. 그리고 어떠한 시설을 지을 때에 동물, 식물들이 피해를 입는다고 하는데 동물, 식물들은 개발만 많이 한다면 쉽게 이주시킬 수 있습니다. 동물, 식물들을 살 수 있는 곳으로 옮기면 됩니다. 그런데 그 갑자기 바뀐 환경 때문에 그 동식물들이 스트레스를 받을 필요는 없습니다. 왜냐하면 우리가 과학기술이 뛰어나다면 그런 환경을 똑같이 복제해서 만들 수 있을 것입니다. 그리고 우리가 신경을 별로 쓰지 않는 아프리카는 하루 3끼 먹는 것이 어려울 것입니다. 우리가 개발을 해준다고 하면 흔쾌히 받아들일 것이고 만약 아마존이 더 좋다는 사람은 그 사람이 사는 주변에 아마존을 만들어 주면 될 것입니다. 그리고 우리들도 더 편한 삶을 원하기 때문에, 개발을 한다고 하면 기뻐할 것입니다. 환경을 지켜야 한다는 사람들도 앞으로의 계획을 보면 찬성할 것입니다. 이렇게 모두를 설득해가면서 발전해가는 것입니다. 그리고 가장 중요한 것은 이 지구는 언젠가 멸망할 것이므로 지금의 환경은 가꿔봤자 입니다. 그래서 빨리 다른 행성을 찾고 우리의 모든 것을 옮길 준비를 해야 하는데 환경을 지키는 것에 집중하다보면 개발을 못 할 것이고 우리는 다른 행성으로 이주할 준비를 하지 못해서 지구가 멸망하는 것과 같이 우리는 최후를 맞이하게 될 것입니다.

글쓴이	김희주
읽은 책	why?환경
주요 내용	.
내가 정한 토론 주제	.
1차 글쓰기	저는 환경이 먼저라고 생각합니다. 왜냐하면 개발을 먼저 하면 우리가

	좋게 살 수 있지만 환경이 파괴된 상태로 두면 나무가 사라지고 공기가 없어집니다. 그러면은 사람은 죽습니다. 살 수 있어도 공기가 없어서 공기를 사서 써야 될지도 모릅니다. 만약에 가난한 사람은 돈이 없어서 공기를 못 살수도 있습니다. 그러면 가난한 사람은 공기가 없어서 죽게 됩니다. 그리고 환경이 안 좋아지면 물이 더러워져서 물을 못 먹고 죽을 수도 있습니다. 이렇게 되지 않으려면 음식을 먹을 만큼만 사서 버리지 말고 다 먹고 쓰레기를 길거리에 버리면 안 됩니다. 그리고 개발하는 것도 좋지만 환경을 먼저 고치는 게 좋다고 생각합니다.
읽은 책 또는 자료	.
주요 내용	.
찬반 결정	반대
주제토론후 2차 글쓰기	저는 환경이 먼저라고 생각합니다. 왜냐하면 개발을 먼저 하면 우리가 좋게 살 수 있지만 환경이 파괴 된 상태로 두면 나무가 사라지고 공기가 없어집니다. 그러면 사람은 죽습니다. 살 수 있어도 공기가 없어서 공기를 사서 써야 될지도 모릅니다. 만약에 가난한 사람은 돈이 없어서 공기를 못 살 수도 있습니다. 그러면 가난한 사람을 공기가 없어서 죽게 됩니다. 그리고 환경이 안 좋아지면 물이 더러워져서 물을 못 먹고 죽을 수도 있습니다. 이렇게 되지 않으려면 음식을 먹을 만큼만 사서 버리지 말고 다 먹고 쓰레기를 길거리에 버리면 안 됩니다. 그리고 개발하는 것도 좋지만 환경을 먼저 고치는 게 좋다고 생각합니다. 개발을 하면 공기가 안 좋아져서 꽃도 다 사라지고 동물도 사라진다. 토론하면서 느낀 점은 토론을 앞으로 열심히 하겠다.
최종 찬반 결정	반대
최종 3차 글쓰기	저는 환경이 먼저라고 생각합니다. 왜냐하면 개발을 먼저 하면 우리가 좋게 살 수 있지만 환경이 파괴 된 상태로 두면 나무가 사라지고 공기가 없어집니다. 그러면 사람은 죽습니다. 살 수 있어도 공기가 없어서 공기를 사서 써야 될지도 모릅니다. 만약에 가난한 사람은 돈이 없어서 공기를 못 살 수도 있습니다. 그러면 가난한 사람을 공기가 없어서 죽게 됩니다. 그리고 환경이 안 좋아지면 물이 더러워져서 물을 못 먹고 죽을 수도 있습니다. 이렇게 되지 않으려면 음식을 먹을 만큼만 사서 버리지 말고 다 먹고 쓰레기를 길거리에 버리면 안 됩니다. 그리고 개발하는 것도 좋지만 환경을 먼저 고치는 게 좋다고 생각합니다. 개발을 하면 공기가 안 좋아져서 꽃도 다 사라지고 동물도 사라진다. 토론하면서 느낀 점은 토론을 앞으로 열심히 하겠다. 그리고 개발을 하

	면 지구가 망가져서 지구에 살고 있는 동물, 사람이 죽게 된다. 그러면 지구는 사라져서 개발을 해도 안 된다. 공기가 오염되어 나무가 사라지면 비가 안 내린나. 그리고 햇빛 때문에 땅에 있는 물이 없어져서 땅이 갈라진다. 그리고 공기가 오염되고 물이 오염되면 멸종 위기에 처한 동식물이 사라진다.
글쓴이	**박재형**
읽은 책	내가 조금 불편하면 세상은 초록이 돼요
주요 내용	자기가 조금 편해서 환경을 지키는 내용
내가 정한 토론 주제	1)가래침을 꼭 길바닥에 뱉어야 하나?
1차 글쓰기	저는 환경보다 개발이 먼저가 아니라고 생각합니다. 저는 환경보다 개발이 먼저인가에 반대합니다. 왜냐하면 지금도 환경이 부족한데 개발을 더한다고 미래에는 우리나라는 자연환경이 없고, 사람들이 만든 인공 환경만 있을 것 같습니다. 그리고 인공 환경을 계속 만들다 보면은 우리 지구의 온도가 더 올라가면서 북극이나 남극에 있는 생물들도 죽으면서 빙산들이 녹아서 특히 일본 같은 나라는 쓰나미가 오고 섬이 없어져서 그냥 바다로 될 것 같습니다. 그러다가 계속해서 아무것도 모르고 인공 환경만 계속 만들다보면 지구가 육지는 없고, 바다만 있고 사람들은 다 죽고 동물들도 다 없어지다가 지구의 멸망이 될 수도 있을 것 같습니다. 그냥 조금 개발만 하고 있는데 아무사람들도 모르고 계속해서하다가 결국에는 지구의 멸망까지 될 수 있을 거라고 저는 생각을 합니다. 그리고 잠시라도 인공 환경에 있으면 답답하고 그런데 자연환경 산, 바다, 계곡 같은 것을 계속 보면 질리지도 않고 더 신기하고 더 멋지고 답답하지도 않고 이렇다 보니까 자연환경을 개발을 위해 다 깎아 내는 것은 저의 생각으로는 안 된다고 생각을 합니다. 솔직히 인공 환경이 더 편하고 좋긴 하지만 가끔씩은 쉬면서 자연환경에 있는 것도 나쁘지 않은 생각이라고 생각합니다. 그렇다고 개발을 멈추지는 말고 조금씩 하면서 개발을 하는 것도 나쁘진 않지만 자연환경을 다 훼손하지는 안았으면 좋겠습니다. 저는 환경보다 개발이 먼저가 아니라고 생각합니다.
읽은 책 또는 자료	환경
주요 내용	환경을 지키는 방법
찬반 결정	반대
주제토론후 2차 글쓰기	저는 환경보다 개발이 먼저인가에 반대를 합니다. 왜냐하면 지금도 환경이 부족한데 개발을 더한다고 미래는 저희 자연환경이 없고, 사람들이

	만든 인공 환경 만 있을 수 있다고 생각을 합니다. 그리고 사람들이 만든 환경을 계속 만들다 보면 우리 지구의 온도가 더 올라가면서 북극이나 남극에 있는 동식물들이 죽으면서 빙산들이 녹아서 특히 일본 같은 나라는 쓰나미가 오고 섬이 없어져서 그냥 바다로 될 수 도 있는 것 같습니다. 그러다가 계속해서 아무것도 모르고 인공 환경 만 계속 만들다 보면 지구가 육지는 없고, 바다만 있고 사람들은 다 죽고 동물들도 다 없어지다가 지구의 멸망이 될 수 도 있을 거 같습니다. 그냥 조금 개발만 하고 있는데 아무 사람들도 모르고 계속해서 하다가 결국에는 지구의 멸망까지 될 수 있을 거라고 생각합니다. 그리고 잠시라도 인공 환경에 있으면 답답하고 그런데 자연환경 산, 바다, 계곡 같은 것을 계속 보면 질리지도 않고 더 신기하고 더 멋지고 답답하지도 안고 이렇다 보니까 자연환경을 개발을 위해 다 잘라 내는 것은 저의 생각으로는 안 된 다고 생각을 합니다. 솔직히 인공 환경이 더 편하고 좋긴 하지만 가끔씩은 쉬면서 자연환경에 있는 것도 나쁘지 않다고 생각합니다. 그렇다고 개발을 멈추지는 말고 조금씩 하면서 개발을 하는 것도 나쁘진 않지만 자연환경을 다 훼손하지는 않았으면 좋겠습니다. 저도 개발이 좋다고 생각 합니다. 처음에는 개발에 들어가고 싶었지만 개발보다는 환경을 더 생각 하는 게 좋다고 생각을 합니다. 그렇게 해서 저는 환경보다 개발이 먼저인가에 반대를 하는 것입니다. 그리고 토론할 때 다른 분들이 말씀하실 때 찬성으로 갈 수 도 있을 거 같았지만 그래도 환경을 버릴 수 없어서 반대를 하였습니다.
최종 찬반 결정	반대
최종 3차 글쓰기	저는 환경보다 개발이 먼저인가? 라는 의견에 반대 합니다. 그리고 나무가 굵게 되려면 최소한 200년은 있어야 합니다. 근데 사람들은 이 나무가 몇 년이나 있었는지도 모르고 그냥 개발을 위해 베어버립니다. 그리고 만약에 개발을 하다가 동물이나 곤충 한 종이 사라지면 자연에서는 다른 종이 또 사라지다가 결국에는 인간도 멸종이 될 수 도 있습니다. 그리고 숲이 지구의 산소를 만들어 줘서 숲은 지구의 허파라고 합니다. 그리고 만약에 숲이 망가지면 우리들의 허파가 없어진다고 보면 될 거 같습니다. 그리고 산업 발달로 공장도 늘어나서 공기가 더 나빠지는데 숲이 망가지면 공기가 사라질 수 도 있다고 생각합니다. 그리고 유엔 식량 농업기구에 따르면 세계적으로 매년 1,610만 헥타르의 숲이 벌목과 개간으로 사라지고 있다고 합니다. 그런 것 때문에 우리나라 넓이의 반이 없어진다고 생각 하면 되는 것 같습니다. 그리고 아마존의 열대 우림은 전 세계 열대 우림의 40퍼센트를 차지하

며 지구에서 필요로 하는 산소의 4분의1을 만들어 내고 있다. 그런데도 1960년대 이후 브라질에서는 개발 정책으로 아마존의 산림을 계속 파괴하고 있다. 매년 우리나라 면적의 5분의 4 정도가 개발로 사라져 가고 있는 상황입니다. 그만큼 산소도 사라진다고 생각하면 된다고 생각합니다. 그리고 열대우림이 산소를 만들어 주는데 왜 베냐면 1.나무를 팔아서 돈을 벌기 때문입니다. 2.나무를 베어 낸 곳에서 목초지를 만들거나 소를 키울 수 있기 때문입니다. 나무가 없으면 그늘도 사라지기 때문에 땅이 말라버립니다. 그리고 숲이 사라지면 비가 내리지 않게 됩니다. 그니까 숲이 사라지면 아무도 살수가 없는 땅으로 되어버립니다.

그래서 만약에 환경을 망가트리면 그 피해를 다시 우리가 되받는다고 생각합니다. 그러므로 저는 환경보다 개발이 먼저인가? 라는 주제에 반대를 합니다.

글쓴이	신원준
읽은 책	자연이야기
주요 내용	환경
내가 정한 토론 주제	환경을 파괴해도 되는가?
1차 글쓰기	나는 환경보다 개발이 먼저인가 에 대한 나의 생각은 환경이 먼저 이다. 왜냐하면 환경이 없으면 우리가 힘들다. 그리고 환경이 없으면 우리도 존재 할 수 없다. 개발을 한다면서 환경을 파괴 하는 것은 정말 나쁜 행동이다. 환경을 파괴 하고 아무리 개발을 해봤자 우리의 환경과 나무와 식물들이 없어서 우리가 숨도 못 쉬고 그런 일이 생길수가 있기 때문이다. 환경은 우리에게 정말로 소중한 존재이기 때문에 파괴하면 안 된다고 생각한다. 내 생각은 환경은 엄마이다 왜냐하면 엄마가 있어야 나도 있고 환경이 있어야 나도 있다. 환경은 굉장히 소중한 것이다. 우리와 제일 단짝친구인데 그것을 파괴하면 안 된다고 생각한다. 나는 환경이 너무 좋다. 내가 좋아하는 환경을 파괴하지 않았으면 좋겠다.
읽은 책 또는 자료	자료
주요 내용	환경 우선
찬반 결정	반대
주제토론후 2차 글쓰기	저는 환경보다 개발이 먼저인가 에 대한 저의 생각은 환경이 먼저 입니다. 왜냐하면 환경이 없으면 우리가 힘듭니다. 그리고 환경이 없으면 우리도 존재 할 수 없습니다. 개발을 한다면서 환경을 파괴 하는 것 은 정말 나쁜 행동 입니다. 환경을 파괴 하고 아무리 개발을 해봤자 우리의 환경과 나무 와 식물들이 없어서 우리가 숨도 못 쉬고 그런 일이 생길수가 있

	기 때문입니다. 환경은 우리에게 정말로 소중한 존재이기 때문에 파괴하면 안 된 다고 생각합니다. 저의 생각은 환경은 엄마입니다 왜냐하면 엄마가 있어야 나도 있고 환경이 있어야 나도 있습니다. 환경은 굉장히 소중한 것입니다. 우리와 제일 단짝친구인데 그것을 파괴하면 안 된 다고 생각합니다. 저는 환경이 너무 좋습니다. 제가 좋아하는 환경을 파괴하지 않았으면 좋겠습니다.
	우리는 우리도 모르게 환경을 엄청나게 파괴 합니다. 1분에 축구장 50개 정도의 크기 나무를 파괴 하고 있습니다. 저는 아예 환경을 손도 안대고 개발 하라는 말이 아닙니다. 개발을 하긴 하는데 환경을 최선을 다하여 보존을 하자 는 것입니다. 그냥 환경을 신경도 쓰지 않고 개발하는 것은 우리나라를 더 망치게 하는 것입니다. 환경은 우리나라의 얼굴입니다. 저는 그렇게 생각합니다. 저는요 환경이 말 못하는 신이라고 생각 합니다. 근데 신을 파괴해서는 안 됩니다. 신은 소중한 존재입니다.
최종 찬반 결정	반대
최종 3차 글쓰기	환경보다 개발이 먼저인가? 저는 개발보다 환경이 먼저라고 생각합니다. 왜냐하면 환경은 우리의 가장 오랫동안 함께한 친구입니다. 우리는 우리도 모르게 환경을 엄청나게 많이 파괴합니다. 1분에 축구장 50개 정도의 크기 나무를 파괴 하고 있습니다. 저는 아예 환경을 손도 안대고 개발 하라는 말이 아닙니다. 개발을 하긴 하는데 환경을 최선을 다하여 보존을 하자 는 것입니다. 그냥 환경을 신경도 쓰지 않고 개발하는 것은 우리나라를 더 망치게 하는 것입니다. 환경은 우리나라의 얼굴입니다. 저는 그렇게 생각합니다. 저는 환경이 말 못하는 신이라고 생각 합니다. 근데 그런 신을 파괴해서는 안 됩니다. 신은 소중한 존재입니다. 신을 파괴하면 우리의 생활이 매우 어려워집니다. 환경은 개발보다 소중하고 돈보다 소중합니다. 그 환경은 무엇과도 비교 할 수 없다고 생각 합니다. 그리고 개발은 우리를 더 편하게 살라고 하는 것인데 개발을 하면 환경이 파괴되고 공기가 오염되면 우리가 더 편하게 살수 없습니다. 아무리 개발해도 살릴 수 가 없는 것이 바로 환경입니다. 한번 환경을 죽이면 다시 살릴 수 없습니다. 그러니 환경은 사람과 비슷합니다. 개발을 하는 것은 물론 나쁜 것은 아닙니다. 근데 나쁜 개발은 환경까지 파괴하면서 까지 개발을 하는 것이 나쁜 것입니다. 개발도 가끔씩 하면서 하는 것 이 좋습니다. 환경을 우리 모두 사랑 합시다. 환경을 사랑하면 절데 환경을 훼손해 가면서 개발을 하지 않을 것입니다. 우리 모두 환경을 아끼고 사랑 합시다. 저는 환경을 매우 좋아하므로 개발보다 환경 이 더 중요하고 먼저라고 생각 합니다. 환경이 개발보다

	훨씬 중요합니다.
글쓴이	**양승욱**
읽은 책	자연탐구생활
주요 내용	자연에 대한 과일과 식물을 기르는 법
내가 정한 토론 주제	환경을 파괴해도 되는가?
1차 글쓰기	오늘 학급토론주제로 결정된 환경보다 개발이 먼저인가? 의 나의생각은 반대이다. 왜냐하면 환경이 있어야 우리가 더 깨끗한 환경에서 살 수 있을 것 같고 만약 자기가 자연이 되어 파괴된다면 슬플 것 같다. 그리고 자연도 우리에게 도움을 많이 주기 때문이다. 만약 지금도 자연이 계속 파괴되어 가는데 그러면 그럴수록 우리의 삶은 더욱더 힘들어 질 것이고 지칠 것이다. 또 점점 이산화탄소가 싸여 지구온난화가 되고 해결책은 나무를 심어야 한다. 이유는 나무는 이산화탄소를 들이마시고 산소를 내뱉기 때문이다. 이러하기 때문에 나무를 훼손하면 안 된다. 비록 우리를 위해 개발도 중요하지만 자연이 더 중요하다고 생각합니다. 그리고 나 자신이 자연을 보호하고 절약할 수 있는 일을 실천하면 좋을 것 같다. 점점 더 자연이 악화되면 우리의 삶도 장담 할 수 없다. 우리 근처에도 쓰레기가 많이 보인다. 이런걸 보고 환경은 피해를 받는다고 생각한다. 우리가 좀 더 환경을 보존하면 우리는 좀 더 편한 곳에서 살 수 있을 것 같다. 저의 글을 끝가지 읽어주셔서 대단히 고맙습니다. 환경을 조금만 더 보존합시다.
읽은 책 또는 자료	우리 집 물 도둑을 잡아라.
주요 내용	개발보다는 환경이 더 중요하다고 생각한다.
찬반 결정	반대
주제토론후 2차 글쓰기	저는 개발을 위해 환경을 파괴해도 되는 가라는 주제에 반대하는 입장입니다. 왜냐하면 우리에게는 환경이 도움을 많이 주고 우리가 그 도움을 받고 있기 때문입니다. 비록 저희가 편하게 사는 것은 좋겠지만 환경을 훼손하면 안 된다고 생각합니다. 그리고 개발을 하려면 환경한테 피해가 지 않게 해야 되고 여러 가지 환경 문제 중 특히 지구 온난화는 특히 가장 심합니다. 나무를 아끼면 우리가 숨 쉴 수 있는 공간이 넓어지기 때문에 환경이 더 중요하다고 생각합니다. 또 개발을 너무 심하게 해 주민들에게 까지 피해가 가면 그 주민은 마을을 떠나야 합니다. 그런 것은 주민에게 피해를 준다. 그 후 점점 오염이 심해지면 그 피해가 동물, 식물에게 까지 간다고 생각합니다. 그리고 만약 개발을 하다 망쳐 우리 모두가 불행 해 질 수 있고 행복을 가지려면 환경

	을 더 보존 하여야 합니다.
	환경은 우리나라 국민의 단단한 기둥이라고 생각합니다. 그렇기 때문에 개발을 차근차근 계속하다보면 우리나라가 사라지는 위기까지 올 수 있고 지금부터라도 개발을 줄이고 환경을 위해 힘쓰면 더 행복지수가 올라가고 절약 하는 국가 1위가 되는 대한민국이 되기까지 노력, 실천을 해야 됩니다.
	그리고 자신들이 편하게 사는 것을 위해 환경을 괴롭히는 건 좀 아니라고 생각하고 동물도 피해받기 때문에 환경을 보호해야 하고 더 아끼고 사랑하여야합니다. 일상생활에서도 양치질을 할 때 컵 사용 설거지통 사용 변기 페트병 물 채워서 넣기 이런 사소한 행동 하나하나가 환경을 위한 일입니다. 이렇게 계속 하면 미래의 대한민국은 달라질 것입니다. 환경 동물, 식물 사람 다 다르게 없는 것 같습니다. 좀 만 더 환경을 보존해 주세요.
	오늘 찬성과 반대의 입장을 나누어서 토론을 해 보았는데 서로의 입장 생각 왜 그래야 하는 까닭을 하면서 애기를 나누어 보니 더 값지고 의미 있던 시간 이였던 것 같고 다음에도 이런 시간을 가지면 좋을 것 같습니다. 또 다음 주에 하는 3차 토론과 3차 글쓰기를 책을 읽고 더 자세하게 써야겠다. 지금까지 저의 글을 끝 까지 읽어 주셔서 대단히 고맙습니다.
	환경을 조금만 더 보존하고 아끼고 사랑하는 대한민국 국민이 됩시다.
최종 찬반 결정	반대
최종 3차 글쓰기	환경보다 개발이 먼저인가의 대한 나의 생각은 반대 이다. 왜냐하면 환경이 저희에게 도움을 줘서 우리가 잘 살고 있다고 생각합니다. 또 개발을 하면 환경이 도움을 주는데 만약 자기가 파괴되면 슬프고 힘들 것 같다. 그리고 개발을 위해 정화시설을 만들다가 오히려 상황을 악화 시킬 수 있습니다. 지구온난화도 계속되면 우리가 불편하고 환경도 불편합니다. 그리고 계속 건물을 지으면 거기에 살고 있던 동물도 삶을 장담할 수 없게 됩니다. 비록 개발을 하면 우리가 찾지 못했던 편해지는 방법을 찾을 수도 있겠지만 개발을 하는 그 순간이 중요한 것입니다. 또 환경을 지키기 위한 실천을 하면 좋겠고 그러면 저희는 개발을 안 해도 개발을 한 것 보다 더 큰 수확을 얻을 수 있습니다. 개발을 하는 것도 좋을 수도 있지만 환경도 말을 하지 못하지만 삶의 일부분을 도와줍니다. 그래서 환경 이 더 중요 한 것이고 꼭 개발을 시켜야하는 것 입니까? 하지만 자기가 편하다고 환경만 지키자는 행동은 옳지 못한 것입니다. 그 이유는 자기가 어려운 상황에 처해 아무것도 먹지 못하고 치면 다른 나라가 우리나라를 개발 시켜주어서 환경을 피해 받게 하고 나만 편하게 산다

	는 것은 이기 적인 행동입니다. 하지만 자기가 환경이 되어 나를 개발 시키면 슬플 것 같지 않습니까? 　이런 상황 때문에 개발은 적절히 조절해서 하자는 것입니다. 만약 지금부터라도 환경을 위해 힘쓴다면 지금의 대한민국이 아닌 더 깨끗하고 더 살기 좋은 대한민국이 될 수 있을 것입니다. 도 환경만이 아니고 물, 흙 공기도 피해 받지 않게 하면 더 좋을 것 같습니다. 거기에다가 1년 동안 베는 나무의 양도 어마어마하게 큰 한반도의 양 이라고 합니다. 계속 이런 식으로 개발을 하게 된다면 더 심해지고 나중에 환경을 되돌리기 어려워 질 수 까지 있는 상황이 될 겁니다. 그래서 제 생각 은 개발을 하지 않았으면 합니다. 　오늘 토론을 해보았는데 반대의 입장, 찬성의 입장을 해보니 환경, 개발 둘 다 중요하다고 생각하고 선생님께서도 같이 하니까 더 많은 지식을 얻게 된 것 같고 다음에도 이런 토론을 했으면 좋겠다.
글쓴이	# 유창성
읽은 책	지구사용 설명서
주요 내용	환경이 망가지면 생기는 일
내가 정한 토론 주제	1)2060년까지 재생에너지로 우리가 필요한 충분한 에너지를 생산할 수 있을 것인가?
1차 글쓰기	나는 환경과 개발 모두 중요하다고 생각한다. 왜냐하면 환경과 계발 둘 다 중요하기 때문이다. 　일단 환경이 중요한 이유는 우리가 위험수중에 도달했기 때문이다. 일단 그것은 많은 지표들을 통해서도 알 수 있는데 일단은 바닷물의 높이가 계속 연간 5센티미터 정도 올라가고 있다고 하기 때문이다. 또한 어떤 지역은 올라간 해수면 때문에 물에 잠긴 지역도 있고 대기상의 이산화탄소의 비율도 현제 2퍼센트 정도 있으면 좋은데 그것이 이제 넘어서 조금만 더 높아지면 열도 잘 빠지지 않고 안에 있는 열들 때문에 많은 문제가 생기고 지구의 온도를 유지해 주는 역할을 하는 빙하나 그러한 것들이 망가지면서 지구온난화는 가속화 되고 그러다가 지구는 대 재앙을 겪게 된다는 것이다. 이렇게 많은 이유로 현재 지구는 여러 가지 어려움을 겪고 있기 때문에 나는 환경을 선택할지 고민 하고 있다. 　내가 개발을 고민하고 있는 이유도 있다. 지금 세계가 환경을 훼손하면서까지 개발을 하는 이유는 여러 가지 이유가 있다. 일단은 그런 것을 해야지 발달을 할 수 있기 때문이다. 나는 이것은 어쩔 수 없는 일이라고 생각한다. 이것은 우리가 좀 더 넓은 세계로 나가기 위한 과정이라고 생각한다. 또한 이러한 개발을 안 하면 개발을 해서 얻을 수 있는 여러 가

	지가 줄어든다. 예를 들어서 재생 에너지이다. 현재 재생에너지는 전 세계적으로 20퍼센트를 약간 넘게 쓰는데 50년 후에는 석유나 지하자원이 사라진다고 한다. 그렇게 되면 80퍼센트의 에너지가 부족한데 현재 하는 기술로는 재생에너지가 효율이 안 좋기 때문에 한 2배는 효율이 나아진다. 또 여러 가지 개발이 필요하기 때문에 나는 이러한 것이 꼭 필요하다고 생각한다.
읽은 책 또는 자료	최열 아저씨의 우리 환경 이야기
주요 내용	땅
찬반 결정	반대
주제토론후 2차 글쓰기	저는 환경보다 개발이 먼저인가라는 주제에 반대합니다. 왜냐하면 개발을 하면 많은 자연이 파괴되기 때문이다. 일단 골프장에 예만 들어도 이 사실은 증명된다. 일단 골프장 1개를 지으려면 산을 아주 많이 파괴해야하고 그 과정에서 많게 는 수백 종의 동물들이 살 자리를 잃어버리고 그중 대다수가 죽음을 맞이하기 때문이다. 또 그러한 개발들은 근처의 주민들에게도 상당한 피해를 입힌다. 일단 골프장에서 나오는 더러운 물만 무려 하루에 1300톤이 넘는다고 한다. 이 더러운 물들은 그 근처 주민들에게로 간다. 보통 골프장은 시골에 지어지는데 골프장에서 나오는 폐수가 농사에 써야할 물들을 더럽히고 또 주위의 물들을 오염시키니까 시골 주민들은 당연히 시골을 떠나야만 해야 하는 상황이 되고 만 것이다. 상황은 그곳에서 멈추지 않고 더 나아가서 바다도 오염 시키고 어부들의 생계도 위협 한다. 즉 자연은 하나가 망가지면 다른 것 또한 망가진다는 것이다. 이렇게 개발을 해서 한가지의 자연이 파괴되고 그것이 다른 자연과 사람들에게 피해를 주는 예는 이것이 끝이 아니다. 일단 공장을 짓는다는 가정을 해보겠다. 일단 공장에서 나온 더러운 폐수들은 어디로 갈까? 환경을 위해서 친환경적으로 많은 돈을 투자해서 친환경적으로 처리할까? 아니다. 우리 정부에서는 폐수를 처리하라고 시설을 만들었으나 톤당 무려 8만원에서 12만원이나 된다. 또 그 수 또한 극히 소수로 10계도 되지 않는다. 반면 넘치는 비공식 업체에서는 돈을 2만원에서 3만원을 받는다. 비공식 업체가 훨씬 싼 것이다. 그러니 비공식 업체에서는 그 싼 돈으로 폐수들을 강에 버리거나 땅에 묻는다. 이렇게 되면 일단은 강이 오염되고 강이 오염되면 바다도한 오염이 된다. 이러면 바다와 강은 자정 능력을 잃어버리고 점점 더 오염의 속도와 심각성은 높아진다. 또 공장에서 나오는 연기는 오존을 파괴하고 그러면 빙하가 빨리 녹는다. 그렇게 되면 태양빛을 반사해주는 빙하가 사라지니 당연히 지구온난화는 빨라진다. 이것

은 우리가 이름을 지어준 2000개의 빙하들 사이에 12개 빼고는 모두 작아지고 있다는 연구결과도 있으니 그 사태의 심각성을 알려준다. 또 그렇게 되면 여러 가지 환경문제가 더욱더 심해지므로 굉장히 안 좋은 문제이고 모두다 연결이 되어있으므로 점점 더 문제가 심각해 질 수 있다는 것을 뜻한다.

마지막 예는 산성비 이다. 일단 산성비가 내리면 나무들은 말라죽는다. 그렇게 되면 공기가 나빠지고 그러면 앞에서 말한 것과 똑같은 문제가 생긴다. 앞에서 말한 듯이 지구 온난화가 빨라지고 다른 문제들도 많이 생긴다. 그중 문제가 공기인데 공기가 나쁘면 그곳에 있는 물 또한 나빠진다. 그 말은 물이 나쁘면 공기도 나쁘다는 말이다. 이러한 문제가 생기 면은 이 문단의 가장 앞에서 말한 듯이 산성비가 전보다 더 심해지고 또 그렇게 되면 앞에서 나온 듯이 많은 문제가 생긴다.

환경오염도 아주 큰 문제이지만 큰 문제는 아직도 남아있다. 일단 그중 1개는 자원이다. 그중에서 나는 일단 나무를 그 예로 삼아보겠다. 일단 개발을 하기위해서 필요한 나무는 우리의 생각보다 훨씬 더 많이 있다. 일단 그 증거로는 일단 2000년도 되기 전에 세계에서 개발을 위해서 숲을 아주 많이 배는데 그 크기가 우리 한반도 만하다고 한다. 이렇게 되면 그 앞에 생길 일은 앞에서 말한 것과 거의 다를 것이 없을 것이다. 이 말은 즉 모든 환경문제들은 서로 만나서 아주 거대한 문제들이 되고 더 심각하고 대처하기 어려운 문제들이 되므로 아주 거대한 문제들이 차근차근 나타난다는 말이다.

또 마지막으로 내가 환경이 개발보다 먼저라고 생각하는 이유는 환경은 한번 망가지면 복구는 아주 힘들고 동식물들은 한번 멸종하면 되돌리는 것은 불가능하기 때문이다. 또 일단 1종의 새만 멸종해도 곤충은 90종 이상 식물은 35종 물고기는 23종 가량이 함께 멸종한다고 한다. 그러므로 단 1가지 종만 멸종해도 생태계에는 아주 큰 변화가 생긴다는 말이다.

나는 이러한 이유로 개발보다 환경이 먼저라고 생각한다. 왜냐하면 앞에 내용처럼 한 가지 환경이 파괴되면 또 다른 환경들이 연이어서 파괴가 되므로 그 당시에는 어느 정도 괜찮지만 시간이 지나면서 그것으로 인하여 더 많은 것 들이 파괴되기 때문이다. 환경이 좀 더 나빠지지 않으면 좋겠다.

최종 찬반 결정	반대
최종 3차 글쓰기	저는 개발보다는 환경이 먼저라고 생각합니다. 왜냐하면 개발을 하면 환경이 파괴대기 때문입니다. 일단 어른들이 여가를 위해서 골프장이나 스키장을 짓는다고 하는데 일단 골프장을 지으려

면 그 곳에 사는 수백 종의 동물과 식물들이 죽기 때문이다. 이 동식물들은 수가 아주 많아서 이주 시키는 것은 거의 불가능 하고 또한 이주를 시킨다 해도 보금자리를 떠난 동물들은 거의 다 죽기 때문입니다. 또한 당연한 일이지만 우리는 이러한 시설을 이용합니다. 이것은 누구나 당연하게 생각할 일입니다. 골프장은 그래서 하루에도 수백에서 수천 톤의 폐수들을 배출합니다. 그러면 그 근처의 주민들은 모두 거대한 피해를 본다. 골프장의 경우 골프장에서 나오는 폐수 때문에 그 근처의 주민들이 논사를 짓지 못해서 고향을 떠났다고 한다. 이건 즉 환경은 파괴대면 우리에게도 큰 피해를 준다는 것이다.

또 이러한 예는 공장에도 있다. 공장은 하루에 수천 톤의 나쁜 화학물질들을 배출하는데 일단 대기를 오염시키는 물질들은 농도가 아주 높아서 어떤 선생님은 공장 근처에서 일을 하시는데 공장에서 나오는 대기가스 때문에 후각을 잃게 되었다고 한다. 또 폐수들도 나오는데 이것은 우리나라에 마땅한 시설들이 없기 때문에 일부 업체들 말고는 거의 다 비공식 업체, 즉 나라에서 운영하지 않고 민간인들이 운영하는 업체가 처리하는데 이 업체들은 거의 다 돈을 2만원에서 3만원 이내라는데 이 업체들은 돈을 적게 받기 때문에 거의 다 강에 버리거나 땅에 묻는다고 한다. 또 이런 공장 역시 운영을 하는데 일단 자동차 공장만 해도 이때 자동차를 만드는 과정에서 자동차 한 대에 무려 한 사람이 삼년동안 사용할 양이라고 한다. 그러고 이렇게 환경이 오염이 진행되면 대기만 오염이 되는 것이 아니라 물도 오염되고 토양이 오염된다. 그리고 그렇게 되면 산성비나 그러한 문제들이 진행되고 그러면 숲이 파괴되고 그러면 공기도 오염되고 물도 오염된다. 그러면 당연히 그 전에 있었던 일들이 더 심해지고 많아지게 되고 점점 그 속도도 빨라질 것이다. 그러니 나중에 환경을 다시 살릴 수 있다 던지 아니면 더 좋은 환경을 만들려면 개발이 필요하다든지 그러한 말들은 과학 기술은 발달한 상태이고 문제의 수준은 지금의 수준과 같은 정도에서 보고 있으므로 환경을 다시 되살리는 것은 사실상 불가능 하지만 가능하다고 해도 지금은 그때의 기술로 가능하다고 하지만 그때의 환경 오염정도로 생각하면 그때의 기술로도 불가능 하고 그때는 더 어려울 것이다. 그러면 점점 더 힘들어 질것이고 그러면 그 끝은 결국 인류의 멸망일 것이다.

이렇게 개발을 하면 우리가 더 피해를 보는 예를 정확히 딱 한 가지만 말하겠다. 일단 우리는 간척 시설을 만드는데 그러면 결국 갯벌이나 그러한 자연환경이 파괴 대는데 그러면 그곳에 사는 많은 동물들이 죽고 또 많은 폐수를 처리해 주는 정화시설이 사라지는 것 과 똑같으므로 그러한

	간척사업은 안 좋다고 생각한다. 그리고 그 피해는 정화설이 사라지는 것과 똑같으므로 피해가 다른 것 보다 직접적으로 다가올 것이라고 생각한다.
	이러한 개발은 단지 환경이 파괴만 피해가 아닐 수 있다. 일단 개발을 하면은 나무가 많이 필요한데 그래서 우리가 파괴하는 숲의 크기는 무려 우리의 한반도의 크기와 비슷하고 또 지구의 허파라고도 불리는 아마존은 무려 1년에 17만 제곱킬로미터라고도 한다. 이렇게 되면 당연히 많은 동물과 식물들이 죽는데 동식물들은 1만 파괴대도 먹이사슬에는 아주 큰 문제들이 된다. 일단은 식물 1종이 멸종하면은 곤충은 90종 식물은35종 물고기는 23종 가량 함께 멸종한다.

글쓴이	정승진
읽은 책	지구가 큰일 났어요
주요 내용	동물들이 환경에 대해 회의하는 데 환경을 되살리기 위해 어떤 노력을 해야 하는 지에 대해 회의한다.
내가 정한 토론 주제	1)환경을 되살리기 위해 개발을 멈추어야하나? 2)환경을 유지시켜야 하는가?
1차 글쓰기	저는 환경보다 개발이 먼저라고 생각하지 않는다. 그러니까 정리하면 환경이 더 중요 하다고 생각한다. 왜냐하면 지금도 환경이 파괴되고 있는데 이대로 계속 파괴한다면 지구에 있는 무엇이든 간에 파괴되고 멸종할 것이다. 내가 읽은 책 중에서 놀랍고 위험한 내용이 있었다. 그것은 바로 1분에 축구장 50개정도의 나무들이 파괴된다는 것인데 그 나무들은 우리가 사용하고 있는 종이와 나무젓가락 등에 여러 가지 나무로 만든 것들이 너무 낭비해가면서 사용하고 있다는 것이 원망스러웠다. 이처럼 여러 가지 문제가 있는 데 또 하나의 예를 들어보겠다. 만약 쉬지 않고 개발을 하게 된다면 이산화탄소가 우리의 대기를 막게 되고 그러면서 태양의 열은 지구에 들어오게 되고 열이 빠져나가는 대기에 이산화탄소가 막혀있어 열이 잘 빠져나가지 못하여 지구의 온도가 올라가게 된다면 사막이 늘어나고 그럼 식물이 말라죽게 되고 우리 모두 굶어죽게 된다. 그리고 지구의 온도가 올라가서 북극과 남극에 빙하가 녹아 펭귄과 북극곰이 살기 힘들어 지고 빙하가 녹아 해수면이 올라가서 낮은 지역의 도시들이 바다의 잠기게 되서 땅이 줄어든다. 그리고 아무리 친환경적으로 개발을 한다고 해도 이산화탄소가 가끔 나오기 때문에 우리가 흔히 이야기하는 지구온난화가 발생하여 결국 환경을 파괴하는 것이기 때문에 개발보다 환경이 더 먼저라고 생각한다.
읽은 책	최열 아저씨의 지구촌 환경이야기. 환경과 개발에 대한 조사 자료

또는 자료	
주요 내용	환경 문제에 관한 내용
찬반 결정	반대
주제토론후 2차 글쓰기	저는 환경보다 개발이 먼저라고 생각하지 않는 다. 그러니까 정리하면 환경이 더 중요하다고 생각한다. 왜냐하면 지금도 환경이 파괴되고 있는 데 이대로 계속 파괴한다면 지구에 있는 무엇 이든 간에 파괴되고 멸종할 것 이다. 내가 읽은 책 중에서 놀랍고 위험한 내용이 있다. 그것은 바로 1분에 축구장 50개정도의 나무들이 파괴된다는 것인데 그 나무들은 우리가 사용하고 있는 종이와 나무젓가락 등에 여러 가지 나무로 만든 것들이 너무 낭비해가면서 사용하고 있다는 것이 원망스러웠다. 이처럼 여러 가지 문제가 있는데 또 하나의 예를 들어 보겠다. 만약 쉬지 않고 개발을 하게 된다면 이산화탄소가 우리의 대기를 막게 되고 그러면서 태양의 열은 지구에 들어오게 되고 열이 빠져나가는 대기에 이산화탄소가 막혀있어 열이 잘 빠져나가지 못하여 지구의 온도가 올라가게 된다면 사막이 늘어나고 그럼 식물이 말라죽게 되고 우리 모두 굶어 죽게 된다. 그리고 지구의 온도가 올라가서 북극과 남극에 빙하가 녹아 펭귄과 북극곰이 살기 힘들어지고 빙하가 녹아 해수면이 올라가서 낮은 지역의 도시들이 바다의 잠기게 되서 땅이 줄어든다. 그리고 아무리 친환경적으로 개발을 한다고 해도 이산화탄소가 가끔 나오기 때문에 우리가 흔히 이야기하는 지구온난화가 발생하여 결국 환경을 파괴하는 것이다. 그리고 알루미늄 캔 1개를 재활용 하는 데 사용되는 에너지가 무려 텔레비젼을 3시간씩이나 볼 수 있다고 한다. 내가 조사한 바에 따르면 1990년대 우포늪 주변의 논을 쓰레기 매립장으로 만들려고 하였다. 그러나 매립장을 만들지는 못하였다. 왜냐하면 우포늪의 가치와 중요함을 아는 환경단체 시민들이 격렬하게 반대를 했기 때문입니다. 만약 우포늪 주변의 논을 쓰레기 매립장으로 만들어버렸다면 우리나라 최대의 자연습지를 영영 잃어버렸을 것 이라고 생각합니다. 그리고 내 생각을 정리하면 정말 환경은 부메랑처럼 우리가 파괴한 만큼 되돌아온다고 생각합니다. 그리고 환경은 파괴하는 데는 정말 적은 시간이 걸리지만 다시 되돌리는 것은 오랜 시간이 걸리기 때문입니다. 그래서 저는 환경보다 개발이 먼저인가에 대해 반대합니다.
최종 찬반 결정	찬성
최종 3차 글쓰기	저는 환경보다 개발이 먼저인가? 에 대한 주제에 찬성합니다. 저는 원래 반대, 즉 환경이 먼저라고 생각했습니다. 하지만 오늘 토론을 통해 느

겼습니다. 저의 주장은 환경보다 개발이 먼저인가? 에 대한 주제에 찬성합니다.

우리는 편리하고 더 나은 삶을 영위하기 위하여 계속해서 개발을 해왔습니다. 그리고 현재 개발이 중요한 이유는 나라의 경제 성장을 위한 것입니다. 예를 들면 ,친환경적인 수소연료전지, 태양열 발전 등은 환경을 위한 것과 동시에 세계시장 속에서 경쟁력 있는 기술입니다. 요즘 같은 자유 시장 경제체제에서는 가치 있는 상품을 많이 개발해야 살아남을 수 있으므로 기술 개발은 중요한 것이기 때문에 개발이 먼저라고 생각합니다.

우리는 항상 다른 입장으로 생각했습니다. 그러나 그것을 당장 바로 앞에 일이라고 생각한다면 상황은 충분히 달라질 수 있습니다.만약 여러분들이 아프리카 같은 어려운 나라에 살고 있습니다. 그리고 여러분에 가족들은 지금 배고픔과 힘든 것들에 시달리고 있습니다. 그런데 개발이 잘된 한 나라가 개발을 해준다고 합니다. 그 개발을 한다면 배고픔과 힘든 것을 극복할 수 있습니다.

저는 오늘 토론을 하기 전까지 다른 입장에서 생각했었습니다. 하지만 저라면, 제가 이 상황에 당장 처해 있다면 저는 개발을 할 것입니다. 그래서 저는 오늘 제 주장이 바뀌었습니다. 우리가 미래의 일로 생각하지 말고 지금의 일로 생각하여 우리가 지금 당장 필요하다고 생각하는 데도 제 생각에는 개발을 하지 않는다는 사람은 없을 거라고 생각합니다. 물론 환경도 중요하고 필요합니다. 하지만 지금 환경이 파괴되고 있습니다. 그냥 보고만 있다면 안 됩니다. 차라리 환경이 파괴되면서 개발을 하는 게 좋다고 생각합니다.

최종적으로 환경보다 개발이 먼저인가? 에 대한 주제에 찬성합니다.

글쓴이	김가영
읽은 책	열 두달 환경달력
주요 내용	정부의 대처 자연재해 후 일어나는 인간들을 상황들
내가 정한 토론 주제	1)오직 인간을 위해서 자연을 파괴해도 되는가? 2)인간들은 빌eld과 건물을 짓기 위해 자연을 파괴해도 되는가?
1차 글쓰기	저는 환경보다 개발이 먼저인가? 에 저는 중립 이라는 말을 해드리고 싶습니다. 왜냐하면 개발은 우리에게는 빌딩과 돈을 벌 수 있는 수단이기 때문입니다. 우리가 만약 개발이 없었더라면 우리는 건물에서 생활을 하지 않고 아파트에서 생활하지 않고 우리는 땅바닥에서 살 수 있을 것인가를 생각해 본다면 만약 개발을 하지 말아야 한다 측이 이긴다면 더 이상의 아파트 더 필요한 건물 들을 짓지 않는다면 인구 밀집 현상이 생겨서

우리는 살기가 힘들 것입니다. 하지만 개발을 해야 한다 측이 이긴다면 개발을 계속한다면 환경은 파괴되고 결국 우리는 산소호흡기나 마스크에 의지해야 할 시기가 올 것입니다. 저는 이 주제에 관해서 찬성 반대 측으로 섣불리 나설 수 없습니다. 둘 다 포기하면 안 되는 것이 있고 포기해야 할 것 도 있기 때문에 저는 중립이라는 말씀을 드립니다. 저는 개발은 우리 생활을 편리하게 만들어주기도 하지만 그런 공간을 만들 때 훼손되고 피해를 보는 나무들과 동물들을 보면 당장 개발을 멈추어야 한다고 생각하지만 개발을 멈춘다면 우리 생활이 불편해질 것이고 또 개발을 안 하자니 경제금액이 문제라고 생각하니 저는 찬성과 반대를 따로 나눌 수 없다고 생각합니다. 하지만 저희 동네는 양로원이 있는데 어르신들이 쉴 수 있게 발전금액을 모아모아서 만들어서 그런지 최신 텔레비전과 정수기 화장실 등이 뛰어납니다. 요즘 동일중학교도 발전금액을 모아서 강당과 복도 옥상 등을 수리한다고 합니다. 하지만 저는 이 개발들이 저는 좋은 것인가 아닌가를 구분 지을 수는 없지만 저의 오늘 생각은 중립입니다.

읽은 책 또는 자료	열두달 환경 달력
주요 내용	환경에 대한 피해에 대한 이야기
찬반 결정	반대
주제토론후 2차 글쓰기	저는 환경보다 개발이 먼저인가? 라는 주제에 반대합니다. 왜냐하면 저는 "서해안 새만금 간척 사업"의 예를 들겠습니다. 갯벌은 10만 명이 쓴 오염된 물을 걸러낼 수 있는 능력을 가졌습니다. 하지만 새만금 갯벌에 물을 가두는 물막이 공사를 하자, 조개들과 새들이 죽음을 당하고 바닷물이 간장처럼 변했다고 합니다. 우리는 이 좋은 갯벌을 개발로 인해 해치고 있었던 것입니다. 저는 이러한 이유로 환경보다 개발이 먼저인가 라는 주제에 반대 합니다. 오늘 토론을 하면서 심판 역할을 해보았는데 정말 말을 잘해서 깜짝 놀랐습니다. 1차 글쓰기 때는 중립의 의견이었지만, 책을 읽어보고 자료를 찾아보니 반대의 의견으로 기울어지는 것을 느꼈습니다. 모둠끼리 같이 토론을 할 때 말을 많이 하고 싶었지만 생각이 정리가 안돼서 말을 더듬고 제대로 말을 하지 못할까봐 말을 잘하지 않고 토론에 잘 참여 하지 않았습니다. 다음에는 자료준비를 더 철저하게 해서 말을 좀 더 잘할 수 있도록 노력하겠습니다.
최종 찬반 결정	반대
최종 3차 글쓰기	저는 환경보다 개발이 먼저 인가? 이란 주제에 반대합니다. 왜냐하면 일단 환경은 한번 파괴 하면 다시 되살리기가 어렵습니다.

나무를 배면 한순간처럼 쉽게 베이지만 다시 그 나무가 복원 되는 데에는 약50년이란 시간이 걸립니다. '개발'이라는 경제 수단에 눈이 멀어서 환경을 계속 파괴하고 헤치면 결국 우리에게 부메랑처럼 돌아오고 말 것입니다. 그리고 '서해안의 새만금 간척 사업'을 예로 들겠습니다. 갯벌은 10만명이 쓴 오염된 물을 걸려낼 수 있는 능력을 가졌습니다. 하지만 우리는 새만금에 물을 가두는 물 막이공사를 하여 조개들과 새들이 떼죽음을 당하고 바닷물이 간장처럼 까맣게 변 하였습니다.저는 인간들의 욕심으로 개발을 하여 10만 명의 물의 걸려주는 갯벌을 개발로 인해서 우리는 갯벌을 파괴 하고 나무들과 다른 자연 환경을 해치고 있습니다. 아무리 개발을 하여 기술이 뛰어나 진다고 하더라도 그 개발을 하는 시간을 자연에 투자한다면 우리는 좀 더 깨끗한 도시 좀 더 깨끗한 나라에서 살 수 있을 것 이라고 생각합니다. 따라서 저는 환경보다 개발이 먼저 인가? 라는 주제에 반대합니다.

오늘은 마지막 토론인 3차 토론의 하였다. 마지막 결론 시간에 선생님께서 개입하셔서 결론의 말씀하셨습니다. 선생님께서는 다른 사람의 삶에 파고들어서 말씀 하셨습니다. 그러자 그런 말을 듣고 있는 정유빈님은 얼떨결에 찬성편의 들어주시고 마셨습니다, 정말 술술 말하는 그런 모습이 마치 앞에서 마술을 보는 것 같았습니다. 선생님의 말씀을 듣고 나자 나는 왜 저런 질문 방식의 발견 못했지? 라는 생각을 하였습니다. 이번 토론의 하면서 좀 더 토론 방식을 알아보고 또 좀 더 토론 방식을 더 찾아보아야겠다고 생각했습니다.

글쓴이	김수현
읽은 책	생명의 지혜
주요 내용	우리가 환경을 위해 알아야 할 것들과 이야기로 환경의 대해 알아보기
내가 정한 토론 주제	1)자연이 살아있다면 과연 우리에게 sos를 청할까? 2)우리 마음대로 건물을 지어도 될까?
1차 글쓰기	저는 개발이 먼저 라고 생각 합니다. 왜냐하면 환경은 없으면 절~대로 안 될 정도로 필요한 존재입니다. 그만큼 물론 우리가 환경을 지켜야지요. 하지만 환경만큼 개발도 중요합니다. 개발을 해서 우리의 생활이 좀 더 나아져야지 환경을 지킬 능력도 생긴다고 보기 때문입니다. 저는 환경도 개발도 엄청나게 중요 하다고 생각합니다. 그렇기 때문에 개발을 먼저라 생각 한 것 입니다. 일단 시급하거나 해야 하는 개발을 하고 우리가 환경에 대한 개발을 해서 우리도 환경도 좋게 살 수 있는 그런 연구 결과가 나오게 하는 것 이 좋다고 생각 합니다.

	당근을 심은 밭 이라고 생각 하자면 당근이 잘 자라기 위해서 옆에 있는 잡초를 뽑아 주어야 합니다. 이렇게 인간의 손길이 필요한 자연도 환경도 있습니다. 인간이 조금이라도 편해져야 환경을 가꾸고 다룰 힘이 생긴다고 생각하고 환경은 넓고 넓기 때문에 개발을 먼저 해도 시간이 많이 남을 것 같기 때문입니다.
또한 환경개발을 하려면 테스트도 해보아야 하고 기계나 도구가 필요하다 생각 합니다.그러니 환경을 더욱 잘 지킬 수 있게 개발을 하든 연구를 하든 하려면 우리가 더 수월 하게 더 편하게 쉽게 할 수 있도록 개발을 해야 한다고 생각 합니다.
또한, 사람은 개발을 원합니다. 그런데 오히려 악한 개발이 더욱 우리에게 깨우침을 알려줄 수 있을 거라 생각하기도 합니다. 개발을 계속하면 환경오염이 되기 마련입니다. 그러면 그것에 대하여 심각하게 고민을 할 것이고 그것의 대하여 많은 사람이 연구를 하고 자연을 환경을 복구 시킬 방법을 생각 해 낼 것 입니다.
그리고 그것의 대하여 힘듦을 알고 자연과 환경을 지키기 위해 더욱 노력을 할 수 있게 될 것 같습니다.게다가 환경복구에 성공을 했다면!!다음에도 개발을 하며 환경을 지키려 노력을 하게 될 것입니다.
그렇기 때문에 저는 개발이 먼저라고 생각합니다.
읽은 책 또는 자료	생명의 지혜
주요 내용	우리가 모르는 자연의 비밀
찬반 결정	반대
주제토론후 2차 글쓰기	저는 반대합니다. 왜냐하면 환경이라는 것은 인간도 포함한 이 세상 모든 것 이라 생각하기 때문입니다. 또한 무차별 적으로 개발을 하면 우리 인간도 멸망(전멸)한다고 생각하기 때문입니다. 혹시 고양이 섬 이야기 아십니까? 한번 무슨 이야기 인지 보시죠.
한 외딴 섬이 있었습니다. 그 섬에는 바퀴벌레가 매우 많이 있었지요. 그래서 그 섬의 원주민이 엄청난 살충제를 뿌렸습니다. 하지만 바퀴벌레는 쉽게 죽지 않았습니다. 죽은 바퀴벌레도 있었지만 과반수가 죽지 않았지요. 그런데 어느 날 이상한 일이 일어났습니다. 쥐가 모두 죽더니 고양이도 죽기 시작 했습니다. 알고 보니 살충제를 먹은 바퀴벌레를 쥐가 먹고 살충제를 먹은 바퀴벌레를 먹은 쥐를 고양이가 먹어버려 모두 죽은 것이지요. 몇 일후 고양이가 모두 죽자 쥐가 파도처럼 불어나기 시작 했습니다. 그래서 다른 나라의 고양이를 대리고 와서 섬에 뿌렸다는 이야기입니다.
이렇게 먹이 사슬의 한 곳 이라도 붕괴 되거나 파괴 되면 다른 생명체

	도 영향을 받을 것입니다. 그런데 우리가 계속 무차별 적인 개발을 하면은 우리 인간도 매연가스나 개발하며 나오는 화학물질, 쓰레기를 줄이기가 매우 힘이 들 것입니다. 그럼 쥐가 죽을 것 이고 다른 여러 동물도 죽을 것 이며 개발을 하면 사라지는 나무와 산소도 없어질 것입니다. 풀을 못 먹어 죽는 초식동물. 초식동물이 없어 죽는 육식 동물 과 같이 또 아까 말씀드린 고양이 섬 이야기도 같습니다. 모든 것은 소중하고 중요합니다. 없어서는 안 되는 존재입니다. 아까 마지막에 고양이를 뿌린 것처럼 우리는 지금 마음만 모으면 파괴된 자연을 돌아오게 할 수 있으면 좋겠습니다. 그렇다고 다시 파괴하지는 말고요. 하지만 개발을 하면 이 모든 것이 쉽게 죽습니다. 그럼 먹이 사슬도 끊어질 것 이며 우리 인간도 피해를 받을 것 이라 생각 합니다.
	저는 사람들이 많은 사람들이 마음을 모으면 환경이 좀 더 좋아지고 편해지고 아름답고 사랑 받을 수 있게 가꿀 수 있다 생각 합니다.정말 저는 환경을 생각 해 주시면 좋겠습니다. 환경은 우리의 생명줄 아닌가 싶습니다.
	환경을 가꾸고 잘 보살펴 주는 것이 우리의 행복 아닐 까요? 우리 좀 욕심을 덜어내었으면 좋겠습니다. 무차별 적인 개발은 그만~!!환경을 사랑해 줍시다.
	오늘 토론은 정말 즐거웠고 원래 제가 찬성 이였는데 다른 사람들의 의견을 듣고 마음이 바뀐 것 같다.
최종 찬반 결정	찬성
최종 3차 글쓰기	저는 찬성합니다. 왜냐하면 개발을 할 때 동식물을 다른 안식처로 옮기거나 동식물이 거의 많이 없는 곳에서 개발을 하면 된다 생각하기 때문입니다.
	또한, 반대편인 채은님이 지금도 많이 발전해 있는 상태라고 이제 더 이상 발전이 필요 없다고 하셨습니다. 하지만 우리가 개발을 멈추면 다시 다른 것들이 폐허해지고, 활용하기 어려워지기 때문입니다. 그리고 환경이라는 것이 자연 동식물만이 아니라 지금 우리들이 사용하는 책상, 의자도 환경 입니다. 예를 들어 우리가 학교에서 사용하는 책상의 다리는 쇠로 되어 있습니다. 이 쇠는 녹이 슬기 마련이지요. 그렇기 때문에 우리는 그 녹을 닦고 가꾸어야 합니다. 하지만 이 녹이 슬고 닦기를 계속 반복하다 보면 사람도 지치고 시간도 아깝고 그에 드는 비용도 아깝다고 생각합니다. 그를 더욱 편리하게 쉽고 빠르게 처리하기 위해서는 개발을 하는 것이 좋다고 생각하기 때문입니다.
	그리고 시급한 일을 먼저 개발해서 사람들의 생활을 좀 더 편하게 만들

어 자연개발에 더욱 참여할 수 있게 힘이 더욱 날 수 있게 되어야 한다고 생각합니다. 개발이라고 무조건 인간이 편해지는 것이 아닙니다. 개발을 하여 환경을 가꿀 궁리를 하면 일석이조가 아니겠습니까? 그런데 무턱대고 환경을 아무 준비도 없이 가꾸고 지키겠다고 하면 무슨 소용이겠습니까? 그리고 우리가 나무에 묶는 그 통나무와 밧줄도 우리가 무언가를 묶을 때 등 더 편리하라고 단단하게 여러 겹을 묶었습니다. 그것도 우리가 좀 더 안전하게 편리하게 사용 하라고 개발을 한 것입니다. 우리는 개발 속에 싸여있고 또 그 속에 살아야 한다고 생각합니다.

어떤 분은 개발을 하면서 자연피해의 대해 말씀하셨는데 지금 우리는 참 정말 자연에 대해 개발에 대해 신중하게 잘 생각 하고 있습니다. 또한 개발을 하면서도 자연을 지킬만한 그런 것 에 대해서도 열심히 연구하고 있고요. 사람들은 발전해 가고 있습니다. 이렇게 자연을 지키려 하더라도 어느 정도의 개발이 필요합니다.

만약 당신이 아프리카에 살고 있습니다. 영국에서 도와준다고 하였습니다. 개발을 좀 해 주어서 더 살기 편하게 해준다고 하였습니다. 그럼 그때는 부모님이 매우 아프시고 동생은 매일 웁니다. 그럼 그때 당신은 환경을 선택하시겠습니까?

글쓴이	**김승하**
읽은 책	내가 조금 불편하면 세상은 초록이 돼요
주요 내용	이 책에는 환경을 위해 실천법이 50가지가 나와 있다.
내가 정한 토론 주제	1)우리는 환경을 국보처럼 보전해갈 수 있는가? 2)우리는 환경한테 피해를 주어도 되는가?
1차 글쓰기	나는 환경이 먼저이다. 왜냐하면 개발을 하면 좋지만 개발을 하면서도 환경에게 피해를 줄 수 있다. 예) 산에 길을 설치하여 환경에 피해를 줄일 수 있고,시간을 오래 걸리지만 만약에 산을 부수고 그곳에 터널을 설치하면 환경을 거의 파괴시키는 것이다. 그리고 저는 환경을 먼저 생각한 이유는 우리는 일회용품, 스티로폼, 종이컵 등을 쓰고 있지만 그것이 결국은 환경을 나쁘게 하거나 악화를 시키게 해요. 그리고 이 모든 것들이 땅에 묻혀야 하는 사실을 알고 계십니까? 일회용품은 200년 이상을 땅에 묻혀있어야 하고, 스티로폼은 500년 이상을 땅에 묻혀야 합니다. 저는 땅도 솔직히 아깝다고 생각합니다. 제가 들은 이야기데 어느 나라에는 쓰레기들을 모두 태운다고 합니다. 그럼 그것도 좀 낭비이고 우리는 충분히 이 모든 것을 재활용할 수 있는 건데 재활용을 하지 않고 그렇게

하는지 궁금합니다.

그리고 우리는 지구를 실천할 수 있는 것이 더 많다고 합니다. 그런데 사람들은 이런 것을 신경 쓰지 않고 땅에 담배꽁초, 종이, 캔 등을 버립니다. 저는 이런 모습이 좀 싫습니다. 근데 저는 예전에는 쓰레기를 바닥에 버리곤 했습니다. 그런데 다시 한 번 생각을 하니 쓰레기를 버리지 않겠다고 약속했습니다. 그래서 예전에는 사람들이 바닥에 쓰레기를 버리길래 따라 버렸더니 그것이 오히려 제가 지구를 더럽히고, 북극곰을 멸종을 시키고, 땅을 오염 시키는 것이 북극곰에게도 미안하고 땅에도 미안한 마음이 들었다. 그래서 난 북극곰을 살리고, 땅도 살리고자 환경이 먼저라고 생각했습니다. 여러분 당신들도 아직도 쓰레기를 버리고 계십니까?

지금 바닥에 쓰레기를 버리고 있는 당신! 당신은 곧 처벌을 받게 될 것입니다. 왜냐 당신은 지금 버린 쓰레기가 북극곰을 멸종시키고 땅을 오염시키기 때문입니다. 단 하나만 지켜주세요. 분리수거는 꼭 분리해주시고 쓰레기는 쓰레기통에 버려주세요.

읽은 책 또는 자료	최열 아저씨의 지구촌 환경이야기
주요 내용	먹을거리와 물과 쓰레기의 관련된 이야기가 있다.
찬반 결정	반대
주제토론후 2차 글쓰기	저는 [환경이 개발보다 먼저인가?]에 반대합니다. 왜냐하면 개발을 먼저 하게 된다면 장단점이 있지만 개발로 인해 환경이 더 오염될 수 있기 때문입니다. 예를 들자면 여러분은 터널을 설치할 때 산을 없애서 짓는 것을 알고 계십니까? 저는 그래서 만약에 빨리 가야한다면 산을 없애서 설치하는 것은 좋지만 그것 때문에 오히려 환경이 파괴된다고 생각합니다. 그리고 우리나라는 더 이상 쓰레기를 버릴 곳이 없다고 합니다. 왜냐하면 다른 사람들이 아무데나 쓰레기를 버리고 있기 때문입니다. 저는 그리고 이 사실을 생각조차를 하지 않았습니다. 여러분들 이 사실을 아십니까? 우리나라 한 호수에서 새의 시체가 발견되었는데 그 새의 배에는 바로 라이터, 담배 등이 있었습니다. 저는 그 사실을 보고 징그럽기도 했지만 너무 불쌍하기도 했다. 왜냐하면 새들이 맛있는 것을 먹지 못하고 쓰레기를 먹는다는 것이 불쌍하다고 생각했다. 그리고 우리는 정말 좋은 발전을 해냈다. 무엇이냐 페트병을 녹이면 옷감이나 쿠션으로 탄생한다고 합니다. 그리고 타이어를 녹이면 벽돌로 탄생된다고 생각합니다. 그리고 스티로폼을 녹이면 멋진 액자 틀로 탄생된다고 합니다. 오늘 토론을 하면서 많이 느낀 것도 있다. 무엇이냐 저는 이전에 토론

	에서는 아무 말도 하지 않았고 그냥 다른 사람에게만 계속 넘겼는데 이번에는 말을 열심히 하고 토론을 열심히 하려고 노력했다. 나는 그 것에 대해 뿌듯하다. 그리고 환경은 우리의 삶의 터전이다. 그리고 우리에게 없어서는 안 될 존재입니다. 그리고 우리는 나무가 있어서 감사합니다. 왜냐하면 이산화탄소를 깨끗한 공기로 바꿔주기 때문입니다.
최종 찬반 결정	반대
최종 3차 글쓰기	저는 [환경보다 개발이 먼저인가?]에 반대합니다. 왜냐하면 개발로 인해 환경 점점 악화되고 무너져 가고 있습니다. 그리고 저는 환경을 한 번 파괴하면 되돌릴 수 없다고 생각합니다. 우리나라는 점점 환경을 무시하는 것 같습니다. 왜냐하면 우리는 개발을 우선으로 하려고 점점 환경을 무시해가는 것 같습니다. 그리고 저는 왠지 이런 생각도 했습니다. 우리는 환경을 생각을 하지 않고 무차별하게 개발을 하는 것 같습니다. 그래서 저는 이미 지금 현재 개발이 많이 된 상태니까 개발을 하지 않아도 된다고 생각합니다. 현재 우리가 버린 쓰레기는 우리의 목숨을 점점 빼앗아가고 동물들의 목숨도 빼앗아 간다고 생각합니다. 예를 들어 보겠습니다. 우리 공장에서 나오는 나쁜 공기들이 우리 깨끗한 공기를 없앤다고 생각해봅시다. 만약에 나무가 있을 때와 없을 때를 생각해봅시다. 나무가 있을 때는 우리는 살 수 있는데 나무가 없을 때는 살 수 없습니다. 이처럼 우리에게는 이 하나 나무가 무엇이냐고 생각하실 수도 있습니다. 저는 그런 생각을 버리고 이 하나가 우리는 살리는 건만으로도 고맙습니다. 개발하면 이 하나가 없어지는 것이랑 같습니다. 우리가 계속 쓰레기를 버릴 경우는 우리나라는 곧 쓰레기장보다 더한 그런 나라가 될 것입니다. 저는 그런 면에서 정말 슬픕니다. 그리고 우리가 살 수 도 없는 세상이 될 수 있습니다. 그리고 우리는 왠지 쓰레기를 줄일 생각을 하지 않는 것 같습니다. 오늘 토론을 하면서 느낀 점은 오늘 되게 좀 재미있었다. 오늘 다른 사람의 의견도 들어보고 선생님의 완벽한 의견도 들어서 왠지 기분이 꼭 뭔가 토론을 하는 기분이 들었다.
글쓴이	김채은
읽은 책	어린이 환경사전
주요 내용	환경보존을 위해 인간이 노력해야 하는 점 , 인간의 편의를 위해 파괴된 환경
내가 정한 토론 주제	1)인간의 편의를 위해 환경을 파괴시켜도 된다? 2)지금부터라도 노력하면 파괴된 환경이 돌아올 수 있는가?

1차 글쓰기	저는 환경보다 개발이 먼저인가 라는 주제에 대해 환경도 개발도 다 중요하다고 생각하는 입장입니다. 인간이 환경을 파괴시키지 않고 살아가면 좋겠지만 환경을 그대로 보존하고서는 인간이 살아가기 힘들 것 같기 때문입니다. 예를 들어보겠습니다. 주택부족으로 인해서 아파트 건설이나 주택을 건설해야하는 상황이 왔을 때 아파트를 짓기 적당한 장소를 찾아본 결과 산 위에 짓는 것이 적당하게 나왔다고 생각해보십시오. 산에 있는 나무를 다듬어서 라도 인간은 편의를 위해 그 곳에 건설할 것입니다. 그리고 자연을 그대로 보전하고서는 지금의 개발이 잘된 대한민국은 없을 것입니다. 하지만 환경도 우리 인간에게 필요하고 중요하다고 생각합니다. 환경이 없으면 우리는 맑고 깨끗한 공기를 마실 수 없게 되고 환경이 파괴되게 되면 지구 온난화 등 여러 가지 문제가 일어날 수 있기 때문입니다.
읽은 책 또는 자료	지구가 큰일 났어요
주요 내용	점점 파괴되는 환경
찬반 결정	반대
주제토론후 2차 글쓰기	저는 환경보다 개발이 먼저인가에 대하여 반대하는 입장입니다. 개발로 인하여 개발을 하지 않는 것 보다 더 큰 문제가 생길 수 있다는 것을 아십니까? 아무리 환경을 생각해서 개발을 하고, 환경을 지키기 위하여 개발을 하더라도 개발로 인해 환경은 파괴되고 환경을 지킨다는 목적으로 환경을 파괴하며 개발을 하는 것은 환경에 더 좋지 않다고 생각하기 때문입니다. 환경보존에 아무 문제가 없다는 것은 아닙니다. 환경을 지켜 개발하지 않으면 우리나라는 다른 나라에 비하여 발전되어 있지 않은 나라가 될 것입니다. 하지만 우리나라가 지금도 충분히 개발이 된 나라라고 생각합니다. 아프리카지역에 살고 있는 사람들을 생각해 보십시오. 우리나라보다 개발이 되어있지 않지만 그 나라의 나름대로 사람들은 웃으며 행복하게 살고 있습니다. 그런 나라도 있기에 우리나라도 이제 환경을 파괴하는 개발은 하지 말아야 한다고 생각합니다. 개발로 인하여 쓰는 나무가 한반도의 전체를 덮을 정도로 많이 사용하기 때문에, 환경에 도움 되는 개발은 없기 때문에, 개발을 하면 지구온난화가 생기고 오존층이 파괴되기 때문에 저는 개발보다 환경이 먼저라고 생각합니다.
최종 찬반 결정	찬성
최종 3차 글쓰기	저는 환경보다 개발이 먼저라는 주제에 대하여 찬성하는 입장입니다.

사람이 살아가려면 필요한 것이 환경입니다. 하지만 환경 안에서만 우리가 살아 갈 수는 없습니다. 개발을 하지 않고 환경만 지키며 살아가게 된다면 지금의 편리한 우리의 삶은 사라질 것입니다. 우리가 지금 살고 있는 아파트, 주택은 자연이 아니라 개발로 인하여 만들어진 것입니다. 현재의 우리나라는 예전부터 개발을 했었기에 개발이 되에 있는 곳이 많습니다. 하지만 우리나라만 편리하기 위하여 개발은 우리나라만 하는 것이 아니지 않습니까?

저는 그래서 우리나라를 개발시키는 것이 아니라 우리나라보다 개발이 필요한 나라를 개발해야 한다고 생각합니다. 지금 우리나라는 개발이 어느 정도 되어 있어서 우리가 편히 살고 있기 때문에 개발에 대한 관심 없이 개발에 대하여 좋지 않다라고 생각하는 사람들도 있을 것입니다. 하지만 우리나라는 개발이 되었으니 환경을 지킨다는 이유로 아프리카 지역에 있는 나라 사람들은 생각하지 않고 좋지 않다라는 생각 때문에 개발을 반대한다면 그것은 개발 된 나라 사람들의 이기적인 생각이 아니겠습니까?

사람이 살아가기 위해서는 무조건 환경만 지키며 살아갈 수는 없습니다. 환경보존 때문에 개발을 못한다고 할 것이 아니라 환경보존을 위해 분리수거, 일회용품 사용 줄이기 등을 실천하는 것이 더 나을 것이라고 생각합니다.

저는 환경보존도 중요하지만 어느 나라만 발전되고, 어느 나라는 발전되지 않은 그러한 이기적인 생각보다는 개발을 하여서 공정하게 개발을 하여서 함께 발전하는 모든 나라들이 되었으면 좋겠다고 생각합니다. 감사합니다.

글쓴이	**박유빈**
읽은 책	지구를 지키는 101가지 방법
주요 내용	지구를 지킬 수 있는 101가지 방법이 자세히 나타나있다.
내가 정한 토론 주제	1)나무를 많이 심어도 되는가? 2)환경은 해로운 것인가
1차 글쓰기	저는 개발보다 환경이 먼저라고 생각합니다. 개발은 언제든지 할 수 있지만 환경은 다시 돌이킬 수 없습니다. 우리만의 삶을 위해 환경을 파괴한다면 환경 또한 우리를 파괴할 수 있다고 생각합니다. 그리고 자신의 삶을 위해서만 환경을 파괴다면 저는 옳지 않은 생각 이라고 생각합니다. 그럼 자신이 나무, 꽃 등이 된다면 어떨지 입장을 바꿔서 생각해 보십시오. 사람들이 개발을 위해 자신을 해치려한다면 정말 억울한 일 일 것입니다. 우리가 자신의 미래를 위해 개발에만 힘쓰다가 환경이 파괴된다면 우리는 살 수 없을지 모릅니다. 환경이 없어진다면 자동차에서 나오는 매

	연을 누가 감당해 주겠습니까? 지금은 나무들이 매연을 감당해 주지만 환경이 없어진다면 우리는 살 지 못할 것입니다. 또한 환경이 우리에게 해 주는 일이 정말 많다고 생각합니다. 하지만 그런 환경에게 보답을 못해줄 망정 개발을 위해 파괴한다는 것은 말이 안 되는 일이라고 생각합니다. 지금까지 환경은 우리에게 많은 도움을 주었습니다. 하지만 지금 개발을 한다고 지구를 아프게 하고 있습니다. 그렇다면 지구의 미래는 여러분의 손에 달려있습니다 어떻게 행동하실 것 입니까?
읽은 책 또는 자료	지구를 살려줘, 병들어 가는 지구 어떻게 살릴까요?
주요 내용	지구를 지킬 수 있는 방법이 나와 있다.
찬반 결정	반대
주제토론후 2차 글쓰기	저는 환경보다 개발이 먼저인가에 대해 반대하는 입장입니다. 만약 무작정 발전하려고만 한다면 우리는 이 자리에 없을 수도 있습니다. 제가 생각하기 에 는 환경이란 우리가 살아가면서 많은 도움을 주는 정말 고마운 것이라고 생각 합니다. 하지만 그런 환경에게 보답도 못해줄망정 경제 성장을 위해서만 환경을 훼손하는 일은 정말 양심 없는 행동과 다름이 없다고 생각합니다. 지금도 환경은 많은 사람으로 인해 망가지고 있습니다. 이렇듯 점점 망가져가는 환경을 개발을 위해서 더욱 더 망가뜨린다면 환경은 없어질 것입니다. 환경이 없어진다는 것은 우리의 삶이 그만큼 어려워진다는 뜻입니다. 지금도 우리는 환경으로 인해 얼마나 도움을 받고 사는지 모릅니다. 우리가 깨끗한 숨을 쉴 수 있도록 도와주는 것 또한 환경이 도맡아 해주는 일입니다. 환경을 위해서 해줄 수 있는 방법은 여러 가지가 있습니다. 예를 들어 일회용 사용을 줄인다. 에너지를 절약한다. 등이 있습니다. 이렇게 생활 속에서 쉽게 실천할 수 있는 일들을 조금씩만 실천한다면 환경은 행복해질 것 입니다. 그리고 우리 주변에 살아 있는 것들은 모두 환경입니다. 하지만 개발로 인해서 우리 주변에 살아있는 것들이 훼손된다면 얼마나 끔찍한 일인지 모릅니다. 그러므로 개발보다 환경보존을 우선 시 해야 된다고 생각합니다. 오늘 토론을 하면서 찬성 측에서 반론을 잘하셔서 찬성 측으로 넘어 갈 뻔 하였고 반대 측에서 근거를 잘 말하셔서 2차 글쓰기를 하는데 도움이 되었다.
최종 찬반 결정	반대
최종 3차 글쓰기	저는 환경보다 개발이 먼저인가에 대해 반대하는 입장입니다. 자신의

이익과 경제 성장을 위해서만 환경을 훼손한다면 우리는 이 자리에 없을 수 있다고 생각합니다. 환경은 우리가 살아가면서 많은 도움을 줍니다. 지금도 우리는 환경에게 많은 도움을 받으며 살아가고 있습니다. 환경이 파괴된다면 우리에게 가장 중요한 공기도 없어질 것입니다. 이렇듯 환경이 없으면 우리도 없어집니다.

하지만 이런 많은 도움을 주는 환경에게 보답도 못해줄 망정 개발을 하는 데에만 힘쓴다면 그것은 환경에게 양심 없는 행동이라고 생각합니다. 하지만 지금도 환경은 많은 사람으로 인해 망가지고 있습니다. 이렇게 점점 망가지고 있는 환경을 개발을 한다고 훼손한다면 정말 나중에는 환경이 우리를 파괴 할 수 있다고 생각합니다. 환경이 우리를 파괴하기 전에 생활 속에서 쉽게 실천할 수 있는 일들을 조금씩만이라도 실천한다면 환경과 사람이 서로 서로 도움을 주며 살아갈 수 있을 것입니다. 하지만 환경보존을 위해서만 힘쓴다면 다른 나라에 비해 개발되지 않은 나라가 될 수 있지만 우리나라는 아프리카나 필리핀 같은 지역에 비해서는 많이 개발이 되어 있다고 생각합니다. 또한 개발로 인해 피해 받은 지역이 많습니다. 점점 망가지는 환경을 되살릴 수 있다면 벌써 개발을 했을 것입니다. 하지만 환경을 보존하면서 개발을 하면 힘들기 때문에 아직 개발이 많이 실행되지 않았습니다. 자신이 환경이 되어본다면 환경의 마음을 이해할 수 있을 것입니다. 오로지 자신의 삶을 위해서 개발에 힘쓴다면 언젠가는 환경도 자신만의 삶을 위해 우리를 파괴 시킬 것입니다.

그러므로 저는 개발보다 환경보존을 우선 시 해야 된다고 생각합니다. 그렇다면 지구의 미래는 여러분의 손에 달려있습니다. 어떻게 행동하실 것 입니까?

글쓴이	박초언
읽은 책	지구를 살리는 101가지 방법, 지구를 살려 주세요.
주요 내용	우리가 지구를 파괴시켜도 되는가?
내가 정한 토론 주제	1)환경을 파괴해도 되는가? 2)환경이 숨을 쉬고 있다면 환경을 더럽히는 것은 사람을 괴롭히는 것과 마찬가지일까?
1차 글쓰기	나는 환경보다 개발을 먼저 한다는 것에 반대한다. 그 이유는 환경보다 개발을 먼저 생각한다는 것은 지구에 사람을 살지 못하게 만든다는 것과 마찬가지인 것 같기 때문이다. 왜냐하면 개발을 한다는 것은 환경을 파괴하는 것과 마찬가지라고 생각하기 때문이다. 물론 환경을 파괴한다는 것은 사람들을 지구에서 살지 못하게 한다는 뜻과 같기 때문이다. 환경이 없으면 자원들이 하나 둘씩 없어지기 때문에 음식, 나무들이 없어진다. 그

	러면 사람들은 음식을 구하기도 힘들 것이다. 나무 1그루에서 나오는 깨끗한 공기를 마실 수 있는 사람은 최대 12명부터 15명 정도이다. 우리가 개발을 하면 가게도 생길 것이고 여러 가지 환경이 점점 없어질 것이다. 그렇기 때문에 만약 개발을 하는 것이 계속해서 늘어난다면 우리의 생활이 어려워 질 수도 있다. 마지막으로 개발을 한다는 것은 우리들을 삶속에서 버린다는 것과 마찬가지 인 것 같다고 생각한다. 그렇기 때문에 환경을 파괴해서도 안 되고 건물들을 개발해서도 안 된다고 생각한다.
읽은 책 또는 자료	누가 우리 엄마 지구를 아프게 하나?/지구를 살려 주세요
주요 내용	환경을 파괴하면 안 된다.
찬반 결정	반대
주제토론후 2차 글쓰기	〈나는 환경보다 개발이 먼저 인가?〉라는 토론 주제의 반대 한다. 그 이유는 환경이 사라지면 우리는 지금 쯤 이 세상에 없었을 수도 있다. 그리고 우리가 점점 개발을 더 많이 하면 이산화탄소 등 여러 가지의 우리의 몸에 해로운 것이 나올 것 이다. 그런데 그런 것 도 모르고 사람들은 개발을 점점 더 많이 하고 있다. 그 것 때문에 우리는 숨을 쉴 때 마다 우리의 몸에 그런 것 이 들어온다. 그런데 우리는 그런 것 도 모르고 개발을 점점 많이 해서 우리만 나빠질 수 있기 때문이다. 　혹시 여러분은 아십니까? 우리나라의 축구장 하나를 만들기 위해서 나무는 몇 개가 들어갈까요? 그리고 이것은 이 내용에 상관이 없는 일 일 수도 있는데 한 쓰레기 산이 있었습니다. 그런데 그 산에서 한 꽃이 피어 있었다고 합니다. 그것처럼 자연은 살려고 아니 살고 싶어서 발버둥 치는데 그것을 저희가 막고 없애고 그런 식으로 자연을 괴롭히면 결국 부메랑처럼 돌아올 것입니다. 그렇기 때문에 저는 자연을 없애면 안 된다고 생각합니다.
최종 찬반 결정	반대
최종 3차 글쓰기	저는 〈환경보다 개발이 먼저인가?〉의 토론주제의 반대 합니다. 왜냐하면 환경보다 개발을 먼저 하면 우리의 삶이 불편해지고 위험해 질 것입니다. 만약 우리가 개발을 지금 계속 하고 있다면 우리는 아마도 지금 이 자리에 없었을 수도 있었습니다. 왜냐하면 개발을 하면 나쁜 이물질 예를 들어 이산화탄소 등 여러 가지의 이물질들이 나올 것입니다. 그러면 우리가 숨을 쉴 때, 밥을 먹을 때, 놀 때 그 이물질 들이 저희들의 몸에 들어와서 병에 걸리게 하고 여러 가지를 힘들게 괴롭힐 것입니다. 그런데도 계속 개발을 한다면 그건 어리석은 짓입니다. 　우리가 환경을 아끼고 사랑한다면 개발보단 오히려 환경을 보호하고 사

랑하는 것이 옳은 것일 겁니다. 그리고 개발을 하더라도 환경에게 도움을 줄 수 있는 그런 것을 만드는 것 이 우리도 도와주고 환경도 도와주는 것 이라고 생각합니다. 혹시 그런 말을 들어 보셨나요? 돌다리도 두들겨 보고 건너라 제가 그 말을 환경과 관련 되어서 말해 보겠습니다. 환경도 두들겨 보면 안은 텅 비어있습니다. 이 말을 설명해 보자면 환경도 두들겨 보면 안은 텅 비어 있습니다. 이 말의 뜻은 환경이 개발 때문에 마음이 아파서 마음에 상처가 나서 안이 텅 비어있다는 뜻으로 한번 만들어 보았습니다.

이런 식으로 환경은 상처로 남을 수 있는 것을 계속 하면 그건 정말 이기적이고 감정이 없는 사람이라고 생각합니다. 또 한 가지 이런 것도 있습니다. 사람들에게도 트라우마 라는 것이 있습니다. 그런 게 정말 사람들에게 만 있는 것일까요? 물론 사람들에게만 있다고 생각하는 사람도 있겠지만 동물, 환경, 식물에도 있다고 생각합니다. 그렇기 때문에 개발을 더 하면 안 된다고 생각합니다.

글쓴이	**박혜연**
읽은 책	Why? 환경
주요 내용	환경은 없어서는 안될 존재이다.
내가 정한 토론 주제	1)파괴된 환경을 굳이 복구해야 하는가? 2)종이를 한 면만 쓰고 버린다고 크게 문제 있을까?
1차 글쓰기	저는 환경이 먼저라고 생각합니다. 환경은 우주이고 환경은 지구이고 환경은 사람입니다. 저는 환경이 우리를 둘러싼 모든 것 이라고 생각합니다. 왜냐하면 환경으로 인해 우리가 살아 있습니다. 만약 환경이 없어진다면 우리도 없어질 것 입니다. 공기가 없어져서 숨을 못 쉴 것입니다. 과연 개발을 한다고 크게 문제 있을까요? 저는 개발을 많이 한다면 숲이 없어질지도 모르다고 생각합니다. 개발은 우리의 소중한 환경을 없애고 그곳에 땅을 매우는 것입니다. 아무리 사람이 많아진다고 하여도 무조건 환경을 없애는 것은 현명하지 않은 방법입니다. 지금 아마존 숲은 점점 없어지고 있답니다. 우리에게 지금 중요한 것은 환경을 개발하는 것이 아니라 더 이상 환경이 사라지기 전에 이미 사라진 환경을 복구해야 한다고 생각합니다. 그 방법은 꽃과 나무를 심고 열심히 돌보는 것과, 벌이나 거미 같은 우리에게 도움이 되는 작은 생물들도 함부로 죽여서는 안 됩니다.그리고 동물 가죽으로 된 물건이나 코끼리의 상아 같은 것도 사지 않는 것도 방법입니다 또 수소 풍선도 함부로 날려 버려선 안 됩니다.풍선은 하늘 높이 날아가다가 가스가 빠지면 바다나 산으로 떨어지게 됩니다. 바다에 떨어지면 바다거북이나 고래들은 먹이인 줄 알고 달려갑니다. 먹으면 위

	가 막혀 죽게 됩니다. 그리고 또 산에다 깡통이나 병을 함부로 버려서도 안 됩니다. 동물들이 그것을 핥다가 혀를 다치기도 합니다. 그리고 쓰레기를 버리지 않는 것도 좋지만 남이 버린 쓰레기를 줍는 것이 더욱 훌륭한 일입니다. 등등 여러 가지 방법들이 있습니다. 이렇게 환경을 복구하는 방법이 많고 환경이 점점 없어지고 있는데 환경을 복구해야 하지 아직 많이 남지 않은 환경을 개발하는 것은 옳지 않은 방법입니다. 그러므로 저는 환경이 먼저라고 생각합니다.
읽은 책 또는 자료	Why? 환경, 인터넷 자료, 나머지는 저의 생각입니다
주요 내용	개발보다 환경이 더 먼저입니다.
찬반 결정	반대
주제토론후 2차 글쓰기	저는 개발이 환경보다 중요한가? 라는 토론주제에 반대합니다. 왜냐하면 무리하게 개발을 하다 자연환경을 훼손시킬 수 있습니다. 그의 예를 알려드리겠습니다. 1990년대 초반, 우포늪 주변의 논을 쓰레기 매립장으로 만들려고 했습니다. 만들지는 못했습니다. 우포늪의 가치를 아는 시민들께서 격렬하게 반대했기 때문입니다. 만약 우포늪 주변의 논을 쓰레기 매립장으로 만들어 버렸다면 우리나라 최대의 자연습지를 영영 잃어 버렸을 것입니다. 또, 사람들이 환경을 먼저 생각하지 않고 개발만 해서 지구가 오염이 되어서 동식물들이 사라지고 있습니다. 문제점이 이뿐만이 아닙니다. 개발을 먼저시하면 아토피환자와 호흡기 환자가 많이 발생하고 아마존 산림을 파괴하게 됩니다. 그리고 서울의 한여름은 해가진후에도 온도가 쉽게 내려가지 않는 열섬현상이 생깁니다. 강원도 인제의 진동계곡은 비양심적인 사람들이 바둑판을 만든다고 거목을 마구 베어가서 그곳도 완전한 원시림이라고 할 수 없을 정도로 망가져 가고 있습니다. 또 북한은 1970년대 이후 나무를 땔감으로 사용했습니다. 이것도 부족해 1976년부터는 무차별적으로 나무를 베어내고 식량증산을 위해 산을 깎아 계단식 논을 만들었습니다. 1990년대 말에는 황해도 지역과 평안도 지역이 거의민둥산이 되었다. 이렇게 없어진 숲이 서울시 전체면적의 약 25배나 된다고 합니다. 그 결과 비만 오면 대홍수가 나서 엄청난 피해를 입습니다. 해외에서도 문제입니다. 중국에서는 1998년 양쯔강이 범람하면서 수백만 명의 이재민이 생기기도 했습니다. 그 이유는 강 일대의 집과 공장을 건설하면서 산림을 거의 베어 내고 몇 천개나 되는 호수를 메워 버렸기 때문입니다. 물론 개발을 하면 좋은 점도 있습니다. 나무를 베어다 팔면 돈을 벌 수

	있고 나무를 베어낸 곳에 목초지를 만들어 소를 키우거나 열대작물을 재배할 수도 있습니다. 하지만 한 가지만 생각한 것이 문제입니다. 나무를 베어나면 강하게 내리쬐는 햇빛 때문에 땅이 말라 버립니다. 또 숲이 없어지면 증발할 수분이 없어서 비가 내리지 못합니다. 결국엔 생물이 살 수 없는 죽음의 땅이 됩니다. 　숲은 지구의 허파입니다. 숲이 망가지는 것은 지구의 허파가 망가지는 것과 같습니다. 게다가 사람은 계속 늘어나고 급속한 산업발달로 공장도 늘어나 공기가 나빠지고 있습니다. 세계적으로 매년 1610만 헥타르의 벌목과 개간으로 사라지고 있습니다. 　매년 우리나라 면적의 5분의 4정도가 사라져 가고 있다는 것을 아십니까? 그만큼 산소도 줄어들고 있습니다. 저는 그러므로 개발이 환경보다 중요한가? 라는 토론주제에 반대합니다. 　저는 이번 토론시간에는 반대편과 판정단 역할을 해보았습니다. 반대편을 해보면서 제 의견이 잘 나왔던 것 같았고 판정단을 처음 해보았는데 정말 재미있었습니다.
최종 찬반 결정	반대
최종 3차 글쓰기	저는 "개발이 환경보다 중요한가?"라는 토론주제에 반대합니다. 왜냐하면 무리하게 개발을 하다 자연환경을 훼손시킬 수 있습니다. 그의 예를 알려드리겠습니다. 강원도 인제의 진동 계곡은 울창한 원시림이 잘 발달되어 있던 곳 이었습니다. 그러나 비양심적인 사람들이 바둑판을 만든다고 거목을 베어가서 이젠 그곳도 완전한 원시림이라고 할 수 없을 정도로 망가져 가고 있습니다. 또 북한도 생태계 파괴의 대가를 톡톡히 치르고 있습니다. 북한은 1970년대 이후 나무를 땔감으로 사용하였습니다. 이것도 부족해 1976년부터는 무차별적으로 나무를 베어 내고 식량 증산을 위해 산을 깎아 계단식 논을 만들었습니다. 1990년대에는 외화를 벌기 위해 나무를 베어 중국으로 수출하기 시작했습니다. 그 결과 1970년만 해도 울창했던 숲이 1980년대에는 서서히 줄어들기 시작하더니 1990년대 말에는 황해도 지역과 평안도 지역이 거의 민둥산이 되었습니다. 이렇게 없어진 숲이 서울시 전체 면적의 약 25배나 된답니다. 그 결과 비만 오면 대홍수가 나서 엄청난 피해를 입는 것 입니다. 저수지 역할을 하던 숲이 파괴되지 않았더라면 홍수 피해도 그렇게 크진 않았을 것입니다. 비만 오면 큰 피해를 입는 파주, 문산의 경우는 이런 논밭과 숲을 주택과 도로로 바꾸어 버렸습니다. 그렇기 때문에 땅은 아스팔트와 콘크리트로 뒤덮였습니다. 그래서 많은 비가 오면 빗물이 아스팔트와 콘크리트를 뚫지 못해 땅으로 스며들지 않아 공사 현장에서 흘러내린 토사로 배수로 까지 막혀 버렸습

니다. 해외에서도 문제입니다. 중국에서도 1998년 양쯔강이 범람하면서 수백만 명의 이재민이 생기기도 했습니다. 이것 또한 강 일대에 집과 공장을 건설하면서 산림을 거의 베어 내고 몇 천 개나 되는 호수를 메워 버렸기 때문입니다. 또 1960년대 이수 브라질에서는 개발 정책으로 아마존의 산림을 계속 파괴하고 있습니다.

숲은 광합성 작용을 통해 살아 있는 생물이 생명을 유지하는 데 필요한 산소를 공급해 줍니다. 숲은 지구의 허파입니다. 숲이 망가지는 건 결국 지구의 허파가 망가지는 것입니다. 지구의 허파가 망가지면 사람의 허파가 망가지는 것과 비슷한 결과가 생길 것입니다. 게다가 사람은 계속 늘어나고 급속한 산업 발달로 공장도 늘어나 그만큼 공기가 나빠지는 판입니다. 유엔식량농업기구(FAO)의 발표에 따르면 세계적으로 매년 1610만 헥타르의 숲이 벌목과 개간으로 사라지고 있다고 합니다. 우리나라 넓이의 반이 없어진다는 것입니다. 지구의 숲 중 열대 우림은 세계 산소량의 절반을 만들어 내고 있습니다. 특히 아마존의 열대 우림의 40퍼센트를 차지하며 지구에서 필요로 하는 산소의 4분의 1을 만들어 내고 있습니다. 그런데 열대우림이 산소를 안 뿜으면 지구는 생물이 살 수 없는 땅이 될 것입니다.

물론 개발을 하면 좋은 점도 있습니다. 나무를 베어다 팔면 돈을 벌 수 있고 나무를 베어 낸 곳에 목초지를 만들어 소를 키우거나 열대작물을 재배할 수도 있습니다. 하지만 한 가지를 생각한 것이 문제입니다. 나무를 베어 내면 강하게 내리쬐는 햇빛 때문에 땅이 말라 버립니다. 또 숲이 없어지면 비가 내리지 않게 됩니다. 따라서 결국에는 생태계가 파괴됩니다.

멸종되는 생물들도 문제입니다. 개발을 많이 하면 동물들이 살 곳이 없어집니다. 극지방은 추워서 추위에 강한 생물만 살고 있습니다. 그래서 종수가 다양하지 않습니다. 반면 열대 지방에는 아주 다양한 생물들이 많이 살고 있습니다. 특히 보르네오 섬의 열대 우림에는 몇 백 종의 나무들이 살고 있습니다. 하지만 많은 학자들이 걱정을 하고 있습니다. 열대우림은 지구의 7퍼센트에 불과하지만 전 세계 생물 종의 절반 이상이 살고 있습니다. 그런데 숲이 파괴되면서 하루에 40~140여 종의 생물이 멸종하고 있습니다. 이대로 파괴된다면 전체 생물 종의 5~15퍼센트가 멸종 될 것입니다. 게다가 지구상에 있는 생물의 25퍼센트가 앞으로 30면 안에 심각한 멸종 위기를 맞을 것입니다. 이미 1600년 이후부터는 척추동물, 무척추동물, 관속 식물 등 7백여 종 이상이 멸종하였습니다. 이렇게 가다간 2020년까지 생물의 3분의 1이 없어질 것입니다. 숲의 파괴는 이렇게 생물들의 멸종까지 이르게 할 것입니다. 실제로 아마존 열대 우림에서는 계속된 개발로 아마존 강에서만 서식하던 아마존 돌고래 등 희귀 어종들이 집단으로 죽는 일이 발생했습니다. 지금은 급격히 수가 줄어들어 멸종 위기에 처해 있습니다. 또 나무 열매를 먹고 그 씨앗을 퍼뜨리는 열대 조류들이 사라지면서 이들에 의존해 번식하던 열대 나무들도 멸종 위기를 맞고 있습니다.

생물들이 사라진다고 그것이 무슨 상관이냐면 조선 시대 최고의 명의 허준은 모든 병에는 약이 있다고 했습니다. 허준은 이 자연에서 대부분의 약을 구했습니다. 미국에서도 가장 많이 사용하는 약의 80퍼센트를 천연 식물에서 얻고 있습니다. 만약 천연 식물들이 멸종된다면 약을 얻지 못하게 되는 것입니다. 미국국립암연구소는 열대 우림에서 1만2천 종의 식물을 조사해서 이들 중 3종에서 뛰어난 항암 성분을 발견했습니다. 결국 지구의 미래도 의학의 미래도 숲에 달려 있는 것입니다. 한 가지 예로 진통제의 대명사인 아스피린은 버드나무 껍질에서 뽑아낸 추출물과 약용 식물의 혼합물입니다. 그렇다고 식물에서만 약을 구할 수 있는 것은 아닙니다. 3천 종류 이상의 항생제는 미생물에서 얻고 있습니다. 또 중국의 전통적인 의약품고 5백 종 이상을 생물에게서 얻고 있습니다. 무엇보다 가장 중요한 것은 최후의 멸종 대상은 사람입니다. 공룡 1종이 자연 멸종된 기간은 천 년이라는 오랜 시간이 걸렸지만 1699년부터는 급속도로 생물의 멸종 기간이 짧아지고 있습니다.

이런 추세라면 사람이라고 온전할 리는 없을 것입니다. "저는 그러므로 환경보다 개발이 먼저인가?"라는 주제에 반대합니다.

저는 이번 토론시간에는 찬성역할과 반대역할을 해 보았습니다. 찬성과 반대역할을 해보면서 제 의견이 잘 나왔던 것 같았고 재미있었습니다. 지금까지 긴 글을 읽어주셔서 고맙습니다.

글쓴이	이서현
읽은 책	열두 달 환경 달력
주요 내용	그 달마다 환경 기념일 소개, 환경에 대한 것들 등
내가 정한 토론 주제	1)부족한 땅을 환경을 파괴해서 까지 만들어야 하는가?
1차 글쓰기	저는 환경이 먼저라고 생각합니다. 오직 우리들이 편하기 위해 환경을 파괴해서까지 개발하는 건 옳지 않다고 봅니다. 현재도 이산화탄소가 점점 늘어나 지구온난화가 심해지고 있는 중인데, 지금 이 상태로 개발하는 건 옳지 않다고 생각합니다. 왜냐하면 오직 우리들의 더한 '편함'을 위해 환경을 해치면서까지 개발하는 건 사람, 자연 모두에게 피해가 됩니다.

	그렇다고 무조건 개발 하지 말란 뜻은 아닙니다. 개발을 하여도 환경과 조화를 이뤄 하는 게 맞다고 생각합니다. 계속 개발만 하다보면 우리 지구가 어느새 생의 갈림길에 서 있을 지도 모릅니다. 우리 또한 그렇고요. 그렇기에 개발보다는 전 ' 환경 ' 이 더 중요하다고 생각합니다.
읽은 책 또는 자료	책은 석유가 뚝!, 나머지는 저의 주관적인 생각입니다
주요 내용	반대하는 이유 등등
찬반 결정	반대
주제토론후 2차 글쓰기	저는 환경보다 개발이 먼저인가? 라는 주제에 반대합니다. 제가 환경이 먼저라고 생각하는 이유는 오직 우리들이 편하기 위해 환경을 파괴해서 까지 개발하는 것은 옳지 않다고 생각하기 때문입니다. 지금 현재 석유가 점점 줄고 있는 상태인데 사람들이 지금처럼 펑펑 쓴다면 앞으로 40~50년 뒤에는 석유가 모두 바닥이 날 수 있습니다. 그리고 이산화탄소가 점점 늘어 지구온난화가 심해지고 있는 중인데 지금 이 상태로 개발 하는 건 옳지 않다고 생각합니다. 그렇다고 무조건 환경만 내 세우는 것은 아닙니다. 환경과 개발이 조화를 이뤄 우리나라가 성장 해가는 것이 맞는 길이라고 생각합니다. 개발만 하다보면 우리의 삶의 터전 인 환경은 생의 갈림길에 서 있을 지도 모릅니다. 우리 또한 환경이 없어지면 저희도 살지 못하게 됩니다. 그렇기에 환경을 우선으로 나가야 한다고 생각합니다. 개발은 우리의 생활을 편리하게 하고 우리의 후손들을 지금보다 더 편리하게 할 수 있는 좋은 것이지만 지금의 우리는 물론 후손들이 없어질 수도 있는 것입니다. 우리나라는 석유가 고일 수 있는 지하 구조를 갖고 있지 않습니다. 그렇기 때문에 석유가 한 방울도 나오지 않습니다. 모두 외국에서 써야 되는 상황인데 개발을 우선으로 나가게 되면 한정되어 있는 석유의 값은 점점 올라가고 비싼 석유 값은 우리의 경제를 어렵게 합니다. 이런 한정 되어있는 석유를 대신해 할 것을 개발하면 됩니다. 이런 대체 에너지 중에 태양광 발전기, 풍차 등이 있습니다. 이런 것을 많이 만들면 우리의 환경도 아낄 수 있는 뿐만이 아니라 우리의 생활도 편리 해질 것입니다. 그래서 '환경'과 '개발'은 조화가 중요합니다. 환경을 생각하면서 개발을 하고, 우리의 편리함도 생각하면서 환경을 아낄 수 있는 대체 에너지도 같이 개발 해가면 된다고 생각합니다. 그렇기에 저는 환경보다 개발이 먼저인가? 라는 주제에 반대하는 바입니다.

최종 찬반 결정	반대
최종 3차 글쓰기	저는 환경보다 개발이 먼저인가? 라는 토론주제에 반대합니다. 제가 환경이 먼저라고 생각하는 이유는 오직 우리들의 편함을 위해 환경을 파괴해서 까지 개발하는 건 옳지 않다고 생각하기 때문입니다. 　환경파괴는 다들 아시다시피 자연이 회복하기 힘들 정도로 망가지게 된 것을 말합니다. 환경파괴는 말 그대로 자연을 해치며 우리들의 터전을 없애는 일입니다. 환경파괴는 지구와 인류를 위해 꼭 막아야 할 우리의 큰 과제입니다. 현재 지구 온난화, 석유 고갈 등 자연에 관련 된 많은 일 들이 발생 되고 있습니다. 지구온난화가 심해지고 있는 차원에서 석유사용을 더 늘리면 환경은 더 악화 될 것만이 아니라 생각지도 못한 파괴가 눈 앞에서 펼쳐지고 있을지도 모릅니다. 　공해 없는 나라, 북한을 아십니까? 그들은 스스로를 '공해 없는 나라'라고 선전하고 있지만 실제에선 그 선전과는 달리 북한은 심각한 환경오염에 시달리고 있습니다. 북한은 중공업(탄광, 광산. 금속, 화학 같은 공장)이 많은데 그 중공업 공장에서 많은 배기가스가 나온다고 합니다. 그래서 공기 중에는 일산화탄소, 수은 같은 농도가 매우 높은 물질이 많아서 주민들이 호흡기 질환, 기관지염 같은 질병을 많이 앓고 있답니다. 이러한 상황에서 북한이 더 개발을 한다면 어떻게 될 것 같습니까? 자연이고 인간, 동물은 존재하지 못하겠죠. 이런 환경에 견딜 수 있는 생물체만 남을 겁니다. 우리나라도 개발만 하다 이런 상황까지 오게 되면 어떨 것 같습니까? 사람들은 오염 된 공기 속에서 기침과, 고통을 맞이할 겁니다. 이렇기에 환경을 지켜야 합니다. 　다들 아시나요? 우리나라는 석유가 고일 수 있는 지하 구조를 가지고 있지 않는 상태입니다. 석유를 쓰려면 모두 외국에서 사야 됩니다. 이런 한정되어 있는 석유를 계속 쓴다면 석유의 값은 점점 올라가며 비싼 석유 값은 우리의 경제를 어렵게 할 겁니다. 이러한 한정 되어 있는 자원을 인류가 펑펑 쓰고 있습니다. 지금 같이 쓴다면 약 40~50년 뒤에는 석유가 바닥날지도 모른다는 말도 떠들고 있습니다. 그런데도 개발을 우선으로 가겠습니까? 　여러분 난지도라는 산을 아십니까? 난지도는 몇 년 전만 해도 우리나라의 급성장과 도시화 때문에 파괴된 자연 환경을 상징하던 쓰레기 산이었다고 합니다. 그런데 이런 난지도가 2002년 월드컵을 맞아 새로운 땅으로 거듭나게 되었다고 합니다. 서울시는 난지도 매립지와 난지천 주변의 땅에 '난지 생태 공원', '평화의 공원', '노을 공원' 등을 만들었습니다. 그러

자 온갖 동식물들이 생겨나면서 천연 기념물인 황조롱이라는 새와 말똥가리. 완은점 표범나비 등 새 22종과 곤충 70종이 발견 되었다고 합니다. 이런 성과는 난지도에서 나오는 메탄가스 등의 가스를 모으고, 침출수가 한강에 새지 않도록 침출수를 모아 처리하는 시설을 만들었기 때문입니다. 우리나라의 급성장과 도시화를 위해 파괴된 자연, 쓰레기 산이었던 난지도가 이렇게 다시 환경을 찾은 이유는 위에도 나와 있듯이 난지도에 있는 메탄가스 등의 가스들을 모아, 침출수가 한강에 새지 않도록 모아 처리하는 시설을 만들었기 때문이었죠.

이러한 파괴 된 환경도 사람들이 힘을 모아 열심히 되돌리면 언젠간 다시 돌아옵니다. 우리나라에도 오염 된 환경을 이렇게 다시 되돌리면 원래 모습이 보일지도 모릅니다. 그래서 저는 환경보다 개발이 먼저인가? 라는 토론주제에 반대하는 바입니다.

글쓴이	이하늘
읽은 책	why 환경
주요 내용	환경은 우리주변을 둘러싼 모든 것을 말한다. 우리는 개발이라는 이름으로 우리의 환경을 훼손하고 있다. 우리가 환경을 위하여 할 수 있는 일은 찾아 실천하자.
내가 정한 토론 주제	환경보다 개발이 먼저인가?
1차 글쓰기	저는 환경보다 개발이 먼저인가? 라는 토론주제에 대해 반대합니다. 환경이란 우리 주변을 둘러싼 모든 것을 말합니다.'why 환경' 이라는 책에서 환경은 한번 훼손되면 다시 되돌릴 수 없다고 합니다. 물론 조금은 되돌릴 수 있겠지만 원상태로 돌릴 수는 없습니다. 적절한 정도에서의 개발은 우리에게 도움이 되고 우리의 삶이 조금 더 나아지도록 해줍니다. 하지만 단지 우리의 편안함을 위해, 이익만을 위해 우리의 환경을 훼손할 수는 없습니다. 저는 환경이란 '우리의 집' 이라고 생각합니다. 왜냐하면 우리는 집에 있어야 가장 안전하고 편합니다. 환경도 우리가 사는 곳이고 우리를 편하게 해주는 것이기 때문에 저는 환경이 집과 다름없다고 생각합니다. 여러분, 만약 집이 없다면 어떻게 될지 생각해보셨나요? 만약 집이 없다면 우리는 길가의 떠돌이 신세가 될 것입니다. 우리는 모두 환경에 살고 있습니다. 그렇기 때문에 환경이 없다면 나뿐만 아니라 가족, 집, 친구 등 모든 것이 사라질 것입니다. 개발은 적절한 범위 내에서만 하고 환경을 조금 더 아끼고 사랑하여 우리의 집 환경을 지켜나갑시다. 저의 글 읽어주셔서 고맙습니다.

읽은 책 또는 자료	why 환경
주요 내용	환경은 우리주변을 둘러싼 모든 것을 말한다. 사람들은 환경 개발이라는 이름으로 환경을 훼손하고 있습니다. 우리가 환경을 위하여 할 수 있는 일은 찾아서 실천합시다.
찬반 결정	반대
주제토론후 2차 글쓰기	저는 환경보다 개발이 먼저인가? 라는 주제에 반대합니다. 환경이란 우리 주변을 둘러싼 모든 것을 말합니다. 적절한 범위에서의 개발은 우리의 생활에 도움이 된다고 생각합니다. 하지만 지나친 개발은 환경 개발이 아닌 환경 파괴라고 생각하기 때문입니다. 지나친 개발로 인한 문제점들은 부메랑처럼 다시 우리에게로 돌아옵니다. 저는 환경이란 우리의 집이라고 생각합니다. 우리는 집에서 살고 있습니다. 그리고 집도 환경에 포함된 것이기 때문에 환경이란 집이라고 생각합니다. 여러분 집이 없는 삶을 생각해보셨습니까? 집이 없다는 것은 우리의 보금자리이자 가장 편안한 장소가 사라진다는 것입니다. 우리의 편안한 보금자리이자 집인 환경을 조금 더 사랑하고 아껴 환경을 지켜나갑시다. 북한은 1970년대 이후 나무를 땔감으로 사용하기 시작하였습니다. 그것도 모자라 1976년부터는 무차별적으로 나무를 베고 식량증산을 위해 산을 깎아 계단식 논을 만들었습니다. 1990년에는 외화를 벌기 위해 나무를 베어 중국으로 수출을 하였습니다. 그 결과, 1970년에는 울창했던 숲들이 1980년에는 서서히 줄어들더니 1990년 말에는 황해도 지역과 평안도 지역이 결국 민둥산이 되어버렸습니다. 이렇게 사라진 숲이 서울 면적의 무려 25배나 된다고 합니다. 이 때문에 북한은 비만 오면 대홍수가 나서 엄청난 피해를 입게 되었습니다. 저수지 역할을 하던 숲이 파괴되자만 않았어도 홍수 피해가 그렇게 크지는 않았을 것입니다. 또 강원도 인제의 진동계곡은 양심 없는 사람들이 바둑판 제작을 위하여 거목을 함부로 베어 울창한 숲들이 망가져가고 있습니다. 한번 망가지고 오염된 환경은 절대 원상태로 복구할 수 없습니다. 유엔 식량농업기구 FAO의 발표에 따르면 세계적으로 매년 1610만 헥타르(ha)의 숲이 사라지고 있다고 합니다. 숲은 지구의 허파입니다. 사람도 허파가 망가지면 정상적인 생활을 할 수 없고 몸이 망가져가듯이 지구의 허파인 숲이 없어진다면 지구도 점점 망가져갈 것입니다. 개발은 꼭 적절한 범위 내에서만 하고 환경을 조금 더 사랑하고 아껴 환경을 지켜나갑시다. 지금까지 저의 글 읽어주셔서 고맙습니다.
최종 찬반 결정	찬성

최종 3차 글쓰기	저는 환경보다 개발이 먼저인가? 라는 주제에 반대합니다. 환경이란 우리 주변을 둘러싼 모든 것을 말합니다. 적절한 범위에서의 개발은 우리의 생활에 도움이 된다고 생각합니다. 하지만 지나친 개발은 환경 개발이 아닌 환경 파괴라고 생각하기 때문입니다. 지나친 개발로 인한 문제점들은 부메랑처럼 다시 우리에게로 돌아옵니다. 저는 환경이란 우리의 집이라고 생각합니다. 우리는 집에서 살고 있습니다. 그리고 집도 환경에 포함된 것이기 때문에 환경이란 집이라고 생각합니다. 여러분 집이 없는 삶을 생각해보셨습니까? 집이 없다는 것은 우리의 보금자리이자 가장 편안한 장소가 사라진다는 것입니다. 우리의 편안한 보금자리이자 집인 환경을 조금 더 사랑하고 아껴 환경을 지켜나갑시다. 북한은 1970년대 이후 나무를 땔감으로 사용하기 시작하였습니다. 그것도 모자라 1976년부터는 무차별적으로 나무를 베고 식량증산을 위해 산을 깎아 계단식 논을 만들었습니다. 1990년에는 외화를 벌기 위해 나무를 베어 중국으로 수출을 하였습니다. 그 결과, 1970년에는 울창했던 숲들이 1980년에는 서서히 줄어들더니 1990년 말에는 황해도 지역과 평안도 지역이 결국 민둥산이 되어버렸습니다. 이렇게 사라진 숲이 서울 면적의 무려 25배나 된다고 합니다. 이 때문에 북한은 비만 오면 대홍수가 나서 엄청난 피해를 입게 되었습니다. 저수지 역할을 하던 숲이 파괴되지만 않았어도 홍수 피해가 그렇게 크지는 않았을 것입니다. 무리한 개발로 인한 문제점들이 더 있습니다. 환경을 개발한다고 위에 언급된 북한의 상황처럼 나무를 많이 베면 민둥산들이 더욱 더 많이 생길 것이고, 민둥산들은 바람이 많이 불거나 비가 오기만 하면 산사태가 날 것입니다. 강원도 인제의 진동계곡은 양심 없는 사람들이 바둑판 제작을 위하여 거목을 함부로 베어 울창한 숲들이 망가져가고 있습니다. 한번 망가지고 오염된 환경은 절대 원상태로 복구할 수 없습니다. 조금만 개발하고 다시 환경 되돌리면 되지 라고 생각하시면 안 됩니다. 개발은 또 다른 개발을 계속 불러올 것입니다. 예를 들어 새로운 도로를 개발했으면 도로에서 끝나는 것이 아니라 밤에 불을 밝혀줄 가로등처럼 점검하고 또 보수해야 할 것들 때문에 우리의 환경은 점점 망가져가고 오염될 것입니다. 유엔 식량농업기구 FAO의 발표에 따르면 세계적으로 매년 1610만 헥타르(ha)의 숲이 사라지고 있다고 합니다. 숲은 지구의 허파입니다. 사람도 허파가 망가지면 정상적인 생활을 할 수 없고 몸이 망가져가듯이 지구의 허파인 숲이 없어진다면 지구도 점점 망가져갈 것입니다. 아프리카는 우리나라보다 훨씬 더 개발이 되지 않았습니다. 하지만 나름대로 자기들 나름의 문화를 즐겨가며 살고 있습니다. 이처럼 우리도 무작정 욕심을 부려 무리한 개발을 하기보다는 조금 개발이 되지 않은 환경

<table>
<tr>
<td colspan="2"></td>
<td>에서 살아가더라도 환경을 파괴하지 맙시다.

　봄이 되면 우리나라에서는 아름다운 꽃들이 핍니다. 하지만 개발로 대기가 오염되고 이산화탄소의 배출이 늘어난다면 우리는 다시는 꽃을 볼 수 없습니다.

　다시 한 번 더 강조하지만 개발은 꼭 적절한 범위 내에서만 하고 환경을 조금 더 사랑하고 아껴 환경을 지켜나갑시다. 먼저 개발을 하고 정화시설을 또 개발해서 환경을 지키면 된다는 의견이 많이 있었습니다. 하지만 그런 방법은 정화시설을 개발하면 원상태로 환경을 복구할 수 있다는 확실한 보장이 없을뿐더러 돈도 매우 많이 듭니다. 그 돈의 일부만 사용하여 환경을 꾸준히 보전하고 지켜나간다면 훨씬 더 깨끗하고 아름다운 세상이 될 것입니다.

　오늘 토론을 하며 다른 분들의 의견과 근거를 들으며 앞으로는 더 다양한 생각을 해보아야겠다고 생각했습니다. 재미있었고 선생님이 마지막에 유빈님께 삶과 연관 지어 질문을 하실 때 조금 흔들리기도 했습니다. 토론 정말 재미있었고 다음부터는 조금 더 활발하게 내 주장을 펼쳐야겠다고 생각했습니다.</td>
</tr>
<tr>
<td>글쓴이</td>
<td colspan="2"><big>**정유빈**</big></td>
</tr>
<tr>
<td>읽은 책</td>
<td colspan="2">나의 탄소 발자국은 몇kg일까?</td>
</tr>
<tr>
<td>주요 내용</td>
<td colspan="2">에너지 낭비와 절약하는 법, 에너지의 종류 등 환경에 관한 여러 가지 정보가 나와 있다.</td>
</tr>
<tr>
<td>내가 정한
토론 주제</td>
<td colspan="2">1)농작물을 많이 얻기 위해 화학 비료를 쓰는 것이 옳을까?
2)나 한명만 절약한다고 진짜 절약이 될까?</td>
</tr>
<tr>
<td>1차 글쓰기</td>
<td colspan="2">저는 환경이 먼저라고 생각합니다.

　왜냐하면 개발은 언제든지 마음만 먹으면 할 수 있지만 환경은 한번 망가뜨리면 다시 되돌리는 것이 매우 힘들기 때문입니다. 개발을 하려면 여러 가지 종류의 에너지가 낭비되고 온실가스가 배출되기 때문에 우리 환경을 많이 망가뜨릴 수 있습니다. 환경이 있어야지만 개발에 필요한 재료를 얻어 개발을 할 수 있다고 생각하는데 개발로 인하여 환경을 망가뜨리면 환경도 점차 사라지고 개발도 하지 못 하여서 우리가 살아가기 매우 힘들어질 것 입니다. 지금 우리가 살아가고 있는 세상은 충분히 개발을 하지 않아도 편리하게 살아갈 수 있을 만큼 많이 개발되어 더 이상 개발은 필요 없다고 생각합니다. 하지만 환경은 지금도 누군가의 개발로 인하여 망가져가고 아파하고 있을 것 입니다. 지금 환경을 지켜주어도 늦은 상황에 개발을 더 많이 하여 환경을 망치는 일은 정말 옳지 못한 행동이라고 생각합니다. 개발로는 독도를 녹색 섬으로 만드는 것과 같은 친환경적인 환경도 매우 많습니다. 개발로 인하여 우리 생활이 편리해 질 수도</td>
</tr>
</table>

	있지만 개발로 인하여 사라지는 환경으로 우리의 생활이 사라질 수 있다는 것을 명심하시기 바랍니다. 고맙습니다.
읽은 책 또는 자료	지구촌 환경이야기
주요내용	공기, 에너지, 생태계의 오염으로 인한 문제점이 잘 드러나 있다.
찬반결정	반대
주제토론후 2차 글쓰기	저는 환경이 먼저라고 생각합니다. 왜냐하면 개발은 언제든지 마음만 먹으면 할 수 있지만 환경은 한번 망가뜨리면 다시 되돌리는 것이 매우 힘들기 때문입니다. 　개발을 하려면 여러 가지 종류의 에너지가 낭비되고 온실가스가 배출되기 때문에 우리 환경을 많이 망가뜨릴 수 있습니다. 예를 들어 온실가스가 배출되면 지구의 오존층을 파괴할 수도 있고 이산화탄소가 배출되면 우리가 나중에 숨을 쉬기 힘들어 질 수도 있습니다. 실제로 2001년 한연구결과 이산화탄소가 많이 배출되는 날에는 심장병 환자가 일반사람보다 사망할 확률이 4배가 더 높다고 생각합니다. 또 한 천식에 걸린 한 여고생은 서울에서는 공기가 조금만 나빠져도 숨이 차고 기침이 그치지 않아서 응급실을 안방 드나들 듯이 했다고 합니다. 하지만 호주에 가서 두 달 정도 살았더니 천식이 거짓말처럼 사라졌다고 합니다. 이런 환자들을 생각하지 않고 무조건 개발을 한다면 우리나라의 인구는 눈에 띄게 많이 줄겠죠? 또 환경에서만 개발에 필요한 재료를 얻어 개발을 할 수 있다고 생각하는데 개발로 인하여 환경을 망가뜨리면 환경도 점차 사라지고 개발도 하지 못 하여서 우리가 살아가기 매우 힘들어질 것입니다. 　지금 우리가 살아가고 있는 세상은 충분히 개발을 하지 않아도 편리하게 살아갈 수 있을 만큼 많이 개발되어 더 이상 개발은 필요 없다고 생각합니다. 하지만 환경은 지금도 누군가의 개발로 인하여 망가져가고 아파하고 있을 것 입니다. 지금 환경을 지켜주어도 늦은 상황에 개발을 더 많이 하여 환경을 망치는 일은 정말 옳지 못한 행동이라고 생각합니다. 　또 여러 가지 동식물들이 사라 질 수도 있습니다. 개발로 인하여 환경이 사라지면 풀을 먹고 사는 초식동물들이 사라지게 됩니다. 초식동물이 사라지면 초식동물을 먹고 살던 육식동물도 사라지게 되죠. 육식동물이 사라지면 우리의 먹을거리까지 사라지게 되어 결국 사람은 살 수 없게 될 것입니다. 　뉴질랜드의 예를 들어 보겠습니다. 뉴질랜드는 해안가 쪽에는 절대 개발을 하지 않는다고 생각합니다. 환경을 보존하기 위해서죠. 이같이 우리도 개발로는 독도를 녹색 섬으로 만드는 것과 같은 친환경적인 개발도 매우 많습니다. 우리 생활이 편리하려는 목적의 개발이 아닌 그동안 우리에게 수많은 도움과 자원을 주었던 자연에게 은혜를 갚는 친환경적인 개발을 하였으면 좋겠습니다.

	이런 무지막지한 개발이 계속된다면 더 이상 서울에서는 보석처럼 반짝 반짝 빛나는 별들과 한낮의 파란하늘을 볼 수 없을 것입니다. 이제 자라 나는 아이들을 위해서라도 편리함만을 추구하는 개발은 사라져야한다고 생각합니다. 개발로 인하여 우리 생활이 편리해 질 수도 있지만 개발로 인하여 사라지는 환경으로 우리의 생활이 사라질 수 있다는 것을 명심하시기 바랍니다. 고맙습니다.
최종 찬반결정	반대
최종 3차 글쓰기	저는 환경이 먼저라고 생각합니다. 왜냐하면 개발은 언제든지 마음만 먹으면 할 수 있지만 환경은 한번 망가뜨리면 다시 되돌리는 것이 매우 힘들기 때문입니다. 개발을 하려면 여러 가지 종류의 에너지가 낭비되고 온실가스가 배출되기 때문에 우리 환경을 많이 망가뜨릴 수 있습니다. 태안 앞바다에 기름이 쏟아져 바다가 오염되었을 때 우리 국민이 힘을 합쳐 기름을 걷어내었지만 기름을 다 걷어내는 데 자그마치 1년이나 걸렸습니다. 이처럼 한번 망가진 환경들은 절대 쉽게 고쳐질 수 없습니다. 또 예를 들어 온실가스가 배출되면 지구의 오존층을 파괴할 수도 있고 이산화탄소가 배출되면 우리가 나중에 숨을 쉬기 힘들어 질 수도 있습니다. 실제로 2001년 한연구결과 이산화탄소가 많이 배출되는 날에는 심장병 환자가 일반사람보다 사망할 확률이 4배가 더 높다고 생각합니다. 또 한 천식에 걸린 한 여고생은 서울에서는 공기가 조금만 나빠져도 숨이 차고 기침이 그치지 않아서 응급실을 안방 드나들 듯이 했다고 합니다. 하지만 호주에 가서 두 달 정도 살았더니 천식이 거짓말처럼 사라졌다고 합니다. 이런 환자들을 생각하지 않고 무조건 개발을 한다면 우리나라의 인구는 눈에 띄게 많이 줄겠죠? 또 환경에서만 개발에 필요한 재료를 얻어 개발을 할 수 있다고 생각하는데 개발로 인하여 환경을 망가뜨리면 환경도 점차 사라지고 개발도 하지 못 하여서 우리가 살아가기 매우 힘들어질 것입니다. 지금 우리가 살아가고 있는 세상은 충분히 개발을 하지 않아도 편리하게 살아갈 수 있을 만큼 많이 개발되어 더 이상 개발은 필요 없다고 생각합니다. 하지만 환경은 지금도 누군가의 개발로 인하여 망가져가고 아파하고 있을 것 입니다. 지금 환경을 지켜주어도 늦은 상황에 개발을 더 많이 하여 환경을 망치는 일은 정말 옳지 못 한 행동이라고 생각합니다. 또 여러 가지 동식물들이 사라질 수도 있습니다. 개발로 인하여 환경이 사라지면 풀을 먹고 사는 초식동물들이 사라지게 됩니다. 초식동물이 사라지면 초식동물을 먹고 살던 육식동물도 사라지게 되죠. 육식동물이 사라지면 우리의 먹을거리까지 사라지게 되어 결국 사람은 살 수 없게 될 것입니다.

실제로 지구의 허파 역할을 하는, 산소의 20%를 책임지는 아마존이 무차별한 개발로 인하여 삐라루꾸(흔히 화석어라 한다), 분홍돌고래, 나무늘보, 재규어 등 수많은 여러 가지의 나무들, 심지어 아마존에서 살아가는 원시부족들까지 피해를 입어 점차 사라지고 있습니다. 개발은 또 다른 개발을 불러옴으로써 결국 환경파괴, 인간 편의주의가 인간세상의 파괴를 불러 올 것이라고 실제로 학자들도 주장하고 있습니다. 과도한 개발은 우리의 목숨을 차차 빼앗아 가는 것이나 똑같다고 생각합니다.

동강댐 건설 백지화 운동으로 제 주장을 더 펼쳐보겠습니다. 동강댐건설은 1990년 홍수로 인하여 주민 100여명이 숨진 뒤, 노태우 전 대통령의 지시로 시작되었습니다. 동강댐건설의 의의는 수자원확보, 홍수조절 이였지만 환경운동연합이 댐을 건설할 비용의 극히 일부만 사용하여도 충분히 환경보전을 할 수 있다는 주장으로 백지화 운동을 펼쳐 결국 이 동강댐 건설 계획은 백지화 되었습니다. 저도 이처럼 수자원확보, 홍수조절을 위하여 댐을 건설한다는 의미에 대해서는 긍정적인 마음이 들지만 댐을 건설하는데 들어가는 비용, 약 1억 원 중 극히 일부만 환경에 투자하여도 충분히 환경보전을 할 수 있다고 생각합니다.

뉴질랜드는 해안가 쪽에는 절대 개발을 하지 않는다고 합니다. 환경을 보존하기 위해서죠. 이같이 우리도 개발로는 독도를 녹색 섬으로 만드는 것과 같은 친환경적인 개발도 매우 많습니다. 우리 생활이 편리하려는 목적의 개발이 아닌 그동안 우리에게 수많은 도움과 자원을 주었던 자연에게 은혜를 갚는 친환경적인 개발을 하였으면 좋겠습니다.

이런 무지막지한 개발이 계속된다면 더 이상 서울에서는 보석처럼 반짝반짝 빛나는 별들과 한낮의 파란하늘을 볼 수 없을 것입니다. 이제 자라나는 아이들을 위해서라도 편리함만을 추구하는 개발은 사라져야한다고 생각합니다.

한번 상상하여 봅시다. 내가 결혼을 하여 자녀까지 있는 상황에서 개발로 인하여 망가진 환경으로 온갖 나쁜 질병에 걸리고 우리가 오늘날 볼 수 있던 자그마한 자연, 시원하고 깨끗한 바람, 눈부시고 밝은 햇살, 구름 한 점 없이 깨끗하고 청량한 하늘 이런 사소한 것들도 보지 못하고 하루 종일 집에서만 개발만이 환경이라는 생각을 가지고 자라난다면 여러분은 환경을 선택하시겠습니까 아니면 개발을 선택하시겠습니까? 결혼을 하지 못하여 잘 모르겠다는 분들을 위해 한 가지 상황을 더 가정해 보도록 하겠습니다. 여러분의 부모님께서는 질 나쁜 공기와 주변 환경에 의하여 심장병 혹은 천식에 걸리셨다고 가정하여 봅시다. 공기가 나쁜 날 심장병 환자는 일반 사람보다 사망률이 4배나 높아져 하루 종일 노심초사하여야 되고 천식은 기침이 끊이지 않아서 부모님이 매우 고통스러워하고 응급실을 안방 드나들 듯이 가는 위기 속에서 살아가는 모습을 지켜보아야합니다. 이래도 여러분은 과연 환경보다 개발을 선택하실 것입니까? 많이 개발이 되지 않은 아프리카 같은 정글 같은 곳을 생각하지 마시고 바로 우리나라, 이미 많이 개발되어 충분히 편리한 생활을 누릴 수 있고 환경이 좋지 않아 나이가 어린 어린이는 면역력이 약해져 온갖 나쁜 질병에 걸릴 수 있는, 공기가 나쁜 날 심장병 환자의 사망률이 4배나 높아지는, 천식 환자는 하루 종일 기침으로 고통 속에서 살아가야 하는 그런 우리나라를 생각해보시기 바랍니다.

개발로 인하여 우리 생활이 편리해 질 수도 있지만 개발로 인하여 사라지는 환경으로 우리의 생활과 행복이 사라질 수 있다는 것을 명심하시기 바랍니다.

또 이번 토론을 하면서 선생님의 주장다지기 때 질문을 받았는데 이번에 받은 질문과 말씀을 통하여 토론을 더 잘할 수 있는 방법, 노하우를 터득한 것 같아서 매우 보람찼던 것 같습니다. 지금까지 긴 글을 읽어주셔서 고맙습니다.

1차 활동 모습(첫주제 관련 독서와 토론주제 결정 후 1차 토론과 1차 글쓰기)-2016.04.01

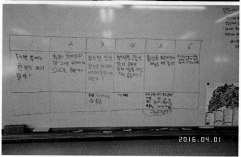

2차 활동 모습(추가 독서와 자료 조사, 2차 토론 진행 후에 2차 글쓰기)-2016.04.08

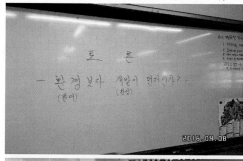

3차 활동 모습(최종 3차 토론으로 찬반 집단 토론 후, 자신의 최종 3차 글쓰기)-2016.04.15

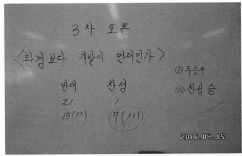

주제 3

역사적인사건
(6.25 전쟁)

토론주제 : 6.25전쟁에서 휴전하지

않았으면 남한이 이겼을까?

6.25전쟁에서 휴전하지 않았으면 남한이 이겼을까?

2016.04.21 ~ 2016.05.13

세 번째로 아이들이 선택한 주제는 우리나라의 역사적인 사건입니다. 역사적인 사건과 관련해서 다양한 종류의 책을 접했습니다. 선사시대와 관련한 책을 읽는 친구들도 있었고, 삼국시대나 조선시대와 관련한 책을 읽는 친구들도 있었습니다. 그리고 근현대사와 관련한 책을 읽기도 했고요.

우선 역사와 관련해서 넓게 열고 책을 읽었기 때문에 토론 주제를 정하기 위해서는 역사적인 한 가지 큰 사건을 결정하는 토의를 먼저 진행하였습니다. 모둠내에서 개인별로 1~2가지 사건을 제시하고, 그 중에 모둠에서 많은 의견이 모인 사건을 칠판에 기록하였습니다. 모둠에서 나온 주제는 수양대군 사건, 임진왜란, 을미사변, 병자호란, 신라의 삼국통일, 6.25전쟁이 나왔습니다. 6가지 사건 중에 개인별로 한 가지씩 선택한 결과 14명의 친구들이 [6.25전쟁]을 선택하였습니다.

선택된 6.25전쟁과 관련해서 모둠별로 다시 토론 주제 정하기를 진행했고, 모둠별 토론 주제를 모아서 다시 토의를 진행한 결과, '6.25 전쟁에서 휴전하지 않았으면 남한이 이겼을까?'가 토론 주제로 정해지게 되었습니다. 이 주제와 관련해서 토론을 진행하기 위해서는 6.25 전쟁 당시의 남북의 군사력, 경제력 그리고 정치적인 흐름도 파악을 해야 합니다. 그리고 그 당시 미국, 소련의 관계와 군사력, 경제력 또한 살펴볼 필요가 있었습니다.

1차 토론인 1대1토론에서는 상식적으로 알고 있는 수준에서 다양한 이야기들을 다양한 친구들과 돌아가면서 자유롭게 이야기들을 하는 시간을 가졌습니다. 토론을 진행한 후에, 기본적인 상식 수준에서 1차 글쓰기를 진행하였습니다. 이미 상식적으로 다양한 내용을 알고 있었던 친구들은 UN 참전, 인천상륙작전, 중공군의 개입 등 다양한 내용들로 글을 써 가는 모습이었습니다.

1주 일후에 진행된 2차 토론에서는 2대2 토론을 찬성과 반대를 서로 돌아가면서 진행을 했고, 4대4 승부내기 토론에서는 우선 진행과 판정단을 할 모둠을 정하고 나머지 모둠은 찬성과 반대로 입장을 나누어서 토론을 진행하였습니다. 토론을 하기 위해서 조금 더 깊이 있는 독서를 진행하는 친구들도 있었고, 그 당시의 남과 북의 경제력의 차이와 미국과 소련의 군사력의 차이에 관해서 근거를 대면서 토론을 진행하는 친구들이 여러 명 있었습니다. 2대2 토론은 찬성과 반대를 서로 바꾸어서 이루어지기 때문에 찬성과 반대의 입장에서 다 생각을 해 볼 수 있었습니다. 그리고 4대4 승부내기 토론에서는 토론팀 역할을 하는 것도 좋아했지만, 토론 승리를 통해서 진행과 판정단 역할을 하는 것도 매우 좋아하는 모습을 보였습니다. 첫 번째 승부내기 토론에서는 졌지만, 두 번째 승부내기 토론에서는 승리하는 모둠도 있었습니다. 찬성과 반대의 입장으로 논거를 잘 준비해 온 친구들은 어떤 입장에서든 자신의 이야기를 잘 펼쳐가는 모습을 보였습니다.

어린이날 연휴로 인해서 3차 토론은 2주 후인 5월 13일 금요일에 집단 토론으로 진행을 하였습니다. 남한이 이겼을 것이라는 찬성의 입장이 9명이었고, 북한이 이겼을 것이라는 반대의 입장이 13명이었습니다. 4대4 승부내기 토론에서는 주장 펼치기, 반론하기, 작전 짜기, 질문하기, 주장다지기 순으로 진행을 하였는데, 집단토론에서는 인원이 많아서 모두 모여서 진행하는 작전 짜기 대신에 질문을 하기 위한 계획을 세울 수 있는 시간을 주었습니다. 그리고 아이들이 질문하기를 1차와 2차로 두 번 진행하고 싶다고 해서, 질문하기를 두 번씩 진행하는 방식으로 변경을 해 보았고요. 질문을 두 번 교차해서 진행하니, 상대의 생각을 더 다양하게 알 수 있고, 상대의 반박과 주장 펼치기에 대해서 더 다양하게 질문을 해 가는 모습을 보였습니다. 앞으로 아이들의 의견을 적극적으로 반영하면서 토론을 진행해 가려고 합니다. 3차 토론 결과 반대측의 토론자 2명이 찬성측으로 이동하면서 집단토론에서는 찬성측의 승리로 마무리를 지었습니다.

1차 토론과 2차 토론은 소규모로 진행이 되기 때문에 아이들 누구나 토론에서 말을 하게 되는 구조입니다. 하지만 3차 집단토론에서는 말을 하지 않고 관망을 할 수 있는 구조입니다. 평소 적극적인 발표가 어렵거나 매우 긴장을 잘하는 친구들, 그리고 집단 토론 발표를 위한 충분한 자료 준비가 되지 않은 친구들은 아무 말 없이 앉아서 관망하는 태도를 보입니다. 이번 3차 주제 3차 토론에서는 22명의 친구들 중에 13명이 적극적으로 토론에 참여를 하였습니다. 9명의 친구들이 관망하는 모습을 보였는데, 다음 4차 주제에서는 9명의 친구들도 더 적극적으로 토론에 참여하는 모습을 기대해 봅니다.

3차 토론 후에 컴퓨터실로 이동해서 최종 3차 글쓰기를 시간을 가졌습니다. 3차 글쓰기를 하면서 3차 주제가 벌써 끝나는 것이 빠른지, '시간이 참 빠르다'고 이야기 하는 친구들이 여럿 있었습니다. 앞으로 2개 주제를 더 하면 여름방학이 온다고 이야기를 전하니, 시간이 빠르다는 것을 실감하는 모습이었습니다.

3차 글쓰기를 하면서 다음 4차 주제를 정하였습니다. 4차 희망 주제로 다양한 의견이 나왔습니다. 미지의 세계, 정치, 위인, 성형, 법, 물고기, 멸종위기 보호동물, 세계사, 인체 등이 나왔습니다. 아이들과의 주제선정 토의 결과 4차 주제는 [법]으로 결정이 되었습니다. 앞으로 국회, 법원, 청와대 등의 견학을 앞두고 있기 때문에 연계해서 생각해 볼 수 있는 좋은 주제로 판단이 됩니다. 다음 4차 주제 토론을 준비하기 위해서는 평소에 뉴스를 다양하게 접하는 것도 많은 도움이 될 것으로 생각됩니다.

- 1차 글쓰기(첫 주제 관련 독서와 토론주제 결정 후 1차 토론 후에 1차로 쓴 글)-2016.04.21
- 2차 글쓰기(추가 독서와 자료 조사, 2차 토론 진행 후에 2차로 쓴 글)-2016.04.29
- 3차 글쓰기(최종 3차 토론으로 찬반 집단 토론 후, 자신의 최종 3차로 쓴 글)-2016.05.13

글쓴이	강권휘
주제	우리나라 역사적인 사건
읽은 책	조선 사회 양반 사회의 성립
주요 내용	양반에 대해 나오고 경국대전에 대해서도 자세히 나온다
내가 정한 토론 주제	만약 맥아더 장군이 없었으면 우리나라가 점령당했을까? 중국의 인해전술이 없었으면 우리나라가 이겼을까?
학급 토론 주제	6.25 전쟁에서 휴전하지 않았으면 남한이 이겼을까?
토론 주제 점수는	100점
1차 글쓰기	저는 6.25 전쟁 때 휴전하지 않고 싸웠으면 한국이 이겼을까? 에 대해 찬성합니다. 왜냐하면 미국은 세계 최고의 무기를 가지고 있었을 것입니다. 그리고 우리나라는 끈기, 의지는 최고입니다. 그렇게 미국의 무기와 우리나라의 끈기, 의지가 만나면 시너지가 배가 되면서 더 좋은 결과를 만들어 낼 수 있습니다. 　　우리나라가 거의 북한 끝까지 다 왔을 때 중국이 인해전술로 북한을 도와주었기 때문에 북한이 우리나라한테 안 먹힌 거지 안 그랬으면 먹혔을 것입니다. 왜냐하면 중국도 언젠가는 인구가 떨어져 인해전술을 쓰지 못할 것입니다. 그럴 때 우리나라와 미국이 힘을 합쳐 공격하면 북한을 충분히 먹을 수 있다고 생각합니다. 그리고 우리나라 에는 뛰어난 장군 맥아더 장군이 있었습니다. 맥아더 장군이 인천상륙작전처럼 좋은 작전을 쓰면 우리는 충분히 승리할 수 있습니다.

	우리나라는 지칠수록 강력한 힘을 발휘할 수 있기 때문에 충분히 이겼을 것이라 믿습니다. 그리고 그렇게 어려울 때 강감찬 장군처럼 뛰어난 장군이 몇 명 등장할 수 있습니다. 뛰어난 장군이 몇 명 있으면 쉽게 이길 수 있을 것이라 생각합니다. 6.25 전쟁은 일요일에 일어났습니다. 그리고 미국과 우리나라는 전쟁이 일어날 것이라고 생각하지 못하고 있었습니다. 그래서 그런지 처음에는 많이 밀렸습니다. 하지만 가면 갈수록 우리나라가 이기는 쪽으로 승부의 추가 기울였습니다. 그렇기 때문에 우리나라가 이겼을 것이라고 생각합니다. 단지 저의 생각일 뿐이지만 저는 우리나라를 믿기 때문에 그렇게 생각합니다. 6.25 전쟁 때 휴전하지 않고 싸웠으면 한국이 이겼을까? 에 대해 찬성합니다.
학급 토론 주제	6.25 전쟁에서 휴전하지 않았으면 남한이 이겼을까?
읽은 책 또는 자료	초등학생을 위한 맨 처음 근현대사
주요 내용	6.25 전쟁에 대해 나온다.
찬반 결정	반대
나의 토론 참여 점수	70점
2차 글쓰기	저는 6.25 전쟁에서 휴전하지 않았으면 남한이 이겼을까? 라는 토론 주제에 반대합니다. 왜냐하면 6.25전쟁에서 우리는 일요일에 기습공격을 당하였습니다. 우리나라는 전쟁이 일어나지 않을 거라 생각하고 전쟁을 준비하지 안했을 것입니다. 하지만 북한은 소련하고 중국에 계속해서 지원을 받고 있습니다. 그때 당시에는 군사력과 경제력이 북한이 앞서 있었습니다. 그리고 준비를 한 팀과 준비를 하지 않은 팀에 차이는 많이 납니다. 예를 들어 시험도 준비를 안 하고 보면 못 보지만 준비를 하면 시험도 잘 볼 수 있습니다. 그렇기 때문에 북한이 이긴다고 생각합니다. 하지만 북한은 인천상륙작전을 하면서 땅을 많이 뺏겼습니다. 하지만 인해전술을 하면서 다시 북한이 땅을 다시 점령했습니다. 하지만 북한이 이기고 있을 때에 휴전을 하였습니다. 제 개인적인 생각일 수도 있지만 소련이 그때 당시 전투력이 굉장히 강하다고 저는 생각합니다. 그리고 북한이 그때는 굉장히 힘이 강했습니다. 지금 보시는 것처럼 우리나라보다 약한 나라가 아니고 그때 당시에는 북한이 더 힘이 강했습니다. 한 나라의 대통령이라는 이승만 대통령은 한강 다리를 폭파하고 대전으로 도망갔습니다. 그 걸 알면 우리나라의 백성들의 사기가 얼마나 떨어지

	겠습니다. 우리나라 군의 사기가 떨어지면 북한군의 사기가 오릅니다. 그러면 북한은 힘을 발휘해 우리나라를 점령할 것입니다. 그렇기 때문에 저는 북한이 이겼다고 생각합니다. 하지만 지금 우리나라는 서로 싸우고 있습니다. 저는 하루 빨리 통일이 되어 평화롭게 살고 싶습니다. 그리고 오늘 토론할 때 우리 모둠이 또 이겨서 좋았습니다. 오늘 정유빈님이 토론 잘한 것 같습니다. 6.25 전쟁에 대해 알게 되어서 좋고 통일을 위해 힘써 노력하겠습니다.
최종 찬반결정	반대
내가 쓴글 점수 주기	60점
최종 3차 글쓰기	저는 6.25 전쟁에서 휴전하지 않았으면 남한이 이겼을까? 라는 토론 주제에 반대합니다. 왜냐하면 6.25전쟁에서 우리는 일요일에 기습공격을 당하였습니다. 우리나라는 전쟁이 일어나지 않을 거라 생각하고 전쟁을 준비하지 안했을 것입니다. 하지만 북한은 소련하고 중국에 계속해서 지원을 받고 있습니다. 그때 당시에는 군사력과 경제력이 북한이 앞서 있었습니다. 그리고 북한군은 무기도 뛰어나고 전투경험도 풍부하고 병력수도 많았습니다. 그리고 준비를 한 팀과 준비를 하지 않은 팀에 차이는 많이 납니다. 예를 들어 시험도 준비를 안 하고 보면 못 보지만 준비를 하면 시험도 잘 볼 수 있습니다. 그렇기 때문에 북한이 이긴다고 생각합니다. 하지만 북한은 인천상륙작전을 하면서 땅을 많이 뺏겼습니다. 인천상륙작전은 맥아더 장군의 그야말로 2000분의 1 확률 즉 도박과 같은 확률이었습니다. 하지만 성공을 하였습니다. 그러나 다시 그런 전술이 나오기는 힘들다고 생각합니다. 그리고 신무기 등 지원해주는 것도 북한이 편합니다. 왜냐하면 미국과 남한은 많은 거리차가 나지만 중국과 소련과 북한은 거의 가까운 곳에 있기 때문에 모든 방면에서 북한에게 유리하지 않았나 생각이 듭니다. 하지만 인해전술을 하면서 다시 북한이 땅을 다시 점령했습니다. 그리고 북한이 이기고 있을때에 휴전을 하였습니다. 제 개인적인 생각일 수도 있지만 소련이 그때 당시 전투력이 굉장히 강하다고 저는 생각합니다. 미국이 원자폭탄이 있어서 이길 것이라고 생각하시는 분도 있는데 그것은 아니라고 생각합니다. 원자폭탄 하나로 승리를 가져가기는 힘들다고 생각하기 때문입니다. 그리고 북한이 그때는 굉장히 힘이 강했습니다. 지금 보시는 것처럼 우리나라보다 약한 나라가 아니고 그때 당시에는 북한이 더 힘이 강했습니다.

한 나라의 대통령이라는 이승만 대통령은 한강 다리를 폭파하고 대전으로 도망갔습니다. 한 나라의 대통령이 그런 짓을 한 걸 알면 우리나라 백성이나 군인들이 얼마나 힘들까요? 그걸 알면 우리나라의 백성들과 군인들은 충격을 먹었을 것 같습니다. 그리고 이승만 대통령이 그렇게 도망갔는데 우리나라 백성들은 꼭 자기들이 목숨까지 걸며 싸워야 된다고 생각할까요? 저 같으면 오히려 이승만 대통령을 죽이고 싶다는 생각밖에 안 들 것 같습니다. 이런 이유로 6.25전쟁에 휴전하지 않았으면 남한이 이겼을까? 라는 토론주제에 대해 반대합니다.

저는 이상하게 토론만 하면 많이 떨립니다. 왜냐하면 팀에 도움이 안되면 어쩌지 이런 생각이 들기 때문입니다. 하지만 다음부터는 최대한 떨지 않고 말할려고 노력하겠습니다. 어쨌건 6.25 전쟁에 대해 많이 알게 되었다고 생각하니 절로 기분이 좋아지네요. 토론시간은 참 값진 것 같습니다. 우리가 찬반을 나누어서 토론할 수 있고 나와 반대 의견을 들을 수 있기 때문에 토론시간은 참 좋다고 생각합니다. 다음에는 토론을 잘 참여하겠습니다.

글쓴이	**권재환**
주제	우리나라 역사적인 사건
읽은 책	Why? 역사를 바꾼 사건
주요 내용	휴전을 하지 않고 싸웠으면 이길 수 있을까?
내가 정한 토론 주제	휴전을 하지 않고 싸웠으면 이길 수 있었나? 꼭미사일 과 핵을 만들지 말라 해서 만들지 말아야 하나
학급 토론 주제	6.25 전쟁에서 휴전하지 않으면 남한이 이겼을까?
토론 주제 점수는	70점
1차 글쓰기	안녕하세요. 저는 6.25 전쟁 때 한국이 이겼을까? 에 대해 저는 반대입니다. 왜냐하면 전쟁 중에 미국도 퇴각을 하였고 몇몇 부대도 점멸을 하였습니다. 그리고 그때는 새벽이여서 자고 있을 때 기습공격을 했습니다. 그리고 그때는 다리를 파괴하여서 북한군이 못 와서 이길 줄 알았는데 끝 까지 공격을 해왔습니다. 그런데 미리 폭파 하지 말고 사람들이나 탱크가 올 때 다리를 파괴하면 이길 수도 있다고 생각을 합니다. 그리고 미국이 우리나라를 도와주었을 때 먼저 퇴각을 하였고 북한과 소련 중공군 (중국, 소련은 러시아) 가 계속 전진 하면서 공격을 하고 이미 지쳤으면서도 나라를 지키기 위해 목숨 을 받쳤지만 굶어 죽는 사

람도 있었습니다. 그래서 저희는 이미 사기가 떨어진데다 미국이 도와준다 해서 사기가 잠시 올라 이길 수 있다고 생각을 하였는데 그 기쁨도 잠시였습니다. 그 이유는 중공군 과 소련군이 북한을 도와주고 있기 때문에 한국이 졌을 거라 생각합니다. 그리고 여기서 중요한건 소련과 북한 중공군은 탱크와 새벽에 공격을 하여 한국은 자고 있을 때 공격을 하고 미국도 아무리 빨리 라지만 오는데 시간이 있어 그 시간 전에 북한이 여러 곳을 빼앗고 죽이고 그랬을 거라 생각이 듭니다. 그래서 저는 반대입니다 이 내용은 저의 생각입니다. 진실이 아닌 것도 있어요. 그리고 지금도 전쟁은 아직 하고 있습니다. 끝난 게 아니라 쉬는 겁니다. 언제 전쟁이 될지는 아무도 모릅니다.

학급 토론 주제	6.25 전쟁에서 휴전하지 않았으면 남한이 이겼을까?
읽은 책 또는 자료	Why세계전쟁 6.25 전쟁자료
주요 내용	6.25전쟁
찬반 결정	찬성
나의 토론 참여 점수	70점
2차 글쓰기	저는 6.25 전쟁에서 한국이 이겼을까 에 찬성합니다. 그 이유는 un군이 원자폭탄과 많은 무기를 가지고 있기 때문입니다. 그 이유는 미국과 여러 나라가 도와주고 있기 때문입니다. 그리고 중국과 소련이 계속 도와준다. 해도 un군이 원자폭탄을 떨어뜨리면 이길 수 있습니다. 여러 나라도 계속 도와주면 언젠가는 누가 이기고 누가 지고 이렇기 때문에 그래도 계속 항복을 안 하면 원자폭탄을 소련과 중국에도 원자폭탄을 떨어뜨리면 우리가 이길 수 있기 때문에 우리 남한이 승리를 할 수 있고 인천상륙작전에 성공하였으므로 처음에는 우리가지고 있었는데 인천상륙작전에 이기려고 할 때 중공군이 들어와서 결국 다시 뒤로 물러나고 반으로 나누어서 살고 있는데 서로 생각이 달라서 통일이 안 되고 있어서 지금 통일이 안 되고 있기 때문에 빨리 통일이 되어있으면 좋겠습니다. 그리고 마지막으로 현재 북한은 우리를 도발해서 현재 전쟁이 일어 날 것 같긴 한데 전쟁이 일어나면 폭탄 전쟁입니다. 오늘 내주장을 잘 못 폈는데 다음 번 에는 잘해야겠다. 그리고 전쟁은 두 번 다시 일어나면 모든 나라가 다 도와주어야 한다. 그리고 un군이 도와줄 때는 거의 이길 뻔했는데 중공군이 도와주어서 다시 밀려갔다 그리고 아무리 군사 수가 많아도 전술을 잘 짜면 이길 수 있을 것 같다
최종 찬반결정	찬성

내가 쓴글 점수 주기	80점
최종 3차 글쓰기	저는 6.25전쟁 때 남한이 이겼을까 에 대해 토론할 권재환 입니다. 일단 남한은 UN군이 도와주고 있고, 북한은 중공군(중국) 소련(러시아)가 도와주고 있습니다. UN군은 여러 나라가 있고 북한은 소련이 무기와 탱크 같은 것을 지원하고 있습니다. 하지만 UN군은 원자폭탄이 있습니다. 그 원자폭탄으로 북한 위쪽을 공격하면 됩니다. 중국에서 북한의 닿는 곳에 원자폭탄을 투척하면 중국과 북한은 항복할거라고 믿습니다. 원자폭탄을 터트리면 이길 수 있습니다. 그리고 남한이 원자폭탄이 투하된 곳을 공격하면 그쪽은 망하게 되고 다리를 파괴할 때 많은 사람이 죽었습니다. 그리고 인천상륙작전 어려운 작전을 Un군은 해냈습니다. 미국은 원자폭탄이 무서운 위력을 가지고 있는 건 알지만 북한이 계속 공격해오면 쏴야합니다. 그리고 우리가 계속 밀고 오면 북한은 항복할 수밖에 없습니다. 그러므로 저는 남한이 이겼을 거라 생각합니다. 반대로 북한은 원자폭탄이 있으니 무서운 건 알지만 새벽에 잠을 잘 때 공격을 하면 사기가 밀리기 때문에 공격을 하고 탱크로 적군을 많이 죽입니다. 북한은 몇 백 대의 탱크 남한은 몇 십 대의 탱크 밖에 없어서 북한은 중국이 계속 앞에서 돌진을 하니 뒤에서 소련은 무기와 탱크를 계속 지원하고 있으니 북한은 자기가 이긴다고 생각을 했습니다. 하지만 휴전을 하자는 말에 휴전을 하고 있습니다. 북한은 현제 핵이 보유되어 있습니다. 북한이 핵을 날리면 나라가 피해를 보기 때문에 사용은 하지 않습니다. 미국도 미사일을 날리면 북한이 우리나라를 공격을 하기 때문에 미사일도 못 날리고 있습니다. 하지만 북한이 도발을 하면 우리도 대책을 세워야 합니다. 북한이 옛날에 우리나라가 도와주는데 지금은 도와주지 않았기 때문입니다. 저희가 할 수 있는 일은 북한인을 만났어도 차별하지 않고, 비웃지 않고, 괴롭힘을 받고 있으면 도와주어야 한다. 지금은 우리 원수여도 나중에 통일이 될 수 있을 수 있기 때문입니다.

글쓴이	# 김민기
주제	우리나라 역사적인 사건
읽은 책	광개토대왕
주요 내용	광개토대왕은 어린나이에 말 타는 대회에 참가했다
내가 정한 토론 주제	.

학급 토론 주제	6.25 전쟁에서 휴전하지 않았으면 남한이 이겼을까?
토론 주제 점수는	10점
1차 글쓰기	안녕하십니까? 저는 김민기라고 합니다. 6.25전쟁 때 휴전하지 않고 싸웠으면 저는 한국이 이겼을 거라고 저는 생각합니다. 왜냐하면 우리한국을 도와주는 나라가 수도 없이 세계 전 세계 나라에서 도와주었기에 저는 한국이 이겼다라고 저는 생각합니다. 왜냐하면 북한은 중국만 도와주었기에 저는 대한민국에 승산이 더 높았을 꺼라 생각합니다. 왜냐하면 우리나라 랑 un과 합친 다음에 중국과 싸웠으면 만약에 중국이 체력이 없어지고 식량도 많이 없어지면 중국은 북한을 안도와주어서 북한은 이대로 무너져서 우리나라가 승리를 만끽하고 즐거운 모습을 볼 수 있었습니다. 그런데 다른 나라 대통령들이 막 계속 휴전하고 싶다면서 그래서 우리는 결국 휴전을 하게 되었습니다. 그런데 다시는 이런 현상도 없어야 되고 이런 뼈아픈 일이 절대 일어나지 말아야합니다. 근데 저 같았으면 저는 계속 싸워서 저는 전쟁에서 이기면 보상도 주고 특혜를 많이 주었을 것 같습니다. 근데 저는 6.25전쟁에서 작고하신 우리나라에 자랑스러운 군인형을 본받고 싶습니다. 그래서 아쉽게 휴전한 북한과 남한 그런데 아직은 전쟁 중이지 전쟁을 쉬고 있는 것입니다. 그런데 다시는 일어나지 말아야 하는 전쟁이 일어나면 저가 이번만은 전쟁에 참가해서 우리나라를 지키는 꼬마 군인이 돼서 우리 탑동 초등학교 에 알린 다음에 저는 그럼 저가 할 일은 다 한거로 저는 알고 있겠습니다. 지금까지 저의 애기를 들어주셔서 대단히 고맙습니다. 지금까지 김민기였습니다.
학급 토론 주제	6.25 전쟁에서 휴전하지 않았으면 남한이 이겼을까?
읽은 책 또는 자료	한국사5
주요 내용	6.25전쟁
찬반 결정	찬성
나의 토론 참여 점수	100점
2차 글쓰기	안녕하십니까? 저는 김민기라고 합니다. 6.25전쟁 때 휴전하지 않고 싸웠으면 저는 한국이 이겼을 거라고 저는 생각합니다. 왜냐하면 우리한국을 도와주는 나라가 수도 없이 세계 전 세계 나라에서 도와주었기에 저는 한국이 이겼다라고 저는 생각합니다. 왜냐하면 북한은 중국만 도와주었기에 저는 대한민국에 승산이 더 높았을 꺼라 생각합니다. 왜냐하면 우리나라 랑 un과 합친 다음에 중국과 싸웠으면 만약에 중국이 체력이 없어지

	고 식량도 많이 없어지면 중국은 북한을 안도와주어서 북한은 이대로 무너져서 우리나라가 승리를 만끽하고 즐거운 모습을 볼 수 있었습니다. 그런데 다른 나라 대통령들이 막 계속 휴전하고 싶다면서 그래서 우리는 결국 휴전을 하게 되었습니다. 그런데 다시는 이런 현상도 없어야 되고 이런 뼈아픈 일이 절대 일어나지 말아야합니다. 근데 저 같았으면 저는 계속 싸워서 저는 전쟁에서 이기면 보상도 주고 특혜를 많이 주었을 것 같습니다. 근데 저는 6.25전쟁에서 작고하신 우리나라에 자랑스러운 군인형을 본받고 싶습니다. 그래서 아쉽게 휴전한 북한과 남한 그런데 아직은 전쟁 중이지 전쟁을 쉬고 있는 것입니다. 그런데 다시는 일어나지 말아야 하는 전쟁이 일어나면 저가 이번만은 전쟁에 참가해서 우리나라를 지키는 꼬마 군인이 돼서 우리 탑동 초등학교 에 알린 다음에 저는 그럼 저가 할 일은 다 한거로 저는 알고 있겠습니다. 지금까지의 애기를 들어주셔서 대단히 고맙습니다. 　저는 북한하고 남한하고 전쟁을 하다가 그러다가 휴전을 하지 않고 전쟁을 했으면 저는 남한이 이겼을 거 같습니다. 그리고 유창성님에 말을 들어 보니까 우리나라는 미국이 도와주고 북한은 근데 제가 인터넷에 검색을 해봤는데 지금에 유엔 가입 국가는 193개에 나라가 있습니다. 그런데 저의 생각은 휴전하지 않고 싸웠으면 저는 남한이 이겼을 거라 생각합니다. 그리고 우리한국은 유엔도 있고 미국도 있었기도 때문에 핵을 쏴서 이겼을 거라고 생각합니다.
최종 찬반결정	찬성
내가 쓴글 점수 주기	100점
최종 3차 글쓰기	안녕하십니까? 저는 김민기라고 합니다. 6.25전쟁 때 휴전하지 않고 싸웠으면 저는 한국이 이겼으리라고 저는 생각합니다. 왜냐하면 우리한국을 도와주는 나라가 수도 없이 세계 전 세계 나라에서 도와주었기에 저는 한국이 이겼다라고 저는 생각합니다. 왜냐하면 북한은 중국만 도와주었기에 저는 대한민국에 승산이 더 높았을 꺼라 생각합니다. 왜냐하면 우리나라랑 un과 합친 다음에 중국과 싸웠으면 만약에 중국이 체력이 없어지고 식량도 많이 없어지면 중국은 북한을 안도와주어서 북한은 이대로 무너져서 우리나라가 승리를 만끽하고 즐거운 모습을 볼 수 있었습니다. 그런데 다른 나라 대통령들이 막 계속 휴전하고 싶다면서 그래서 우리는 결국 휴전을 하게 되었습니다. 그런데 다시는 이런 현상도 없어야 되고 이런 뼈아픈 일이 절대 일어나지 말아야합니다. 근데 저 같았으면 저는 계속 싸워서 저는 전쟁에서 이기면 보상도 주고 특혜를 많이 주었을 것 같습니

다. 근데 저는 6.25전쟁에서 작고하신 우리나라에 자랑스러운 군인 형을 본받고 싶습니다. 그래서 아쉽게 휴전한 북한과 남한 그런데 아직은 전쟁 중이지 전쟁을 쉬고 있는 것입니다.

저는 북한하고 남한하고 전쟁을 하다가 그러다가 휴전을 하지 않고 전쟁을 했으면 저는 남한이 이겼을 것 같습니다. 그리고 유창성님에 말을 들어 보니까 우리나라는 미국이 도와주고 북한은 근데 제가 인터넷에 검색을 해봤는데 지금에 유엔 가입 국가는 193개에 나라가 있습니다. 그런데 저의 생각은 휴전하지 않고 싸웠으면 저는 남한이 이겼을 거라고 생각합니다. 그리고 우리한국은 유엔도 있고 미국도 있었기도 때문에 핵을 쏴서 이겼을 거라고 생각합니다. 저는 6.25전쟁에서 휴전하지 않고 싸웠으면 남한이 이겼을까에 저는 찬성합니다. 근데 6.25전쟁은 일요일에 일어났습니다. 근데 일요일은 군인들도 쉬는 날인데 근데 저도 전쟁이 일어날 거라고 예상은 못했습니다. 예상치 않게 전쟁이 터져서 갑작스럽게 아침도 아닌 새벽5시에 일어났습니다. 북한의 기습공격으로 처음에는 많이 밀려서 부산까지 밀렸는데 그래서 3일 만에 서울을 빼앗겼습니다. 그래서 이때 미국의 맥아더 장군이 지시한 것은 인천상륙작전이었는데 그걸 미국이 성공시켜 다시 우리는 서울을 되찾고 이제 또 북쪽으로 올라갔습니다. 그래서 백두산까지 갔는데 또 이때 갑작스럽게도 중공군이 갑자기 쳐들어와서 우리는 또 밀려서 다시 와리가리했습니다. 그래서 중국이 인해전술을 써서 우리를 침략을 했는데 근데 북한을 도와주는 나라가 1나라뿐만이 아니었습니다. 소련은 무기 지원만 해주었습니다.

근데 우리나라도 만만치 않았습니다. 우리를 도와주는 나라는 미국뿐만이 아니었습니다.

UN이 저희를 도와주었기에 저는 남한이 이겼을꺼라고 생각합니다. 그리고 또 미국에 대통령들이 원자폭탄을 떨어트리면 북한군과 중공군들은 다 먼지가 됩니다. 그래서 남한은 한반도를 다 먹고 통일을 해서 우리가 최고가 된다.

지금까지 저의 이야기를 들어주셔서 고맙습니다.

글쓴이	김용근
주제	우리나라 역사적인 사건
읽은 책	이순신
주요 내용	이순신의 삶을 적은 책
내가 정한 토론 주제	임진왜란
학급	6.25 전쟁에서 휴전하지 않았으면 남한이 이겼을까?

토론 주제	
토론 주제 점수는	50점
1차 글쓰기	저는 6.25전쟁 계속 싸웠다면 우리 남한이 이겼을 것이다. 그런데 북한이 이긴다고 한 사람은 맥아더장군이 갔다고 남한의 군사들의 사기가 떨어질 것이다. 라고 했다. 하지만 나는 맥아더장군이 가도 인천상륙작전보다 더 좋은 방법을 찾았을 것 같다. 그 이유는 다른 인재들이 머리를 모아 더 좋은 작전을 알아낼 것 같기 때문이다. 또 소련과 미국은 경쟁을 하고 있던 나라이기 때문에 남한과 북한을 도와준 것 같다. 그 이유는 자신을 따르는 나라가 많아야 이기기가 쉬울 수 있기 때문이다. 그리고 계속 싸웠으면 다시 맥아더장군이 올 수 있지 않을까? 그러면 북한도 순순히 항복할 수 도 있을 것이다. 또 우리를 도와주는 나라가 한둘이 아닐 것이다. 그래서 우리가 이길 수 있을 것이다. 또 UN이 우리남한을 도와주었을 것이다. 우리를 도와줄 수 있는 나라는 많지만 북한을 도와줄 나라는 별로 없을 것이라고 생각한다. 하지만 그 전쟁에서 이기더라도 죽은 군인의 수는 더욱 셀 수 없이 많을 것이다. 또 에서는 휴전을 한 것이 옳다고 생각하지만 난 싸움을 했으면 남한이 이겼을 것이라고 생각한다. 또 북한의 병사들도 죽어가고 남한병사도 죽어가고 전쟁은 하면 안 되지만 끝가지 했으면 남한이 이겼을 것이라고 생각한다.
학급 토론 주제	6.25 전쟁에서 휴전하지 않았으면 남한이 이겼을까?
읽은 책 또는 자료	역사가 보내는 편지 5권
주요 내용	역사를 자세히 알려주는 책이다
찬반 결정	찬성
나의 토론 참여 점수	70점
2차 글쓰기	저는 6.25전쟁 계속 싸웠다면 우리 남한이 이겼을 것이다. 그런데 북한이 이긴다고 한 사람은 맥아더장군이 갔다고 남한의 군사들의 사기가 떨어질 것이다. 라고 했다. 하지만 나는 맥아더장군이 가도 인천상륙작전보다 더 좋은 방법을 찾았을 것 같다. 그 이유는 다른 인재들이 머리를 모아 더 좋은 작전을 알아낼 것 같기 때문이다. 또 소련과 미국은 경쟁을 하고 있던 나라이기 때문에 남한과 북한을 도와준 것 같다. 그 이유는 자신을 따르는 나라가 많아야 이기기가 쉬울 수 있기 때문이다. 그리고 계속 싸웠으면 다시 맥아더장군이 올 수 있지 않을까? 그러면 북한도 순순히 항복할 수 도 있을 것이다. 또 우리를 도와주는 나라가 한둘이 아닐 것이다. 그래서 우리가 이길 수 있을 것이다. 또 UN이 우리남한을 도와

	주었을 것이다. 　우리를 도와줄 수 있는 나라는 많지만 북한을 도와줄 나라는 별로 없을 것이라고 생각한다. 하지만 그 전쟁에서 이기더라도 죽은 군인의 수는 더욱 셀 수 없이 많을 것이다. 또 중국의 인구가 아무리 많아도 UN의인구가 합치면 더 많을 것이라고 생각한다. 그렇기 때문에 남한이 이겼을 것이라고 생각한다. 또 아무리 중국이 인해전술을 써도 그때는 밀려도 계속 공격하면 중국의인구도 줄어들 것이다. 그러면 그때 힘을 합쳐서 공격을 하며 남한이 일 것 이라고 생각한다. 또 우리나라를 도와준 나라의 힘은 막대해도 북한을 도와준 나라는 손에 꼽힐 만큼 적다. 또 소련은 직접군사를 보내준 것 이아니라 뒤에서 무기를 보내주는 역할을 했다. 그러니 전쟁을 나간 것은 중국뿐이다. 그렇게 따지면 남한이 더 유리하다고 생각한다. 그러니 남한이 이겼을 것이라고 생각한다.
최종 찬반결정	반대
내가 쓴글 점수 주기	70점
최종 3차 글쓰기	저는 6.25전쟁 때 휴전하지 않았다면 남한이 이겼다 에 반대합니다. 이유는 아무리 맥아더 장군이 인천상륙작전을 성공을 했어도 인해전술로 다시 나라가 반절이 돼서 무용지물이 되었다. 　다른 사람들은 더 좋은 절략을 만들어서 통일을 시킬 수 있다고 하지만 그것은 확률에 부가하다고 생각을 한다. 또 보급을 해주는 시간도 중요하다. 왜냐하면 미국이 남한을 오려면 오랜 시간이 걸리지만 중국에서 북한으로 오는 것이 더 빠르다. 그렇기 때문에 북한이 이겼을 것이라고 생각한다. 　또 북한은 탱크가 있었지만 남한에는 장갑차밖에는 없었다. 또 병력차이도 난다. 북한은 20만 명이 나갔고 남한은10만 명이 나갔다고 한다. 　또 이승만대통령은 자신만 살기위해서 자신과 고위직 공무원과 한강 인도교를 건너고 그 다리를 폭파시켰다. 그로인해 500명 정도가 사망을 했다고 한다. 그런 자신밖에 모르는 대통령이 과연 정치를 제대로 할 수 있을까? 나는 아니라고 생각을 한다. 　또 미국이 원자폭탄을 쓰면 된다고 하지만 그러면 남한과 북한 잘하면 중국까지도 피해를 볼 수 있다. 그러니 폭탄을 쓰지 않을 것이라고 생각한다. 또 남한은 un과 미국이 도와주어서 이길 수 있다고 하지만 병력으로 따지면 북한이 유리하다. 　그 이유는 중국이 북한을 도와주었기 때문이다. 또 소련은 북한에게 최신식 무기를 주고 많은 것을 보냈다.

	또 남한은 말로만 남북통일 이라고 외치기만 하였다. 또 준비한 팀과 준비하지 않은 팀은 확연히 드러난다. 그렇기 때문에 북한이 이길 것 이라고 생각한다. 또 남한은 다른 나아에만 의존을 하였다. 북한은 스스로 준비라도 하였다. 또 기습공격을 한 북한이 더 유리하다고 생각을 하기 때문에 북한이 이길 것 이라고 생각한다. 지금까지 저의 글을 읽어주셔서 고맙습니다.
글쓴이	# 김준서
주제	우리나라 역사적인 사건
읽은 책	한국사 이야기
주요 내용	우리 대한민국은 빠르게 성장하지 못하여 조선부터 공격을 많이 받았다
내가 정한 토론 주제	미국과 소련이 참여하지 않았으면 남한이 이겼을까?
학급 토론 주제	6.25 전쟁에서 휴전하지 않았으면 남한이 이겼을까?
토론 주제 점수는	60점
1차 글쓰기	저는 6.25전쟁 때 남한과 북한이 휴전을 하지 안했더라면 남한이 이겼을 까? 라는 의견에 반대 합니다. 왜냐하면 그 당시에는 남한이 강하지 않았고 북한은 원자폭탄과 쏘란 이라는 나라가 북한을 도와주었기 때문이고 미국이 우리나라를 도와 주웠 더라도 미국은 지금처럼 강하지 않았습니다. 그리고 휴전을 한 것은 자기 나라[북한] 이 질 것 같아서가 아니고 어느 정도 더 군사력이나 무기 등 을 키우고 꼭 이기겠다는 다짐 이여서 휴전을 하자는 것입니다. 여러분이 생각해 보십시오 북한은 원자폭탄 많은 군사들을 이끌고 있었는데 왜 휴 전을 한 것 일까요 휴전은 혹시라도 조금도 피해를 보지 않고 싸우고 싶 어서입니다. 한편 남한에서는 북한이 이길 것 같아서 휴전을 하면 이득 이라고 생각 했습니다. 미국도 자신에 나라까지 피해를 볼까봐 휴전 하라 고 한 것 이구요. 소련은 북한과 같은 생각을 가지고 있었습니다. 그래서 북한은 남한과 미국이 무서워서가 아니라서 6.25 전쟁을 휴전 없이 한다면 북한이 이겼 을 것이라고 생각합니다. 이번 토론 주제는 지금의 능력이 아닌 6.25 전쟁 때의 능력을 따지는 것입니다. 이상입니다.
학급 토론 주제	6.25 전쟁에서 휴전하지 않았으면 남한이 이겼을까?

읽은 책 또는 자료	한국사 편지[6.25]에 대하여
주요 내용	맥아더 장군과, 그 당시 남한의 상황
찬반 결정	반대
나의 토론 참여 점수	80점
2차 글쓰기	안녕하십니까? 저는 [6.25 전쟁에서 휴전하지 않았더라면 남한이 이겼을까? 라는 의견에 반대합니다. 일단 지금의 남과 북의 사이는 휴전중이다. 전쟁이 끝 난 게 아니라 잠시 휴전을 하는 상황이다. 6.25 전쟁 때 왜 북한이 이겼을 거라고 생각하는 이유는 남한보다 북한이 무기와 군사력 상으로는 북한이 훨씬 유리하고 아무리 UN군, 미국이 남한을 도와줘도 북한은 소련, 중국이 도와주고 게다가 북한은 6.25 전쟁을 준비하고 있었고 남한은 그 상황을 파악하지 못 하였다.그리고 남한은 무조건 UN, 미국만 믿었고 이 나라들이 도와주지 않으면 남한은 훨씬 분리했다. 또 북한은 탱크, 무기 등이 강하고 또 지원을 받았고 남한은 맥아더 장군이 북한 거의 끝까지 몰고 왔을 때 엄청난 군사들이 전술을 써 거의 북한이 이겼다고 본다. 그리고 남한의 이승만 대통령은 자기만 살자고 피난을 갔었다. 38선에서 막강한 전투를 하고 있었는데 이승만 대통령은 무조건 자기생각만 하고 죽어가는 사람들을 지켜만 보고 무조건 다른 나라의 힘만 빌리고 북한은 자기 나라도 강하고 도움도 받았으니 북한이 이겼다고 생각합니다. 그리고 다들 소련이 직접 도와주지 않았다고 안도와 준 것이 아니라 소련의 무기, 군사 등이 많은 도움이 되었다. 미국은 그때 지금처럼 강하지 않았고 UN군도 실제로는 전쟁 경험이 없어서 중국의 경험보다 낮았다. 그리고 이승만 대통령은 미국에게 지휘권을 주웠습니다. 북한은 특히 무기와 많은 군사력이 높았고 저의 생각은 미국과 UN군이 남한을 도와 줬더라도 북한은 소련과 중국의 힘을 빌려서 북한이 유리했기 때문에 북한이 이겼다고 생각하는 바 이다.
최종 찬반결정	반대
내가 쓴글 점수 주기	90점
최종 3차 글쓰기	안녕하십니까? 저는 이번 ,6.25 전쟁 때 휴전하지 않았으면 남한이 이겼을까? 에 대한 주제에 반대합니다. 저의 의견은 첫째, 경험입니다. 중국과 소련이 북한을 도와주는데 특히 중국은 많은 경험으로 인해전술과 게릴라 전술이 있어서 경험 상 으로는 북한이 유리

	합니다.

둘째, 많은 군사력입니다 북한은 인구가 많은 중국, 소련 등의 나라가 북한을 도와 주웠습니다.

그리고 찬성 측 의견은 UN군이 나라가 많아 남한의 군사가 많다고 하시는데 꼭 나라가 많다고 인구 수 가 많은 것은 아니라는 것이고 북한은 준비를 철저하게 하였고 남한은 상황파악을 하지 못하였습니다.

또 북한은 많은 탱크로 원자폭탄 이라는 폭탄에 무서워하지 않았습니다. 그런 아유가 있고 이승만 대통령은 오직 자기만 살려고 피난을 갔습니다. 그리고 한강다리를 파괴했습니다. 그런 상으로는 남한은 너무 다른 나라에게만 의존하였습니다.

셋째, 보급입니다 소련은 북한에게 군사, 신식무기 등을 보급하였다. 소련이 직접 개입은 하지 않았지만 많은 무기와 군사를 보내줬기 때문에 소련은 큰 도움이 되었습니다. 그리고 관련은 없지만 솔직히 양심, 이승만 대통령은 시민들을 버리고 지기만 살고 다른 나라가 없으면 못 버티는 것이 좀 남한의 아쉬움입니다. 아무리 인천상륙작전을 2000분의 1 확률로 성공을 하였지만 그게 이기는 것이랑 관련은 없습니다. 맥아더 장군이 대단 하더라도 승패에는 관련이 별로 없을 것 같습니다. 이번 토론을 하며 많은 것을 알고 미리 공부를 한 것에 뿌듯합니다. |

글쓴이	**김현민**
주제	우리나라 역사적인 사건
읽은 책	세계 명화와 함께 보는 역사적 사건
주요 내용	북한을 충분히 이길 수 있었었다
내가 정한 토론 주제	6.25전쟁이 없었더라도 지금만큼 우리가 발전해 있다. 6.25전쟁 때 미국이 도와주지 않았더라도 우리나라는 충분히 버텨낼 수 있었다.
학급 토론 주제	6.25 전쟁에서 휴전하지 않았으면 남한이 이겼을까?
토론 주제 점수는	90점
1차 글쓰기	저는 6.25 전쟁 때 휴전하지 않고 끝까지 싸웠더라면 우리나라가 이겼을 것 이라고 생각합니다. 왜냐하면 일단 북한 측에서 소련과 중국이 인구로 밀어붙인다고 하면 우리 측은 미국이 도와주고 있는데 미국은 화력으로 밀어붙이고 우리는 악착같이 목숨을 걸고 싸우기 때문에 일단 우리는 빠져 있다가 미국에서 폭격지원을 하여서 인구를 효과적으로 빠르게 줄이고 우리는 신호를 기다리고 모두 제압되면 그 때 가서 모든 것을 망쳐 놓으면 우리가 승리 할 수 있기 때문입니다. 북한은 그냥 인구가 있는 둥 마는 둥 적고 중국은 거의 인구가 무기라고 할 수 밖에 없고 소련은

인구도 중국만큼 많지도 않고 무기도 그렇게 강하지 않으므로 미국에서 무기를 우리나라에 공급해주고 미국이 중국의 인구를 많이 줄여놓는다면 악착같이 달라붙어서 잘 싸우는 우리나라가 나머지 군들을 처치하면 됩니다. 그리고 꼭 미국 말고 여러 연합군들이 도와주었기 때문에 우리는 충분이 북한 측을 전멸시킬 수 있었음에도 불구하고 휴전명령을 내려서 지금의 좋지 않은 상황이 된 것 입니다. 그리고 우리는 북한이 언제 공격해올지 모르는 상황에 불안해하고 있습니다. 우리가 그냥 휴전하지 않고 그냥 북한을 정복해 버렸다면 지금의 이산가족 같은 불행한 사람들도 없었을 것이고 북한이 공격해올 위험에 대비하기 위해 돈 쓸 필요도 없었을 것입니다.

학급 토론 주제	6.25 전쟁에서 휴전하지 않았으면 남한이 이겼을까?
읽은 책 또는 자료	초등학생을 위한 맨 처음 한국사
주요 내용	u.n군
찬반 결정	찬성
나의 토론 참여 점수	90점
2차 글쓰기	저는 6.25 전쟁 때 휴전하지 않았다면 우리가 이겼다 에 찬성합니다. 왜냐하면 일단 북한 측에서 소련과 중국이 인구로 밀어붙인다고 하면 우리 측은 미국이 도와주고 있는데 미국은 화력으로 밀어붙이고 U.N연합군은 미국을 포함해서 영국, 프랑스, 캐나다, 호주, 네덜란드, 그리스, 필리핀, 뉴질랜드, 터기, 태국, 벨기에, 남아프리카공화국, 룩셈부르크, 콜롬비아, 에티오피아, 스웨덴, 인도, 덴마크, 노르웨이, 이탈리아가 있고 우리는 사기가 매우 좋고 애국심이 강해서 잘 싸우지만 인구 때문에 일단 우리는 빠져 있다가 미국에서 폭격지원을 하여서 인구를 효과적으로 빠르게 줄이고 우리는 신호를 기다리고 폭발 후에 위험한 물질들이 어느 정도 사라지면 그 때 가서 나머지 적 군사 들을 처치하면 우리가 승리 할 수 있기 때문입니다.(물론 방사능 때문에 북한까진 접근이 불가능 합니다) 북한은 그냥 인구가 있는 둥 마는 둥 적고 중국은 거의 인구가 무기라고 할 수 밖에 없고 소련은 인구도 중국만큼 많지도 않고 무기도 그렇게 강하지 않으므로 미국에서 무기를 우리나라에 공급해주고 미국이 중국의 인구를 많이 줄여놓는다면 잘 싸우는 우리나라가 나머지 군들을 처치하면 됩니다. 그리고 꼭 미국 말고 여러 연합군들이 도와주었기 때문에 우리는 충분이 북한 측을 전멸시킬 수 있었음에도 불구하고 휴전명령을 내려서 지금의 좋지 않은 상황이 된 것 입니다. 그리고 우리는 북한이 언제 공격해올지 모

	르는 상황에 불안해하고 있습니다. 우리가 그냥 휴전하지 않고 그냥 북한을 정복해 버렸다면 지금의 이산가족 같은 불행한 사람들도 없었을 것이고 북한이 공격해올 위험에 대비하기 위해 돈 쓸 필요도 없었을 것입니다. 그리고 만약에 미국이 원자폭탄으로 폭격한다면 우리나라 측까지 피해를 입는다고 하시는 분들이 있는데 꼭 북한에다가만 폭탄을 떨어트리란 법은 없기 때문에 어차피 중국도 북한을 도와서 우리나라를 공격했기 때문에 중국도 적이므로 중국 측에 조금 양해를 구하고 북한 전체가 풍비박산 날 정도의 범위 정도만 떨어트려서 진군해오는 북한 연합군들을 거의 다 섬멸하고 나머지는 우리가 모두 처치하면 됩니다. 그리고 중국도 땅이 없어졌다고 덤벼들 필요도 없습니다. 왜냐하면 중국은 인구만 많을 뿐이지 그 시대에는 원자폭탄도 없고 미국은 그 시대에 가장 강한 나라였고 미국 포함 21개국이 참전하고 있던 U.N군까지 도운다면 중국이 버틸 수 없기 때문에 중국도 덤비길 두려워 할 것입니다. 그러므로 휴전을 안했다면 북한 땅은 어쩔 수 없었을지는 몰라도 우리는 성공적으로 승리했을 것입니다. 그리고 만약 그렇게 승리했다면 우리가 방사능을 제거하는 기술을 개발해서 북한 땅을 우리가 사용할 수도 있었을 가능성이 있습니다.
최종 찬반결정	찬성
내가 쓴글 점수 주기	100점
최종 3차 글쓰기	저는 6.25 전쟁 때 휴전하지 않았다면 우리가 이겼다 에 찬성합니다. 　왜냐하면 일단 북한 측에서 소련과 중국이 인구로 밀어붙인다고 하면 우리 측은 미국이 도와주고 있는데 미국은 화력으로 밀어붙이고 U.N연합군은 미국을 포함해서 영국, 프랑스, 캐나다, 호주, 네덜란드, 그리스, 필리핀, 뉴질랜드, 터기, 태국, 벨기에, 남아프리카공화국, 룩셈부르크, 콜롬비아, 에티오피아, 스웨덴, 인도, 덴마크, 노르웨이, 이탈리아가 있고 우리는 사기가 매우 좋고 애국심이 강해서 잘 싸우지만 인구 때문에 일단 우리는 빠져 있다가 미국에서 폭격지원을 하여서 인구를 효과적으로 빠르게 줄이고 우리는 신호를 기다리고 폭발 후에 위험한 물질들이 어느 정도 사라지면 그 때 가서 나머지 적 군사 들을 처치하면 우리가 승리 할 수 있기 때문입니다.(물론 방사능 때문에 북한까진 접근이 불가능 합니다) 　북한은 그냥 인구가 있는 둥 마는 둥 적고 중국은 거의 인구가 무기라고 할 수 밖에 없고 소련은 인구도 중국만큼 많지도 않고 무기도 그렇게 강하지 않으므로 미국에서 무기를 우리나라에 공급해주고 미국이 중국의 인구를 많이 줄여놓는다면 잘 싸우는 우리나라가 나머지 군들을 처치하면 됩니다. 그리고 꼭 미국 말고 여러 연합군들이 도와주었기 때문에 우리는

충분이 북한 측을 전멸시킬 수 있었음에도 불구하고 휴전명령을 내려서 지금의 좋지 않은 상황이 된 것 입니다.

그리고 우리는 북한이 언제 공격해올지 모르는 상황에 불안해하고 있습니다. 우리가 그냥 휴전하지 않고 그냥 북한을 정복해 버렸다면 지금의 이산가족 같은 불행한 사람들도 없었을 것이고 북한이 공격해올 위험에 대비하기 위해 돈 쓸 필요도 없었을 것입니다.

그리고 만약에 미국이 원자폭탄으로 폭격한다면 우리나라 측까지 피해를 입는다고 하시는 분들이 있는데 꼭 북한에다가만 폭탄을 떨어트리란 법은 없기 때문에 어차피 중국도 북한을 도와서 우리나라를 공격했기 때문에 중국도 적이므로 중국 측에 조금 양해를 구하고 북한 전체가 풍비박산 날 정도의 범위 정도만 떨어트려서 진군해오는 북한 연합군들을 거의 다 섬멸하고 나머지는 우리가 모두 처치하면 됩니다. 혹시나 미국에 원자폭탄을 써달라고 했는데 거절할 것도 걱정할 필요 없습니다. 미국은 이미 군사를 100000명이 넘을 정도만큼 지원했고 사람의 목숨이 많이 희생되었기 때문에 원자폭탄을 쏴도 어차피 죽는 것은 적이기 때문에 손실이 없다고 생각할 것이고 추가적으로 만약에 쓰지 않겠다면 남한과 북한이 갈라지게 된 만약의 근원은 미국과 소련이기 때문에 그것을 말하면 미국도 할 말이 없어서 결국 원자폭탄을 사용할 수밖에 없을 것입니다.

그리고 중국도 땅이 없어졌다고 덤벼들 필요도 없습니다. 왜냐하면 중국은 인구만 많을 뿐이지 그 시대에는 원자폭탄도 없고 미국은 그 시대에 가장 강한 나라였고 미국 포함 21개국이 참전하고 있던 U.N군까지 도운다면 중국이 버틸 수 없기 때문에 중국도 덤비길 두려워 할 것입니다.

추가적으로 중국도 그냥 원자폭탄에 피해를 입기 싫어서 북한 지원을 그만두고 후퇴할 수도 있습니다. 그리고 이승만 대통령이 피난을 갈 때 한강다리를 자기가 건너자마자 잘라버려서 500~600명이 죽었는데 그것은 안타깝게 생각하지만 그 유족이 만약에 북한 측으로 넘어가서 남한 측 군사를 사살하면 심지어 같은 민족의 여러 집안의 한 가족을 죽인 것이기 때문에 자신도 똑같은 사람이 되는 것이기 때문에 그 사람이 그것을 진작으로 생각을 해보았다면 북한을 지원하지 않았을 것입니다.

그러므로 휴전을 안했다면 북한 땅은 어쩔 수 없었을지는 몰라도 우리는 성공적으로 승리했을 것입니다. 그리고 만약 그렇게 승리했다면 우리가 방사능을 제거하는 기술을 개발해서 북한 땅을 우리가 사용할 수도 있었을 가능성이 있습니다.

글쓴이	김희주
주제	우리나라 역사적인 사건

읽은 책	사회책
주요 내용	.
내가 정한 토론 주제	.
학급 토론 주제	6.25 전쟁에서 휴전하지 않았으면 남한이 이겼을까?
토론 주제 점수는	30점
1차 글쓰기	6.25 전쟁에서 휴전하지 않고 싸웠다면 남한이 이겼을거다에 찬성 한다. 왜냐하면 미국은 우리나라를 도와주고 무기가 만기 때문이다
학급 토론 주제	6.25 전쟁에서 휴전하지 않았으면 남한이 이겼을까?
읽은 책 또는 자료	.
주요 내용	.
찬반 결정	찬성
나의 토론 참여 점수	40점
2차 글쓰기	저는 6.25전쟁에서 휴전하지 않고 계속 싸웠다면 남한이 이겼을거다에 찬성 합니다. 왜냐하면 미국은 무기가 To기 때문에 우리가 이긴다. 북한이 소련하고 중국하고 합쳐서 사람이 많다고 해도 우리가 밀려서 지고 있다고 해도 미국이 더 강력한 무기를 쓸 수도 있고 그것도 안 되면 미국이 다른 나라한테 도와 달라고 하면 다른 나라가 도와줘서 소련하고 중국이 힘들어서 포기하고 전쟁을 안 할 수도 있고 그러면 북한은 우리한테 그냥 진다.
최종 찬반결정	찬성
내가 쓴글 점수 주기	40점
최종 3차 글쓰기	6.25전쟁에서 휴전하지 않고 계속 싸웠다면 남한이 이겼을 거다 에 찬성 합니다. 왜냐하면 우리나라가 북한한테 군사력이 진다고 해도 미국이 우리나라를 도와줘서 이길 수 있다. 미국은 무기가 많고 무기가 쌔기 때문 에 우리가 이길 수 있다 그리고 중국 하고 소련이 북한을 도와조도 미국이 중국하고 소련을 공격하면 중국 하고 소련은 피해를 입어서 전쟁을 안 할 수도 있다. 그러면 북한은 우리한테 진다 중국 하고 소련을 공격해도 중국 하고 소련이 계속 전쟁을 하면 미국이 다른 나라한테 도와달라고 하면 다른 나라가 도와줘서 중국 하고 소련이 포기 할 수 있다. 그러면 북한은 우리한테 진다

글쓴이	박재형
주제	우리나라 역사적인 사건
읽은 책	역사
주요 내용	역사에 대해 알려 준다.
내가 정한 토론 주제	소련은 나쁘다?
학급 토론 주제	6.25 전쟁에서 휴전하지 않았으면 남한이 이겼을까?
토론 주제 점수는	70점
1차 글쓰기	저는 6.25 전쟁에서 중간에 휴전하지 않고 싸웠다면 남한이 이겼을 것이라는 주제에 찬성을 합니다. 왜냐하면 남한은 미국이 도와주고, 북한은 소련과 중국이 도와줬지만 처음에는 남한이 이기다가 중반이 되어서 저희가 밀리다가 중간에 미국의 도움을 받아 영토의 중간까지 가서 휴전을 하게 되었는데, 그때부터 미국과 남한이 이기고 있었는데 중간에 휴전을 하여서 저희가 더 손해를 보았는데 그때 휴전을 하지 않고 계속 싸우고 그 기세로 그냥 계속 들어갔다면 저희가 영토를 더 뺏기지 않고 조금 더 많이 차지할 수 있었을 거 같습니다. 물론 더 위험해서 휴전을 했을 거 같지만 그때 미국이 소련과 중국 보다 강했기 때문에 계속 휴전하지 않고 그냥 들어갔다면 더 이길 거라고 생각합니다. 물론 저희보다 사람의 수가 더 많았기 때문에 그럴 수도 있는데 사람이 많다고 이기는 것은 아닐 거 같습니다. 그래서 저는 휴전하지 않고 싸웠다면 남한이 이 겼을 것 같습니다.
학급 토론 주제	6.25 전쟁에서 휴전하지 않았으면 남한이 이겼을까?
읽은 책 또는 자료	6.25 전쟁
주요 내용	6.25 전쟁에서 일어난 사건 배경 같은것을 보인다
찬반 결정	찬성
나의 토론 참여 점수	70점
2차 글쓰기	저는 6.25 전쟁에서 휴전하지 않았으면 남한이 이겼을까? 라는 주제에 찬성을 합니다. 왜냐하면 물론 그때 남한보다 북한이 더 강했지만 근데 그 당시 북한은 중국과 소련의 도움을 받아 싸웠지만 남한은 미국의 도움을 받아서 싸웠지만 그때 미국이 제일 강한나라 이고 원자 폭탄도 가지고 있었기 때문에 이길 수 있었지만 또 그때 유엔에 있는 모든 국가가 있었지만 그중에 군인들이 남한을 도와주었기 때문에 남한이 이겼을 것입니

	다. 그때 미국이 많은 소련보다 더 많은 무기가 있었지만 그때 러시아도 미국과 비슷하지만 그때 국력은 남한이 더 높았기 때문에 휴전하지 않고 싸웠으면 남한이 이겼을 것입니다. 근데 중국에 있는 군인들이 많이 북한을 도와주었는데 그래도 미국의 군인들과 유엔의 군인과 남한에 사람들을 더해도 중국과 소련과 북한의 사람들보다는 더 적었지만 그래도 전쟁과 국력은 미국과 남한과 유엔의 군인들의 더하면 북한과 중국과 소련보다 약했기 때문에 6.25전쟁에서는 남한이 이겼을 것입니다.
최종 찬반결정	찬성
내가 쓴글 점수 주기	60점
최종 3차 글쓰기	저는 6.25 전쟁에서 휴전하지 않고 계속 싸웠으면 남한이 이겼을까? 라는 주제에 찬성을 합니다. 왜냐하면 그때 당시 소련의 힘은 미국과 거의 동일하였고 중국은 인구가 많아서 이길 수도 있겠지만 다른 유엔에 10개 국들이 남한을 계속 도와주었기 때문에 남한이 이겼을 것 이라는 생각이 듭니다. 원래 반대를 하였는데 토론을 하다 보니 찬성으로 넘어 가고 싶어서 6.25 전쟁에서 휴전하지 않고 계속 싸웠으면 남한이 이겼을까 라는 주제에 찬성을 하게 되었습니다. 그리고 왜 졌다고 생각을 하냐면 그때당시 이승만 대통령 때문에 정치가 혼잡스러워 졌고 이승만이 다리를 넘어와서 중간을 폭파 해버려서 피난민들은 더 못나오고 폭파하는 과정에서 500명~600명 정도가 죽었다고 합니다. 그런데 미국과 유엔의 10개국 나라 들이 도와주어서 남한이 이겼다고 생각을 합니다. 그리고 그때는 미국에 원자폭탄도 있었고 북한이 전쟁을 준비하고 들어왔지만 미국은 아주 쌘 힘을 가지고 있었기 때문입니다. 그리고 남한이 이기고 있을 때 중국이 인해전술로 이기고 있었지만 인구가 많다 해도 유엔의 10개국과 미국을 더하면 인구수도 남한이 더 많고 국력도 더 쎄기 때문에 저는 남한이 이겼을 것이라고 주장을 합니다. 토론을 하면서 반대도 하고 싶고 찬성도 하고 싶었지만 그중에서 찬성이 제일 좋은 생각이 인거 같습니다. 그리고 미국의 맥아더 장군이 그때 아주 좋은 효력을 도와주었기 때문에 그때 맥아더 장군이 더 들어가서 원자 폭탄을 발사하자고 하였지만 그래도 다행히 그때 막아서 다행히 저희 남한이 망하지 않고 성공을 하였다. 그래서 저는 6.25 전쟁에서 계속 전쟁을 하였으면 남한이 이겼을까? 라는 주제에 찬성을 합니다.
글쓴이	신원준
주제	우리나라 역사적인 사건

읽은 책	.
주요 내용	.
내가 정한 토론 주제	민주화 운동
학급 토론 주제	6.25 전쟁에서 휴전하지 않았으면 남한이 이겼을까?
토론 주제 점수는	90점

1차
글쓰기
	6.25 전쟁에서 휴전을 하지 않고 전쟁을 계속 했다면 남한이 이겼을까?
	에 대한 저의 생각 은 남한 이 이겼다고 생각합니다. 왜냐하면 맥아더 장
	군이 가지 않고 이길 수 있는 좋은 아이디어와 작전과 그런 좋은 방법을
	계속 마련해 줄 수 있을 것이다.
	  미국이 군사도 더 보내줄 것 같고 무기도 많이 줄 것 같다.그리고 우리
	나라는 강한 정신력과 좋은 힘과 미국의 파이팅과 힘을 합쳐서 계속 싸워
	서 이길 수 있을 것 같다.
	  우리나라와 북한이 싸울 때 소련은 북한을 도와주고 미국은 남한을 도
	와주었다. 그래서 싸울 때 계속 엎치락뒤치락 했다. 근데 그 당시에는 미
	국이 제일 강했다. 그래서 미국이 제일 강하니까 우리를 도와주면서 북한
	과 소련도 다 이길 수 있을 것 같다
	  우리나라는 강인 한 정신력으로 무장하고 있어 나중에는 우리나라가 북
	한한태 계속 몰려오니까 도망치면서 항복 할 수 도 있을 것 같다.
	  나는 남한이 이긴다고 생각 한다.

학급 토론 주제	6.25 전쟁에서 휴전하지 않았으면 남한이 이겼을까?
읽은 책 또는 자료	한국사 초등학교
주요 내용	전쟁
찬반 결정	찬성
나의 토론 참여 점수	100점

2차
글쓰기
	6.25 전쟁에서 휴전을 하지 않고 전쟁을 계속 했다면 남한이 이겼을까?
	에 대한 저의 생각 은 남한 이 이겼다고 생각합니다. 왜냐하면 맥아더 장
	군이 가지 않고 이길 수 있는 좋은 아이디어와 작전과 그런 좋은 방법을
	계속 마련해 줄 수 있을 것이다.
	  미국이 군사 도 더 보내줄 것 같고 무기도 많이 줄 것 같다.그리고 우
	리나라는 강한 정신력과 좋은 힘과 미국의 파이팅과 힘을 합쳐서 계속 싸
	워서 이길 수 있을 것 같다.
	  우리나라와 북한이 싸울 때 소련은 북한을 도와주고 미국은 남한을 도

	와주었다. 그래서 싸울 때 계속 엎치락뒤치락 했다. 근데 그 당시에는 미국이 제일 강했다. 그래서 미국이 제일 강하니까 우리를 도와주면서 북한과 소련도 다 이길 수 있을 것 같다 　우리나라는 강인 한 정신력으로 무장하고 있어 미국의 군사력과 우리나라의 애국심이 나라를 살리겠다는 생각으로 나중에는 우리나라가 북한한테 계속 몰려오니까 도망치면서 항복 할 수 도 있을 것 같다. 　그리고 초반에는 갑작스럽게 북한이 들어와서 초반에는 우리가 많이 밀렸지만 그 뒤로는 미국이 군사도 더 보내주기도 하고 유엔병사들도 우리나라 전쟁을 합세 하여 후반에는 우리가 거의 이길 수 있었다 근데 거기서 빼라고 해서 뺀 것이다 그래서 그 부분에서 계속 멈추지 않고 싸웠으면 병사들도 우리가 이기고 있구나, 이 부분에서 더 힘과 파이팅이 더 넘쳐 날 것 이다. 　그리고 미국과 유엔 군인들도 더 보내 줄 수 있고 다른 나라들도 더 보내서 북한은 무서울 것 이다. 중국과 소련이 북한을 도와줘도 가장 쎈 미국과 유엔군을 이길 방법이 없을 것 같다. 　나는 남한이 이긴다고 생각 한다.
최종 찬반결정	찬성
내가 쓴글 점수 주기	80점
최종 3차 글쓰기	6.25 전쟁에서 휴전을 하지 않고 전쟁을 계속 했다면 남한이 이겼을까?에 대한 저의 생각 은 남한 이 이겼다고 생각합니다. 왜냐하면 맥아더 장군이 가지 않고 이길 수 있는 좋은 아이디어와 작전과 그런 좋은 방법을 계속 마련해 줄 수 있을 것이다. 　미국이 군사 도 더 보내줄 것 같고 무기도 많이 줄 것 같다.그리고 우리나라는 강한 정신력과 좋은 힘과 미국의 파이팅과 힘을 합쳐서 계속 싸워서 이길 수 있을 것 같다. 　우리나라와 북한이 싸울 때 소련은 북한을 도와주고 미국은 남한을 도와주었다. 그래서 싸울 때 계속 엎치락뒤치락 했다. 근데 그 당시에는 미국이 제일 강했다. 그래서 미국이 제일 강하니까 우리를 도와주면서 북한과 소련도 다 이길 수 있을 것 같다 　우리나라는 강인 한 정신력으로 무장하고 있어 미국의 군사력과 우리나라의 애국심이 나라를 살리 갰다는 생각으로 나중에는 우리나라가 북한한태 계속 몰려오니까 도망치면서 항복 할 수 도 있을 것 같다. 　그리고 초반에는 갑작스럽게 북한이 들어와서 초반에는 우리가 많이 밀렸지만 그 뒤로는 미국이 군사도 더 보내주기도 하고 유엔병사들도 우리

나라 전쟁을 합세 하여 후반에는 우리가 거의 이길 수 있었다 근데 거기서 빼라고 해서 뺀 것이다 그래서 그 부분에서 계속 멈추지 않고 싸웠으면 병사들도 우리가 이기고 있구나 이 부분에서 더 힘과 파이팅이 더 넘쳐 날 것 이다.

그리고 미국과 유엔 군인들도 더 보내 줄 수 있고 다른 나라들도 더 보내서 북한은 무서울 것 이다. 중국과 소련이 북한을 도와줘도 가장 쎈 미국과 유엔군을 이길 방법이 없을 것 같다.

그리고 미국 맥아더장군님의 좋은 작전 이 또 일어나서 북한을 잡을 것 이다. 우리나라를 도와준 나라는 12개국 이지만 북한을 도와준 나라는 우리나라를 도와준 나라보다 적기 때문에 갈수록 더 싸워 가면 한국이 이겼다고 생각한다. 그리고 유엔에서 계속해서 군인들 뿐만 아니라 무기를 계속 보내줄 것 이고 또, 중국의 인해전술도 미국의 원자 폭탄으로 잡을 수 잇을 것이다. 물론 북한이 먼저 무방비 상태에서 쳐들어 왔지만 우리나라도 어느 정도로는 민첩함과 생각과 날렵함이 있기 때문에 북한에 맞서 어느 정도로 대응을 했을 것이고 싸웠을 것이다. 그리고 휴전협정을 맺을 당시 철수하라고 했을 당시 그때는 우리나라가 이기고 있었기 때문에 계속 했다면 우리가 이겼다고 생각한다. 그때는 북한이 힘이 빠졌을 것이다. 그래서 그때 우리나라와 연합군이 같이 계속 쭉 밀었더라면 완전히 이겼을 것 이다.

오늘 마지막 3차로 토론 하면서 많은 친구들이 말했다. 나는 말을 안했다. 다음에는 다른 주제에는 준비를 잘해서 말도 잘하고 싶다.

글쓴이	양승욱
주제	우리나라 역사적인 사건
읽은 책	경기도 문화유산 속 역사이야기
주요 내용	여러 가지 문화유산을 설명해준다
내가 정한 토론 주제	맥아더 장군이 북한을 다 점령 했을 무렵 멈춤지시를 내게 옳은가?
학급 토론 주제	6.25 전쟁에서 휴전하지 않았으면 남한이 이겼을까?
토론 주제 점수는	100점
1차 글쓰기	저는 6.25전쟁에서 휴전을 하지 않고 전쟁을 계속 하였다면 남한이 북한을 이겼을 것이라고 생각합니다. 그 첫 번째 이유는 도움이다. 북한이 남한을 침략한 것 이라고 생각한 UN군은 우리를 도와 북한을 공격 했고 인천상륙 작전 이 후 맥아더 장군이 북한을 벼랑 끝까지 몰고 갔기 때문이다. 비록 북한도 소련과 중국

이 도와주긴 하였지만 전쟁을 하면서 소련과 중국까지 그 피해가 갔기 때문이다.

두 번째 이유는 무기이다. 무기는 전쟁에 있어선 가장 필요한 것이다. 그 때 당시에는 UN군이 무기를 생산해 주어서 우리를 도와주었기 때문에 이길 수 있었을 것 같다.

세 번째는 아이디어와 생각하는 것이다. 남한은 여태껏 많은 나라와 싸워보면서 느낀 것인데 전술이 좀 강하고 풍부하다고 생각했다. 또 승리한 이유는 대부분이 무조건 막 나아가지 않고 생각을 하고 싸웠기 때문에 남한이 이길 거라 생각했습니다.

또 한 맥아더 장군이 북한을 다 점령 했을 무렵 멈춤 지시만 받지 않았다면 여태까지 통일이 안 된 국가가 아닐 수도 있었고 우리나라는 북한과 다른 나라기 때문에 어떻게 보면 섬이기 때문에 좋지 않은 점이 더 많은 것 같다. 그 후 에도 남한과 북한은 언제 또 전쟁이 열릴지 모르기 때문에 대치 상태여서 서로를 간섭해서 힘들 것이고 국가에서도 힘들고 나라를 지키는 군인들도 힘들 것 이다.

그렇기 때문에 하루 빨리 전쟁이 끝나고 통일을 하여서 서로 잘 살아가고 다음에는 이런 전쟁 생기지 않았으면 좋을 것 같다.

오늘 토론주제를 정했는데 6.25전쟁이여서 굉장히 흥미진진했고 1차 글쓰기도 해보아서 좋은 시간 이였던 것 같고 다음에도 이런 토론 계속 해가고 싶다.

학급 토론 주제	6.25 전쟁에서 휴전하지 않았으면 남한이 이겼을까?
읽은 책 또는 자료	행복한 한국사 초등학교
주요 내용	6.25 전쟁에 관한 것이 나온다.
찬반 결정	찬성
나의 토론 참여 점수	100점
2차 글쓰기	저는 6.25전쟁에 휴전하지 않고 계속 전쟁하였다면 남한이 이길거라 생각합니다. 가장 큰 이유는 북한이 남한을 침범했다는 소리를 듣고 미국과 UN군은 우리를 적극적으로 지원해 주었고 무기도 많이 생산해 주었고 전력, 무기시설, 군대는 북한이 이길 수 없다고 생각하여 남한이 이길 거라 생각했고 맥아더 장군이 남한을 먼저 침략한 북한을 벼랑 끝까지 몰고 갔기 때문입니다. 중국도 북한을 적극적으로 지원해주었지만 미국의 무기와 UN군의 힘을 막기는 힘들었을 것 같습니다. 또 한 남한의 전략과 생각은 충분히 북한을 넘어다 볼 수 있었기에 남한이 이길 거라 했고 친구와 놀

	때도 전략을 잘 짜면 승리할 수 있습니다. 축구나 야구와 같은 스포츠도 같은 이유입니다. 또 나중에는 북한이 밀리니까 항복해서 남한이 승리 할 수 있다는 생각이 들었다. 미국이 화가 나서 엄청난 무기를 던질 수 도 있는 거고 북한은 방어시설이 갖춰져 있지 않았기 때문에 남한의 승리라고 판단하였습니다. 　오늘 3차 주제 2차주제로 토론을 해 보았는데 친구님들의 생각을 들어보니까 의미 있던 시간 이였고 계속 이런 흥미 있는 토론을 해 갔으면 좋겠다. 　저는 찬성하는 입장입니다.
최종 찬반결정	찬성
내가 쓴글 점수 주기	100점
최종 3차 글쓰기	저는 6.25전쟁에서 휴전하지 않고 전쟁했으면 남한이 북한을 이겼을 것이라고 생각합니다. 그 이유 중 하나는 인명피해이다. 중국군과 소련군이 인구는 우리보다 월등하게 많았지만 6.25전쟁 도중에는 피해가 중국군과 소련이 더 많았기 때문입니다. 그렇기 때문에 중국군과 소련군과 북한은 자신들이 항복 할 수 있는 것이기 때문이다. 　기술 또한 남한이 좋았다. 북한이 소련의 힘을 빌려 무력으로 통일을 이루려 할 때 남한은 바로 알아내서 UN군이 우리를 도와 인천상륙작전으로 맥아더 장군이 우리를 벼랑 끝까지 몰아갔다. 하지만 중국군의 개입해서 인해전술을 사용하자 남한은 점점 뒤로 물려났다. 그래서 미국이 중공군에게 원자폭탄을 떨어뜨려 남한보다는 북한에게 더 많은 피해가 같을 것이다. 　하지만 북한군은 무기와 군대시설을 미리미리 준비해가면서 전쟁을 해갈 생각이었을 것입니다. 그런데도 미국이 도와주어 북한을 밀고 올라갔다는 것은 남한이 더 강하다는 것입니다. 또한 남한은 북한보다 전술이 풍부합니다. 중국군과 소련군은 개인이 도와주는 것이기 때문에 도와주는 것을 포기 할 수 있겠지만 UN군은 여러 나라가 합쳐진 단체여서 도와주는 것을 포기하지는 안을 것입니다. 　UN군은 북한군을 몰아낼 수 있는 강력한 무기가 있었기 때문에 남한이 이겼을 것 이라고 생각합니다. 그리고 남한도 전쟁을 대비하고 있었기 때문에 팽팽했을 것 같다. 　이승만 대통령이 비록 정치를 잘하지는 못했지만 그만큼 북한도 못했기 때문에 비슷하다. 인구는 북한이 더 많다고 해도 피해는 북한이 더 클 것 같다. 왜냐하면 사람이 무기가 떨어지면 피해가 더 컸기 때문입니다. 무기

	의 힘 또한 차이가 많이 났다. 화력의 차이다. 무기의 힘이 남한이 더 셌기 때문이다. 죽은 사람의 숫자도 북한이 더 많고 남한은 많지 않았다. 결국 38선을 기준으로 나뉘어졌지만 어떻게 보면 우리 남한은 북한이랑 나누어져 섬이기 때문에 안 좋은 점이 더 많고 또 지금은 휴전 중이여서 서로 간섭해서 힘들 것 같다. 하루 빨리 통일을 해서 서로 편안하게 살아가면 좋을 것 같다. 남한과 북한이여 하루 빨리 통일하자. 이상으로 3차 토론과 3차 글쓰기를 마치겠습니다.
글쓴이	# 유창성
주제	우리나라 역사적인 사건
읽은 책	행복한 한국사 초등학교
주요 내용	고조선의 발전과 멸망과 삼국의 전쟁
내가 정한 토론 주제	6.25 전쟁에서 휴전하지 않고 끝까지 싸웠으면 우리가 이겼을 것이다
학급 토론 주제	6.25 전쟁에서 휴전하지 않았으면 남한이 이겼을까?
토론 주제 점수는	100점
1차 글쓰기	저는 6.25전쟁에서 휴전을 하지 않고 끝까지 싸웠으면 남한이 북한을 이겼을 것이라고 생각합니다. 그 이유 중 하나는 바로 생산성이다. 일단 전쟁엔 당연히 무기가 필요한데 6.25전쟁은 꽤 긴 시간동안 지속되었는데 그 이유는 북한은 중국과 소련이, 우리 남한은 미국과 유엔에 속한 많은 국가들이 우리를 도와줬기 때문이다. 그런데 우리를 도와준 국가들은 미국을 제외하면 소련과 중국처럼 적극적으로 도와준 것은 아니지만 그래도 수는 많았고 또 전쟁이 지속되면서 북한을 도와주는 중국과 소련도 많은 피해를 입었고 우리 유엔군 측도 많은 피해를 입었지만 만은 국가들이 모여서 이루어진 군대여서 국가 하나하나가 입은 피해는 미국을 제외하고는 비교적 꽤 적어서 좀 더 우리를 소련이나 중국보다 오래 도와줄 수 있기 때문이다. 우리가 끝가지 싸웠으면 이겼을 것 같은 이유는 위에서 말한 듯이 유엔군이 우리를 더 오래 도와줄 수 있었는데 그렇다면 북한은 우리를 유엔군이 편성되고 미국이 유엔군을 이끌어서 우리나라에 도착하기 전에 한반도 전역을 장악하고 우리나라 군대를 전멸 시키는 등 전쟁을 길게 끌고 가지 않고 빨리 끝냈어야 하는데 그것을 하지 못하고 전쟁이 길어지고 점점 물자 싸움으로 가지 않게 했어야 했다. 그런데 한반도 전역을 장악하고 우리 군대를 완벽하게 제압하지도 못했는데 미군이 와서 오히려 밀고 올라

갔으니까 그것을 막았고 다시 내려왔어도 우리군대가 버틸 수 있었으므로 이길 수 있는 상황 이였다고 생각한다.

또 북한군은 육군은 이기고 있었고 공군은 비행기가 좋은 미군이 있었고 땅에서는 수가 많은 중국군이 북한편이여서 계속 밀고 들어왔기 때문인데 여기서 중국군대는 많은 피해를 입었고 미국군대는 비교적 중국군보다 피해가 적었고 중국군은 땅에서 어느 정도 이기고 있었으나 우리는 하늘에서 굉장히 많이 이겼기 때문이다.

또 중국군은 수가 아무리 많다고 해도 전쟁이 끝날 때 까지 싸울 만큼 많은 수는 아니고 휴전을 한 이유도 인명피해가 너무 많다는 이유였는데 전쟁이 끝날 때 까지 싸웠다면 아마도 그때쯤엔 중국의 시민들은 거의 다 죽었을 것이고 안 그래도 오래 싸우면 불리한 북한군에게 그것은 큰 약점이 더욱더 극대화 될 것이기 때문이다.

오늘의 토론은 굉장히 뜻밖의 토론 이였다. 그 이유는 일단은 6.25전쟁 이라는 전쟁은 내가 상상도 해보지 못했던 주제였고 또 굉장히 많은 이야기가 나올 것 같은 토론 주제이기 때문이다. 또 이런 6.25전쟁은 아주 큰 전쟁이고 우리에게 많은 상처를 준 전쟁이여서 6.25전쟁이라는 토론주제는 정말 좋은 토론주제인 것 같았고 또 딱 봐도 6.25전쟁이라는 토론주제는 굉장히 수준이 높은 토론주제이기 때문에 이런 토론주제를 하는 것이 굉장히 기쁘고 어떤 토론이 될지 꽤 기대되었다.

학급 토론 주제	6.25 전쟁에서 휴전하지 않았으면 남한이 이겼을까?
읽은 책 또는 자료	여러 가지 책
주요 내용	한국전쟁
찬반 결정	찬성
나의 토론 참여 점수	100점
2차 글쓰기	저는 6.25전쟁을 끝까지 했으면 저희 남한이 이겼을 것 같습니다. 일단 그 이유 중 하나는 미국과 유엔군입니다. 일단 미국은 현제도 그렇지만 6.25전쟁 당시에도 세계에서 가장 기계화된 군대였습니다. 또한 가장 강력한 공군력을 가진 국가였기도 합니다. 그렇다는 것은 전쟁이 일어나면 마음껏 하늘에서 폭격을 해서 상대방에게 큰 피해를 주거나 아니면 상대방의 보급을 차단하거나, 그것도 아니면 상대방의 시설 파괴 및 인명피해를 입힐 수 있다는 사실이다. 이는 일단 진격하기가 힘들다는 사실이다. 유엔군의 인천상륙작전이 성공하고 유엔군은 북한을 공격했으나 중공군

에 의해서 다시 원래의 최종적인 방어선까지 밀려났습니다. 그러나 중공
군과 소련군은 더 힘을 주서 밀고나가지 않고 어느 정도 눈치를 봐주면서
공격을 했습니다. 왜냐하면 제공권을 미국이 가지고 있는데 진격을 하면
보급로가 길어줘서 위험할 수 있기 때문이다. 또한 방어선을 치고 있는데
공격을 하기 위해서는 중공군도 진영을 쳐야하는데 그러면 미군에 폭격
또한 큰 힘을 발휘 할 수 있기 때문이다.

그리고 진격을 하기 위해서는 폭격의 위험과 물자보급의 문제도 있지만
다른 문제도 있다. 다른 문제는 아주 간단하면서도 큰 문제이다. 그것은
바로 화력문제이다. 일단 앞에서 말한 듯이 미국은 세계에서 가장 강력한
화력을 가지고 있었는데 그 강력한 화력 때문에 중공군과 인민군은 밀고
나가기 힘들었다. 일단은 강력한 화력을 앞장세운 미군의 수군의 함포사
격 때문에 중공군과 인민군은 진격이 거의 불가능에 가까운 상황 이였다.
일단 전쟁에서 이기기 위해서는 진격을 해서 상대방의 지도자를 잡는 등
의 조취를 취해야 되는데 그러기에는 미군의 강력한 화력 때문에 큰 피해
를 입는 것은 물론이고 진격도 힘들었다. 실제로 인민군은 미 수군의 함
포사격 때문에 진격을 하지 못했고 그런 것 때문에 전쟁도 끝나지 않았
다.

또 다른 이유는 미 공군의 강력한 폭격 때문에 북한은 많은 인명피해와
경제적 피해를 입었는데 그 폭격으로 인해서 북한은 많은 건물이 파괴돼
는 것을 제외해도 이십 육만 팔천명명가량의 민간인들이 죽었는데 이것은
무려 북한의 인구수가 우리 남한보다 적은 것을 생각했을 때 큰 피해였고
실제로도 북한사람들의 4분의 1이 죽는 것 이였다. 일단 그 당시 추세로
볼 때 민간인도 군대에 나가는 추세였으므로 많은 북한인들이 죽는다는
것은 그만큼 많은 군인들이 죽는다는 것과 같고 또 그것은 순사들의 사기
와도 관련이 있고 보급의 문제도 있다. 일단 엄청난 수의 건물들과 공장,
사람들이 죽었기 때문에 끝까지 가면 보급은 거의 불가능해 졌을 것이다.
그러면 북한군은 필패할 것이다.

그리고 중공군의 사망 숫자도 문제이다. 일단 중공군은 거의 백 만명
가까이 군사를 보냈는데 그중 90만 명이 훨씬 더 넘는 수의 군사들이 죽
었을 것이다. 이것은 중공군의 대부분이 죽어서 거의 다 다한 것 이고 또
중공군을 더 보내기에는 그 당시의 피해가 너무나도 컸다. 그리고 보통의
사람들은 중공군이 수가 유엔군의 수보나 거의 몇 배는 됐다고 생각하는
사람들이 대부분이지만 사실 중공군이 연인원은 100만 명이고 유엔군도
무려 60만 명이나 되므로 군사 수 또한 중공군에게만 웃어주는 것이 아
니라는 것을 알려준다.

	또한 중공군은 많은 피해를 입은 것 말고도 중공군이 더 이상 남한에 군대를 보낼 명분이 없다. 일단은 중공군은 우리 유엔군이 밀고나가자 중국의 영토를 지키기 위해서라는 명분을 꺼내들고 우리나라를 공격했는데 그것은 자신의 영토를 지키기 위해서 남을 공격한다는 것인데 그것은 누가 봐도 비논리적인 명분이다. 그리고 그 명분이 힘을 쓸려면 그래도 중국영토에 가까운 3.8선 근처에 병사를 보내야만 했는데 그래도 중공군은 그 정도가 아니라 아예 우리나라를 공격하고 북한을 돕기 위한 공격이었고 반면 미국은 유엔의 동의를 얻은 공격 이었고 그러므로 미국은 명분 걱정 없이 우리를 도와 줄 수 있기 때문에 우리를 더 오래 그리고 더 적극적으로 우리를 도와 줄 수 있기 때문에 우리는 북한과의 싸움에서 좀 더 잘 싸울 수 있고 또 소련 또한 적극적으로 도와 줄 수 없었기 때문에 우리가 이겼을 것 같다. 또 우리는 좀 더 많은 군대를 요구할 수 있다. 왜냐하면 거의 모든 군대가 미국군 이였기 때문이다. 일단 공군은 98퍼센트가 미군이었고 그리고 해군이나 육군 또한 거의 다 80퍼센트 이상이었기 때문이다. 일단 우리가 많은 군대를 더 불러올 수 있었다는 사실 말고도 우리가 유리하다는 사실은 아주 많이 있다. 일단은 우리의 생각과 자료가 섞인 자료가 많이 올라오는데 이것은 아주 간단하면서도 큰 증거이다. 일단 우리 국군과 유엔군은 중공군의 합세로 많은 피해를 입으면서 후퇴를 했다. 그러나 우리는 다시 치고 올라가서 다시 3.8선으로 돌아갔다. 이는 우리 국군과 유엔군이 중공군과 인민군보다 군사력이 더 강하다는 것을 증명해 준다. 또한 중공군과 인민군이 휴전 협정에 사인한 이유도 미군의 폭격으로 인한 피해가 크다는 이유였는데 이는 점점 미군의 폭격이 힘을 발휘하고 있다는 것이다. 그리고 그 피해가 크다는 것을 증명해 준다. 일단은 육군은 비슷했으나 공군은 우리가 훨씬 더 강했으므로 나는 우리가 이겼을 것 같다.
최종 찬반결정	찬성
내가 쓴글 점수 주기	100점
최종 3차 글쓰기	저는 "6.25전쟁에서 우리가 휴전하니 않고 끝까지 싸웠으면 우리 남한이 이겼을까?"라는 주제에 찬성합니다. 그 이유는 일단 미국과 유엔군의 참전입니다. 일단 6.25전쟁이 일어나자 미군은 미국이 참전할 가능성이 거의 없다고 생각했던 북한의 예상과 달리 굉장히 빨리 참전은 했습니다. 또한 미군은 유엔에 북한을 토벌할 군대를 조직하자는 의견을 내놨습니

다. 이 주장은 받아드려져서 북한군은 침입자로 규정되고 미군은 전쟁 참전에 필요한 명분과 다를 국 가 들의 도움을 받게 되었습니다. 이는 북한 지도부 측에서는 전혀 예상치 못한 것 이였습니다. 북한군 지도부 들은 미국의 참전 가능성이 굉장히 낮고 또한 명분이나 내부 갈등 등의 문제에 막혀서 미군이 참전하는데 걸리는 시간이 적어도 몇 개월이 필요할 것이라고 생각했던 것입니다. 그리고 미군이 북한의 예상보다 훨씬 빨리 참전한 것은 북한의 예측을 빛나간 사실 이였고 그로인해서 북한군은 작전의 큰 차질이 생겼기 때문에 작전을 미리 다 준비한 것이 거의 쓸모가 없게 되었습니다.

두 번째는 북한군의 작전은 거의 쓸모가 없게 되었다는 사실입니다. 북한군은 원래 3일 만에 북진해서 서울을 점령해서 미군의 참전을 막는다는 작전을 새웠습니다. 그리고 다른 곳에서는 북한군의 군사들이 밀고 올라와 서 우리의 주유 인사들을 잡는다는 작전을 새웠으나 그 작전은 북한이 서울에 3일씩이나 머물러서 쓸 때 없는 작전이 됐습니다. 그러므로 북한은 자신들이 미리 작전을 미리 다 새우고 그것으로 얻어야할 많은 이득들을 잃어버렸기 때문에 저는 우리가 이겼을 것이라고 생각합니다.

세 번째는 미군의 강력한 화력이다. 미군은 전쟁이 시작되자 거의 바로 공군을 보냈습니다. 그리고 그때부터 전쟁이 끝날 때 까지 공군폭격으로 많은 피해를 입혔습니다. 근데 이때 미군은 공군폭격으로 많은 피해를 입혔습니다. 일단 미국의 융단폭격은 북한군에게 전쟁이 시작되자 많은 피해를 입혔고 일반 시민들도 폭격으로 많은 피해를 입혔습니다. 일단 6.25 전쟁 당시에 우리는 일반 시민들을 군인으로 삼아서 싸우는 경우가 많았습니다. 그러므로 시민들이 거의 260만 명 정도 죽은 북한과는 달리 우리는 100만 명 정도 죽었습니다. 물론 백만 명도 큰 숫자였으나 그래도 우리는 북한군 보다 우리의 시민수가 적었으므로 우리가 꽤 유리한 것 같습니다. 또 시민들의 피해 말고도 우리를 도와준 미군의 융단폭격은 실제로 상대방의 병사들에게 피해를 입힌 것 말고도 상대방의 진격을 막는 역할도 했다. 북한쪽에서 우리 미군의 폭격이 무서워서 낮에는 공격이 거의 불가능 했다. 또 밤에 공격을 한다고 숨었지만 그래도 우리 에게 걸려서 북한군이 많은 피해도 입었고 또 우리의 폭격을 피하기 위해서 불도 피우지 않고 있었다고 하는데 그 과정에서 많은 병사들이 추위에 떨고 무기들도 많이 위력이 약해지고 또 병에도 걸렸다고 한다. 또 북한군은 탱크가 주력 부대였는데 탱크는 전투기에 이해서 많이 피해를 입었다. 그로인해서 북한군은 많은 피해를 입어서 진격이 점점 약해지게 되었다. 그건 보급차단도 많이 당했다. 북한군은 안 그래도 너무 진격을 많이 해서 보급로가 길어진 상황에서 보급차단은 큰 문제였다. 실제로 중공군은 힘든 생활로 병이 많이 걸렸는데 치료제가 보급이 잘 안 되서 많은 피해도 입었다. 즉 어떻게든 공군이 폭격으로 인해서 많은 피해를 입었다는 것이다.

또 문제는 공군뿐만 아니라 수군도 문제였는데 북한군은 진격을 해도 해군의 함포포격으로 인해서 진격이 어려웠다. 실제로 북한군은 미군의 함포 사격으로 인하여 중공군이 들어왔을 때 거의 진격을 하지 못하였다. 또 인천 상륙작전 말고도 우리가 바다를 장악하고 있었으므로 우리는 다른 상륙작전을 펼칠 수 있었다. 반대로 북한군은 그러한 식의 상륙작전이 불가능 했고 우리의 그러한 상륙작전을 막기 위해서 많은 병력을 과도하게 투입할 수 없었다. 또 강한 함포사격으로 인해서 그냥 피해도 많이 입혔고 상대방이 바다로 물자를 이송 하는 것을 막았다. 이 작전은 리지웨이의 몰살작전으로 우리가 다시 북진을 조금 씩 하기 시작하자 우리에게 조금씩 힘을 주었기 때문에 우리가 이길 수 있을 것 같고 또 다른 이유가 있다면 그것은 바로 물자가 차단되면서 남진이 급속도로 늦어지기 시작해서 우리가 막 올라간 것은 아니지만 중공군과 북한군 역시 너무 빠르게 내려와서 대열이 처음보다 흩어져 있었다. 거기에다가 미군은 청야작전까지 사용하면서 중공군은 또다시 한번 물자공급에 문제가 발생했고 점점 약점을 보이다가 결국 우리에게 서울까지 내주었다. 그러므로 우리가 이길 것 같기도 하고 화력 때문에 우리가 이길 것 같은 마지막 이유는 6.25전쟁당시에 전투방식 이다. 6.25전쟁 때는 점점 치열한 밀고 밀리는 전쟁이였는데 그때 서로 고지 쟁탈전을 하면서 굉장한 피해를 입었다고 한다. 하지만 여기서 우리가 생각을 해 봐야할 것은 바로 이렇게 상대방에 어디 있는지 알고 서로 정면으로 싸울 때는 화력이 중요하고 중공군이 자랑하는 게릴라 전투를 하기 힘들다는 것이다. 그러므로 화력이 강한 유엔군이 도와주는 우리는 유리하게 싸울 수 있으나 반대로 게릴라전이 불가능 하고 또 어디 있는지 위치가 파악되기 쉬운 상황이 된 중공군과 북한군에게는 꽤 불리한 전투가 되어버린 것이다. 비록 중공군은 꽤 많은 숫자로 밀고 나오면 상대하기가 쉬운 것은 아니지만 그래도 그렇게 밀고 나오는 것은 피해도 심하고 또 점점 피해가 커져서 계속 펼치기는 힘든 작전 이였다. 그러니 시간이 점점 날수록 피해가 큰 중공군은 그렇게 장기전이 되니까 포기를 할 수 밖에 없었을 것이다. 아마도 시간이 점점 지나서 중공군이 피해가 커지면 종공군은 그냥 더 이상 참전하지 않고 다시 중국으로 돌아갔을 것이다. 왜냐하면 중공군은 피해도 컸지만 유엔 측에서 계속 참전한 명분을 가지고 머라고 하고 있었기도 했기 때문이다. 그러니 중공군은 참전을 그만할 명분도 있었던 것이다.

네 번째는 리지웨이의 몰살 작전이다. 몰살 작전이란 적이랑 싸울 때 근처 주민들에게 피해를 주더라도 적이 숨어 있을 것 이라고 생각되면 죽이고 더 심하게는 적이던 민간인 이던 땅에 보이면 죽이는 작전이다. 몰살 작전은 굉장히 비도덕적인 작전 이였다. 하지만 몰살 작전은 꽤 큰 성과를 보아서 다시 올라가서 서울을 수복하기는 했으나 그래도 꽤 많은 피해를 입혔는데 실제로 6.25전쟁당시 어떤 한 폭격기가 그전에 폭격을 너무 많이해서 폭격할 대상을 찾지 못해서 폭탄을 그대로 같고 온 적도 있었다. 이 작전은 비록 비도덕적이기는 했으나 그래도 많은 피해를 입히고 점점 군인들에게도 입히는 피해가 늘어나면서 우리가 유리하게 되게 해주었으므로 우리가 이겼을 것 같다.

다섯 번째 이유는 바로 사상자 이다. 중공군은 많은 숫자의 병사들이 있었으나 너무 많이 죽어서 유엔군과 수가 거의 비슷해진 반면 중공군의 무기는 여전히 상당히 구식 이였다. 반면 미군은 수도 어느 정도 있었고 무기의 성능은 세계 최강 이였다. 그리고 소련은 세계2차 대전 때 입은 피해가 너무 커서 참전이 힘들었고 유엔군은 미군의 수만 많아서 미국 측에서는 많은 병사를 더 보내자는 의견도 낼 수 있었을 것이다. 아마 그 의견으로 엄청 많은 수의 다른 나라의 병사를 요청 할 수는 불가능 했겠지만 그래도 어느 정도 많은 수의 병사와 지원 자금을 얻을 수 있었을 것이다.

여섯 번째 문제는 중공군의 명분이다. 중공군은 자신의 국가를 보호한다는 명분으로 6.25전쟁에서 북한을 도와서 참전을 했는데 자신의 국가가 공격을 받지도 않았는데, 그리고 자신의 나라 보호를 목적으로 참전을 했다고 중공군은 주장을 했는데 중공군은 우리나라를 공격해서 북한이 남한을 통일 할 수 있게 만들려고 했다. 이것은 자신의 나라를 보호 한다는 명분으로는 할 수 없는 일이였고 이것은 분명한 침략 이였다. 중공군은 비록 북한군을 도와서 참전을 한 것은 사실이나 그렇다고 북한을 위해서 자신의 나라도 위기에 처할 때가지, 그것도 미국과 싸울 생각까지 하지는 않았을 것이고 또한 미국 하나도 아닌 50개 넘는 국가들로 만들어진 유엔을 적으로 싸울 생각은 절대로 하지 못했을 것이고 유엔이 계속해서 압박을 했으면 그때는 중공군은 물러났을 것 같기 때문에 우리가 이겼을 것같다.

마지막 이유는 바로 중공군은 물자가 부족했다는 점이다. 중공군은 물자가 엄청 부족해서 사람 세 명당 총 한 자루라는 말도 있었는데 실제로 그랬는지는 몰라도 그 상황이 비슷했던 것 같기는 하다. 또 북한군은 소련군의 지원도 받았는데 소련군은 정식으로 참전한 것이 아니라 유엔과 미국 몰래 6.25전쟁에 참전한 것 이다. 중공군의 물자지원이나 여러 가지 소규모 군대를 많이 보낸 소련 이였는데 6.25전쟁에서 전쟁이 길어지면 소련군인 병사들이 포로로 잡히거나 아니면 소련이 북한을 비밀리에 지원하고 있다는 정보가 나오면 그때는 소련은 물자 지원과 병력지원은커녕 북한군에게 지원해준 무기의 정보만 줄 것이다. 그렇게 되면 다른 큰 문제도 있으나 북한군과 중공군은 전쟁물자도 부족했고 무기의 성능도 부족해서 소련의 도움이 절실했는데 무기의 성능이 좋은 미군이 있는데 소련까지 무기 지원이 힘들어지면 우리가 쉽게 이길 수 있을 것 같다.

이번 토론은 지금까지 토론 중 가장 어렵고 재미있을 것 같던 토론 주제였다. 하지만 아쉬웠던 점은 토론에서 약간 잘못된 내용을 말하고 그 내용이 거의 완전히 사실처럼 인식이 된 것이다. 또 다른 아쉬웠던 점은 그러한 점들이 꽤 많았던 것이다. 하지만 그래도 양쪽의견 모두 개관적인 질문이 많았던 것 같고 또 나도 전보다 하고 싶은 말을 가장 하고 싶은 말만 최대한 간추려서 한 것 같고 앞으로는 좀 더 간추려서 시간을 덜 잡아먹되 그래도 하고 싶은 말을 하고 싶고 앞으로도 6.25전쟁에서 끝가지 싸웠으면 누가 이겼을지는 지금은 비록 남한이 이겼을 것이라고 생각하나 그래도 내가 그때의 상황을 아주 잘 아는 것도 아니고 내가 토론을 하기 위해 찾아본 내용 중에 우리 국군의 화력으로는 북한의 탱크를 파괴 할 수 없었다든지 아니면 미군은 중공군보다 우리나라에서 멀리 있어서 도와주기 어려운 것과 소련이 제대로 참전한 것이 아니라 굉장히 소규모로 참전한 것 등의 자료가 많아서 지금도 정말 고민이 많이 되고 앞으로 나의 생각이 적어도 1번에서 2번 정도 달라질 것 같기도 하다.

글쓴이	정승진
주제	우리나라 역사적인 사건
읽은 책	이순신
주요 내용	이순신장군님이 태어나면서 부터 전쟁에서 돌아가실 때까지의 내용이 들어가 있다
내가 정한 토론 주제	임진왜란, 십만양병설을 받아들이지 않음.
학급 토론 주제	6.25 전쟁에서 휴전하지 않았으면 남한이 이겼을까?
토론 주제 점수는	90점
1차 글쓰기	저는 6.25전쟁을 했을 때 휴전하지 않았다면 남한이 이겼을까? 라는 주제에 찬성합니다. 그 이유는 그 당시의 상황, 즉 배경 때문이다. 그 당시에는 우리 한반

<table>
<tr><td colspan="2">도 전체가 잘 살지 못하여 남한은 미국이 북한은 소련과 중국이 돌보아 주도록 하였다. 하지만 소련과 중국은 공산주의였고 미국은 민주주의였기 때문에 갈리기 시작했다. 그러다가 3나라가 정해진 기간을 마치고도 계속 돌보다가 전쟁이 일어나게 되었다. 먼저 북쪽에서 남한까지 쳐들어 왔다. 남한은 거의 남쪽 끝까지 밀리게 되었다. 하지만 맥아더장군에 인천 상륙 작전으로 거의 북쪽까지 밀었다. 하지만 맥아더 장군은 그곳에서 멈췄다. 그 이후에도 계속 남한과 북한은 엎치락뒤치락 하면서 전쟁해갔다.

나는 맥아더장군이 다시 인천이 아닌 다른 곳에서라도 상륙 작전을 펼친다면 충분히 정복할 수 있을 거라고 생각한다. 물론 소련과 중국이 인해전술로 쳐들어온다면 밀리겠지만 인해전술도 한계가 있고 끝이 있기 때문에 남한이 이겼을 것 같다. 그러나 충분히 소련과 중국도 세기 때문에 엄청난 차이로 이기지는 못할 것 같다.

만약 맥아더장군이 없으시더라도 패배하지는 않을 것 같다.왜냐하면 맥아더장군 만이 인천 상륙 장전을 할 수 있는 것은 아니기 때문이고 충분히 나라를 위하는 사람이 있다면 맥아더 장군 같은 상륙 작전을 하여 남한이 이겼을 것 같다.

나는 그 당시의 상황과 작전, 전략 같은 것 들을 보았을 때 충분히 휴전하지 않더라도 남한이 이겼을 것 같다.</td></tr>
<tr><td>학급
토론 주제</td><td>6.25 전쟁에서 휴전하지 않았으면 남한이 이겼을까?</td></tr>
<tr><td>읽은 책
또는 자료</td><td>전쟁기념관, 여러 가지 자료</td></tr>
<tr><td>주요 내용</td><td>전쟁 상황 등의 내용이 있다.</td></tr>
<tr><td>찬반 결정</td><td>반대</td></tr>
<tr><td>나의 토론
참여 점수</td><td>80점</td></tr>
<tr><td>2차
글쓰기</td><td>저는 6.25전쟁에서 휴전하지 않고 싸웠다면 남한이 이겼을 거라는 주제에 반대합니다.

저는 원래 찬성이었습니다. 그런데 오늘 토론을 통해서 생각이 바뀌었다. 이제 바뀐 생각을 말하여보겠다.

먼저 조선이 해방되자 신탁통치에서 남한과 북한을 나누어서 남한은 미국이, 북한은 소련이 맡아서 5년 정도 도와준다고 했다. 그 이후 북한은 열심히 군사훈련을 하였습니다. 그 당시 북한은 남한보다 좋은 환경을 가지고 있었습니다. 북한은 우리나라를 밀고 들어왔습니다. 그 당시 북한은 많은 준비를 하고 훈련을 거쳐 왔지만 남한은 준비하지 않고 침범 당하였기 때문에 속수무책으로 당하였습니다. 그 이후 맥아더 장군이 인천 상륙</td></tr>
</table>

	작전을 펼칠 때 준비하였더라도 예전부터 준비해왔던 북한을 이기기에는 역부족이라고 생각합니다. 하지만 미국의 맥아더 장군의 인천 상륙 작전으로 인하여 북한이 밀려나게 되었다. 그런데 하다가 멈추었다. 내가 알기로는 북한과 중국의 인해전술로 인해 다시 밀려나게 되었다. 그렇다면 계속 인해전술로 밀고 나간다면 우리나라가 아닌 북한이 이겼을 것 같다. 물론 유엔군과 미국의 힘이 강하지만 그래도 소련과 중공이 도와준다면 충분히 유엔군과 미군을 이길 수 있다고 생각합니다. 그렇게 막아내고 남한과 북한이 싸운다면 북한이 이길 것 같기 때문에 북한이 이겼을 것 같다. 그리고 북한이 잘 살았기 때문에 그것으로 기술을 개발하면 되기 때문이라는 이유 때문에도 북한이 이겼을 것 같은 생각이 들고 그게 맞을 것 같다. 　나의 최종적 의견은 그 당시 상황과 나의 생각 등의 여러 가지 이유로 6.25전쟁에서 휴전하지 않고 싸웠다면 남한이 이겼을 거라는 주제에 반대합니다.
최종 찬반결정	반대
내가 쓴글 점수 주기	90점
최종 3차 글쓰기	저는 6.25전쟁에서 휴전하지 않고 끝까지 싸웠다면 남한이 이겼을까? 에 대한 주제에 반대합니다. 　지금부터 이유를 말해보겠습니다. 6.25전쟁이 일어나기 전에 북한은 전쟁을 준비하고 있었습니다. 확실히 준비를 하지 않은 남한보다는 북한이 이겼을 거라고 생각합니다. 그리고 이제는 전쟁이 일어난 후를 설명해보겠습니다. 북한이 처음 진격했을 때 밀린 우리나라 정부는 국군이 적을 격퇴하고 황해도까지 진출했다고 하며 안심을 시켰지만 거짓정보를 주었었고 정작 그 방송을 내보낸 국군과 이승만대통령을 비롯한 삼부요인이 한강을 넘자마자 한강 상의 모든 다리를 폭파시켰습니다. 폭파했던 당시 피해는 500~600명의 피난민 들이 사망했다고 합니다. 서울 인근 지역을 다시 되찾게 되지만 서울 시민의 피난을 지원하기는커녕 방해했던 셈인 정부 때문에 서울 수복 후에도 한동안 서울과 인근지역의 민심은 크게 동요했다고 합니다. 그리고 난 후 맥아더 장군에 인천 상륙 작전이 성공했지만 그때당시 중공군은 미국의 예상보다 훨씬 강력했다고 합니다. 중공군의 인해전술로 인해 다시 남침을 하게 되었습니다. 후퇴당시에도 방어에 불리하다고 느낀 제 8군 사령관 릿지웨이 장군은 서울 철수를 최종결정했고 미 제1군은 한강 남쪽 연안 도체에 도강통제소를 설치하여 피난민을 통제했고 3일부터는 민간인의 도강을 일체 언급했다. 피난하지 못한

민간인들 대다수는 한강 북쪽의 농촌지역으로 피난을 가고 말았습니다.

　저는 예전부터 준비해왔던 북한이 이겼을 것 같기 때문에 저는 6.25전쟁에서 휴전하지 않고 싸웠다면 남한이 이겼을까? 라는 주제에 반대합니다.

글쓴이	김가영
주제	우리나라 역사적인 사건
읽은 책	궁예, 견훤
주요 내용	삼국통일을 이루는 과정이 자세히 나와 있는 책이다.
내가 정한 토론 주제	6.25 전쟁에서 우리나라가 미군의 도움을 받은 것이 옳은 것인가?
학급 토론 주제	6.25 전쟁에서 휴전하지 않았으면 남한이 이겼을까?
토론 주제 점수는	60점
1차 글쓰기	저는 6.25 전쟁에서 중간에 휴전하지 않고 싸웠다면 남한이 이겼을 것이다. 라는 주제에 반대합니다. 왜냐하면 맨 처음에 북한이 미리 예고하지 않고 쳐들어와서 전쟁을 한 것은 맞지만 그래도 북한은 그 당시 소련이 다시 해체 되어서 둘로 나누어 져서 소련의 도움도 받았지만 그래도 상당히 차이가 나는 군사 수였기 때문에 소련의 도움을 받아도 그렇게 큰 도움이 되지 않았다고 생각합니다. 　남한은 미국의 맥아더 장군에 의해 승리를 거머쥐고 휴전을 하였지만 북한은 많은 사상자 들을 남기고 쓸쓸한 휴전을 하였습니다. 물론 남한도 많은 사상자와 피해자들이 있겠지만 그 때 그 상황 속으로 가본다면 남한은 승리의 기쁨이라도 있었겠지만 북한은 많은 사상자와 쓸쓸한 패패 감을 느꼈을 것입니다. 저는 만약 지금 우리가 전쟁을 한다면 저는 북한은 혹독한 훈련을 받고 소련이 도움의 주었지만 저는 미국의 군사력에 비해서 턱없이 모자라는 군사력으로 싸움을 하는 것이 조금은 불공평 하다고 생각합니다. 하지만 모자라는 군사도 훈련을 잘시 키고 준비 꽤 철저히 하였다고 생각합니다. 따라서 저는 6.25 전쟁에서 중간에 휴전하지 않고 싸웠다면 남한이 이겼을 것이라는 주제에 반대합니다. (남한은 악바리 근성으로 이겼을 것이라고 생각합니다.)
학급 토론 주제	6.25 전쟁에서 휴전하지 않았으면 남한이 이겼을까?
읽은 책 또는 자료	한국역사5권
주요 내용	6.25전쟁
찬반 결정	찬성

나의 토론 참여 점수	70점
2차 글쓰기	저는 6.25 전쟁에서 중간에 휴전하지 않고 싸웠다면 남한이 이겼을 것이다. 라는 주제에 찬성합니다. 왜냐하면 남한에서는 미국과 un이 도와주고 있었지만 북한은 둘로 나누어진 위기에 처한 소련과 중국의 도움을 받고 있었습니다. 그래서 저는 남한이 좀 더 유리 하다고 생각합니다. 북한이 먼저 기습적으로 쳐들어와서 남한이 밀린 것은 사실이지만 하지만 맥아더 장군으로 인해 남한이 좀 더 우세해 졌다. 철수 명령을 내리지 않았다면 우리가 북한의 이겨서 한 개의 나라로 만들 수 있었을 것이다. 따라서 만약 6.25 전쟁에서 휴전하지 않았으면 남한이 이겼을 것이다. 　두 번째 이유는 더 좋은 군대이다. 북한에서는 중국만이 군인을 보내왔지만 남한은 미국과 유엔이 도와주고 있었으므로 남한이 좀 더 우세했을 것이다. 그리고 미국군과 유엔 에게는 더 좋은 신식 무기가 있었으므로 6.25 전쟁에서 중간에 휴전하지 않았으면 남한이 이겼을 것 이라고 생각한다. 　오늘 2차 토론을 하였다. 먼저 심판 역할을 하였는데 다른 사람이 토론하는 것을 보니깐 정말 흥미진진하고 재미있었다. 결정을 내릴 때는 정말 망설여졌다. 모두들 다 잘하였는데 결정을 내라고 하니 정말 망설여졌다. 　우리 모둠이 토론의 할 때 말을 재대로 못해서 정말 아쉬웠다. 이번에 토론 준비를 잘 못해서 다음에는 좀 더 토론 준비를 잘해야겠다고 생각하였다.
최종 찬반결정	찬성
내가 쓴글 점수 주기	50점
최종 3차 글쓰기	6.25전쟁에서 휴전하지 않았으면 남한이 이겼을까? 라는 주제에 찬성합니다. 일단 가장 강력 하게 주장하는 것은 미국 과 유엔입니다. 기계 때문에 산업 혁명이 일어난 미국이야 말로 정말 강력한 기계화 나라라고 생각합니다. 아무리 한국이 무기가 부족 하다고 하더라도 저는 미국의 강력한 무기만 있으면 북한과 전쟁을 하더라도 남한이 이길 것 이라고 생각합니다. 　두 번째 이유는 더욱더 발전한 무기입니다. 북한도 소련이 도와주고 있으므로 미국과 같은 강대국이라서 무기는 같다고 생각하실 수도 있겠지만 소련에게는 없는 핵폭탄이 있었으므로 저는 아무리 탱크가 많고 아무리 수많은 신식 무기가 있다고 하더라도 핵폭탄의 위력에는 못 미친다고 생각합니다. 북한에게 핵폭탄을 터트린다면 물론 남한에게도 피해가 오겠지

만 그래도 직접적으로 던진 북한에게 좀 더 많은 피해가 생길 것 같습니다. 따라서 저는 무기로도 남한이 이길 것 이라고 생각합니다.

세 번째 이유는 전략입니다. 전략은 물론 중국도 인해전술, 게릴라 전술 등 유명한 전술들도 많지만 저희에게는 맥아더 장군님이 있으셨습니다. "인천 상륙 작전" 이라는 도박과도 같은 전술을 성공 시키시면서 저희는 후퇴만 하지 않으면 저희는 승리를 거두었을 수도 있었습니다. 따라서 저는 이러한 남한의 뛰어난 전략으로도 남한이 이겼을 것 이라고 생각합니다.

네 번째 이유는 애국심입니다. 남한의 사람들은 애국심이 뛰어납니다. 일제 강점기 때는 사람들이 애국심으로 자신이 죽임을 당하거나 폭탄을 던지기도 하였습니다. 남한이 똘똘 뭉치면 북한을 이길 수 있을 것 이라고 생각합니다.

글쓴이	김수현
주제	우리나라 역사적인 사건
읽은 책	허준
주요 내용	허준의 어렸을 때부터 클 때까지의 있었던 일 또 시련 과 극복과정
내가 정한 토론 주제	지금까지 계속 싸웠다면 미군이 계속 도와주었을까?
학급 토론 주제	6.25 전쟁에서 휴전하지 않았으면 남한이 이겼을까?
토론 주제 점수는	100점
1차 글쓰기	저는 찬성이라고 생각합니다. 왜냐하면 북한이 남한을 예고 없이 갑자기 쳐 들어와서 처음에는 남한이 지고 있었지만 미군이 우리를 도와 이겨가고 있었고 비록 맥아더 장군이 철수를 권했지만 우리가 북한을 거의 점령할 때 까지 왔기 때문입니다. 그때 만약 맥아더 장군이 철수를 권하지 않았다면 우리가 북한을 점령했을 것이라 생각합니다. 역으로 따지자면 우리나라는 조금 자유분방해서 대통령 성함, 생일, 친척 관계 등을 외우지 않아도 됩니다. 하지만 북한은 자기 부모의 생신 날짜를 외우지 못 하였더라도 대통령과 그 사람의 가까운 친척의 생일은 알고 있어야 한다고 들었습니다. 그런 삶 속에서도 불편과 고통을 느꼈을 것 이고 대통령을 원망했을 것입니다. 그렇기 때문에 그 나라에 사는 사람들은 오히려 남한이 이기면 좋겠다고 생각 할 수 있어 남한을 도와 이겼을 수 있다고 생각합니다. 또한 탈북을 하는 사람이 생기는 것은 남한에 있는 떨어진 가족을 찾기 위해서 일지도 모르지만 고통스러운 북한에

있기 싫어서 그런 것 일 수 있다고 생각합니다. 그래서 북한을 원망하는 사람이 우리나라를 도와주지 않을까 합니다. 만약 당신이 북한 사람인데 북한은 자신이 생각 을 하자면 너무나도 좋지 않은 걸림돌입니다. 자신의 가족을 위협하고 너무 냉정한 그런데 우리 대한민국은 그리 냉정하지 않습니다. 그렇다면 당신은 속으로라도 남한을 응원할 것입니다. 아닙니까?

그리고 그 상태에서 미군이 계속 우리를 도와주었다면 더욱 완벽하고 강한 대한민국이 되어 북한을 이기지 않았을까 싶습니다. 미국은 석유 즉 자원을 많이 쓰는 나라로 소문이 자자할 정도로 자원을 많이 사용합니다. 그렇다고 어리석게 필요 없는 물건을 만들지는 않을 것입니다. 더욱 강화 되고 배우고 사용하고 실천하는 미국이 우리를 도와준다는 것은 크나큰 영광이고 강해지는 비결이 아닐까 싶습니다. 그런 미국이 우리 편이니 북한이 당해내겠습니까?

휴전하지를 않았다면 대한민국의 똑똑한 사람들과 미국의 똑똑한 사람들이 모여서 회의를 열어 더욱 좋은 정책을 펴냈을 것이고 더욱 강한 나라가 되었을 것 이라고 생각합니다. 그런데 이런 남한을 북한이 과연 정말 과연 이길 수 있을까요?

학급 토론 주제	6.25 전쟁에서 휴전하지 않았으면 남한이 이겼을까?
읽은 책 또는 자료	역사의 편지5
주요 내용	역사흐름이 좀 나왔다 그중 6.25 전쟁의 대해서 조금 나옴
찬반 결정	찬성
나의 토론 참여 점수	100점
2차 글쓰기	6.25전쟁에서 휴전하지 않았으면 남한이 이겼을까? 저는 찬성입니다 왜냐하면 UN군이 우리를 좋게 좀 더 강해지게 도와주었기 때문입니다. 또한 북한이 갑작스럽게 들어와서 우리가 초반에는 지고 있었지만 끝나갈 무렵에는 우리가 이기고 있어 북한이 벼랑 끝에 있었고 맥아더 장군이 철수 령을 내리지만 않았다면 이겼을지도 모릅니다. 그리고 우리는 UN과 미국이 도와주고 있었습니다. 다른 사람들은 소련이 전쟁에 집적 개입하였다고 하였는데 소련은 옆에서 조금씩 도와주었지 집적 전쟁에 개입을 하지는 않았습니다. 또한 중국도 북한을 도와준 이유가 미국이 자신의 나라를 공격하니까 자신의 나라를 지키기 위해 북한을 도와주었지만 티를 내지 않았다고 합니다. 그런데 UN이나 미국은 우리에게 군을 보내서 우리의 전쟁을 도와주었습니다. 그런 면에서는 확실히 남한이 유리합니다. 그리고 제가 토론에서 주장에 "미국과 UN은 똑똑하기 때문에 전략이

	나 전쟁준비를 잘하였을 것입니다."라고 말하였습니다. 그 이유는 우리가 알고 있듯이 미국은 석유를 많이 쓰는 나라입니다. 그 석유로 무엇을 하였겠습니까? 그거를 먹었겠습니까? 아니면 버리겠습니까? 그렇지 않습니다. 제 생각에는 그것으로 나라를 발전시키고 무언가를 연구 하고 사용하고 활용할 것입니다. 사람은 손을 많이 사용하면 아이큐가 올라간 다고 합니다. 물론 "전쟁에 아이큐가 무슨 상관!"이라 하시는 분이 있을 것입니다. 하지만 전략을 세우고 무기를 만들려면 아이큐가 기본적으로 있어야지 제대로 된 것을 할 수 있고 만들 수 있습니다. 그런데 석유를 많이 쓰는 만큼 더욱 발전하고 기술적으로 좋아졌을 것입니다. 그리고 그 당시 미국은 원자폭탄 까지 가지고 있었다고 합니다.
	그리고 어떤 분은 북한이 한민족이기 때문에 "똑똑하다"라고 하셨는데 저는 그 말에 대한 근거가 부족하다고 생각합니다. 그리고 또 초반에 침입을 크게 성공하였다. 그래서 북한이 이겼을 것이다. 라고 하시는데 초반에 성공하면 뭐 합니까? 중반 후반에도 성공을 하여야 합니다. 하지만 아까 말씀 드렸듯이 후반에는 북한이 벼랑 끝까지 몰렸었습니다. 그렇기 때문에도 북한이 졌을 것 이라고 생각합니다.
	소련의 입장으로 생각 하신다면 지금 나라가 거의 반으로 갈라질 위기에 처해있는데 우리나라도 형편이 안 좋아 지려고 하는데 다른 나라를 도와주겠습니까??
최종 찬반결정	반대
내가 쓴글 점수 주기	100점
최종 3차 글쓰기	저는 이번 "6.25전쟁에 휴전하지 않았으면 남한이 이겼을까?"의 대하여 반대합니다. 왜냐하면 남한은 인천상륙작전으로 북한을 밀고 나갔지만 중국의 인해전술로 다시 많이 밀려나고 있었기 때문입니다. 남한이 그들을 막으려고 하였더라도 인해전술을 한 중국은 거의 밤에 활동하였기 때문에 계획을 미리 다 짜두고 대비까지 한 중국보다는 못 할 것이라 생각합니다. 또한 북한의 편 이였던 소련은 북한에게 신무기도 지원해 주었고 중국 측에서는 전투경험이 풍부한 한국인을 제대시켜 북한으로 보냈다고 합니다. 반면에 남한은 말로만 '북진통일'을 외치며 아무런 준비를 하지 않았는데 치밀하게 계획하고 준비한 중국보다 더 과연 잘 할 수 있을까요? 또한 3차 토론에서 계속 남한은 원자폭탄이 있으니 북한은 없애버릴 수 있다고 그러시는데 그 원자폭탄이 남한 것도 아니고 UN이나 미국 것 인데 무조건 쏜다는 보장도 없었고 또한 남한이나 UN측 또는 미국에서 원

자폭탄을 쏘라는 지시를 내렸다고 했는데 지금까지 본 기록에서는 쏘았다는 증거도 없고 내용 자체가 적혀있지 않았기 때문에 근거가 좀 많이 부족하다고 볼 수 있습니다. 그리고 북한군에게는 원자폭탄이 없지만 탱크가 있었습니다. 남한 사람들은 탱크를 보면 겁먹어서 도망을 치고 비슷한 기계를 보아도 겁먹는다고 합니다. 하지만 어떤 분들은 "탱크가 세겠습니까, 원자폭탄이 세겠습니까?"라고 하시는데 그때 북한은 탱크를 사용하였고 또한 원자폭탄을 상대가 사용한다고 해도 북한만 피해를 입는 것이 아니라 남한도 피해를 입을 수 있습니다. 한마디로 원자폭탄을 쏘았을 때 남한만 피해를 입는다는 보장이 없다는 말입니다. 그리고 계속 원자폭탄을 '무조건' 쏘았을 것 이라고 하시는데 무조건 원자폭탄을 쏠 것 이라는 각서를 쓴 것도 아니고 보장도 없습니다. 제가 사람들은 미레를 예지할 수 없다는 것을 안다는 것을 생각해 말씀 드리겠습니다. 만약 우리가 그때 당시로 돌아갔다고 생각해 봅시다. 피난을 가던 도중 라디오에 이런 말이 나왔습니다. 지금 남한의 대통령을 붙잡았습니다. 라는 말이 나왔습니다. 알고 보니 북한이 남한의 대통령을 잡았고 "지금 원자폭탄을 일단 먼저 제거해!!"라는 식으로 협박 중 이였습니다. 그렇게 되어 미국은 원자폭탄을 제거한다거나 다른 안전한곳에 보내버릴 수 있습니다. 그런데도 원자폭탄이 무조건 쏘아 질 것이라고 장담할 수 있습니까?

그리고 남한은 대통령부터 문제였습니다. 남한의 이승만 대통령은 자신이 살려고 쳐 들어오는 북한군을 피해 한강인도교를 지나고 그 인도교를 파괴해 버렸습니다. "엥? 그게 무슨 상관? 오히려 남한을 조금 더 막을 수 있잖아요??" 여러분 나라에 대통령만 있나요? 아닙니다. 백성 즉, 사람들이 있습니다. 그 사람들은 북한군의 공격을 피하여 그 한강인도교를 건너러 왔지만 이미 다리는 이승만 대통령으로 인해 피신을 하지 못하게 되었습니다. 그리하여 500만 명~600만 명이 죽었습니다. 이렇게 사람들을 생각하지 않고 나만 살려고 생각하는 대통령을 남한 정치에 맡긴다니 저는 좀 말이 되지 않는다고 생각합니다. 만약 그런 이승만 대통령 과 같은 사람이 정치를 한다면 그 나라는 정치가 삐뚤어지지 않을까 싶습니다.

또 어떤 분은 인해전술을 사용하지 않았다고 하시는데, 이미 책이나 인터넷에도 '인해전술을 사용한 중국에 의해 남한이 밀려났다.' 라고 나옵니다. 그런데 인해전술은 사용되지 않았다. 이 말은 근거가 부족하다고 생각합니다.

그럼 이번에는 인해전술의 대하여 꼬리를 물어보겠습니다. 남한 편이신 분들은 맥아더 장군이 똑똑하고 총명하여 남한이 이겼을 것이다. 이런 식의 주장도 있었습니다. 그런데 여러분 이 부분을 생각해 보십시오. 중간에

	철수 령을 내린 사람은 맥아더 장군입니다. 그 똑똑하신 분이 철수령을 내리신 이유가 무엇이겠습니까? 바로 중국의 훌륭한 인해전술 때문입니다. 중국이 인해전술을 써서 밀려나게 되어서 맥아더 장군은 '아 이대로라면은 좀 위험하겠다!' 라고 생각을 하시고 철수 령을 내리신 것 일 겁니다. 그만큼 중국의 인해전술이 훌륭하다는 뜻 이겠지요? 　이만큼 남한에게 많은 위협을 준 북한입니다. 북한은 충분히 남한을 이겼을 것 이라 생각합니다. 　이상 저의 의견을 들어주셔서 고맙습니다.
글쓴이	김승하
주제	우리나라 역사적인 사건
읽은 책	유관순
주요 내용	유관순의 이야기가 들어있고, 3.1운동에 대한 이야기가 있다.
내가 정한 토론 주제	전쟁을 멈출 수 있을까?, 휴전선을 나누지 않아도 잘 살 수 있었을까?
학급 토론 주제	6.25 전쟁에서 휴전하지 않았으면 남한이 이겼을까?
토론 주제 점수는	50점
1차 글쓰기	저는 [6.25전쟁에서 중간에 휴전하지 않고 싸웠다면 남한이 이겼을 것이다.]에 찬성합니다. 　왜냐하면 북한이 핵을 우리한테 쏴봤자 동시에 나쁜 영향을 끼칠 수 있기 때문입니다. 그래서 현재 북한이 이런 문제 때문에 핵을 발사하지 않는 것으로 알고 있습니다. 지금은 박근혜대통령이 북한에 대한 아무런 방법을 쓰고 있지만 아직은 해결을 하지 않았습니다. 그렇기 때문에 저는 [6.25전쟁에서 중간에 휴전하지 않고 싸웠다면 남한이 이겼을 것이다.]에 찬성합니다. 　그리고 지금은 북한이 미사일과 핵 등등을 개발하고 있지만 그것은 모두 쓸데없는 일이라고 생각합니다. 그리고 우리는 북한과 생각이 전혀 다릅니다. 북한의 공산주의, 대한민국은 자유분방한 나라입니다. 　저는 북한과 지금 전쟁이 시작되었다 해도 우리는 미국군이 도움을 줄 것이고 다른 나라들고 우리나라를 도울 것입니다. 그리고 북한과 대한민국을 갈라놓은 것도 소련군입니다. 저는 그 부분에 대해서 정말 기분이 좋지가 않습니다. 왜냐 사이좋게 지내던 나라인데 소련군 때문에 지금도 이렇게 통일위해 힘을 쓰고 있지 않습니까? 저는 그래서 좀 슬프기도 합니다. 　그리고 지금 현재 북한의 핵과 미사일을 발명해서 우리나라에 공격을

	하려고 합니다. 저는 (6.25전쟁에서 중간에 휴전하지 않고 싸웠다면 남한이 이겼을 것이다.)에 반대합니다. 왜냐하면 지금 현재 북한은 핵을 개발을 하고 있고 우리나라는 통일을 위해 힘을 쓰고 있습니다. 그래서 저는 만약에 전쟁이 일어났다고 해도 북한이 이겼을 것입니다. 그래서 저는 (6.25전쟁에서 중간에 휴전하지 않고 싸웠다면 남한이 이겼을 것이다.)에 반대합니다.
학급 토론 주제	6.25 전쟁에서 휴전하지 않았으면 남한이 이겼을까?
읽은 책 또는 자료	한국사 편지 5
주요 내용	6.25전쟁과 3.1운동이 조금 들어있다.
찬반 결정	찬성
나의 토론 참여 점수	80점
2차 글쓰기	저는 [6.25전쟁에서 중간에 휴전하지 않고 싸웠다면 남한이 이겼을 것이다.]에 찬성합니다. 왜냐하면 북한이 핵을 우리한테 쏴봤자 동시에 나쁜 영향을 끼칠 수 있기 때문입니다. 그래서 현재 북한이 이런 문제 때문에 핵을 발사하지 않는 것으로 알고 있습니다. 지금은 박근혜대통령이 북한에 대한 아무런 방법을 쓰고 있지만 아직은 해결을 하지 않았습니다. 그렇기 때문에 저는 [6.25전쟁에서 중간에 휴전하지 않고 싸웠다면 남한이 이겼을 것이다.]에 찬성합니다. 그리고 지금은 북한이 미사일과 핵 등등을 개발하고 있지만 그것은 모두 쓸데없는 일이라고 생각합니다. 그리고 우리는 북한과 생각이 전혀 다릅니다. 북한의 공산주의, 대한민국은 자유분방한 나라입니다. 저는 북한과 지금 전쟁이 시작되었다 해도 우리는 미국군이 도움을 줄 것이고 다른 나라들고 우리나라를 도울 것입니다. 그리고 북한과 대한민국을 갈라놓은 것도 소련군입니다. 저는 그 부분에 대해서 정말 기분이 좋지가 않습니다. 왜냐 사이좋게 지내던 나라인데 소련군 때문에 지금도 이렇게 통일위해 힘을 쓰고 있지 않습니까? 저는 그래서 좀 슬프기도 합니다. 그리고 지금 현재 북한의 핵과 미사일을 발명해서 우리나라에 공격을 하려고 합니다. 저는 남한이 이겼을 것이라고 생각합니다. 왜냐하면 인천상륙작전도 거의 성공한 것이고, 유엔이 전쟁이 발생했을 때 많이 도와주었기 때문입니다. 유엔은 우리를 계속 도와주었으면 우리는 북한을 이길 수 있었을 것

	입니다.
	그리고 소련군은 북한을 도와주고 소련은 전쟁에 참여하지는 않았습니다. 유엔은 우리나라를 많이 도와주었다. 소련은 북한한테 무기를 공급해주고 기술을 많이 배웠다.
	그리고 미군을 포함한 16개의 팀이 한국을 도와줌.
	저는 미국과 유엔이 조금이라도 노력하고 조금이나마 도움을 주었다면 우리나라는 이겼을 것이다. 왜냐하면 유엔이 조금이라도 군사를 요청하고 미국은 조금이라도 도와주면 되기 때문이다.
최종 찬반결정	반대
내가 쓴글 점수 주기	70점
최종 3차 글쓰기	저는 이번 "6.25전쟁 휴전하지 않았으면 남한이 이겼을까?" 반대합니다. 왜냐하면 북한은 남한보다 무기도 많았기 때문입니다. 그래서 저는 "6.25전쟁 휴전하지 않았으면 남한이 이겼을까?"에 저는 반대합니다. 저는 북한이 이겼다고 생각하는 이유는 그 때 당시 북한은 소련군이 도와주고 있었고 남한은 미국과 UN이 도와주었습니다. 근데 북한은 그때 무기들도 많았고 중공군과 소련이 북한을 도와주고 있어서 북한이 이길 수 있었던 것 같습니다. 그리고 북한은 6.25전쟁을 미리 준비한 상태이고 6.25전쟁이 일어나기 전에 남한은 아무것도 준비를 하지 않았기 때문에 승리할 가능성이 북한이 더 높았다는 거죠. 그리고 6.25전쟁 때 남한이 북한보다 전투력은 북한군에게 압도적으로 밀려있었다. 그리고 남한은 다른 나라들을 의존하였습니다. 그리고 북한은 6.25 때 최신무기를 가지고 있었고, 탱크도 남한보다 많이 가지고 있었기 때문에 북한이 이겼을 것이라고 생각합니다. 그리고 현재 북한은 핵을 계속 개발을 하고 있습니다. 그렇기 때문에 나중에 전쟁이 일어났다고 해도 북한이 유리할 것 같습니다. 오늘 마지막 3차 토론을 하였는데 굉장히 말씀을 잘하신 분들이 대부분 많았습니다. 근데 저는 이번 3차토론 때는 아무 말도 하지 않고 그랬기 때문에 왠지 스스로 아쉽습니다. 근데 다음 토론에서는 말도 많이 하고 그랬으면 좋겠습니다.
글쓴이	# 김채은
주제	우리나라 역사적인 사건
읽은 책	자랑스러운 대한민국

주요 내용	대한민국의 건국, 6.25 전쟁
내가 정한 토론 주제	중공군의 도움을 받은 북한과 미군의 도움을 받은 남한은 옳은 것인가?
학급 토론 주제	6.25 전쟁에서 휴전하지 않았으면 남한이 이겼을까?
토론 주제 점수는	80점
1차 글쓰기	저는 '6.25전쟁 중간에 휴전하지 않고 싸웠다면 남한이 이겼을 것이다.' 라는 주제에 대하여 반대합니다. 북한은 이 때 소련의 스탈린이라는 사람이 김일성을 지도자로 세워 공산국가를 만들어 가고 있었습니다. 김일성이 자유민주주의인 우리나라를 한반도 전체를 공산화 시키겠다는 목적으로 몇 번이나 스탈린을 찾아가 전쟁을 도와달라고 하였고, 반복되는 부탁에 스탈린은 북한을 도와서 전쟁에 필요한 무기를 보내주었고, 남한은 유엔의 도움과 미군의 도움을 받았습니다. 하지만 대한민국의 수도인 서울을 3일 만에 빼앗기고, 40일 만에 부산 앞쪽 까지 빼앗겼지만 인천 상륙작전으로 다시 서울을 되찾고, 북한의 낙동강 까지 빼앗아 한반도를 통일할 수도 있었습니다. 하지만 북한을 도우러 온 중공군 때문에 우리나라는 물러설 수밖에 없었다고 합니다. 중공군의 생각은 중국은 사람이 많으니 사람을 보내겠다는 생각으로 사람을 많이 보내어 소리가 큰 악기들을 연주하여 우리나라 군인들이 싸우지 못하도록 방해 하였습니다. 그리고 다시 3.8 도선을 기준으로 나뉘게 된 것입니다. 제가 반대하는 이유는 위의 내용에 있어서 저는 휴전 없이 전쟁을 계속 하였더라면 중공군이 북한을 도와서 계속 사람을 보내어 우리나라 군인들이 싸우지 못하도록 방해를 하였을 것이라고 생각 하고, 전쟁초기부터 적었던 우리나라 사람들, 유엔군의 숫자와 우리나라보다 인구가 거의2배 가까이 되고, 인구도 많은 중국의 사람들의 수는 차이가 났을 것이라고 생각합니다. 그렇기 때문에 전쟁을 하면 많은 사람들이 죽고 다치게 되는데 우리나라 사람들이 죽고 다칠 때 북한쪽이 같이 죽고 다치더라도 사람이 많으니 뒤처지지는 않을 것이라고 생각하기 때문입니다. 그래서 저는 6.25 전쟁 때 휴전 없이 계속 전쟁을 한다면 북한이 이길 것이라고 생각합니다.
학급 토론 주제	6.25 전쟁에서 휴전하지 않았으면 남한이 이겼을까?
읽은 책 또는 자료	이야기 한국역사
주요 내용	대한민국 수립과 민주주의의 시련
찬반 결정	반대
나의 토론	70점

참여 점수	

2차
글쓰기
	저는 '6.25 전쟁 당시 휴전을 하지 않았다면 남한이 이겼을 것이다.' 라는 주제에 대하여 반대하는 입장입니다. 북한은 소련에 의하여 많은 무기를 받은 상태였고 당시 국군이 낙동강까지 후퇴한 뒤 다시 서울로 올라가 통일할 수도 있었지만 인구가 많은 중공군이 북한을 도와 싸웠습니다.
	    일제 강점기 때 조선 혁명군은 중국군과 연합하여 중국 독립에 공헌을 하였는데 그 때 그 혁명군이 남한이 아닌 북한으로 편입되어 있어서 중국은 북한인민군을 도왔고 소련은 한반도 전체를 공산화시키기 위하여 도왔습니다. 남한도 유엔군의 도움을 많이 받았지만 저는 인해전술로 밀고 나간 중공군의 힘을 이기기는 어려웠을 것이라고 생각합니다. 비록 유세한 무기를 가진 유엔군 이었지만 중공군의 인해전술 앞에서는 밀렸고 낙동강까지 끌고 올라 간 국군이 다시 밀려 났습니다. 많은 유엔군이지만 중국이 계속 전쟁을 하게 된다면 지금의 남한은 국토가 더 줄여들었을 수도 있습니다.
	    또 전쟁을 하면서 많은 국군이 죽었고, 북한은 남한을 공산화 시키려 미리 계획을 하고 있었습니다. 그러므로 많은 계획과 준비를 한 북한군이 유리하기도 하고, 그 당시 미국과 비슷한 군사력을 가진 소련이 도왔기 때문에도 북한 인민군이 이겼을 것이라고 생각합니다.
	    그러므로 저는 6.25 전쟁이 휴전되지 않고 계속 싸웠다면 북한이 이겼을 것이라고 생각합니다.

최종 찬반결정	반대
내가 쓴글 점수 주기	90점

최종
3차 글쓰기
	저는 '6.25 전쟁 때 휴전하지 않고 싸웠다면 남한이 이겼을까?' 라는 주제에 반대하는 입장입니다. 왜냐하면 6.25 전쟁 당시에 북한은 하나하나 세밀하게 계획하며 쳐들어왔지만 남한은 아무런 계획 없이 기습공격을 당했기 때문입니다. 아무리 강한나라였어도 전쟁이 준비되지 않은 상황에서 기습공격을 받으면 조금은 군사력이 떨어질 것입니다.
	    그리고 남한이 6.25 전쟁 당시 많은 유엔군의 도움, 특히 미군의 도움을 받았다고 하지만 미국과 남한은 멀리 떨어져 있었습니다. 반면 북한을 돕던 지금의 러시아인 소련과 중국은 미국과 남한의 거리보다 훨씬 가까웠습니다. 또 전쟁을 하려면 무기만 있어서 되는 것이 아닙니다. 많은 군사와 음식, 의료시설 등이 필요한데 그런 것을 미국에게 받아서 가져온다는 것은 시간이 오래 걸릴 수도 있기 때문입니다.
	    찬성 측 분들은 인천상륙작전을 펼친 맥아더장군님께서 다시 그런 계획

을 펼쳐서 공격하면 이길 수 있다, 휴전당시에 북한은 군사가 없어서 휴전을 하였다, 많은 북한군들이 죽었다, 당시 한국을 도와주는 국가가 많았다, 남한에는 좋은 무기가 있었고 남한을 도와준 미국에게는 원자폭탄이 있었다. 라는 의견이 있으신데 하지만 맥아더 장군님이 2000분의 1인 거의 도박과 같은 작전을 한번 성공 시키셨다고 다른 계획을 또 성공시키실 것이라는 보장이 있을까요?, 북한이 군사가 부족해서 휴전을 하다고 했을 때 남한이 확실히 이길 가능성이 높았다면 남한이 휴전을 받아들였을까요?, 한나라 혼자가 전쟁을 하는 것이 아니고 두 나라가 전쟁을 하는 것인데 한나라의 사람들만 계속 죽는 것이 말이 될까요?, 한국을 도와주는 나라가 많았어도 직접적으로 도와준 대표적인 나라는 미군밖에 없지 않을까요?, 남한을 도와준 미국에게 원자폭탄이 있었을 때 미군이 북한에 원자폭탄을 터뜨렸다면 북한에게만 피해가 가는 것이 아니라 남한에게도 피해가 있었을 것입니다.

저는 이러한 이유에서 6.25 전쟁에서 휴전하지 않았다면 북한이 이겼을 것이라고 생각합니다. 지금까지 제 글을 읽어 주셔서 감사합니다.

글쓴이	**박유빈**
주제	우리나라 역사적인 사건
읽은 책	세종대왕
주요 내용	세종대왕이 남긴 업적(한글 창제, 과학기구 발명 등)이 자세히 나와 있다.
내가 정한 토론 주제	미국, 소련이 개입하지 않았으면 남한 북한 둘중 누가 이겼을까
학급 토론 주제	6.25 전쟁에서 휴전하지 않았으면 남한이 이겼을까?
토론 주제 점수는	100점
1차 글쓰기	저는 [6.25 전쟁 때 휴전하지 않고 계속 전쟁했다면 남한이 이긴다]에 대해 찬성하는 입장입니다. 그 당시 미국은 원자폭탄을 가지고 있었고 남한을 도와주었기 때문입니다. 지금은 북한이 핵을 가지고 있었지만 6.25 전쟁 전에는 가지고 있지 않았고 북한이 갑자기 쳐들어온다고 해서 남한이 무방비 상태는 아니었을 것입니다. 북한도 치밀하게 공격준비를 하였겠지만 그만큼 우리도 언제 일어날 줄 모르는 전쟁에 대비하고 있을 것입니다. 물론 원자 폭탄이 있다고 해서 이기는 건 아니겠지만 가지고 있지 않은 북한에 비해서는 이길 확률이 높았을 것이라고 생각합니다. 또한 북한에 살고 있는 사람들 중 다수가 전쟁을 원치 않았을 것입니다. 그런 사람들을 비롯해 한나라가 서로 싸우는

것은 아니라고 봅니다. 우리 남한은 전쟁을 할 생각이 없었을 것입니다. 하지만 북한은 자신의 이익만을 위하여 자신이 살고 있는 나라 "대한민국"을 더욱더 슬픔에 빠지게 하였습니다. 저는 잘못 된 일을 저지른 만큼 그만큼의 벌이 있을 것이라고 생각합니다. 지금 6.25 전쟁 때문에 많은 이산가족이 떨어져 살고 있습니다. 자신의 가족도 만나지 못한 채 하루하루 외로움을 견디고 있는 사람들이 있습니다. 그만큼 우리에게 슬픔을 안겨준 6.25 전쟁은 애초에 시작하면 안 될 일이다. 하지만 자신 삶을 위해 다른 사람을 슬프게 한 북한은 휴전하지 않았다면 남한이 이겼을 것입니다.

그러므로 저의 최종의견은 6.25 전쟁에서 휴전하지 않고 전쟁하였다면 남한이 이겼을 것입니다.

학급 토론 주제	6.25 전쟁에서 휴전하지 않았으면 남한이 이겼을까?
읽은 책 또는 자료	분쟁이야기
주요 내용	6.25 전쟁에 관한 내용이 자세히 나타나있다.
찬반 결정	반대
나의 토론 참여 점수	90점
2차 글쓰기	저는 [6.25 전쟁이 휴전하지 않고 싸웠다면 남한이 이긴다.]에 대해 반대하는 입장입니다. 그 당시 북한은 소련의 도움을 받아 군사력이 강했습니다. 또한 북한은 전쟁에 대해 치밀하게 준비를 하였기 때문에 남한보다 전쟁에서 이길 확률이 높았을 것이라 생각합니다. 그리고 그 당시 미국과 소련의 힘은 비슷하였습니다. 미국도 원자폭탄을 가지고 있었고 소련과 중국의 도움으로 북한도 원자폭탄을 가지고 있었습니다. 또한 저는 군사력이 곧 인구라고 생각합니다. 그때 북한 예비부대 인구수가 남한 예비분대 인구수의 약 2배였습니다. 인구가 많으면 많을수록 전쟁에서 이길 확률은 더 높아진다고 생각합니다. 아무리 무기가 좋아도 사람 수가 많으면 지칠 것입니다. 남한도 언제 일어날 줄 모르는 전쟁에 대비하였겠지만 북한은 남한보다 좀 더 치밀한 공격준비를 하였습니다. 또, 남한은 새벽에 기습공격을 당하였기 때문에 당황하였을 것입니다. 그렇게 북한은 남한을 치고 내려왔습니다. 하지만 미군의 가세로 후반에는 밀리고 말았습니다. 그렇지만 저의 생각에는 남한이 북한을 치고 올라왔어도 그때 정신을 차리고 싸웠다면 충분히 이겼을 것이라고 생각합니다. 그리고 미군이 아무리 최고의 국가라고 해도 그 당시에는 북한이 남한보다 군사력도 강했고 공군력도 강했습니다. 또 북한은 소련과 중국의 도

	움으로 원자폭탄이 있었으므로 남한이 거의 땅을 점령했을 때 터트린다면 남한은 혼란스러웠을 것입니다. 남한이 혼란스러워진 틈을 타, 치고 다시 내려간다면 북한이 전쟁에서 이겼을 확률이 북한보다 더 많았을 것입니다. 그러므로 저의 최종의견은 휴전하지 않고 싸웠다면 남한이 이긴다에 대해 반대합니다.
최종 찬반결정	찬성
내가 쓴글 점수 주기	90점
최종 3차 글쓰기	저는 6.25 전쟁이 휴전하지 않고 싸웠다면 남한이 이긴다. 에 대해 찬성하는 입장입니다. 우선 미국이 보유한 세이버 전투기는 북한을 도와주던 소련의 미그기 전투기와의 공중전에서 1:10의 비율로 미그기를 많이 격추 시켰습니다. 그리고 제공권을 장악하고 북한의 군수물자를 파괴함으로써 남한이 전쟁에서 이길 확률이 높다고 생각합니다. 물론 북한이 기습적으로 쳐들어와 초반에는 남한이 밀렸지만 맥아더 장군님의 인천상륙작전과 미군의 가세로 후반에는 우세해졌습니다. 만약 맥아더 장군님께서 철수 명령을 지시하지 않으셨다면 충분히 북한을 점령했을 수 있었을 것입니다. 또한 남한은 나라에 대한 애국심이 강했습니다. 일제 감 정기 때만 해도 나라를 위해 목숨을 바치신 분들이 여럿 있었습니다. 그 기세를 몰아 최선을 다해준다면 충분히 통일 될 수 있었을 것입니다. 또한 북한군의 예비부대와 남한부대의 예비부대는 약 2배 차이가 났습니다. 하지만 전 인구수 보다 나라에 대한 애국심, 군사시설 등이 더 중요하다고 생각합니다. 아무리 땅이 뺏길 위험에 처했더라도 포기하지 않고 싸웠다면 분명 북한을 삼킬 수 있었을 것입니다. 또한 남한을 도와주던 미국에게는 원자폭탄을 가지고 있었습니다. 물론 원자폭탄을 터뜨린다고 해서 우리남한도 피해가 가는 건 사실이나, 가지고 있지 않은 북한의 비해서는 전쟁에서 승리할 확률이 더 높다고 생각합니다. 그리고 인해전술과 게릴라에 의지하고 있었던 북한보다는 남한의 전력이 훨씬 더 우세했다고 생각합니다. 비록 북한은 이미 일어날 전쟁을 미리 계획하고 치밀하게 공격준비를 하였겠지만 우리 남한도 언제 일어날 줄 모르는 전쟁에 대해 준비를 하고 있었을 것입니다. 그러므로 저는 6.25 전쟁이 휴전하지 않고 싸웠다면 남한이 이긴다. 에 대해 찬성합니다.

글쓴이	박초언	
주제	우리나라 역사적인 사건	
읽은 책	경기도 문화유산 속 역사 이야기, 허준	
주요 내용	여러 가지의 사건들과 그 사건이 얼마나 중요한지 알 수 있다.	
내가 정한 토론 주제	만약 미국과 소련이 우리나라와 북한을 도와주지 않고 싸웠다면 이길 수 있었을까?	
학급 토론 주제	6.25 전쟁에서 휴전하지 않았으면 남한이 이겼을까?	
토론 주제 점수는	70점	
1차 글쓰기	오늘의 토론 주제는 "6.25 전쟁에서 중간에 휴전하지 않고 싸웠다면 남한이 이겼을 것 이다"라는 토론주제 이다. 나는 이번 토론 주제에 찬성한다. 그 이유는 그 당시에는 북한이 남한 보다 강하긴 했으나 북한은 소련이 남한은 미국이 도와주었기 때문에 그래도 지금 상황에는 휴전하고 있다는 게 다행인 것 이라고 생각한다. 만약 지금까지도 휴전을 하고 있지 않았더라면 계속해서 전쟁이 일어나고 있는 것 이다. 나는 내가 만약 그 당시 그 자리에서 싸우고 있었다면 나는 누구보다도 나라를 뺏기지 않기 위해서 죽을힘을 다해서 싸울 것 이다. 비록 힘이 약하고 겁이 많다고 싸우지 않겠다는 것 은 그 사람은 "정의"라는 것 이 없는 사람이라고 생각한다. 비록 힘이 약하고 겁이 많아도 그 한 사람 한 사람이 소중하고 또 없으면 안 될 사람이라고 생각한다. 만약 그 당시 미국이 없었더라면 우리 는 휴전을 하지 않고 계속 해서 싸우고 있었을 것 이라고 생각한다.	
학급 토론 주제	6.25 전쟁에서 휴전하지 않았으면 남한이 이겼을까?	
읽은 책 또는 자료	교실 밖 엉뚱한 한국사	
주요 내용	6.25전쟁에 나와 있다.	
찬반 결정	반대	
나의 토론 참여 점수	80점	
2차 글쓰기	오늘의 토론 주제 "6.25 전쟁에서 중간에 휴전하지 않고 싸웠다면 남한이 이겼을 것 이다"라는 토론주제 입니다. 저는 이번 토론 주제에 반대합니다. 그 이유는 그 당시에는 북한이 남한 보다 강했습니다. 그리고 제가 이 토론주제에 반대 하는 이유는 그 당시 북한은 남한에 총으로 기습공격을 하였습니다. 그 당시의 날짜와 시각은 1950년 6월 25일 이었습니다. 북한은 38도 선에서 남한을 총공격을 시작하였습니다.	

	그때는 북한의 기습공격이어서 남한은 공격 준비를 제대로 하지 못 하였습니다. 　그 사이에 북한은 남한(서울)을 향해 점점 밀어 내려 왔고, 전투가 시작된 지 사흘 만에 서울이 북한군 에게 점령 되었습니다. 북한이 기습 공격을 하자 남한은 마음이 급해져 미국에게 도움을 주었습니다. 그 것을 들은 미국은 남한에게 빠르게 군사들을 보냈습니다. 유엔도 급하게 군사들을 보냈습니다. 그리고 1950년 10월 1일 북진을 시작한 남한의 군사들과 유엔의 군사들은 10월 20일 평양을 점령하고, 10월 26일 날 압록강에 이르렀습니다. 압록강에 밀린 북한군이 중국에게 도움을 요청하였습니다. 　그리고 중국이 도와주려고 온 후 압록강을 넘었습니다. 그 이유 더 많은 사건들이 일어났습니다. 이런 일들이 많이 일어났습니다. 그렇기 때문에 저는 북한이 이겼다고 생각합니다.
최종 찬반결정	반대
내가 쓴글 점수 주기	100점
최종 3차 글쓰기	오늘의 토론 주제 "6.25 전쟁에서 중간에 휴전하지 않고 싸웠다면 남한이 이겼을 것 이다"라는 토론주제 입니다. 저는 이 토론 주제의 반대 합니다. 그 이유는 그 당시에는 북한이 남한 보다 강했습니다. 그리고 제가이 토론주제에 반대 하는 이유는 그 당시 북한은 남한에 총으로 기습 공격을 하였습니다. 그 당시의 날짜와 시각은 1950년 6월 25일 이었습니다. 북한은 38도 선에서 남한을 총공격을 시작하였습니다. 　그때는 북한의 기습 공격 이여서 남한은 공격 준비를 제대로 하지 못하였습니다. 　그 사이에 북한은 남한(서울)을 향해 점점 밀어 내려 왔고, 전투가 시작된 지 사흘 만에 서울이 북한군 에게 점령 되었습니다. 북한이 기습 공격을 하자 남한은 마음이 급해져 미국에게 도움을 주었습니다. 그 것을 들은 미국은 남한에게 빠르게 군사들을 보냈습니다. 유엔도 급하게 군사들을 보냈습니다. 그리고 1950년 10월 1일 북진을 시작한 남한의 군사들과 유엔의 군사들은 10월 20일 평양을 점령하고, 10월 26일 날 압록강에 이르렀습니다. 압록강에 밀린 북한군이 중국에게 도움을 요청하였습니다. 　그리고 중국이 도와주려고 온 후 압록강을 넘었습니다. 그 이유 더 많은 사건들이 일어났습니다. 예를 들어 치열한 전투를 벌인 것 은 38도선을 중심으로 1951년3월부터 1951년 7월 27일 까지 전투를 하였습니다. 그때는 38도선을 중심으로 밀고 밀리는 치열한 전투였습니다. 전쟁 1년

만에 전선은 다시 최고의 출발점으로 온 것 이죠. 남북한은 물론 미군이나 중공군의 피해도 만만치 않았기 때문에 휴전의 필요성을 느꼈다고 합니다.

그 후, 2년 동안 계속해서 휴전 회담이 이뤄지고 있는 동안에도 산봉우리 하나라도 더 차지하기 위해한 전쟁은 계속 되었습니다. 그 전의 전투에서 보다 이 시기의 전투가 더 치열해서 그런지 사망자가 더 많이 나왔습니다. 결국 1953년 7월 27일 휴전 협정이 맺어졌고, 맞서 싸우던 전선은 휴전선이 되었습니다. 그리고 전쟁을 하며 많은 사고 들이 일어났습니다.

1번째로는 인명 피해 사상자: 수백만 명, 이산가족:1천만 명 그리고 수많은 전쟁과 고아 2번째 경제적 피해 3번째 적대감과 보복 4번째로 분단이 굳어지는 일 등 여러 가지 일이 있었습니다. 그리고 저는 지금까지 휴전하기 않았다면 저희는 아마도 지금 이 자리에 없었을 수도 있었습니다.

글쓴이	박혜연
주제	우리나라 역사적인 사건
읽은 책	역사 속 편지
주요 내용	구석기, 신석기 시간부터 신라발해까지의 역사내용
내가 정한 토론 주제	6.25 전쟁에서 휴전을 한 것이 과연 옳은 것 인가?
학급 토론 주제	6.25 전쟁에서 휴전하지 않았으면 남한이 이겼을까?
토론 주제 점수는	90점
1차 글쓰기	저는 "6.25전쟁에서 중간에 휴전하지 않고 싸웠다면 남한이 이겼을 것이다"라는 토론주제에 반대합니다. 왜냐하면 그땐 북한이 남한보다 강했기 때문입니다. 제가 들은 바로는 인천상륙작전에서 북한은 우리의 수도인 서울을 뺏고 우리는 되찾고 이렇게 반복을 했답니다. 그 말은 북한은 뺏을 수도 있었던 것이고, 남한은 서울을 뺏길 수도 있었단 것입니다. 우리 남한은 뺏을 생각은 안 하고 뺏길까봐 두려워하고 북한은 뺏길까봐 두려워하지는 않았단 것입니다. 남한군대의 어떤 군인들은 결국은 우리가 먹힐 거야.. 어차피 우리는 졌어 이런 식으로 포기를 했다고 들었습니다. 아무리 뺏길 위기에 놓였어도 다 같이 힘을 모아서 싸워야 하는데 이미 포기를 하면 북한에 기회를 주는 것 밖에 안 된 다고 생각합니다. 저는 남한과 북한의 1대1의 결과는 북한이 이겼을 것 같습니다. 그 상태에서 다행히 남한은 미국이 도와주어서 먹히지 않았을 겁니다. 물론 북

	한도 다른 나라가 도와주었습니다. 그 나라는 소련입니다. 소련과 미국의 힘은 거의 같아서 다행히 미국덕분에 우리나라가 살았습니다. 저는 북한과 남한은 북한이 이기고 소련과 미국은 같다면 북한이 이길 것 같습니다. 만약 휴전을 하지 않고 계속 싸웠다면 북한이 이겼을 것 같습니다.
학급 토론 주제	6.25 전쟁에서 휴전하지 않았으면 남한이 이겼을까?
읽은 책 또는 자료	용선생의 시끌벅적 한국사, 한국사 편지5, 인터넷 자료, 제 생각
주요 내용	6.25전쟁의 시작, 해방, 그러나 남북으로 갈린 나라
찬반 결정	찬성
나의 토론 참여 점수	90점
2차 글쓰기	저는 〈 6.25전쟁에서 휴전하지 않았다면 남한이 이겼다.〉 라는 토론주제에 찬성합니다. 그 이유는 다음과 같습니다. 첫째, 조사결과에 따르면 국군의 사망자, 부상자, 실종자 등등 피해를 입은 사람들의 수는 총 105,752명이고, 북한공산군은 198,380명이었습니다. 피해를 입은 사람들은 북한공산군이 더 많으므로 저는 남한이 이겼을 것 이라고 생각합니다. 둘째, 그 때는 공산, 사회주의국가 수는 몇 개 없었고 민주주의 국가 수는 100여개가 있었습니다. 그러므로 싸우면 도와줄 국가로 치자면 남한이 이겼을 것 이라고 생각합니다. 셋째, 맥아더 장군님께서는 인천 상륙 작전 2000분의 1의 확률, 거의 도박과 같은 어려운 작전을 성공시켰으므로 다른 작전을 세워 남한이 북한을 이겼을 것 이라고 생각합니다. 넷째, 다국적군으로 구성된 연합군이 오로지 인해전술과 게릴라에 의존하던 중공군의 도움을 받는 북한군에 비해서 전력이 우세했기 때문에 남한이 이겼을 것 이라고 생각합니다. 다섯째, 남한을 도와주던 미국은 원자폭탄이 있었습니다. 원자폭탄은 그 무엇보다도 위험하고 강한 무기이므로 저는 원자폭탄을 가진 미국이 도와준 남한이 이겼을 것 이라고 생각합니다. 저는 피해를 입은 사람들의 수는 북한공산군이 더 많고 도와줄 국가 수도 남한이 많고, 맥아더 장군님께서 그 어려운 인천상륙작전을 성공시키셔서 다른 작전도 성공시키실 것 같고, 우리 남한이 전력도 우세했고, 남한을 도와주던 미국에게는 원자폭탄이 있었으므로 저는 남한이 이길 것 이라고 생각합니다.
최종 찬반결정	찬성

내가 쓴글 점수 주기	100점
최종 3차 글쓰기	저는 〈6.25전쟁에서 휴전하지 않았다면 남한이 이겼다.〉라는 토론주제에 찬성합니다. 그 이유는 다음과 같습니다. 첫째, 그 때 공산, 사회주의국가 수는 몇 개 없었고, 민주주의 국가 수는 100여개가 있었습니다. 그러므로 싸우면 도와줄 국가로 치자면 남한이 이겼을 것 같습니다. 둘째, 맥아더 장군은 인천상륙작전 2000분의 1의 확률 거의 도박과 같은 어려운 작전을 성공시켰으므로 다른 작전을 세워서 북한을 이겼을 것입니다. 셋째, 미국은 세계에서 가장 강력한 화력을 가지고 있었습니다. 그 강력한 화력 때문에 중공군과 소련군은 밀고 나가기 힘들었습니다. 그러므로 그 강력한 화력으로 북한을 제압하면 우리가 이겼을 것 같습니다. 넷째, 중공군은 거의 백만 명 가까이 군사를 보냈는데 그 중 90만 명이 훨씬 더 넘는 수의 군사들이 죽었을 것입니다. 그 당시의 피해는 너무나도 커서 또 중공군을 보내기가 힘들었습니다. 그리고 사실 중공군의 인원수는 약 100만 명이고 그만큼 유엔군의 인원수도 60만 명이었습니다. 이는 중공군의 인원수가 많아서 북한이 이겼을 것 이라는 의견이 반대임을 알리고, 중공군이 많이 죽었으므로 계속 중공군을 보낼 수 없었다는 것을 알립니다. 다섯째, 남한의 모든 군대는 미국군이었다. 공군은 98퍼센트가 미군이었고 해군이나 육군도 80퍼센트 이상이었습니다. 그렇기 때문에 우리는 좀 더 많은 군대를 요구할 수 있었습니다. 여섯째, 우리를 도와주던 U.N군의 미국은 그 시대에서 가장 강한 나라이었고 미국은 원자폭탄까지 가지고 있었습니다. 그러므로 원자폭탄을 가진 미국이 우리를 도와주면 남한이 이길 수 있을 것 같습니다. 일곱째, 조사결과에 따르면 사망자, 부상자, 실종자 등등 피해를 입은 사람들의 수는 남한은 총 105,720명, 북한은 총 198,380명이었습니다. 북한군이 남한군들 보다 많으므로 남한이 이겼을 것 같습니다. 여덟째, 다국적군으로 구성된 연합군이 오로지 인해전술과 게릴라에 의존하던 중공군의 도움을 받는 북한군에 비해서 전력이 우세했기 때문에 남한이 이겼을 것 이라고 생각합니다. 반대측에서는 인천상륙작전을 성공하고 그만 진격하라는 지시를 받고 사기가 떨어졌다는 의견이 있는데 사기가 떨어질 수 있겠지만 서로 다시 힘내서 꼭 통일을 이루자고 서로 힘을 북돋아주고 다시 한 번 최선을 다해준다면 저는 충분히 우리나라가 통일을 이룰 수 있다고 생각합니다. 그

러므로 저는 이런 이유에서 찬성합니다. 지금까지 저의 글을 읽어주셔서 고맙습니다.

이번 토론 시간 에서 우리 찬성측의 사람 수가 반대측보다 적었지만 그래도 이번 토론에서 이겨서 기분이 좋습니다. 다음에도 준비를 많이 해서 이기고 싶습니다.

글쓴이	**이서현**
주제	우리나라 역사적인 사건
읽은 책	6학년 1학기 사회 책
주요 내용	일제강점기
내가 정한 토론 주제	미국과 소련이 개입하지 않았더라면 남북으로 갈라졌을까? 또는 전쟁을 했을까?
학급 토론 주제	6.25 전쟁에서 휴전하지 않았으면 남한이 이겼을까?
토론 주제 점수는	80점
1차 글쓰기	전쟁에서 중간에 휴전하지 않았으면 남한이 이겼을까? 에 반대합니다. 저는 ' 6.25전쟁에서 중간에 휴전하지 않았으면 남한이 이겼을까?'라는 토론주제에 반대합니다. 일단 반대하는 이유는 그 당시 우리나라는 북한보다 못살았습니다. 떨어졌죠. 미국이 우리나라를 도와준다 해도 이긴다는 것은 어려웠을 거 같습니다. 만약 미국장군인 맥아더장군이 거의 점령을 해서 멈추지 않고, 계속 갔더라면 이겼을 거 같습니까? 미국이 거의 점령을 했더라도 북한을 도와줬던 소련과 중국을 막기에는 역부족이었을 거라고 생각합니다. 미국의 힘도 엄청 강했지만 북한보다 못사는 우리나라와 함께 소련, 중국, 북한의 힘을 막기에는 부족하다고 생각합니다. 이렇기에 저는 ' 6.25전쟁에서 중간에 휴전하지 않았으면 남한이 이겼을까?'라는 주제에 반대하는 바입니다.
학급 토론 주제	6.25 전쟁에서 휴전하지 않았으면 남한이 이겼을까?
읽은 책 또는 자료	한국사 편지
주요 내용	6.25 부분
찬반 결정	반대
나의 토론 참여 점수	80점
2차	저는 6.25 전쟁에서 휴전하지 않았으면 남한이 이겼을까? 라는 주제에

글쓰기	반대합니다. 　제가 반대하는 이유는 그 당시 남한의 전투력은 북한군에게 압도적으로 밀려 있었으며 다른 나라에 의존하고 있었습니다. 당시 북한군이 탱크를 앞세워 공격하였을 때 우리나라는 탱크가 한 대도 없었으며 고작 장갑차 6대 뿐 이었습니다. 　6.25전쟁의 전반기 때 북한군의 압도적인 화력과 군사력에 밀려 낙동강 일부지역을 제외한 남한지역 전역이 북한군의 손에 점령당했습니다. 하지만 그 뒤에 미국의 맥아더장군이 인천상륙작전을 벌려 한때 미국이 우리나라를 지원해서 북한을 점령 했었을 수도 있었으나. 중국의 개입으로 상황은 다시 역전 되지 않았습니까? 저는 이 중국의 개입으로 인해 우리나라를 돕던 미국이 밀렸을 거라고 생각이 듭니다. 　그리고 또한 미국이 대한민국을 계속 지원 했을 거라는 보장이 없고, 만약 미국이 계속 지원해준다고 가정하여도 북한은 중국이 지원해주고 있었는데 거리상으로 보면 중국이 북한 지원하는 것이 훨씬 신속하였으므로 우리나라가 졌을 거라고 생각이 듭니다. 그리고 군사수차이도 있는데 6.25전쟁당시 국군은7~9만 명이 고작 이었던 것에 비해 북한군은 20만이 넘던 군사가 있었으며 중국 또한 인구가 세계1위이니 중국군이 수십만의 군사로 우리나라를 침공 했다면 아무리UN과 미군이 지원하였다하여도 승전을 기대하긴 어려웠을 것 같습니다. 　이러한 근거에 저는 6.25전쟁에서 휴전하지 않으면 남한이 이겼을까? 라는 주제에 반대합니다.
최종 찬반결정	반대
내가 쓴글 점수 주기	80점
최종 3차 글쓰기	저는 6.25 전쟁에서 휴전하지 않았으면 남한이 이겼을까? 라는 주제에 반대합니다. 　제가 반대하는 이유는 첫 번째 그 당시 남한의 전투력은 군사력과 경제력이 앞서있는 북한에게 압도적으로 밀려있었으며 다른 나라에 의존하고 있는 상태였습니다. 당시 북한군이 탱크를 앞세워 공격하였을 때 우리나라는 탱크가 한 대도 없었으며 고작 장갑차 6대 뿐이였습니다. 　두 번째 북한은 전쟁을 위해 준비를 하였지만 전쟁은 커녕 아무것도 몰랐던 남한은 준비도 없이 바로 쳐들어온 북한을 마주하였습니다. 이러하여 준비를 한 팀과 준비를 안 한 팀은 차이가 많이 납니다. 누가 전쟁을 아무 준비 없이, 계획 없이 나가면 승리한다 합니까? 그래서 전 준비를 철저히 한 북한이 더 유리할 것이라고 생각합니다.

세 번째 토론하면서 '인천상륙작전처럼 다른 작전을 내세워 나가면 이길 것이다'라고 말 한 것을 들었는데 인천상륙작전은 '아 이건 되겠다'라는 확신과 보장이 없었고, 정말 확률이 적은 상태에서 우연히 성공을 거둔 것입니다. 이러한 작전을 또 내세운다 하면은 이 인천상륙작전처럼 성공할 것 같다는 확신이 없습니다. 그리고 인해전술로 밀고 나가는 중공군의 힘을 그런 불확신한 작전으로 막는다는 것은 안 된다고 생각합니다.

네 번째 미국과 UN군의 무기도 뛰어나지만 북한, 소련, 중국도 뛰어납니다. 당시 뛰어난 무기가 없었던 남한과 달리 뛰어난 무기가 있었던 북한이었고. 소련이 신무기를 개발하여 북한에게 보냈기 때문에 무기는 어느 한쪽이 밀고 나갈 것이라는 건 맞다고 생각하지 않습니다.

다섯 번째 남한과 북한 두 나라 모두 다른 나라에게 지원을 받고 상태였습니다. 이걸 거리상으로 보자면 중국이 북한을 지원하는 것이 미국과 UN이 남한을 지원하는 것보다 훨씬 신속하였으므로 북한이 더 유리할 것이라고 생각합니다.

여섯 번째 남한의 대통령인 '이승만 대통령'은 전쟁이 일어난 당시 대통령이라는 사람이 국민을 이끌어야 하는데 국민들을 버리고 혼자 피난을 갔습니다. 이게 맞다고 생각합니까? 한 나라의 대통령은 그 나라의 국민들을 대신해 자신이 이끄는 것인데 국민들을 지켜줄 생각 없이 자신 혼자 도망갔다는 건 한 나라의 대통령으로써 타당하지 않다고 봅니다. 제가 만약 대통령이었다면 저희 나라와 국민들을 위해 싸웠을 것 같습니다.

이러한 이유로 저는 6.25 전쟁에서 휴전하지 않았으면 남한이 이겼을까? 라는 주제에 반대합니다.

글쓴이	이하늘
주제	우리나라 역사적인 사건
읽은 책	우리아이 첫 서울 근대 역사 여행
주요 내용	우리나라의 주요 유적지들을 알아보며 그 장소에서 과거에 있었던 역사적 사건들을 설명하는 책이다.
내가 정한 토론 주제	6.25전쟁에 미국과 소련이 개입한 것이 옳은가?
학급 토론 주제	6.25 전쟁에서 휴전하지 않았으면 남한이 이겼을까?
토론 주제 점수는	90점
1차 글쓰기	〈6.25전쟁에서 중간에 휴전하지 않고 계속 전쟁하였다면 남한이 이겼을까?〉 저는 이번 '6.25전쟁에서 중간에 휴전하지 않고 계속 전쟁하였다면 남

	한이 이겼을까?'라는 주제에 대해 찬성합니다.
	왜냐하면 맥아더 장군의 인천상륙작전 당시에는 우리 남한이 이기고 있는 추세였으나, 갈수록 남한이 북한에게 밀려가고 있었습니다. 어떤 사람이라도 자신의 나라가 전쟁에서 지고 있거나 나라를 빼앗기는 것을 보고만 있을 수는 없을 것입니다. 게다가 우리나라는 매우 애국심과 우리나라에 대한 자부심이 강한 나라라고 생각합니다. 그렇기 때문에 절대 우리나라는 당하고만 있지 않을 것입니다. 맥아더 장군의 인천상륙작전은 거의 도박과 같은 매우 어려운 작전입니다. 그런 작전까지 잘 실천한 우리나라는 남한을 빼앗기고 있는 상황에서 우리나라는 이기기 위하여 더 열심히 싸우고, 더 좋은 전략을 내세워 실천하여 결국에는 북한을 이겼을 것입니다.
	6.25전쟁에서 우리나라는 미국에게, 북한은 소련에게 도움을 받으며 전쟁하고 있었습니다. 그 당시 미국에 핵은 없었지만 원자폭탄은 있었습니다. 미국이 미사일과 원자폭탄을 사용하여 우리나라를 도와준다면 북한을 이길 수 있었을 것입니다.
	이러한 근거를 들어 저는 6.25전쟁에서 휴전하지 않고 계속 전쟁하였다면 남한이 이긴다고 생각합니다. 지금까지 저의 글 읽어주셔서 고맙습니다.
학급 토론 주제	6.25 전쟁에서 휴전하지 않았으면 남한이 이겼을까?
읽은 책 또는 자료	그림으로 보는 한국사
주요 내용	조선의 개항부터 현대까지의 역사이야기를 설명하는 책입니다.
찬반 결정	찬성
나의 토론 참여 점수	80점
2차 글쓰기	저는 이번 '6.25전쟁에서 중간에 휴전하지 않고 계속 전쟁하였다면 남한이 이겼을까?'라는 주제에 대해 찬성합니다. 왜냐하면 맥아더 장군의 인천상륙작전 당시에는 우리 남한이 이기고 있는 추세였으나, 갈수록 남한이 북한에게 밀려가고 있었습니다. 어떤 사람이라도 자신의 나라가 전쟁에서 지고 있거나 나라를 빼앗기는 것을 보고만 있을 수는 없을 것입니다. 게다가 우리나라는 매우 애국심과 우리나라에 대한 자부심이 강한 나라입니다. 그렇기 때문에 절대 우리나라는 당하고만 있지 않을 것입니다. 맥아더 장군의 인천상륙작전은 5천대 1의 도박이라고 불릴 만큼 매우 어렵고 실천하기 어려운 작전입니다. 그런 작전까지 잘 실천한 우리나라는 남한을 빼앗기고 있는 상황에서 우리나라는 이기기 위하여 더 열심히 싸우고, 더 좋은 전략을 내세워 실천하여 결국에

는 북한을 이겼을 것입니다.

   6.25전쟁에서 우리나라는 미국과 유엔군, 북한은 소련에게 도움을 받으며 전쟁하고 있었습니다. 북한은 공산주의의 약간의 국가만 도왔지만 남한은 미국 유엔국가를 포함하여 12개 국가가 도와줬습니다. 게다가 그 당시에는 강한 무기였던 원자폭탄이 북한, 중국, 소련에는 없었지만 미국은 원자폭탄을 가지고 있었습니다. 실제로 당시 미국의 트루먼 대통령은 원자폭탄을 사용하자고 주장하였습니다. 미국이 미사일과 원자폭탄을 사용하여 우리나라를 도와준다면 북한을 이길 수 있었을 것입니다. 또 군사가 약 60만 명으로 남한이 더 많았고 무기와 기술도 남한과 미국이 더 좋았기 때문에 남한이 이겼을 것이라고 생각합니다.

   이러한 근거를 들어 저는 6.25전쟁에서 휴전하지 않고 계속 전쟁하였다면 남한이 이긴다고 생각합니다. 오늘 토론을 하며 저는 다른 의견도 귀 기울이고 수긍하고 한편으로는 비판적으로 듣는 방법을 배웠습니다. 그리고 오늘 토론을 하며 혜연님을 본받아야겠다고 생각했습니다. 그 까닭은 혜연님이 매 토론 시간마다 열심히 조사해 온 자료들을 사용하여 자신 있게 주장했기 때문입니다. 오늘은 찬성 쪽의 근거만 준비해 와서 반대토론을 할 때에는 저의 주장을 많이 펼치지 못하였던 것 같습니다. 앞으로는 찬성과 반대 둘 다 자료를 준비하여 조금 더 나은 토론을 해야겠다고 생각했습니다. 지금까지 저의 글 읽어주셔서 고맙습니다.

최종 찬반결정	찬성
내가 쓴글 점수 주기	100점
최종 3차 글쓰기	저는 이번 '6.25전쟁에서 중간에 휴전하지 않고 계속 전쟁하였다면 남한이 이겼을까?'라는 주제에 대해 찬성하는 입장입니다. 왜냐하면 맥아더 장군의 인천상륙작전 당시에는 우리 남한이 이기고 있는 추세였으나, 갈수록 남한이 북한에게 밀려가고 있었습니다. 어떤 사람이라도 자신의 나라가 전쟁에서 지고 있거나 나라를 빼앗기는 것을 보고만 있을 수는 없을 것입니다. 게다가 우리나라는 매우 애국심과 우리나라에 대한 자부심이 강한 나라입니다. 그렇기 때문에 절대 우리나라는 당하고만 있지 않을 것입니다. 맥아더 장군의 인천상륙작전은 작전 성공 확률이 2000대 1에, 도박이라고 불릴 만큼 매우 힘들고, 실천하기 어려운 작전입니다. 그런 작전까지 잘 실천한 우리나라는 남한을 빼앗기고 있는 상황에서 우리나라는 북한을 이기기 위하여 더 열심히 싸우고, 더 좋은 전략을 내세워 실천하여 결국에는 북한을 이겼을 것입니다.

6.25전쟁 당시 우리나라는 미국과 유엔군, 북한은 소련에게 도움을 받으며 전쟁하고 있었습니다. 북한은 몇몇 공산주위 국가들만 도왔지만 남한은 미국 유엔국가를 포함하여 12개 국가가 도와줬습니다. 게다가 그 당시에는 강한 무기였던 원자폭탄이 북한, 중국, 소련에는 없었지만 미국은 원자폭탄을 가지고 있었습니다. 실제로 당시 미국의 트루먼 대통령은 원자폭탄을 사용하자고 주장하였습니다. 이 말은 즉 미국의 원자폭탄을 우리 남한이 사용할 수 있게 해주겠다는 것입니다. 우리가 원자폭탄을 사용할 수 있다는 것이 확정된 상황에서는 우리나라가 이길 수밖에 없다고 생각합니다. 또 군사 수는 북한군이 우리나라보다는 조금 더 많습니다. 하지만 6.25 피해에 대한 통계 자료를 살펴보면 6.25 전쟁에서의 전투 병력 손실은 유엔군을 포함한 한국군은 40만 명밖에 되지 않는 반면에 공산군 측에서는 북한52만 명, 중공군 90만 명입니다. 남한은 군사의 수는 우리나라보다 조금 더 많지만, 전투 병력 손실은 우리 남한과는 비교가 되지 않을 만큼 큽니다. 군사의 수는 조금 적지만 전투 병력 손실이 우리나라가 북한보다 훨씬 더 적은 것을 보면 군사의 수는 적어도 기술이나 무기는 우리나라가 훨씬 더 우세하다는 것을 말해주고 있습니다.

또 우리나라는 우리나라 시민들이 투표를 하여 우리들 손으로 직접 대통령을 뽑지만 북한의 대통령은 대통령직을 본인의 아들에게 계속 물려주기 때문에 절대 할 마음이 없었어도 대통령이 되어야 합니다. 이런 정치 때문에도 6.25 전쟁에서의 승리는 절대 할 수 없는 '그림의 떡'이라고 생각합니다.

이러한 근거를 들어 저는 6.25전쟁에서 휴전하지 않고 계속 전쟁하였다면 남한이 이긴다고 생각합니다. 오늘 토론을 하며 저는 다른 의견도 귀기울이고 수긍하고 한편으로는 비판적으로 듣는 방법을 배웠습니다. 저번 토론까지는 나의 의견을 많이 표현하지 않고 속으로만 생각하고 있었는데, 오늘 토론에서는 여러 자료를 조사해 가서 조금 더 적극적으로 토론에 임한 것 같다는 생각이 들었습니다.

글쓴이	정유빈
주제	우리나라 역사적인 사건
읽은 책	초등학생을 위한 맨 처음 근현대사
주요 내용	근현대사에 일어난 여러 주요 사건들을 잘 풀이해 놓았다.
내가 정한 토론 주제	맥아더 장군이 인천상륙작전 이후 더 이상 진격하지 않은 것이 옳은가?
학급 토론 주제	6.25 전쟁에서 휴전하지 않았으면 남한이 이겼을까?
토론 주제	70점

점수는	
1차 글쓰기	저는 이번 '6.25전쟁에서 휴전을 하지 않고 계속 전쟁을 하였다면 남한이 이겼을까?' 라는 주제에 찬성합니다. 　대한민국이라는 우리나라는 본래 애국심, 독립심 그리고 민족의식이 강한 나라입니다. 일제강점기 때만 봐도 충분히 알 수 있는 사실이죠. 반대 측에서는 인천상륙작전을 성공하고 그만 진격하라는 지시를 받고 사기가 떨어져 진다는 주장을 하시는 분들이 많으신데 물론 이런 우리나라도 인천상륙작전을 성공한 뒤 그만 진격하라는 지시를 받아서 사기가 떨어질 수 있겠죠. 하지만 서로 다시 힘내서 꼭 통일을 이루자고 서로 힘을 북돋아주고 다시 한 번 최선을 다해준다면 저는 충분히 우리나라가 통일을 이룰 수 있다고 생각합니다. 또 지치고 힘들고 모든 것을 포기하고 싶을 때에는 인천상륙작전을 성공하고 압록강을 건너기 직전 통일의 꿈을 꾸었던 그 극적인 상황을 떠올려서 다시 압록강 앞까지 가서 이번에는 건너는 것까지 성공하겠다는 오기와 용기, 그리고 희망을 얻어서 사기를 충전하면 우리나라가 통일을 이루는 것은 그리 어렵다고 생각하지 않습니다. 　그리고 맥아더장군의 경우에는 인천상륙작전이라는 어렵고 힘든 작전, 2000분의 1의 확률, 거의 도박과 같은 어려운 작전을 성공시키신 대단한 장군님이십니다. 이렇게 힘든 작전을 성공한 것처럼 또 다른 좋은 전략을 내세워 북한을 제압했을 것입니다. 　우리나라를 도와주고 있던 미국은 6.25 전쟁이라는 상황에 원자폭탄이라는 강력한 무기와 미사일을 가지고 있었습니다. 만약 우리나라가 사기를 잃어 북한에게 거의 질 수 있는 상황이 왔다면 미국이 가지고 있는 원자폭탄과 미사일로 공격을 하였다면 통일은 식은 죽 먹기일 것이라고 생각합니다. 　오늘 토론주제를 정하면서 여러 가지 재밌는 주제가 많이 나와서 좋았습니다. 또 여러 사람의 의견을 들어보며 새로운 지식들을 얻을 수 있어서 보람찬 시간이었다고 생각합니다. 　지금까지 저의 의견을 들어주셔서 고맙습니다.
학급 토론 주제	6.25 전쟁에서 휴전하지 않았으면 남한이 이겼을까?
읽은 책 또는 자료	6.25 전쟁
주요 내용	6.25 전쟁의 진행과정과 그 후 극복과정
찬반 결정	반대
나의 토론 참여 점수	90점
2차	저는 휴전을 하지 않았더라면 북한이 이겼을 것이라고 생각합니다.

| 글쓰기 | 왜냐하면 처음 전쟁이 일어날 당시 남한은 이룡일이라는 이유로 방심을 학 군대도 준비를 하지 않고 기습 공격을 당하였습니다. 휴전이 되지 않아도 싸움이 점점 적어지는 시점이 있을 것입니다. 그 순간 남한은 또 방심하여 기습공격을 당할 것이라고 생각합니다. '인간의 욕심은 끝이 없고 같은 실수를 반복한다.' 라는 말이 있습니다. 이처럼 남한은 군사들의 편의와 휴식을 위하여 전처럼 약간의 휴식을 주어 방심을 하여 똑같은 기습 공격을 한 번 더 받을 것이라고 생각합니다.

6.25전쟁 당시 대통령이었던 이승만 전 대통령은 자기만 살기 위하여 국무위원과 고위직 공무원들을 데리고 한강 인도교를 통하여 서울을 탈출하였습니다. 그리고 나서는 라디오에 우리나라 국군이 잘 싸우고 있다며 국민들을 안심시켜놓고는 북한의 진격을 막기 위하여 국민들이 피난하고 있던 한강 인도교를 폭파시켰습니다. 이런 망가진 정치, 자기밖에 생각하지 않는 대통령과 국무위원 그리고 고위직 공문들이 나라 살림을 책임지는 이상 절대 북진통일은 이루어 질 수 없는 그림의 떡이라고 생각합니다. 그리고 대한민국의 수도 서울은 전쟁이 터진지 3일 만에 북한군의 손에 넘어갔습니다. 140만여 명의 서울 시민 중 100만 명 이상이 오도 가도 못한 채 서울에 갇히고 말았습니다. 저는 나라의 인구수가 곧 군사력이라고 생각합니다. 국민들이 전쟁에 참여하면 군사가 되고, 군사가 많으면 군사력이 올라가기 때문이죠. 헌데, 한 나라의 대통령이라는 사람이 국민들을 버리고 희생시키며 자기만 살려고 도망치는 일은 상상도 하지 말아야한다고 생각합니다.

또, 남한 군이 북한군에게 밀린 이유는 북한군보다 부족한 전력 때문입니다. 북한군은 소련과 중국의 지원으로 꾸준히 군사력을 키워 왔습니다. 소련 측에서는 신무기를 보내주었고, 중국 측에서는 전투 경험이 풍부한 한국인을 제대시켜 북한으로 돌려보냈습니다. 또, 인해전술과 게릴라 전술로 북한을 전쟁에서 자기 나라를 지킨다는 명분으로 도와주었습니다. 덕분에 북한군은 무기도 뛰어나고 전투 경험도 풍부한 데다 병력 수도 많았습니다. 반면에 남한군은 말로만 '북진통일'을 외치며 실질적으로는 아무런 준비도 하지 않고 있었습니다. 미군이 도와주는 사이에 군사훈련을 도와준다고 한다고 하더라도 중국과 북한의 거리가 더 가깝고 그 짧은 시간 동안 준비한 실력과 전부터 준비해온 실력은 다르기 때문입니다. 예부터 꾸준히 준비를 해온 북한군의 실력과 말로만 '북진통일'을 외치고 실질적으로는 아무런 준비도 하지 않았던 남한군의 실력 차이는 실로 엄청날 것이라고 생각합니다. 맥아더 장군의 인천상륙작전의 활약으로 남한 군이 압록 강변까지 이르렀긴 했습니다. 찬성 측 분들이 이런 의견으로 남한 |

181

	군이 이긴다는 의견을 내셨습니다. 하지만 미국의 맥아더 장군이 있듯이 북한군에게도 중국군들의 뛰어난 전술과 군사들이 있습니다. 의기양양하게 통일을 외치던 미군도 중국군의 뛰어난 전술에 금방 후퇴를 하였습니다. 이처럼 저는 북한군이 위기에 처할 때마다 중국군의 북한을 도와주어 결국은 북한이 전쟁에서 승리할 것이라고 생각합니다. 　지금까지 긴 글을 읽어주셔서 고맙습니다.
최종 찬반결정	반대
내가 쓴글 점수 주기	80점
최종 3차 글쓰기	저는 '6.25 전쟁에서 휴전을 하지 않았으면 남한이 이겼을까?'라는 주제에 반대합니다. 　왜냐하면 처음 전쟁이 일어날 당시 남한은 일요일이라는 이유로 방심을 하고 군대도 준비를 하지 않고 기습 공격을 당하였습니다. 휴전이 되지 않아도 싸움이 점점 적어지는 시점이 있을 것입니다. 그 순간 남한은 또 방심하여 기습공격을 당할 것이라고 생각합니다. '인간의 욕심은 끝이 없고 같은 실수를 반복한다.'라는 말이 있습니다. 이처럼 남한은 군사들의 편의와 휴식을 위하여 전처럼 약간의 휴식을 주어 방심을 하여 똑같은 기습공격을 한 번 더 받을 것이라고 생각합니다. 　6.25 전쟁 당시 대통령이었던 이승만 전 대통령은 자기만 살기 위하여 국무위원과 고위직 공무원들을 데리고 한강 인도교를 통하여 서울을 탈출하였습니다. 그리고 나서는 라디오에 우리나라 국군이 잘 싸우고 있다며 국민들을 안심시켜놓고는 북한의 진격을 막기 위하여 국민들이 피난하고 있던 한강 인도교를 폭파시켰습니다. 이런 망가진 정치, 자기밖에 생각하지 않는 대통령과 국무위원 그리고 고위직 공무원들이 나라 살림을 책임지는 정치에 화가 난 국민들이 단체로 봉기를 일으킨다거나 아니면 역으로 북한을 도와 남한을 공격한다면 이 '북진통일'이라는 단어는 절대 이루어 질 수 없는, 실천하지 못 할 그림의 떡이라고 생각합니다. 그리고 대한민국의 수도 서울은 전쟁이 터진지 3일 만에 북한군의 손에 넘어갔습니다. 140만여 명의 서울 시민 중 100만 명 이상이 오도 가도 못한 채 서울에 갇히고 말았습니다. 저는 나라의 인구수가 곧 군사력이 라고 생각합니다. 국민들이 전쟁에 참여하면 군사가 되고, 군사가 많으면 군사력이 올라간다는 이유와 중국처럼 인해전술로 사용하여 여러 가지 전술을 만들 수 있는 범위가 넓어질 수 있다고 생각하기 때문입니다. 헌데, 한 나라의 대통령이라는 사람이 국민들을 버리고 희생시키며 자기만 살려고 도망치는 일은 상상도 하지 말아야한다고 생각합니다.

또, 남한 군이 북한군에게 밀린 이유는 북한군보다 부족한 전력과 병력 때문입니다. 북한군은 소련과 중국의 지원으로 꾸준히 군사력을 키워 왔습니다. 소련 측에서는 신무기를 보내주었고, 중국 측에서는 전투 경험이 풍부한 한국인을 제대시켜 북한으로 돌려보냈습니다. 또, 인해전술과 게릴라 전술로 북한을 전쟁에서 자기 나라를 지킨다는 명분으로 도와주었습니다. 덕분에 북한군은 무기도 뛰어나고 전투 경험도 풍부한 데다 병력 수도 많았습니다. 실제로 남한의 병력은 10만 명, 연습용 전투기 약 10대, 장갑차 약 25대 정도밖에 없었고 북한의 병력은 20만 명, 탱크 수 백 대, 그 때의 최신무기들 등이 있었다고 합니다. 이렇게 북한은 탱크를 소유하고 있었고 남한은 탱크를 소유하고 있지 않아 탱크를 매우 무섭게 여기고 있었습니다. 탱크 소리만 들려도 도망가고 다른 기계를 탱크로 오해하고 겁을 먹을 정도로 말이죠. 하지만 남한군은 말로만 '북진통일'을 외치며 실질적으로는 아무런 준비도 하지 않고 있었습니다. 미군이 도와주는 사이에 군사훈련을 한다고 하더라도 중국과 북한의 거리가 더 가깝고 그 짧은 시간동안 준비한 남한의 실력과 예부터 꾸준히 준비해온 북한군의 실력 차이는 실로 엄청날 것이라고 생각합니다.

맥아더 장군님의 인천상륙작전의 활약으로 남한 군이 압록 강변까지 이르렀긴 했습니다. 찬성 측 분들이 이런 의견으로 남한이 이긴다는 의견을 내셨습니다. 하지만 미국의 맥아더 장군님이 있듯이 북한군에게도 중국군들의 뛰어난 전술과 군사들이 있습니다. 의기양양하게 통일을 외치던 미군도 중국군의 뛰어난 전술에 금방 후퇴를 하였습니다. 실제로 북한군은 전쟁 3일 만에 서울을 점령하고 7월 19일에는 대전을 점령한데 이어, 8월 31일에는 낙동강 유역까지 점령하였습니다. 전쟁 2개월 만에 거의 남한을 점령한 셈이죠. 이처럼 저는 북한군이 위기에 처할 때마다 중국군의 북한을 도와주어 결국은 북한이 전쟁에서 승리할 것이라고 생각합니다.

또 남한의 피해를 입은 사람들의 수는 총 105,752명이고, 북한군의 피해를 입은 사람들의 수는 총 198,380이었습니다. 이러한 근거로 피해를 북한이 더 많이 입었기에 남한이 이겼을 것이라고 말씀하시는 분들이 있으신데, 저는 그렇게 생각하지 않습니다. 만약, 북한이 남한의 땅을 모두 점령하였는데 북한의 피해가 더 크다고 해서 북한이 졌다고 할 수 없습니다. 이러한 근거로 저는 북한이 승리 할 것이라고 생각합니다.

오늘 토론을 하며 많은 정보를 얻을 수 있어서 매우 보람차고 뜻깊은 시간이었던 것 같습니다. 그리고 오늘 하늘 님이 토론을 아주 잘 해주신 것 같습니다.

지금까지 제 글을 읽어 주셔서 고맙습니다.

1차 활동 모습(첫주제 관련 독서와 토론주제 결정 후 1차 토론과 1차글쓰기)-2016.04.21

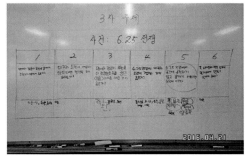

2차 활동 모습(추가 독서와 자료 조사, 2차 토론 진행 후에 2차 글쓰기)-2016.04.29

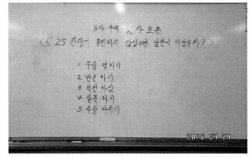

3차 활동 모습(최종 3차 토론으로 찬반 집단 토론 후, 자신의 최종 3차 글쓰기)-2016.05.13

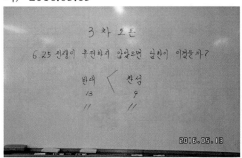

주제 4

법

토론주제 : 사형 집행이 옳은가?

사형 집행이 옳은가?

네 번째로 아이들이 선택한 주제는 [법]이다. 법과 관련해서 초등학생들이 읽을 만한 책을 읽은 친구들도 있었고, 법전을 챙겨 와서 읽는 친구들도 있었습니다.

1차 토론과 글쓰기에서는 토론 주제를 정하는데 다양한 의견들이 제시되었습니다. 부당한 정치에 대한 시위를 처벌하는 것이 옳은지, 정당방위에 대한 것을 어떻게 판단해야 하는지, 감형을 해주는 것이 옳은지, 옳지 않은 법을 지키는 것이 옳은지, 사형을 시키는 것이 옳은지 등이 모둠에서 제시된 토론 주제였습니다. 친구들의 다양한 의견에 대해서 최종적으로 '사형 집행이 옳은가?'가 4차 토론 주제로 결정이 되었습니다.

1차 주제 토론에서 동물의 안락사를 다루어 보았기 때문에, 조금의 연관성을 가지고 생각해 볼 수 있는 부분도 있었습니다. 아직 토론 주제에 대해서 깊이 생각해 보지 않은 1차 토론에서는 사람의 생명은 누구도 앗아갈 수 없다는 의견을 말하는 친구들과 만약에 중범죄를 저지른 사람은 피해자의 인권을 앗아갔기 때문에 가해자의 인권도 억압받을 수 있다는 이야기들을 하는 친구들도 있었습니다.

1차 글쓰기에서 몇 몇 친구들의 글은 매우 인상적인 내용들이 보였습니다. 죄를 지어서 사형 선고가 내린다면 그 피의자의 반성하고 바르게 할 수 있는 기회의 박탈, 재판에 있어서 오판의 가능성, 인권 존중 등의 근거를 들어가면서 반대하는 글은 매우 논리적이고 설득력 있는 글이었습니다. 그리고 찬성하는 측의 글에서는 사형제도의 존재감, 권위, 처벌 방법과 제어방법의 근거를 들어가면서 사형 집행의 찬성 입장을 글로 표현하였습니다. 1차 글은 토론 주제가 정해지지 않고 짧은 생각으로 바로 쓰는 글이기 때문에 아이들의 글 속에 논리적인 비약이 많은 편인데, 더 논리적이고 설득력 있는 글들이 만들어지고 있습니다.

2차 토론에서는 4대 4 승부내기 토론이 매우 치열한 모습을 보였습니다. 대부분의 친구들이 학습장에 찬성과 반대 의견을 적절하게 기록해 와서 열띤 토론을 하는 모습이었습니다. 승부내기 토론에서는 상대의 의견에 대해서 조금 더 논리적으로 반론하고, 상대의 의견에 대해서 예리한 질문으로 상대의 의견에 허점을 찾을 수 있도록 노력하는 모습을 보였습니다. 아직은 초등학생 수준의 토론이지만 3월의 모습과는 사뭇 달라진 부분들이 많이 보입니다. 2차 글쓰기에서는 국어 시간에 '논설문'을 배운 후라 글의 내용이 더 체계적이고 구조적인 완성도를 가져가는 형태를 보였습니다.

3차 토론에서는 찬성이 13명, 반대가 9명이 되었습니다. 최종적으로도 그대로 유지되면서 최종 승부는 무승부가 되었습니다. 20명의 친구들이 한 번 이상 자신의 의견을 표현하고 찬반 집단 토론에 참가하는 모습을 보였습니다. 2분씩 주어지는 반론하기, 질문하기에서는 예리한 반론과 질문을 찾아내면서 열띤 토론을 만들어 가는 친구들이 많았습니다. 대부분 친구들의 3차 글은 더 완성도가 높은 수준을 보였습니다.

아이들의 글이 더 논리적인 구조를 갖추어 가고 있고, 다양한 근거를 통해서 글을 만들어 가는 것이 더 자연스러워지고 있습니다. 앞으로 아이들이 자신의 글 속에서 조금 더 상대방을 배려하고 상대의 의견을 존중하면서 자신의 주장을 펼쳐가는 따뜻한 글이 되어갈 수 있도록 부모님들께서도 계속 관심 가지고 격려해 주셨으면 합니다.

- 1차 글쓰기(첫 주제 관련 독서와 토론주제 결정 후 1차 토론 후에 1차로 쓴 글)-2016.05.20
- 2차 글쓰기(추가 독서와 자료 조사, 2차 토론 진행 후에 2차로 쓴 글)-2016.05.27
- 3차 글쓰기(최종 3차 토론으로 찬반 집단 토론 후, 자신의 최종 3차로 쓴 글)-2016.06.10

글쓴이	강권휘
주제	법
읽은 책	아빠, 법이 뭐에요
주요 내용	천사금비랑 법에 대해 알아가는 과정이 나온다.
내가 정한 토론 주제	①사형집행이 옳은가? ②감형을 해주는 게 옳은가?
학급 토론 주제	사형 집행이 옳은가?
토론 주제 점수는	90점
1차 글쓰기	오늘 주제는 법이었습니다. 저번 주에 정한 법이라는 큰 주제를 가지고 토론주제를 선택하는 것 이었는데 사형집행이 옳은가? 라는 토론주제로 결정 되었습니다. 그 토론주제는 2모둠, 6모둠에서 뽑힌 것입니다. 저는 사형집행이 옳은가? 그리고 감형을 해주는 게 옳은가? 라는 토론주제 2가지를 생각했습니다. 제가 생각한 토론주제랑 똑같은 것이 뽑혀서 좋았

습니다. 그리고 1대1 하브로타를 하고 쓰는 글입니다.

저는 사형집행이 옳은가? 라는 토론주제에 대해 찬성합니다. 그 이유를 말해보겠습니다,

첫 번째, 죄의식이 없을 것입니다. 과연 사람을 죽이거나 사람한테 중범 죄를 저지른 사람이 죄의식이 있을까요? 없을 것입니다. 왜냐하면 사람한 테 중범죄를 저지르고 자수를 안 해서 사형을 당할 것입니다. 그런데 자 수를 안 하는 것은 죄의식이 없는 것이나 마찬가지이기 때문입니다.

두 번째, 중범죄를 저지른 사람이 우리나라에 있습니다. 그런 사람이 교 도소에서 살고 있다는 생각을 하면 조금 불안하지 않습니까? 그리고 예를 들어 설명해보겠습니다. 자기네 가족을 죽인 사람이 교도소에서 편안히 살고 있다는 생각을 하면 소름끼치지 않습니까? 그리고 그 죄수를 죽이고 싶다고 생각이 들것입니다.

세 번째, 교도소에서 만행을 저지를 것입니다. 그렇게 사람을 죽인 사람 이 교도소에서는 착하게 행동 할까요? 저는 아니라고 생각합니다. 물론 교도관 앞에서 착한 척을 할 것입니다. 하지만 다른 죄수들한테는 심각한 온갖 만행을 저지를 것입니다.

저는 중범죄를 저지른 사람이 살고 있다는 생각만 해도 걱정되고 소름 끼칩니다. 이러한 이유를 들어 저는 사형집행이 옳은가? 라는 토론 주제 에 찬성합니다.

이번 토론주제는 좋은 것 같고 2차토론 때는 자료를 많이 찾아서 이번 토론주제에 대해 제 의견을 자신 있게 말하겠습니다. 이번 토론주제는 좋 은 것 같고 재미있을 것 같습니다. 독서토론은 참 재미있는 것 같습니다.

학급 토론 주제	사형집행이 옳은가?
읽은 책 또는 자료	네이버 자료, 신문이 보이고 뉴스가 들리는 법 이야기
주요 내용	사형집행에 대해 자세히 나오고 찬성, 반대 의견도 자세히 나온다.
찬반 결정	찬성
나의 토론 참여 점수	90점
2차 글쓰기	오늘은 4차 주제 2차 토론을 하였습니다. 4:4 승부내기 토론과, 2대2 토론을 하였습니다. 토론주제는 사형집행이 옳은가? 였습니다. 오늘 우리 는 2모둠, 3모둠하고 붙었습니다. 저희 모둠은 토론 먼저 했고 찬성하는 의견으로 하였습니다. 결국에는 우리가 1판 했는데 1판 이겼습니다. 지금 은 4:4 승부내기 토론을 하고 글을 쓰는 것입니다.

저는 사형집행이 옳은가? 라는 토론주제에 대해 찬성합니다. 그 이유를 말해보겠습니다,

첫 번째, 죄의식이 없을 것입니다. 과연 사람을 죽이거나 사람한테 중범죄를 저지른 사람이 죄의식이 있을까요? 없을 것입니다. 왜냐하면 사람한테 중범죄를 저지르고 자수를 안 해서 사형을 당할 것입니다. 그런데 자수를 안 하는 것은 죄의식이 없는 것이나 마찬가지이기 때문입니다.

두 번째, 중범죄를 저지른 사람이 우리나라에 있습니다. 그런 사람이 교도소에서 살고 있다는 생각을 하면 조금 불안하지 않습니까? 그리고 예를 들어 설명해보겠습니다. 자기네 가족을 죽인 사람이 교도소에서 편안히 살고 있다는 생각을 하면 소름끼치지 않습니까? 그리고 그 죄수를 죽이고 싶다고 생각이 들것입니다.

세 번째, 교도소에서 만행을 저지를 것입니다. 그렇게 사람을 죽인 사람이 교도소에서는 착하게 행동 할까요? 저는 아니라고 생각합니다. 물론 교도관 앞에서 착한 척을 할 것입니다. 하지만 다른 죄수들한테는 심각한 온갖 만행을 저지를 것입니다.

네 번째, 범죄자의 인권은 사치입니다. 우리 모두 인간으로서의 최소한의 권리를 보장 받아야 마땅하지만 흉악범은 최소한의 권리조차 받을 자격이 안 된다고 생각합니다. 대한민구의 법은 약합니다. 그래서 재 범죄율이 높아지는 것도 명확한 사실입니다. 그렇기 때문에 우리나라국민들의 불안감은 날이 갈수록 높아져만 가고 있습니다.

다섯 번째, 국민의 세금 때문입니다. 사형수나 죄수를 관리하는 돈을 모두 계산하면 1년에 무려 13억이라는 비용이 든다 합니다. 그 돈으로 몸이 불편한 사람들 서민을 도울 수 있습니다. 또 우리나라의 부족한 접을 개발시킬 수 있습니다. 그런데 큰돈을 잘한 것도 없는 죄수들에게 쓰는 게 가치 없는 일이라고 생각합니다.

여섯 번째, 다수의 국민들이 필요성을 느낍니다. 우리나라에서 사형이 집행되지 않은지 10년이 훨씬 넘습니다. 분명 폐지된 것은 아니지만 집행이 너무 없어 폐지 국가로 분류되고 있습니다. 하지만 2008년에 자료에 따르면 우리나라의 57%는 사형 집행에 대해 찬성, 21.1%는 폐지 그리고 나머지는 20.7%로 무응답으로 대체 했다 합니다. 찬성한 사람이 훨씬 높습니다. 그렇기 때문에 사형집행을 해야 한다 생각합니다.

위 여섯 가지 이유로 저는 사형 집행이 옳은가? 에 대해 찬성합니다.

오늘 4:4 승부내기 토론에서 기분이 좋았고 오늘은 잘 참여한 것 같아서 좋았다. 그리고 채은님, 서현님 두 분 다 말을 잘 하셨다. 희주님이 말을 안 해서 조금 아쉬웠다. 3차 토론할 때도 이번처럼 말을 잘하고 활발

	하게 할 것입니다. 2차 토론 정말 재미있었습니다.
최종 찬반결정	찬성
내가 쓴글 점수 주기	70점
3차 글쓰기	오늘은 4차 주제 3차 토론을 했습니다. 집단토론을 하였습니다. 저는 찬성의견이었습니다. 찬성의견이 반대의견보다 4명 많았습니다. 집단토론 결과는 찬성이랑 반대의견 무승부였습니다. 오늘은 아무도 자기 생각이 안 바뀌었습니다. 　저는 사형집행이 옳은가? 라는 토론주제에 대해 찬성합니다. 그 이유를 말해보겠습니다, 　첫 번째, 죄의식이 없을 것입니다. 과연 사람을 죽이거나 사람한테 중범죄를 저지른 사람이 죄의식이 있을까요? 없을 것입니다. 왜냐하면 사람한테 중범죄를 저지르고 자수를 안 해서 사형을 당할 것입니다. 그런데 자수를 안 하는 것은 죄의식이 없는 것이나 마찬가지이기 때문입니다. 　두 번째, 중범죄를 저지른 사람이 우리나라에 있습니다. 그런 사람이 교도소에서 살고 있다는 생각을 하면 조금 불안하지 않습니까? 그리고 예를 들어 설명해보겠습니다. 자기네 가족을 죽인 사람이 교도소에서 편안히 살고 있다는 생각을 하면 소름끼치지 않습니까? 그리고 그 죄수를 죽이고 싶다고 생각이 들것입니다. 　세 번째, 교도소에서 만행을 저지를 것입니다. 그렇게 사람을 죽인 사람이 교도소에서는 착하게 행동 할까요? 저는 아니라고 생각합니다. 물론 교도관 앞에서 착한 척을 할 것입니다. 하지만 다른 죄수들한테는 심각한 온갖 만행을 저지를 것입니다. 　네 번째, 범죄자의 인권은 사치입니다. 우리 모두 인간으로서의 최소한의 권리를 보장 받아야 마땅하지만 흉악범은 최소한의 권리조차 받을 자격이 안 된다고 생각합니다. 대한민구의 법은 약합니다. 그래서 재 범죄율이 높아지는 것도 명확한 사실입니다. 그렇기 때문에 우리나라국민들의 불안감은 날이 갈수록 높아져만 가고 있습니다. 　다섯 번째, 국민의 세금 때문입니다. 사형수나 죄수를 관리하는 돈을 모두 계산하면 1년에 무려 13억이라는 비용이 든다 합니다. 물론 사람의 인권은 돈보다 중요합니다. 그러나 그 돈을 범죄자에게 쓰는 게 가치 있는 일일까요? 아님 아무 일도 저지르지 않은 몸이 불편한 사람한테 쓰는 게 가치 있을까요? 누구라도 몸이 불편한 사람한테 쓰는 게 가치 있는 일이라고 할 것 같습니다. 그리고 우리나라의 부족한 접을 개발시킬 수 있습니다. 그런데 큰돈을 잘한 것도 없는 죄수들에게 쓰는 게 가치 없는 일이

라고 생각합니다.

　여섯 번째, 다수의 국민들이 필요성을 느낍니다. 우리나라에서 사형이 집행되지 않은지 10년이 훨씬 넘습니다. 분명 폐지된 것은 아니지만 집행이 너무 없어 폐지 국가로 분류되고 있습니다. 하지만 2008년에 자료에 따르면 우리나라의 58.4%는 선고와 집행 모두 필요하다고 했고 27.1%는 사형선고는 하되 집행은 고려해야 한다는 의견이었고 5.4%는 사형제도 자체를 폐지해야 한다 했고 9.1%는 잘 모르겠다는 의견이었습니다. 선고와 집행 모두 해야 한다 하는 사람이 훨씬 높습니다. 그렇기 때문에 사형 집행을 해야 한다 생각합니다.

　일곱 번째, 범죄 예방효과가 있습니다. 사형은 범죄를 저지르기 전에 다시 한 번 생각해 볼 수 있는 강력한 경고 효과를 가집니다. 우리나라의 경우, 형사소송법 465조에 따르면 사형은 형이 확정된 때로부터 6개월 이내에 집행해야 하고 법무장관이 집행명령을 내린 때로부터 5일 안에 집행되어야 하는데 1997년 12월 이후로 단 한건도 사형이 집행되지 않고 있습니다. 수 십 명의 사형수가 사형확정 판결을 받고도 그대로 방치되어 있는 사이에 대한민국의 살인범죄는 30% 증가하였습니다. 또한 사형에 비해 상대적으로 경미한 처벌을 받는 경우에 생길 수 있는 유가족들의 보복 범죄 가능성도 줄일 수 있습니다. 따라서 사형제도는 범죄예방효과 대문이라도 유지해야 한다는 의견입니다.

　여덟 번째, 재범을 할 가능성이 있습니다. 우리나라 범죄자가 또 범죄를 저지를 확률이 높다 합니다. 특히 성폭행범 들은 재범율이 80% 라고 합니다. 그런데 이런 사람들을 사형을 안 시키고 그러다 재범을 저지르면 고통을 받을 것입니다. 그리고 이런 범죄자들이 감옥 에서 나오면 국민들은 불안해합니다.

　그래서 결론은 죄의식이 없고, 국민의 세금, 다수의 국민들의 필요성, 범죄예방효과라는 근거로 이번 토론주제에 대해 찬성합니다.

　오늘 3차 토론 재미있었고 유익한 시간이 된 것 같아서 좋았습니다. 또 오늘 우리 반 거의 모든 님들이 참여해서 대단하다는 생각이 들었습니다. 사형에 대해 잘 알게 되어서 기분이 좋습니다. 또 다음 토론도 재미있을 것 같습니다.

글쓴이	권재환
주제	법
읽은 책	Why?법
주요 내용	판사와 변호사이야기 법의종류

내가 정한 토론 주제	①지금의 법이 올바른가? ②우리나라 법이 약한가?
학급 토론 주제	사형 집행이 옳은가?
토론 주제 점수는	90점
1차 글쓰기	오늘 토론주제는 " 법 "사형집행이 옳은가? 　사형은 신도 판단할 수 없습니다. 일단 이야기를 들어보세요. A가 살인자, B가 판사 C가 살해당한 사람, D가 경찰 E가 시민입니다. 　A가 C에 집에 가서 사람을 죽였습니다. 그런 다음에 E가 발견을 했어요. 그래서 D가 왔습니다. 그래서 경찰은 A를 용의자로 체포했습니다. 근데 그 사람은 오늘 사람을 처음 죽인 게 아니라 연달아 죽인사람입니다. 그래서 B판사가 어떻게 했을까요? 그건 님들의 생각입니다. 　이건 이야기입니다. 자 저는 B판사가 사형을 할 것 같습니다. 그 이유는 그 사람 하나 때문에 몇 명이나 희생이 되었습니다. 그러기 위해서 그들의 억울함을 풀기위해 사형을 받아야 합니다. 　그 이유 1.몇 명이나 사람을 죽였습니다. 그렇기 때문에 사형을 내려야 합니다. 　2. 그 후손은 자기의 아버지의 원망을 풀려고 그 사람을 죽이고 살인범이 되려고 하면 계속 반복이 됩니다. 그렇기 때문에 저는 사형이 옳다고 생각합니다. 　그래도 사람을 죽이는 건 안 된 다시는 분께 질문하겠습니다. 만약 사형이 반대 되면 그 사람의 아버지가 죽음을 당해 복수를 계속 하면 인구는 줄어듭니다. 그렇기 때문에 사형이 옳다고 생각합니다. 그리고 아버지가 죽음을 당했는데 감옥에서 살고 있고 그 아버지는 하늘에 계신 게 옳지 않다고 생각합니다. 그렇기 때문에 사형을 해야 한다고 생각합니다. 　오늘 1차 하브루타 에서 토론을 할 때 내용을 전보다 확실하게 했다. 오늘 토론은 재미있었다.
학급 토론 주제	사형집행이 옳은가?
읽은 책 또는 자료	찬성자료 반대자료 사형제도의 책
주요 내용	사람의 목숨은 중요하다
찬반 결정	찬성
나의 토론 참여 점수	60점

2차 글쓰기	저는 2차 토론주제 사형제도가 옳은가? 에 대해 찬성합니다. 그 이유는 사람의 목숨을 빼앗았기 때문입니다. 그래서 피해자는 어이없이 살인을 낭했습니다. 그런데 사람목숨은 신도 판단을 못합니다. 그런데 그걸 사람이 판단을 했습니다. 그리고 사람의 목숨을 판단했습니다. 사형이 옳은 이유 제가 직접 설명 해 보겠습니다. 첫째. 사람의 목숨은 아무도 판단을 못합니다. 그 이유 '내가 왜 이 사람을 죽여야지? 그리고 사람목숨은 소중하니까 죽이면 안 되지!!' 둘째. 사람을 죽이면 그의 가족이 슬퍼한다. '만약 사람을 죽이면 그 가족이 복수심으로 우리 가족을 해칠 수 있다. 셋째. 사형 이유 사형은 마지막으로 아주 무거운 형벌입니다. 사형은 그 말대로 목숨을 해치는 것입니다. 사람의 목숨을 해쳤는데 감옥에서 반성하는 태도를 보이고 다시 살인을 할 수 있어서 사형이 옳다고 생각합니다. 넷째. 재판 무죄인 사람이 사형이 될 수 있어 3번 재판을 할 수 있다. 반대 측 의견을 위 해 써 보았습니다. 사형은 사람의 목숨을 해치니까 사형을 하지 말자인데 만약 그 사람이 또 사람을 죽이면 어떻게 할까요? 그 사람이 계속 사람을 죽이면 어쩔 수 없이 사형을 시켜야 합니다. 오늘 토론은 말을 잘 안 했는데 3차토론 할 때는 말을 많이 해야겠다.
최종 찬반결정	찬성
내가 쓴글 점수 주기	80점
3차 글쓰기	사형제도가 옳은가에 대해 찬성합니다. 사형을 해야 되는 이유를 말씀드리겠습니다. 그전에 사형에 대해 어떻게 생각하십니까? 저의 이유를 설명을 드리겠습니다. 첫째. 사람의 목숨은 신도 판단을 하지 못합니다. 하지만 그 이유도 없고 모르는 사람을 푹 찔러죽이면 그 당한사람의 가족은 억울할 것입니다. 근대 이유도 없이 사람을 죽이면 어의가 없어요. 그래서 저는 사형을 해야 한다고 생각합니다. 둘째. 사형이 요즘에는 안 되고 있습니다. 근데 흉악범으로 인해 시민들이 무섭다고 합니다. 그리고 유괴, 납치, 살인,등 여러 가지가 범죄로 되고 있습니다. 이 무서운 일 들이 없어져야 한다고 생각해서 사형을 해야합니다. 실제로 10명중 8명은 또 그런 짓을 합니다. 이런 일을 가볍게 여기는 사람들에게 감옥으로 가게 되면서 착하게 살아 감형을 해주고 또 사고를 반복적으로 합니다. 차라리 고문보다 사형 전 무서울 때 사형을 합니다. 만약 당신의 가족 중에서 모르는 사람이 당신의 부모님을 죽였습니

다. 그러면 고문으로 죄책감을 느끼게 한다는 분들도 있는데 이미 살인을 하고 나서는 죄책감을 못 느낍니다.

셋째 가해자의 성격입니다. 가해자의 성격은 대부분 자신의 잘못을 반성하지 않고 끝까지 자기 자신의 의견만 주장하고 있습니다. 그런데 가해자는 거의 증거가 나오면 "뭐 그럴 수도 있죠" 라는 말이 쉽게 튀어나오는 게 너무 무섭다. 저는 그래서 사형을 해야 합니다.

그리고 결론은 사형을 해야 한다고 생각합니다. 그 이유는 사형이 무섭기도 한데 범죄의 예방이 되기 때문입니다. 오늘 배운 것은 이제 살인, 성폭행 등 이젠 몇 년 뒤에도 형벌을 내릴 수 있습니다. 오늘 토론할 때는 종이에 써서 발표를 했지만 다음번에는 더 열심히 노력해서 말을 많이 해야겠다. 다음 5차 주제 때는 더욱 책과 자료를 많이 읽어야겠다.

글쓴이	김민기
주제	법
읽은 책	아빠, 법이 뭐에요?
주요 내용	법이란 규칙인데 이것을 안 지키면 벌을 받는다.
내가 정한 토론 주제	①만약에 법이었으면 어떻게 될까 ②법을 꼭 지켜야 할까?
학급 토론 주제	사형 집행이 옳은가?
토론 주제 점수는	100점
1차 글쓰기	저는 이번4차주제인 법으로 한번애기를 하겠습니다. 그런데 저도 사람도 생명이 있습니다. 오늘 저는 초언님하고 하브루타를 했습니다. 근데 이번토론주제인 사형 집행이 옳은가 입니다. 근데 저는 반대를 합니다. 왜냐하면 사람이 죽으면 슬프고 그래서입니다. 첫째 사람이 죽으면 그 죽인 사람이 법에 걸려서 결국조사를 받고 감옥에 계속 들어가거나 나중에 재판을 받게 됩니다. 그래서 사형선고가 되면 지금우리나라는 사형선고를 내리지만 현재까지 사람을 죽이지 않습니다. 둘째 근데 대통령도 범죄를 저지르게 되면 대통령도 재판을 받고 교도소에 갑니다. 그래서 법은 아주 무섭고 엄하기도 합니다. 근데 만약에 저가 범죄를 저지르게 되면 저는 소년원 간 다음에 저는 재판받고 저는 이제 감옥살이를 합니다. 근데 저는 이런 생활을 하기 싫기 때문에 저는 하지만 착하게

살아갈 겁니다.

　여러분들 사람을 죽이는 건 양심에 찔리는 행위입니다. 그래서 우리사람을 죽이지 맙시다.

　제가 크면 사회를 안전하고 질서 있는 대한민국을 만들거니까 조금만 기다려주십시오.

　지금까지 저의 이야기를 들어 주셔서 고맙습니다.

학급 토론 주제	사형집행이 옳은가?
읽은 책 또는 자료	세빈아, 오늘은 어떤 법을 만났니?
주요 내용	법은 무서운 것이다.
찬반 결정	찬성
나의 토론 참여 점수	100점
2차 글쓰기	저는 이번 4차 주제인 법으로 한번 얘기를 하겠습니다. 그런데 저도 사람도 생명이 있습니다. 오늘 저는 초언님하고 하브루타를 했습니다. 근데 이번토론주제인 사형 집행이 옳은가 입니다. 　왜냐하면 사람이 죽으면 슬프고 그래서 입니다. 　첫째. 사람이 죽으면 그 죽인 사람이 법에 걸려서 결국조사를 받고 감옥에 계속 들어가거나 나중에 재판을 받게 됩니다. 　그래서 사형선고가 되면 지금우리나라는 사형선고를 내리지만 현재까지 사람을 죽이지 않습니다. 저는 사형제도에 대하여 찬성합니다. 왜냐하면 어떤 사람이 어떤 사람을 죽였어요. 　이러면 재판을 받고 일단 구치소로 간 다음에 조금 있다가 재판을 받고 또 재판을 신청할 수 있습니다. 이래서 재판을 3번 할 수 있습니다. 　둘째. 우리나라는 왜사형선고는 내리면서 왜 집행을 안 할까요. 근데 우리나라도 옛날에는 사형집행을 내렸습니다. 그래서 저도 이제라도 사형집행을 하면 좋겠습니다. 　셋째. 근데 여러분들 생각해 보세요. 만약에 법이 없으면 사회는 질서가 없고 또 사회가 망합니다. 그래서 사형집행은 사람을 죽이는 것이기 때문에 사람들은 그것을 무섭다고 생각하고 있습니다. 그래서 요즘에 사람들은 사형집행이 안 무섭다는 고정관념이 있습니다. 　그리고 사람들은 생명이 있다시피 그 사람도 죽여야한다고 생각합니다. 　그래서 우리나라 사람들이 공포감을 갖고 있어서 그래서 그것을 없애려고 사형 제도를 해야 됩니다. 근데 사형을 하게 시키면 범죄자들이 그것을 무서워서 잘 안하게 되고 그래서 사람을 잘 안 죽입니다. 그래서 우리

	나라는 사람이 많게 되면서 그래서 북한하고 통일을 할 수 있습니다.
	저의 생각은 사형제도에 대하여 저는 사형집행이 해도 된다고 생각합니다.
	지금까지 저의 발표를 들어주셔서 고맙습니다.
최종 찬반결정	찬성
내가 쓴글 점수 주기	100점

3차
글쓰기
	저는 이번4차주제인 법으로 한번애기를 하겠습니다. 그런데 저도 사람도 생명이 있습니다. 오늘 저는 초언님하고 하브르타를 했습니다. 근데 이번토론주제인 사형 집행이 옳은가입니다.
	  왜냐하면 사람이 죽으면 슬프고 그래서입니다.
	  첫째. 법을 어기면 재판을 받는다. 그래서 사형선고가 되면 지금우리나라는 사형선고를 내리지만 현재까지 사람을 죽이지 않습니다. 저는 사형제도에 대하여 찬성합니다. 왜냐하면 어떤 사람이 어떤 사람을 죽였어요. 이러면 재판을 받고 일단 구치소로 간 다음에 조금 있다가 재판을 받고 또 재판을 신청할 수 있습니다. 이래서 재판을 3번할 수 있습니다.
	  둘째. 우리나라는 왜사형선고는 내리면서 왜 집행을 안 할까요. 근데 우리나라도 옛날에는 사형집행을 내렸습니다. 그래서 저도 이제라도 사형집행을 하면 좋겠습니다.
	  셋째. 세상에 법이 없으면 세상이 망합니다. 그래서 사형집행은 사람을 죽이는 것이기 때문에 사람들은 그것을 무섭다고 생각하고 있습니다. 그래서 요즘에 사람들은 사형집행이 안 무섭다는 고정관념이 있습니다.
	  그리고 사람들은 생명이 있으니까 그 사람도 죽여야한다고 생각합니다. 그래서 우리나라사람들이 공포감을 갖고 있어서 그래서 그것을 없애려고 사형 제도를 해야 됩니다. 근데 사형을 하게 시키면 범죄자들이 그것을 무서워서 잘 안하게 되고 그래서 사람을 잘 안 죽입니다. 그래서 우리나라는 사람이 많게 되면서 그래서 북한하고 통일을 할 수 있습니다. 그래서 요즘에 우리나라법이 약하다고 생각합니다.
	  넷째. 우리나라에 법이 생기면 좋겠다. 우리나라에 만약에 사형제도가 생기면 만약에 제가 예로 들어 제가 범죄자이고 그러면 저는 무서워서 사람을 안 죽일 것 같고 그리고 또 자기 생명에 위협감이 생기기 때문에 저는 안 할 겁니다. 근데 또 우리나라에 사형제도가 없으면 범죄자가 다른 시민을 칼로 찌르고 다닐 거라고 생각합니다. 그리고 우리나라는 지금이라도 법을 강화해야 될 거 같다고 생각합니다.

그리고 또 사형제도는 흉악한 범죄를 막을 수 있고 그리고 또 예방을 할 수 있습니다. 그리고 또 만약에 우리나라가 지금이라도 사형제도형이 실행되면 우리나라의 국민들이 안심하고 살수 있다고 생각합니다. 그리고 우리나라는 아직 사형제도가 없어서 저는 아쉽습니다. 결론은 사형제도가 빨리 실행되면 좋겠습니다. 그리고 또 사형이 실행이 되면 우리나라 시민들이 안심 할 수 있기 때문입니다. 그래서 저는 사형제도에 대하여 저는 찬성합니다. 지금까지 저의 애기를 들어주셔서 고맙습니다.

글쓴이	김용근
주제	법
읽은 책	아빠, 법이 뭐예요.
주요 내용	금비라는 천사가 하늘나라에서 쫓겨나서 인간의 법을 알아가는 과정
내가 정한 토론 주제	①법이 강해져도 범죄가 많이 일어날까? ②법이 약해지면 범죄가 많이 일어날까?
학급 토론 주제	사형 집행이 옳은가?
토론 주제 점수는	50점
1차 글쓰기	저는 사형집행이 옳은 것인가에 찬성합니다. 오늘 저는 현민님과 일대일 하브루타를 하면서 알게 된 것이 많았습니다. 제가 사형집행을 찬성을 하는 이유는 첫째: 범죄자가 어느 사람을 죽이면 그 범죄자는 감옥 에서 살지만 그 죽은 죽음을 당한 그 사람의 가족은 어굴해지기 때문에 죽인사람도 사형을 시켜야 된다고 생각이 된다. 둘째: 사형집행을 하게 된다면 범죄자들이 많이 사라질 것이라고 생각한다. 그 이유는 자신이 범죄를 저질러 사형선고가 될까봐 범죄를 저지르기는 무서울 것이다. 하지만 사람을 죽인 살인자의 가족은 죽임을 당한 사람의 가족도 슬퍼진다. 그렇게 생각을 하면 사람을 죽이지 않으면 모든 것이 해결이 되지만 지금은 그렇게 험난한 사회라고 생각을 한다. 저는 그렇기 때문에 사형을 집행을 해야 된다고 생각이 된다. 또 살인을 저지른 사람은 무기징역을 받을 수 있다. 그러면 모범수나 나이가 많이 들어야 나올 수 가 있다. 그러니 사형을 해도 된다고 생각을 합니다.
학급 토론 주제	사형집행이 옳은가?

읽은 책 또는 자료	대법원
주요 내용	여러 가지 법에 관련된 이야기가 나오는 책
찬반 결정	반대
나의 토론 참여 점수	70점
2차 글쓰기	저는 오늘 토론주제인 사형집행이 옳은가에 반대합니다. 첫째, 목숨을 빼앗으면 안 된다. 사람의 목숨을 함부로 빼앗을 권리가 없기 때문에 범죄자라도 목숨을 빼앗으면 안 된다. 만약 죽은 사람의 가족이 그 사람을 죽이더라도 그 사람은 다시 돌아오지 않는다. 둘째, 사형선고를 받았어도 죽지 않았다. 김대중 전 대통령은 노벨평화상도 받고 대통령이 되었지만 그는 사형선고를 받은 사람이다. 그러면 김대중 대통령은 죽지안고 대통령을 하는 데 다른 사람이 죽으면 안 된다고 생각합니다. 셋째, 재판이 틀릴 수 있다. 만약 재판이 잘못이 되어서 사형이 되는 사람은 죄 없는 사람이 죽는다. 죽은 사람은 다시 되돌아 올 수 없다. 그렇기 때문에 사형제도는 없어져야 된다. 다른 사람은 3심 재판이 있기 때문에 걱정이 없다고 하지만 만약 그 재판이 틀리면 소수의 사람들이 죽을 수 있다. 넷째, 무기징역으로 한다. 큰 죄를 저지른 사람은 무기징역을 주면 당장 목숨을 빼앗지 않는다. 그러면 점차 죄를 알아가면 모범수가 되어 나올 수도 있다. 그렇기 때문에 저는 사형집행이 옳은가에 반대합니다.
최종 찬반결정	반대
내가 쓴글 점수 주기	80점
3차 글쓰기	저는 오늘 토론주제인 사형집행이 옳은가에 반대합니다. 첫째, 목숨을 빼앗으면 안 된다. 사람의 목숨을 함부로 빼앗을 권리가 없기 때문에 범죄자라도 목숨을 빼앗으면 안 된다. 만약 죽은 사람의 가족이 그 사람을 죽이더라도 그 사람은 다시 돌아오지 않는다. 또 그 사람을 죽이더라도 화는 풀어지지 않을 것이다. 또 그 범죄자를 죽이려는 이유는 복수심 때문이라고 한다. 복수심 때문에 생명하나를 없애는 것은 안 된다고 생각을 한다. 둘째, 사형선고를 받았어도 죽지 않았다. 김대중 전 대통령은 노벨평화

상도 받고 대통령이 되었지만 그는 사형선고를 받은 사람이다 그러면 김 대중 대통령은 죽지안고 대통령을 하는 데 다른 사람이 죽으면 안 된다고 생각합니다.

셋째, 재판이 틀릴 수 있다. 만약 재판이 잘못이 되어서 사형이 되는 사람은 죄 없는 사람이 죽는다. 죽은 사람은 다시 되돌아 올 수 없다. 그렇기 때문에 사형제도는 없어져야 된다. 다른 사람은 3심 재판이 있기 때문에 걱정이 없다고 하지만 만약 그 제판이 틀리면소수의 사람들이 죽을 수 있다. 그렇게 된다면 그 소수의 사람이 자신의 부모님이라면 어떠할까? 그렇게 부모님이 죽는 다면 누구나 사형이 싫어 질 것 이라고 생각한다.

넷째, 무기징역으로 한다. 큰 죄를 저지른 사람은 무기징역을 주면 당장 목숨을 빼앗지 않는다. 그러면 점차 죄를 알아가 면모범수가 되어 나올 수 도 있다. 또 범죄자를 교육을 시키려고 교도소에 가두는 것인데 사형은 그 교육을 포기하겠다는 것이다. 또 무기징역을 선고를 하더라도 죄인에게 쓰이는 돈이 160만원이라고 사형을 해야 한다고 하는 사람이 있지만 그 사람들에게 교육을 하여서 더 나은 사람을 만들 수 있다면 괜찮을 것이라고 생각한다.

다섯째, 인권이 있다. 사람은 누구나 인권이 있기 때문에 함부로 죽일 수 없다. 다른 님 은 죄인은 죽은 사람의 인권을 침해를 하였다고 하지만 그 사람이 죄를 깨우치고 피의자의 가족에게 진정으로 사과를 하면 그것이 더 좋다고 생각한다. 그 이유는 가해자를 죽이면 사과를 받을 수 없지만 죽이지 않고 교육을 시키면 사과를 받을 수 있을 것이다.

사형 제도를 폐지하지 않으면 억울한 사람이 나 옳 수 있기 때문에 사형 제도를 폐지해야한다고 생각합니다. 저는 이번 4차 주제 3차 토론에서 많은 정보를 얻을 수 있어서 좋았습니다.

글쓴이	김준서
주제	법
읽은 책	아빠 법이 뭐예요?
주요 내용	사소한 법이라도 지키자
내가 정한 토론 주제	①우리나라 법이 약해도 되는가? ②사소한 법이라도 어겨도 되는가?
학급 토론 주제	사형 집행이 옳은가?
토론 주제 점수는	80점

1차 글쓰기	저는 '사형집행이 옳은가?' 라는 토론 주제에 찬성합니다. 큰 죄를 사형 집행을 하지 않으면 사람들은 처벌이 무섭다 보다는 사형집행을 아직 하지 않고 있어서 우리나라 법, 처벌이 우습다는 것이라고 생각해서 찬성합니다. 　첫째, 처벌에 대한 두려움 없다! 입니다. 　이 뜻은 사람들이 만약 죄를 저지른 이유를 잘 생각해보면 '법이 무섭다' 보다는 법이 무섭지 않아서 죄를 저지른 것이라고 생각합니다. 　그리고 우리나라 법은 강한 수준이 아닙니다. 예를 들어서 사형 집행을 하지 않는다면 만약 가난한 사람이 돈이 없고 먹을 것도 없어 일부로 사람을 죽여 사형이 아닐 것이다! 라고 생각하여 사형집행을 안하고 감옥에서 생활 한다면 그 피해자가 얼마나 억울할까요? 그리고 사형을 집행한다 해도 피해자 보호자들이 그것을 알면 억울하고 기가 막히고 너무나도 슬프고 피해자가 어이없게 피해를 받습니다. 그렇기 때문에 예를 들어 봤습니다. 그런 사람들은 사형집행을 하는 것이 마땅합니다. 사형집행이 옳지 않다면 죄를 기다리는 것과 마찬가지입니다. 제가 가난한 사람을 비유로 예를 들어 봤습니다. 저의 최종 의견은 피해자를 생각하고 그 죄가 큰 죄라면 사형을 집행 하는 것이 옳은 것 같고 무기징역이 있지만 이것은 사형도 아니고 모범수가 되면 풀어 준다는 것은 좀 아닌 것 같고 큰 죄라면 사형집행이 옳다.
학급 토론 주제	사형집행이 옳은가?
읽은 책 또는 자료	판사들의 오판, 판사가 하는 일 , 사람의 인권존중
주요 내용	법이 무엇인가? 세상은 법으로 인해 존재할까? 오판이란 무엇일까. 프랑스 설문 내용, 교도소 무기징역
찬반 결정	반대
나의 토론 참여 점수	100점
2차 글쓰기	저는 사형집행이 옳은가? 에 반대 합니다. 저는 원래 찬성 이였습니다. 하지만 사람의 인권이라는 내용을 알고 이해하고 알아보니 사형집행이 옳지 않다고 생각합니다. 사람의 인권, 오판, 피해자는 이익이 없다는 의견입니다. 　첫째, 사람의 권리와 인권입니다. 사람에게는 모두에게 인권이 있습니다. 사람의 인권을 존중하고 차별을 하지 않는 것처럼 법도 마찬가지입니다. 법이라고 인권을 무시해도 되는 것입니까? 저는 아니라고 생각합니다. 아무리 큰 죄라도 사형집행을 하는 것은 인권, 권리를 무시하는 행위입니

다. 만약 사형집행이 실시된다면. 우리에게 좋은 점은 없습니다.

　둘째, 오판입니다. 만약 적은 확률이라도 오판이 된다면 징역은 되돌리고 무죄판결을 하고 잘 살면 되는 것인데 사형집행이 실시되고 오판인 것을 알고 무죄 판결이 된다면 사람의 목숨으로 장난 하는 것도 아니고 돈으로 해결하고 그런 행동이 잘못 된 것입니다. 그리고 오판이 된 사람 가족에게는 심한 충격, 과도 스트레스, 우울증으로 가족에게도 피해가 됩니다. 그리고 가족을 잃으면 평생 잊지 못합니다. 그러한 이유로 반대합니다.

　셋째, 피해자 가족에게는 아무 이익도 소득도 없습니다. 아무리 가해자를 사형 집행을 하여도 피해자 가족에게는 아무 이익도 없습니다. 사형집행을 해서 가족을 잃었는데 누가 사형집행을 했다고 다 해결됩니까? 그럼 그 아픔을 줄일 수 있는 것도 아닙니다. 그리고 가해자가 죽는다면 돈도 사과도 받지 못합니다.

　넷째, 잘못된 고정관념입니다. 우리나라 법이 약해서 세상이 망하고 피해자가 늘어나고 가해자도 늘어난다 했는데 그걸 프랑스에서 조사를 할 때 사형집행이 없을 때와 있을 때를 조사한 결과로 없을 때 약 66%, 있을 때 약 65% 별로 차이가 없었습니다. 그렇기 때문에 사형집행은 옳지 않습니다.

　저의 최종 결론은 사형집행은 이러한 이유로 저는 반대합니다. 이번 토론을 하며 하늘 님에게 너무 고마웠습니다. 그 이유는 토론 할 때도 많이 도와주셨고 내용도 보충해 주었기 때문입니다 오늘 토론도 이겨서 정말 재미있었습니다.

최종 찬반결정	반대
내가 쓴글 점수 주기	100점
3차 글쓰기	저는 사형집행이 옳은가? 라는 토론주제에 반대 합니다. 　그 이유는 기회, 인권, 오판, 잘못된 고정관념입니다. 그리고 가해자가 범죄를 저질렀다 해도 인권이 사라지는 것과 존중을 받을 수 없는 것입니까?? 아니요 아무리 가해자가 피해자를 죽였다고 하더라도 꼭 휘님이 저를 때려서 저도 휘님을 때려야 하는 것입니까?? 그렇게 살인을 하는 것은 사회는 법이라는 이름으로 저지르는 살인과 같다고 생각합니다. 　첫째, 사람의 권리와 인권입니다. 사람에게는 모두에게 인권이 있습니다. 사람의 인권을 존중하고 차별을 하지 않는 것처럼 법에서도 다른 사람의 인권을 생명이라는 큰 것으로 인권을 무시하는 것입니다. 법이라고 인권을 무시해도 되는 것입니까? 저는 아니라고 생각합니다. 아무리 큰

죄라도 사형집행을 하는 것은 인권, 권리를 무시하는 행위입니다. 만약 사형집행이 실시된다면. 우리에게 좋은 점은 없습니다. 아무리 돈이 많이 들더라도 돈을 사람의 목숨을 돈으로 갚으려고 생각하는 것은 어이없습니다. 사람이라는 존재인데 법에서라도, 죄를 저질렀더라도 최대한의 사람대접을 해줘야 하는 것이 아닌가요? 피해자의 인권도 있지만 둘의 인권을 다 빼앗는 것 보다는 가해자의 인권이라도 지켜줍시다.

둘째, 오판입니다. 만약 적은 확률이라도 오판이 된다면 징역은 되돌리고 무죄판결을 하고 잘 살면 되는 것인데 사형집행이 실시되고 오판인 것을 알고 무죄 판결이 된다면 사람의 목숨으로 장난 하는 것도 아니고 돈으로 해결하고 그런 행동이 잘못 된 것입니다. 그리고 오판이 된 사람 가족에게는 심한 충격, 과도 스트레스, 우울증으로 가족에게도 피해가 됩니다. 그럼 가장이 오판으로 죽으면 어떻게 살아갑니까? 그리고 가족을 잃으면 평생 잊지 못합니다. 그러한 이유로 반대합니다. 정말 여러분들은 돈이 더 중요 합니까? 돈은 언제라도 얻고 벌면 되지만 목숨은 되돌릴 수 없습니다. 오판이 이러난다면 그 오판당한 사람은 얼마나 억울하겠습니까?

셋째, 피해자 가족 에게는 아무 이익도 소득도 없습니다. 아무리 가해자를 사형 집행을 하여도 피해자 가족에게는 아무 이익도 없습니다. 사형집행을 해서 가족을 잃었는데 누가 사형집행을 했다고 다 해결됩니까? 그럼 그 아픔을 줄일 수 있는 것도 아닙니다. 그리고 가해자가 죽는다면 돈도 사과도 받지 못합니다. 기회를 주어 사과를 하고 반성하게 하는 것이 더 값진 것 입니다. 사형은 살인입니다.

사람을 죽이더라도 반성할 수 있는 기회를 줍시다.

아무리 돈이 중요하더라도 사람의 목숨보다 중요한 것은 없습니다. 사람으로서 인권과 기회를 주고 사형집행은 옳지 않습니다. 오판의 가능성은 있습니다. 저는 그러한 이유로 사형집행이 옳은가? 라는 주제에 반대합니다.

글쓴이	김현민
주제	법
읽은 책	·
주요 내용	·
내가 정한 토론 주제	①현재의 정당방위 법에서 꼭 죽을 상황에서만 정당방위로 인정해야하나? ②사형집행을 하지 않는 것이 과연 옳은가?
학급 토론 주제	사형 집행이 옳은가?

토론 주제 점수는	100점
1차 글쓰기	저는 사형집행을 해도 된다고 생각합니다. 　왜냐하면 첫 번째는 범죄자가 다른 사람의 목숨을 앗아 갔기 때문에 자신의 목숨으로 보상을 하는 것입니다. 사형선고를 하는 이유는 범죄자가 잘못을 한 것이고 살인을 했기 때문에 사형선고를 하는 것이고 사형을 집행하지 않고 사형선고만 하는 것은 옳지 않다고 생각합니다. 　두 번째는 유족들은 가족이 죽은 것만으로도 슬픕니다. 그런데 범죄자가 마땅한 죄를 받지 않고 말만 그렇지 사형은 하지도 않고 범죄자는 감옥 에서만 나 앉아있으니 유족들은 억울해서 가만있을 수가 없을 것입니다. 　세 번째는 사형 집행을 한다면 어느 정도 살인자들이 사형이 무서워서라도 조금 사라질 것입니다. 왜냐하면 어딘가에 테러가 났다고 하면 그 지역에 가지 않는 것처럼 사형 집행을 조금 더 고통스럽게 한다면 어떠한 살인자가 막중한 처벌을 받았다고 소문이 날 것이고 그렇게 소문이 난다면 어떻게라도 '착하게 살아야지'라고 생각을 할 수도 있기 때문입니다. 　이번 1:1 하브루타는 크게 차이가 나는 의견은 없었던 것 같고 나는 그럭저럭 괜찮게 하브루타를 진행하게 되었던 것 같다. 이번 토론은 그냥 괜찮았다.
학급 토론 주제	사형집행이 옳은가?
읽은 책 또는 자료	어른공부
주요 내용	가장 확실한 건 오판 때문에라도 사형은 안 된다
찬반 결정	반대
나의 토론 참여 점수	90점
2차 글쓰기	저는 사형집행이 옳지 않다고 생각이 바뀌었습니다. 　그 이유는 첫째, 오판이 나면 큰일 납니다. 왜냐하면 일단 사형을 집행하게 되면 누명을 써서 사형 판정을 받았는데 그것을 집행하게 되면 억울하게 누명을 쓰게 된 사람은 죽고 나서 나중에 진범이 나타나서 그 사형 당한 사람이 무죄판결이 난다면 유족들은 매우 억울할 것이고 돈으로 사람 목숨을 대신 할 수는 없기 때문에 유족들도 억울한 나머지 자살로 이어질 수 있을 것입니다. 　둘째, 사형수도 묻지마 살인 말고는 사연이 있을 것이기 때문입니다. 사

| | 형 판결을 받은 사람은 어찌 됐든 간에 사람을 죽였지만 분명히 살해 당한 사람에게 원한이 있을 것입니다. 어떻게든 피해자도 어떤 잘못을 했을 수도 있기 때문에 그 피해자가 저지른 죄−사망=사형 이렇게 되면 안 되고 피해자가 저지른 죄−사망=마땅한 벌 이렇게 돼야 합니다. 그리고 묻지마 살인 일지라도 80%정도가량이 정신질환이 있습니다. 그러므로 정신질환이 없는데도 사람을 이유 없이 죽였으면 그 사람은 사형집행을 해야할 테지만 그 정신질환의 심각성에 따라서 감형을 하여 줘야 할 것입니다.
셋째, 사형도 살인과 같기 때문입니다. 사형도 어찌됐건 간에 사람의 목숨을 앗아가는 것이기 때문에 사형수도 불특정 대상인 법에게 살해당한 것이나 마찬가지입니다. 물론 사형수가 피해자를 죽였기 때문에 적어도 피해자에게 이득 되는 것을 해줄 순 없겠지만 사형수의 사형집행으로 피해자와 피해자의 유족의 슬픔을 덜어주는 것이지만 둘째의 이유와 같이 그 사형수도 어떤 사연이 있어서 사람을 죽였을 텐데 자신도 억울해서 복수한 건데 그것 때문에 피해자와 가족사이도 아닌 불특정 대상에게 사형이라는 이름의 보복을 당해야 합니다. 법은 살인을 막지만 정작 자신은 연쇄 살인 중인 것입니다.
이번 토론은 두 번 다 져서 좋진 않았던 것 같다. 그런데 저번부터 살짝 마음이 걸리는 게 자신들의 모둠을 승리로 판정해줬다고 그것에 보답하기 위해서 저번에 판정 단을 했던 팀이 못했어도 그냥 승리로 판정하는 것 같아서 뭔가 졌는데 억울한 느낌이 드는 것 같았다. 그냥 다른 쪽에 있는데 판정단과 바꿔서 판정했으면 좋았을 것 같긴 하다. 그래도 이번 토론이 그렇게 좋지 않진 않았다. |
| 최종 찬반결정 | 반대 |
| 내가 쓴글 점수 주기 | 100점 |
| 3차 글쓰기 | 저는 사형집행이 옳지 않다는 생각이 고정되었습니다.
그 이유는 첫째, 오판이 나면 큰일 납니다. 왜냐하면 일단 사형을 집행하게 되면 누명을 써서 사형 판정을 받았는데 그것을 집행하게 되면 억울하게 누명을 쓰게 된 사람은 죽고 나서 나중에 진범이 나타나서 그 사형 당한 사람이 무죄판결이 난다면 유족들은 매우 억울할 것이고 돈으로 사람 목숨을 대신 할 수는 없기 때문에 유족들도 억울한 나머지 자살로 이어질 수 있을 것입니다.
둘째, 사형수도 묻지마 살인 말고는 사연이 있을 것이기 때문입니다. 사형 판결을 받은 사람은 어찌 됐든 간에 사람을 죽였지만 분명히 살해 당 |

한 사람에게 원한이 있을 것입니다. 어떻게든 피해자도 어떤 잘못을 했을 수도 있기 때문에 그 피해자가 저지른 죄-사망=사형 이렇게 되면 안 되고 피해자가 저지른 죄-사망=마땅한 벌 이렇게 돼야 합니다. 그리고 묻지마 살인 일지라도 80%정도가량이 정신질환이 있습니다. 그러므로 정신질환이 없는데도 사람을 이유 없이 죽였으면 그 사람은 사형집행을 해야 할 테지만 그 정신질환의 심각성에 따라서 감형을 하여 줘야 할 것입니다.

셋째, 사형도 살인과 같기 때문입니다. 사형도 어찌됐건 간에 사람의 목숨을 앗아가는 것이기 때문에 사형수도 불특정 대상인 법에게 살해당한 것이나 마찬가지입니다. 물론 사형수가 피해자를 죽였기 때문에 적어도 피해자에게 이득 되는 것을 해줄 순 없겠지만 사형수의 사형집행으로 피해자와 피해자의 유족의 슬픔을 덜어주는 것이지만 둘째의 이유와 같이 그 사형수도 어떤 사연이 있어서 사람을 죽였을 텐데 자신도 억울해서 복수한 것이고 피해자의 권리도 있겠지만 피해자가 먼저 가해자의 권리를 침해해서 보복한 것인데 그것 때문에 피해자와 가족사이도 아닌 불특정 대상에게 사형이라는 이름의 보복을 당해야 합니다. 법은 자신이 사람이 아니라는 이유로 망나니 역할을 하고 있습니다. 법은 결국 살인을 막지만 정작 자신은 연쇄 살인 중인 것입니다.

넷째, 기회를 줘야합니다. 사형수는 어떠한 어쩔 수 없는 슬픈 사정 때문에 범죄를 저지르기도 합니다. 그냥 가난하다는 이유로 아이들을 먹여 살리기가 어렵고 하루하루 밥 세 끼 조차도 제대로 먹지 못하고 월세는 밀려만 가고 그러다가 주인이 쫓아내게 되자 그 건물 주인을 설득하다가 안 돼서 주인의 화장대 위에 있던 반지를 보고 그것으로 먹고살려고 훔치다가 주인이 막으려고 잡고 늘어지는 걸 계단에서 확 뿌리쳐서 살인을 저지르게 되고 숨어 살 수도 있었음에도 자신은 그러지 않고 자수를 해서 사형선고를 받게 되는 선한 마음씨를 가졌지만 불의의 사고로 사형을 당한 사형수도 있습니다. 그냥 무조건 사람을 죽였다고 사형을 시키는 것은 옳지는 않다고 생각합니다. 정말 어쩔 수 없었으면 진심으로 유가족에게 사과를 시키고 유가족에게 적당히 형벌을 내리게 하는 것이 옳다고 생각합니다. 정말 사람이라면 분명 거의 다 그 사정을 이해가 가능할 것입니다. 물론 당연히 가족을 잃는 것은 슬픈 것입니다. 하지만 그런 자신의 가족을 죽인 사람의 사정을 살펴보고 그 사람의 입장을 살펴보면 안 그래도 이렇게 좋지 않은 사정이 있는데 사형이 집행이 된다는 것에 불쌍해서라도 이해가 가능합니다. 그렇게 이해만 하면 슬프겠지만 용서가 가능합니다. 그러므로 아무리 큰 죄더라도 사정이 봐줄만 하면 기회를 줘야한다고

	생각합니다. 　그래서 결론은 우리는 일부는 사형이 필요하겠지만 되도록 이면 우리가 사형집행을 막아야 할 것입니다. 당신의 가족이 누명을 써서 사형당할 수도 있기 때문입니다. 　이번 토론은 할 말을 다한 것 같아서 잘한 것 같다. 이번 토론은 무승부지만 진행이 꽤 잘 됐었던 것 같다.
글쓴이	김희주
주제	법
읽은 책	·
주요 내용	·
내가 정한 토론 주제	①큰 죄를 지은사람을 밖에 내보내도 되나 ? ②죄를 지은 사람을 사형을 해도 되나?
학급 토론 주제	사형 집행이 옳은가?
토론 주제 점수는	30점
1차 글쓰기	저는 사형집행이 옳은가에 찬성 합니다. 　왜냐하면 큰 죄를 지었으면 사형을 해야 한다고 생각 한다 사형을 하는 것은 안 좋지만 죄를 지었으면 사형을 해야 한다 사형을 안 해도 감옥 에서 살다가 죽게 된다. 감옥에 서 오래 있다가 죽는 것보다 사형을 해서 죽는 것이 났다고 생각 한다. 감옥 에서 나가서 죄를 또 지을 수 있다.
학급 토론 주제	사형집행이 옳은가?
읽은 책 또는 자료	아빠 법이 뭐예요?
주요 내용	법에 관한 이야기
찬반 결정	찬성
나의 토론 참여 점수	50점
2차 글쓰기	저는 사형집행이 옳은가에 찬성 합니다. 　왜냐하면 큰 죄를 지었으면 사형을 해야 한다고 생각 한다. 사형을 하는 것은 안 좋지만 죄를 지었으면 사형을 해야 한다. 사형을 안 해도 감옥 에서 살다가 죽게 된다. 감옥에서 오래 있다가 죽는 것보다 사형을 해서 죽는 것이 낫다고 생각 한다. 감옥에서 나가서 죄를 또 지을 수 있다. 죄를 지은 사람이 어떤 사람을 죽였으면 그 죽은 사람의 가족이 슬프기

	때문에 그 사람을 죽인 사람을 사형을 해야 한다. 죄를 지은 사람이 반성을 안 한다면 그 사람이 밖에 나가서 죄를 또 지을 수 있다. 그렇기 때문에 사형을 해야 한다. 죄를 지은 사람에게도 가족이 있다. 그런데 감옥에서 평생 있다가 죽는 것 보다 바로 죽는 게 낫다고 죄를 지은 사람에 가족이 사형을 하는 게 낫다고 생각 할 수 있다. 죄를 지은 사람의 가족은 슬프겠지만 죄를 인정 하고 사형을 인정 할 수 있다. 그래서 저는 사형집행이 옳은가에 찬성 합니다.
최종 찬반결정	찬성
내가 쓴글 점수 주기	50점
3차 글쓰기	저는 사형집행이 옳은가에 찬성 합니다. 　왜냐하면 큰 죄를 지었으면 사형을 해야 한다고 생각 한다 사형을 하는 것은 안 좋지만 죄를 지었으면 사형을 해야 한다 사형을 안 해도 감옥 에서 살다가 죽게 된다. 　감옥에 서 오래 있을 수 있다. 죄를 지은 사람이 어떤 사람을 죽였으면 그 죽은 사람에 가족이 슬프기 때문에 그 사람을 죽인 사람을 사형을 해야 한다 죄를 지은 사람이 반성을 안 한다면 그 사람이 밖에 나가서 죄를 또 지을 수 있다 그렇기 때문에 사형을 해야 한다 죄를 지은 사람에 게도 가족이 있다 그런데 감옥에 서 평생 있다가 죽는 것 보다 바로 죽는 게 낫다고 죄를 지은 사람에 가족이 사형을 하는 게 낫다고 생각 할 수 있다 죄를 지은 사람에 가족은 슬프겠지만 죄를 인정 하고 사형을 인정 할 수 있다. 그래서 저는 사형집행이 옳은가 에 찬성 합니다. 　사형을 하라고 했는데 감옥에 있다가 밖에 나가서 또 사람을 죽일 수 있다. 그래서 사형을 해야 한다 사형을 하라고 했는데 사형을 안 하고 감옥에 있다가 밖에 나가서 죄를 지을 수 있으니까 사형을 해야 한다. 도둑이 어떤 사람을 죽이면 죽은 사람의 가족이 화나니까 사형을 해야 한다. 감옥에 있다가 죽으니까 사형을 해서 죽는 게 낫다. 사형을 하는 건 좋지 않지만 사람을 죽였으면 사형을 해야 한다.
글쓴이	# 박재형
주제	법
읽은 책	아빠, 법이 뭐예요?
주요 내용	이 책에서는 캐릭터들이 나와서 법이란 무엇인지 알려준다.
내가 정한 토론 주제	①법을 안 지키면 사형을 해야 하나? ②법은 꼭 까다로워야 하나?

학급 토론 주제	사형 집행이 옳은가?
토론 주제 점수는	60점
1차 글쓰기	저는 사형집행이 옳은가? 에 찬성을 합니다. 왜냐하면 　첫째: 만약에 어떤 사람이 연쇄살인 하였는데 그 사람을 감옥 에만 넣어 놓고 나중에 5년 뒤에나 그렇게 감옥 에서 나와서 또 연쇄살인을 하면 계속 그것이 반복이 될 수 도 있기 때문에 사형집행이 옳다. 　둘째: 만약에 가족이 살인범 한태 돌아가셨는데 다른 나라나 우리나라 에서 안 걸리고 감옥 도 가지 않고 살아있다면 화가 나기 때문에 사형집행이 옳다. 　셋째: 어떤 사람이 살인범 한태 죽었는데 그 살인범은 교도소에서 웃고 지내고 있는데 그 가족들은 얼마나 슬플지 상상이 가니까 그 가족들은 그 범인이 죽었으면 좋을 것 같다고 생각을 합니다. 그래서 사형집행이 옳다고 생각 합니다. 　그리고 처음에는 사형집행이 옳은가? 라는 주제에 반대를 하였지만 1대1 하브루타 라는 것을 하다보니까 찬성으로 넘어가게 되었습니다. 저도 생명을 죽인다는 건 나쁜 것이라고 생각하지만 그래도 그것을 인정해주고 교도소에서 풀어주면 또 살인을 저지를 수 있기 때문에 저는 사형집행이 옳다고 생각을 합니다.
학급 토론 주제	사형집행이 옳은가?
읽은 책 또는 자료	꼬불꼬불 나라의 정치 이야기
주요 내용	정치에서 일어나는 법 같은 것을 알려준다.
찬반 결정	찬성
나의 토론 참여 점수	70점
2차 글쓰기	저는 이번 주제인 사형집행이 옳은가? 라는 주제에 찬성을 합니다. 왜냐하면 　첫째, 사형집행은 옳다. 어떤 연쇄살인범이 있었는데 그 사람이 당신들의 가족을 다 죽이고 연쇄살인을 하였습니다. 근데 그 범인은 사형당하지 않고 감옥 에서 무기진역이나 받고 숨 쉬고 살아 있습니다. 근데 무기진역은 다를 때 감옥 에서 잘 생활하고 하면 감옥 에 있는 만약에 100년이면 감옥 에서 잘 생활 하면 100년에서 90년 이렇게 줄여줍니다. 그니까 나가서 1번 더 연쇄살인 같은 짓을 할 수도 있으니 저는 사형집행이 옳다

	고 생각합니다. 이것이 첫 번째 이유입니다. 　둘째, 사형집행을 폐지하면 안 된다. 만약 사형집행이 없다면 사람들은 모두 그냥 감옥 만 들어가면 돼는 것이라고 생각하기 때문에 폐지를 하지 말아야 하고, 사형집행이 계속 살아 있다면 사람들은 사형집행이 무섭기 때문에 가능하면 범행을 잘 저지르지 않을 겁니다. 이것이 두 번째 이유 입니다. 　셋째, 범인을 감옥 에 넣는 비용. 오늘 친구님들과 토론을 하다 보니까 알게 된 것인데 범인을 감옥 에 넣을 때 드는 비용이 160만원 이라고 합니다. 근데 그 돈은 저희의 세금입니다. 우리나라 가 그렇게 많이 발전된 것도 아닌데 범인 한명, 한명 넣을 때 마다 160만원 이라는 큰돈을 소비할 수는 없다고 생각을 합니다. 그렇다고 모든 사람을 사형하라는 것이 아니라 큰 짓을 한 사람들 예를 들면 연쇄 살인을 하는 사람들 이런 사람들을 사형을 하라는 뜻입니다. 이것이 세 번째 이유입니다. 　이렇게 저는 사형집행이 옳은가? 라는 주제에 찬성을 합니다. 만약에 사형집행을 안 한다고 하면 우리나라는 이상한 나라가 될 것 같습니다.
최종 찬반결정	찬성
내가 쓴글 점수 주기	70점
3차 글쓰기	저는 이번 주제인 사형집행이 옳은가? 라는 주제에 찬성을 합니다. 이번 주제는 2모둠과 6모둠의 의견을 합하여 주제를 정하였습니다. 저희 모둠의 의견이 걸리지 않아 좀 아쉽긴 했지만 그래도 이번 주제인 사형집행이 옳은가? 라는 주제도 좋은 것 같습니다. 　첫째, 사형집행은 옳다. 어떤 연쇄살인범이 있었는데 그 사람이 우리들의 가족을 다 죽이고 연쇄살인을 하였습니다. 근데 그 범인은 사형당하지 않고 감옥 에서 무기진역이나 받고 숨 쉬고 살아 있습니다. 근데 무기진역은 언젠가 감옥 에서 잘 생활하고 하면 감옥 에 있는 만약에 100년이면 감옥 에서 잘 생활 하면 100년에서 90년 이렇게 줄여줍니다. 그니까 나가서 1번 더 연쇄살인 같은 짓을 할 수도 있으니 저는 사형집행이 옳다고 생각합니다. 이것이 첫 번째 이유입니다. 　둘째, 사형집행을 폐지하면 안 된다. 만약 사형집행이 없다면 사람들은 모두 그냥 감옥 만 들어가면 돼는 것이라고 생각하기 때문에 폐지를 하지 말아야 하고, 사형집행이 계속 살아 있다면 사람들은 사형집행이 무섭기 때문에 가능하면 범행을 잘 저지르지 않을 겁니다. 그리고 만약에 사형집행이 폐지가 된다면 항상 우리나라 국민들은 두려움이 많아 질 거고 더 힘들어 질 거 같습니다. 만약저가 판사나 법을 만들 수 있는 사람이라면

사형재도는 평생 이 지나도 이런 사형집행 같은 것은 절대로 폐지 안할 것입니다.

  셋째, 법인을 감옥에 넣는 비용. 오늘 친구님들과 1대1 하브르타와 2대2 토론도 하였는데 그때 이런 말을 들었습니다. 범인을 감옥 에 넣을 때 드는 비용이 160만원 이라고 합니다. 뭐 나라에서 그냥 하는 돈이면 상관이 없겠지만 그 돈은 저희가 돈이 그렇게 많이 있는 것도 아닌데 범인을 넣을 때 넣는 160만원은 저희 의 세금입니다. 우리나라 가 그렇게 많이 발전된 것도 아닌데 범인 한명, 한명 넣을 때 마다 160만원 이라는 큰돈을 소비 할 수는 없다고 생각을 합니다. 그렇다고 모든 사람을 사형하라는 것이 아니라 큰 짓을 한 사람들 예를 들면 연쇄 살인을 하는 사람들 이런 사람들을 사형을 하라는 뜻입니다.

  이렇게 저는 사형집행이 옳은가? 라는 주제에 찬성을 합니다. 오늘 단체 토론을 하였을 때 반대의 의견을 준비를 하였는데, 반대도 나쁘지는 않았다. 근데 반대와 찬성의 의견이 있다면 저는 찬성의 의견을 더 많이 더 자세히 생각을 써서 찬성 편으로 하는 것이 더 좋다고 생각합니다. 그리고 다음에는 1차 토론 때 찬성을 했으면 1차 때는 뭐 반대를 하는 이런 것도 좀 해보고 싶습니다. 그리고 만약에 사형집행이 옳지 않다고 폐지하자고 이렇게 목소리를 높여서 폐지를 한다면 저희의 나라 대한민국은 제일 흉악범이 많은 나라로 될 거 같습니다. 저는 사형집행이 없으면 우리나라를 더 망하게 하는 길인 거 같습니다.

글쓴이	신원준
주제	법
읽은 책	법, 법대로 해!
주요 내용	삼총사들이 모여서 동네를 지키며 법을 알려준다.
내가 정한 토론 주제	①법을 사소한 것도 지켜야하나? ②법을 무조건 지켜야하나?
학급 토론 주제	사형 집행이 옳은가?
토론 주제 점수는	100점
1차 글쓰기	나는 이번 4차 토론주제인 "사형집행이 옳은가?"에 대한 나의 생각은 옳다고(찬성) 생각 한다. 이번 토론주제는 2,6모둠의 공동 의견 이다. 내 생각은 다른 것 에 투표를 했지만 이 주제도 재밌을 거라 생각 한다. 우리는 먼저 1대1 하브루타로 시작을 했다. 이 주제에 대한 나의 생각은

	첫 번째, 범죄의 정도이다. 범죄의 정도에 따라 선고가 달라 질 것이다. 정도는 연쇄살인 그 정도가 있으면 사형이다. 내 생각은 범죄의 정도가 심하면 절대 아무 짓을 해도, 용서가 안 될 것 이다.
	두 번째, 우리나라 법. 우리나라는 현재 사형제도가 있긴 있지만 14년 동안 직접 사형을 선고해서 죽인 적은 없다. 그래서 내 생각은 너무 심하면 사형을 직접 해야 한다고 생각 한다.
	나의 총 생각은 사형집행이 옳다고 생각 한다. 왜냐하면 정도가 심하면 지금까지 사형을 하지 않았다고 하지 않으면 안 된다고 생각한다. 나는 사형집행이 옳다고 생각 한다.
학급 토론 주제	사형집행이 옳은가?
읽은 책 또는 자료	법, 법대로 해!
주요 내용	법을 알려 준다.
찬반 결정	찬성
나의 토론 참여 점수	100점
2차 글쓰기	나는 이번 4차 토론주제인 "사형집행이 옳은가?"에 대한 나의 생각은 옳다고(찬성) 생각 한다. 이번 토론주제는 2,6모둠의 공동 의견 이다. 내 생각은 다른 것 에 투표를 했지만 이 주제도 재밌을 거라 생각 한다. 우리는 먼저 1대1 하브루타로 시작을 했다. 이 주제에 대한 나의 생각은

첫 번째, 범죄의 정도이다. 범죄의 정도에 따라 선고 가달라 질 것이다. 정도는 연쇄살인 그 정도가 있으면 사형이다. 내 생각은 범죄의 정도가 심하면 절대 아무 짓을 해도, 용서가 안 될 것 이다.

두 번째, 우리나라 법. 우리나라는 현재 사형제도가 있긴 있지만 14년 동안 직접 사형을 선고해서 죽인 적은 없다. 그래서 내 생각은 너무 심하면 사형을 직접 해야 한다고 생각 한다.

세 번째, 범죄자들의 마음. 우리나라가 직접사형을 선고를 내려서 그것을 직접 집행 한다면, 범죄자들도 거기에 무섭고 두려워서 죄를 못 저지를 것 이다. 내 생각은 사형을 지금까지 한 번도 내린 적이 없어서 범죄자들이 안 할 것 이라 알고 죄를 저지르는 것 같다. 그러니 우리도 집행을 해서 피해자의 가족의 마음을 이해하는 것이 옳다고 생각한다.

네 번째, 피해자와 피해자의 가족. 가해자한테 죽임을 당한 사람은 너무 어이가 없고 피해자의 가족 또한 굉장히 큰 괴로움과 우울증에 시달리며 살아가야 한다. 이렇게 불상한 사람들의 마음을 그나마 이해를 할 수 있는 방법은 가해자한테 큰 벌을 주는 것일 것이다. 그 큰 벌이 바로 사형 |

	이 아닌 가라고 생각한다. 내 생각은 사람을 죽인 사람은 똑같이 죽어야 한다고 생각한다. 　다섯 번째, 사형은 교육. 나는 사형도 교육이라고 생각한다. 왜냐하면 큰 죄를 지은 사람이 사형 선고를 받는다. 그때, 벌을 주는 것이다. 그래서 나는 교육이라고 생각한다.
최종 찬반결정	찬성
내가 쓴글 점수 주기	100점
3차 글쓰기	나는 이번 4차 토론주제인 "사형집행이 옳은가?"에 대한 나의 생각은 옳다고(찬성) 생각 한다. 이번 토론주제는 2,6모둠의 공동 의견 이다. 내 생각은 다른 것에 투표를 했지만 이 주제도 재밌을 거라 생각 한다. 오늘은 4차 주제에 대한 3차 토론을 했다. 이번 토론은 찬성이 13명 그리고 반대가 9명에 진행이 되었다. 나는 여태 그랬던 거처럼 찬성을 했다. 나는 주장 다지기 시간에 발표를 했다. 그래서 이 주제에 대한 나의 생각은 　첫 번째, 범죄의 정도이다. 범죄의 정도에 따라 선고가 달라질 것이다. 정도는 연쇄살인 그 정도가 있으면 사형이다. 내 생각은 범죄의 정도가 심하면 절대 아무 짓을 해도, 용서가 안 될 것이다. 그리고 큰 죄를 지었으면 그에 마땅한 큰 벌을 내려야 한다고 생각한다. 　두 번째, 사형집행이 실시되지 않은 우리나라 법이다. 우리나라는 현재 사형제도 가 있긴 있지만 14년 동안 직접 사형을 선고해서 죽인 적은 없다. 그래서 내 생각은 너무 심하면 사형을 직접 해야 한다고 생각 한다. 왜냐하면 사형을 집행 하지 않으면 죄지은 사람이 심한 벌 을 주지 않으니까 반성하는 기미도 없고 다시 나가서 죄를 지을 수 도 있기 때문이다. 　세 번째, 사형 선고를 받은 범죄자들의 마음이다. 우리나라가 직접사형을 선고를 내려서 그것을 직접집행 한다면, 범죄자들도 거기에 무섭고 두려워서 죄를 못 저지를 것 이다. 내 생각은 사형을 지금까지 한 번도 내린 적 이 없어서 범죄자들이 안 할 것 이라 알고 죄를 저지르는 것 같다. 그러니 우리도 집행을 해서 피해자의 가족의 마음을 이해하는 것이 옳다고 생각한다. 큰 죄를 지은 범죄자들은 대부분 싸이코패스가 대부분이다. 싸이코패스는 자신의 감정이 없다. 그래서 어차피 사이코패스한테는 어차피 사과도 못 받고 그러니까 사형을 집행해야한다. 　네 번째, 피해자와 피해자의 가족의 마음이다. 가해자한테 죽임을 당한 사람은 너무 어이가 없고 피해자의 가족 또한 굉장히 큰 괴로움과 우울증에 시달리며 살아가야 한다. 이렇게 불쌍한 사람들의 마음을 그나마 이해

를 할 수 있는 방법은 가해자 한태 큰 벌을 주는 것일 것이다. 그 큰 벌이 바로 사형이 아닌가라고 생각한다. 내 생각은 사람을 죽인 사람은 똑같이 죽어야한다고 생각한다. 왜냐하면 피해자도 인권도 있고 행복하게 살 수 있는 권리가 있는데 그 인권과 권리를 가해자가 침해하는 것은 아니라서 가해자도 똑같이 그 인권과 권리를 빼앗겨 보아야 그 고통을 안다라고 생각한다.

다섯 번째, 범죄자들에게 사형은 교육이다. 나는 사형도 교육이라고 생각한다. 왜냐하면 큰 죄를 지은 사람이 사형 선고를 받는다. 그때, 벌을 주는 것이다. 그래서 나는 교육이라고 생각한다. 왜냐하면 우리가 무슨 잘못을 하면 엄마한태 혼도 나고 교육도 받고 그러니까 이것도 똑같다고 생각한다. 더 확장해서 큰 잘못을 했으니까 큰 벌과 교육을 받아야 된다고 생각한다.

여섯 번째, 범죄자가 교도소에서의 행동이다. 그렇게 큰 죄를 지은 사람이 과연 교도소에서 반성하면서 가만히 있을까요? 저는 절데 그렇게 하지 않을 것 이라 생각합니다. 왜냐하면 다른 사람의 삶을 망쳐놓아서 감옥에 있는 것 인데 과연 가만히 옆에 있는 사람한태 아무 짓도 안하고 가만히 있을 까요? 전혀 그렇지 않습니다. 옆에 있는 죄수들 한태 계속 불편하게 할 것입니다. 지금까지 저의 글을 읽어 주셔서 고맙습니다.

그래서 나의 결론은 사형은 정말 심각한 범죄를 저지르고 피해자와 유가족들의 마음을 조금이나마 헤아려 줄 수 있는 방법이라 생각한다. 또, 사형은 범죄자들을 줄일 수 있는 방법이기도 하고 사형은 가장 반성을 하게 하는 교육이기도 하다.

이번 4차 주제 3차 토론을 하면서 법에 대하여 알게 된 것이 너무 많아서 좋다. 나는 이번에 발표를 해서 잘한 것 같다 내 생각은 지금까지 한 토론 중에서 이번 토론이 제일 재미있었다. 오늘 재미있었다.

글쓴이	양승욱
주제	법
읽은 책	리언 이야기
주요 내용	법을 지키며 살아가는데 삶이 힘들다(차별)
내가 정한 토론 주제	①나쁜 법도 지키며 살아야 하나? ②법이 사람에게 피해를 주나?
학급 토론 주제	사형 집행이 옳은가?
토론 주제 점수는	100점

1차 글쓰기	오늘 정해진 4차 주제 법으로 정한 토론주제는 사형집행이 옳은가? 로 정해졌다. 먼저 1대1 하브루타로 의견을 말하며 시작되었다. 나는 이 토론주제에 찬성한다. 먼저 사형제도는 누구를 죽이는 것이고 범죄를 지은 사람도 꼭 피하고 싶은 형벌일 것 이다. 하지만 잘못을 저질렀으면 죄 값을 치러야 한다. 찬성하는 첫 번째 이유는 사형제도의 실시이다. 사형제도는 큰 범죄를 지은 사람이 받는 형벌인 것 같은데 사형제도가 법원에서 판사가 사형이라고 실시된다고 해도 직접적으로 사형이 실시되지 않아 많은 사람들이 범죄를 저질러도 다시 문제를 일으켜서 나라를 혼란시키게 만들면 사형을 시키는 것이 낫다. 두 번째 이유는 범죄자들의 생각이다. 범죄자들은 범죄를 저지르고 교도소로 와서 수감생활을 하는데 만약 사형선고를 풀려나면 바르게 생활해야지 이런 생각이 아니라 다시 범죄를 저지를 수 있기 때문에 사형제도는 실시되어야한다. 세 번째 이유는 사람의 생명이다. 사람의 생명은 하나하나가 다 소중한 것이고 지켜야 할 것 이다. 그런데 만약 범죄가자 자기를 살인을 시키고 교도소에서 해방이 되면 그 가족들은 너무 슬플 것 같고 어이없을 것 같다. 네 번째 이유는 사형 제도를 대신 할 법이 없다. 사형제도는 사람을 죽이는 법인데 만약 그 법이 사라진다면 대신 할 법이 없기 때문에 사형 제도를 찬성한다. 나는 최종적으로 사형제도 실시하는 것을 찬성합니다. 오늘 정해진 토론주제도 흥미진진하게 했으면 좋겠다.
학급 토론 주제	사형집행이 옳은가?
읽은 책 또는 자료	아빠 법이 뭐에요?
주요 내용	법에 관한 것이 나온다.
찬반 결정	찬성
나의 토론 참여 점수	100점
2차 글쓰기	오늘 4차 주제 사형 집행이 옳은가? 로 2차 토론을 하였다. 나는 찬성의 의견을 가지고 있었는데 3대3 토론과 4대4 토론을 한 후 찬성을 할지 반대를 할지 고민하다가 찬성을 하게 되었다. 내가 찬성을 하는 첫 번째 이유는 살인을 하는 확률이다. 사형은 큰 범죄를 저지른 사람이 받는 형벌인데 요즘에는 범죄를 저질러도 사형을 선

	고는 받지만 실시가 되지 않기 때문에 살인을 하는 확률이 증가하는 추세이기 때문에 살인을 시켜야 한다. 　두 번째 이유는 오판 가능성이 적다는 것이다. 우리가 피의자로 의심을 받으면 재판을 받는데 삼심제도로 나뉘어져있다. 오판을 해서 사형 제도를 당한 것이 억울하면 다시 재판을 신청하면 되고 재판 할 때 마다 판사는 다르기 때문에 큰 문제는 없을 것이다. 　세 번째 이유는 범죄자들의 반복된 행동이다. 큰 범죄를 저질러도 사형을 선고만 받지 교도소에서 만약 계속 탈옥을 시도 할 수 있기 때문에 이런 일이 계속 발생하면 사회의 질서를 무너뜨리기 때문에 사형을 시켜야 한다. 　네 번째 이유는 가족들의 억울함이다. 만약 자기 가족이 살해 되었는데 살인자는 교도소에서 사형을 받지 않고 그대로 풀려난다면 가족들의 어이 없고 슬플 것 같기 때문에 사형제도는 실시되어야한다고 생각한다. 　다섯 번째 이유는 인권이다. 살해를 당한 피해자는 인권이 있지만 범죄자도 인권은 있다. 하지만 살인자가 피해자의 인권을 침해하면 가해자는 인권을 침해하는 것이기 때문에 사형을 시켜야한다. 　나의 최종 생각은 사형 제도를 실시하여야 한다. 그래야 사회질서가 유지 될 것 같기 때문입니다. 이상으로 4차 주제 2차 토론을 마치겠습니다. 고맙습니다.
최종 찬반결정	찬성
내가 쓴글 점수 주기	100점
3차 글쓰기	우리 반은 4차 주제 3차 토론으로 사형집행이 옳은가? 라는 집단 토론을 하였습니다. 저는 이 사형집행이 옳은가? 에 찬성하는 입장입니다. 　내가 찬성하는 첫 번째 이유는 사형집행을 하면 범죄율이 줄어들기 때문이다. 범죄를 저지른 사람들은 재판을 받는데 사형선고를 받으면 사형을 실시하면 범죄자들이 범죄를 저지를 확률이 줄어들기 때문에 사형 제도를 찬성합니다. 　두 번째 이유는 국민의 세금이다. 사형을 받은 사람한테 드는 돈은 무려 160만원 이라고 합니다. 이 돈은 다 국민의 세금에서 나오는 것입니다. 국민의 세금을 이런 곳에서 사용할 것 보다는 사형을 시켜 국민의 세금을 더 편리한 곳에 사용하는 게 옳다고 생각해서 사형집행을 찬성합니다. 　세 번째 이유는 오판의 가능성이다. 오판이 일어날 확률은 거의 없다. 삼심제도로 나누어져 있고 그때마다 판사도 다르기 때문에 문제가 없다.

오판이 일어나도 소수의 사람들 때문에 사형집행이 실시되지 않으면 안 되기 때문에 사형집행을 찬성합니다.

네 번째 이유는 권리를 침해한 것이다. 가해자가 피해자의 권리를 침해하여 범죄를 저질렀기 때문에 가해자도 또 이러한 일을 발생시키면 안 되기 때문에 사형 집행을 찬성합니다.

다섯 번째 이유는 국민들이 범죄자가 있는 곳에서 살 필요가 없기 때문입니다. 범죄자 때문에 국민들이 계속 피해를 보는 것 보다는 범죄자를 빨리 사형을 집행시켜 더 안전한 나라를 만들어야 된다고 생각합니다.

여섯 번째 이유는 범죄자가 교도소 안에서 만행을 저지를 수 있다. 만행을 저지르면 나라의 정치가 혼란스러워지고 교도소 안에서도 사건이 일어날 수 있으면 힘들어지기 때문에 사형집행을 찬성합니다.

이러한 이유 때문에 사형 제도를 찬성하고 더 이상 우리나라 안에서 범죄가 일어나지 않았으면 좋겠다. 오늘 토론에서도 많은 것을 배웠고 5차 토론 때도 이런 흥미 있는 토론을 해 갔으면 좋겠다.

글쓴이	유창성
주제	법
읽은 책	더불어 사는 행복한 정치
주요 내용	민주주의와 실천하고 있는 방법.
내가 정한 토론 주제	①테러방지법은 옳은 법인가? ②국정 교과서는 옳은가?
학급 토론 주제	사형 집행이 옳은가?
토론 주제 점수는	90점
1차 글쓰기	오늘은 우리 반에서 4번째 토론 주제 법을 정한 후 오늘 드디어 구체적인 토론주제를 정했다. 이번에 우리가 정한 토론 주제는 바로 "사형 집행이 옳은가?" 나는 이 토론주제에 대해서 찬성한다. 일단 내가 사형제도에 찬성하는 이유는 사형제도의 존재감이다. 일단 사형은 누구나 무서워하는 형벌일 것이다. 그리고 사람들은 사형을 피하고 싶어 한다. 그렇다면 사형제도가 사라지면 어떻게 될까? 아마도 사형이 무서워서 범죄를 저지르지 않았던 사람들은 사형제도가 없어지면 범죄를 일으킬 것이다. 그리고 무기징역수 같은 중형을 받은 사람들을 더 이상 받을 형벌이 없다는 것을 이용해서 계속 감옥 안에서도 문제를 일으킬 것이다. 하지만 사형제도가 폐지되면 그 사람들을 처벌할 방법이 없어질

것이다. 하지만 사형이 있으면 그러한 사람들이 그런 문제가 생기면 사형을 할 수 있다. 그렇게 되면 사람들은 범죄를 일으키기가 어려울 것이고 또 좀 더 행동을 제한할 수 있을 것이다.

두 번째는 사형의 무게이다. 사형은 지금도 많은 문제가 있는데 만약 사형이 폐지되면 앞에서 말했듯이 중범죄자들이 문제를 일으킬 것이다. 하지만 그렇다고 해서 우리가 다시 사형 제도를 실시할 수 있을까? 나는 아니라고 생각한다. 그 이유는 여러 가지가 이유가 있지만 그중 가장 큰 이유는 바로 사형제도 같은 큰 벌을 줄 수 있고 또 어떠한 사람의 생명을 빼앗을 수 있는 법이 한번 사라지면 그 법을 쉽게 다시 만들 수 있을까? 당연히 답은 "아니다"이다. 또 사형제도 같은 법은 실제로 실시되고 있지는 않지만 수십 년 동안 사라지지 않은 법이었다. 그런데 그런 법을 폐지시킨다면 그 폐지시켜야 한다고 주장한 사람이 많을 것이 분명한데 그 사람들의 반대를 다 뿌리치고 사형 제도를 다시 만들 수 있다는 것은 말도 안 되는 말일 것이다. 그러므로 사형제도는 한번 건드리면 다시 되돌리기 어려우니 이대로 두는 것이 맞는 것 같다.

세 번째 이유는 사형제도의 권위이다. 지금까지는 비록 사형제도가 오랜 동안 실시되지 않고 있는 법인데 언젠가는 실시가 될 것이다. 그러면 그 사실은 큰 화제가 될 것이다. 그러면 범죄자 들은 더 조심하게 될 것이다. 그리고 앞에서 말한 일들의 생길 가능성이 더 줄어들 것이고 또 많은 사람들이 더 난폭하게 행동을 하지 못할 것이다.

네 번째는 처벌 방법과 제어 방법이다. 일단 사형제도가 사라지면 최고의 형벌은 바로 무기징역일 것이다. 그러나 무기징역은 평생 가두는 것은 되지만 그 이상은 어떻게 되지 않는다. 즉 무기 징역수들이 평생 감옥에서 살아야 하는 것은 똑같은데 거기서 더 나쁜 짓을 해도 처벌방법이 더 없는 것이다. 그러나 사형 제도가 있으면 그 다음의 방법이 있다.

다섯 번째 이유는 바로 감형이다. 사형제도는 실시는 안 되고 있으나 그래도 사형을 선고받은 사람들은 평생 감옥에 살아야만 한다. 하지만 무기징역은 아니다. 비록 무기징역도 범죄자들을 평생 감옥에 살도록 할 수 있으나 그래도 무기징역은 사형과는 달리 감형이 되어서 평생 살지 않고 십 몇 년 동안 살아야 하는 형벌로 바뀐다. 즉, 무기징역은 비록 많은 세월동안 가둘 수는 있으나 결국 감옥에서 나올 수 있는 것이다. 그러므로 그러한 것은 결국 그 사람을 놓아 줄 수도 있다. 그러면 나라에 많은 원한을 가지고 있는 사람들이 풀려나서 결국 또 다른 범죄가 일어날 수 있다. 그렇다는 것은 바로 우리는 사형제도가 없으면 우리가 끝까지 가둘 수도 없고 또 무기 징역수들이 결국 말썽을 일으켜도 우리는 그 사람들을

	더 처벌할 수도 없게 된다. 그러니까 우리는 더 이상 다음의 수가 없다.
	그러므로 우리는 사형 제도를 폐지하면 안 되고 또 사형 제도를 없애면 우리는 사형 제도를 대신할 제도를 만들어야 하지만 그 제도도 반대가 심할 것이 뻔하니까 우리는 사형 제도를 없애서는 안 된다.
학급 토론 주제	사형집행이 옳은가?
읽은 책 또는 자료	그래서 이런 법이 생겼어요.
주요 내용	법이 생긴 과정
찬반 결정	찬성
나의 토론 참여 점수	90점

2차
글쓰기
	오늘은 우리 반이 "사형을 집행해도 되는가?"라는 주제로 2차 토론을 했다. 일단 나는 오늘 원래는 찬성의 의견을 가지고 있다가 학교에서 반대로 정했는데 이번 2차 토론을 한 후 나는 의견이 한 번 더 바뀌서 다시 찬성이 됐다.
	    일단 내가 사형 집행에 찬성하는 이유는 점점 오판 가능성이 줄어들고 있기 때문이다. 옛날에는 사형이 객관적인 이유가 아니라 그냥 한 사람의 주장으로 사형이 집행되기도 했는데 지금은 그러한 경우가 점점 줄어들고 있다. 현재 우리는 옛날보다 cctv도 훨씬 더 많고 감시도 더 철저하다. 그런데 그러한 경우에서 증거를 남기지 않는 것은 힘든 일이다. 또 우리는 옛날과는 달리 법치주의 국가가 되었다.(법치주의 국가란 어떤 한 사람의 판결로 정해지는 것이 아니라 법에 정해진 것대로 하는 것을 말한다. 실제로 우리와 달리 법치주의 국가인 북한은 지도자의 말 한마디에 사람의 생사가 오고간다고도 한다.) 그러므로 어떤 사람이 뇌물을 줘도 판사 마음대로 판결하기도 어렵고 또 그렇게 뇌물을 준다고 해도 지금은 그러한 행동을 감시하고 있는 기관이 있기 때문에 뇌물을 주는 것을 좀 더 쉽게 잡을 수 있다.
	    두 번째 이유는 바로 경제적인 이유이다. 우리나라 같은 경우에는 겉보기에는 굉장히 잘 사는 나라같이 보이지만 우리는 해결해야할 문제가 많다. 일단 우리는 환경을 너무 많이 파괴하고 있으므로 좀 더 효율이 좋은 시설을 만들어야 한다. 그리고 앞으로의 미래를 대비해서 재생에너지나 다른 것들도 만들어야하고 또 북한과의 전쟁을 대비해서 군사력도 키워야 한다. 하지만 우리는 사형수를 수감하면 우리는 많은 돈을 사용해야만 한다. 왜냐하면 사형수를 수감하면 그만큼 자리가 필요하고 그 사형수를 감시도 해야 하고 또 그 사형수의 밥 같은 것도 줘야하기 때문이다. 그런대

그러한 것이 지속되면 그 돈이 많이 들어서 꽤 큰돈이 될 수 도 있다. 왜냐하면 사형수를 계속 살려둔다는 것은 무기징역을 내린다는 것 인데 무기징역은 평생 감옥 안에 가두는 것이기 때문이다.

　세 번째는 오판이 될 가능성이 있어서 사형을 하지 않는 것은 너무 완벽을 추고하는 것이기 때문이다. 우리는 인간이다. 그래서 우리는 잘못하면 무고한 시민을 감방에 넣을 수 도 있다. 하지만 우리는 절대로 100퍼센트의 확률로 판결 할 수 없다. 하지만 우리는 다른 형을 집행한다. 즉 1년이나 2년형 같은 형도 내린다는 것이다. 우리는 무기징역이나 십 몇 년형을 내리기도 한다. 그 이유는 비록 단 1퍼센트의 확률도 없는 것은 아니지만 그래도 거의 확률이 더 많기 때문이다. 만약 우리가 이러한 이유로 사형을 집행하지 않는다면 우리는 다른 형도 잘 내리지 못할 것이다. 만약 우리가 이러한 이유로 사형을 내리지 못하면 우리는 점점 무기이나 다른 형벌도 잘 내리지 못할 것이고 그러면 우리는 점점 많은 범죄를 달고 살게 될 것이다 틀림없다. 또 사형을 내릴만한 사건들이 1년에 몇 십 건이 있는 것도 아니고 1년에 한 두 건 정 도 있어도 그것이 많은 것인데 그러면 많은 사람도 아닌데 그 가능성 때문에 판결을 내리지 못하는 것은 우리가 너무 완벽주의 인 것이고 그러면 우리는 너무 조심성만 많아져서 계속 확실한 것만 찾아다니다가 결국은 너무 많은 범죄자들을 풀어줄 것이고 결국 우리의 범죄자 수들은 너무 많이 늘어나서 우리는 많은 위험에 노출되어서 많은 노출되어서 점점 많은 피해를 입을 것이다.

　네 번째 이유는 바로 대책이다. 만약 우리가 사형 제도를 가지기만 하고 범죄자 들은 사형이 있기는 하지만 사용이 잘되지 않는 법이라고 생각하고 점점 더 감옥 안에서 말썽을 일으킬 것이다. 그러면 우리는 그 사람들을 결국에는 사형시켜야 한다. 　왜냐하면 우리가 사형을 하지 않으면 그 범죄자들은 우리가 사형을 시키지 않는다는 것을 눈치 챌 것이기 때문이다. 그러면 우리는 그러한 문제를 가지게 될 것이기 때문이다. 그러면 우리는 사형을 시켜야 하는데 그때 가서 사형을 시킨다고 하면 반대가 엄청 심할 것이 뻔하기 때문에 그런 문제가 없을 때 사형시켜야 한다.

　다섯 번째 이유는 바로 사형을 시키지 않으면 사형은 우리가 사용하지 않지만 그래도 우리가 사형 제도를 가만히 나두는 이유는 바로 사형 제도는 그 존재만으로도 큰 의미를 가지고 있다는 사실인데 우리가 만약 사형을 시키지 않으면 사형수 들은 우리가 사형을 시키지 않는다는 사실을 눈치 챌 것이다. 그러면 우리는 그 사람들을 더 이상 제어하지 못 하게 될 것이다. 하지만 우리가 사형을 시키면 우리가 사형을 시킨다는 것을 알아채고 그 사람들은 더 이상 감옥 안에서 말썽을 일으킬 수 없다. 하지만

	사형을 시키지 않으면 그 사람들 때문에 조직적으로 말썽을 일으킬 수 도 있기 때문에 우리는 무조건 그 사람을 먼저 사형시켜야만 하고, 그 후에도 사형을 집행한다고 해도 그 때 그 사형수들을 사형시켜도 결국에는 그 사형수들을 사형시켜야 하는데 그것은 어떻게든 다시 그 사형수들을 사형시켜야 하는데 그때 가서 사형을 시키던 지금 와서 사형을 시키는 것이 말썽을 덜 일으키게 할 수 있으므로 우리가 먼저 사형을 시키는 편이 우리가 그 사람을 먼저 사형시키는 것이 좀 더 좋고 또 그것을 좀 더 보고 사형을 시키되 그래도 빨리 시켜서 사형을 시키지 않아서 일어나는 문제를 최대한 많이 줄여주는 것이 가장 좋은 방법이라고 생각하고 또 너무 막 사형을 시키지는 않고 살피되 그래도 경고를 몇 번 줘서 많이 받으면 사형을 시키는 것이 좋은 방법일 것 같다. 　　다섯 번째 이유는 바로 사형을 시키면 그 사람은 죽으나 다른 사람들의 생명을 살릴 수 있기 때문이다. 예를 들어서 어떤 연쇄 살인범이 사형을 선고만 받고 사형을 선고만 받고 사형을 집행 받지 않으면 그 사람이 원한을 품고 신고한 사람을 죽일 수 도 있고 다른 사형수들까지 선동 할 수 도 있기 때문에 그러면 더 큰 사회적 문제가 될 수 도 있기 때문에 우리는 사형을 시켜야 한다. 　　여섯 번째 이유는 바로 사형을 하면 사형을 하기 전보다 훨씬 더 범죄율이 낮아진다는 것이다. 우리나라도 실제로 사형을 실시하지 않으니 살인이나 그러한 무거운 벌을 받을 범죄들이 무려 30퍼센트나 올라갔다는 것이고 또 어떤 나라는 무려 60퍼센트나 올랐다는 것이다. 　　그러므로 우리는 사형을 실시해야 한다. 오늘 우리가 승부내기 토론에서 이겨서 기뻤고 또 3차 토론도 이기고 싶다.
최종 찬반결정	찬성
내가 쓴글 점수 주기	100점
3차 글쓰기	오늘 우리 반은 사형집행이 옳은가에 대해서 토론을 했다. 오늘 우리가 하는 토론은 3차토론, 즉 마지막 집단 토론 이였다. 나의 입장은 사형집행에 찬성하는 입장 이였다. 　　일단 내가 사형 집행에 찬성하는 첫 번째 이유는 바로 사형을 집행하면 범죄율을 줄일 수 있기 때문이다. 일단 우리나라가 십년 넘게 사형을 집행하지 않자 우리나라의 중범죄율은 무려 우리가 사형을 집행하기 전에 비해서 무려 30퍼센트나 늘어났다. 그리고 다른 나라는 사형을 집행시키지 않아서 중범죄율이 무려 60퍼센트 가까이 늘어났다는 것이다. 또 오늘 내가 읽은 책에 나온 정보에 따르면 1975년에 나온 한 연구결과에 따르

면 사형수 1명을 사형 시킬 때마다 무려 7명의 사람들을 위험에서부터 보호 할 수 있고 또 비교적 더 가까운 년도인 2005년에 나온 연구결과에 따르면 무려 1명을 사형시킬 때마다 18명을 지킬 수 있다는 것이었다. 또 선생님의 말씀에 따르면 중범죄들이 감옥에서 나왔을 때 그 사람들이 다시 범죄를 일으킬 확률이 무려 80퍼센트가 넘는다고 했다. 그러므로 우리가 사형을 시킬 때 범죄율을 줄일 수 있는 것은 사실이므로 난 우리가 사형을 시켜야 한다고 생각한다.

두 번째 이유는 바로 위안이다. 일단 어떤 한 사람이 다른 사람을 죽였을 때 그 사람도 사형에 처하면 그렇게 할 때 그 피해자들의 가족이 그나마 위안이 될 것이라고 생각한다. 왜냐하면 그 사람이 자신의 가족을 해친 것을 생각하면 그래도 슬프지만 그 사람이 다시 기회를 얻거나, 아니면 감옥 안에서 계속 그냥 다른 사람들과(범죄자)똑같은 대우를 받으면서 사는 것 보다는 그렇게 사형을 시키는 것이 더 그 사람들의 입장에서 좀 더 편할 것 같기 때문이다. 또 우리가 만약 그 사람을 사형을 시키지 않고 그냥 무기징역을 내린다고 해도 그 사람은 다시 한 번 감형이 돼서 살아갈 기회를 같게 된 것이기 때문이다. 만약 더 나아가서 실제로 감옥에 나온다고 하면 그땐 정말로 화날 것 같다. 왜냐하면 그 사람은 기회를 얻는데 희생당한 사람은 기회를 얻지도 못했는데 그 사람만 살아가는 것은 화날 것 같기 때문이다. 또 그 사람이 다시 나왔다는 소식이 들리면 그땐 정말 화날 것 같다.

세 번째 이유는 바로 오판의 가능성이 적다는 것이다. 왜냐하면 일단 지금은 DNA검사를 해서 굉장히 옛날보다 범인을 찾아내기가 쉽고 또 지금은 3번을 재판받을 수 있게 제도가 마련되어 있다. 또 지금은 전보다 훨씬 cctv나 그러한 시설들이 많이 있고 또 좀 더 수사망을 넓게 할 수 있으므로 우리가 오판을 할 가능성은 적다고 생각한다. 그리고 우리가 사형의 오판가능성 때문에 우리가 그 사람들을 사형시키지 않으면 우리가 다른 형벌을 내리는 것도 그렇게 따지면 내리면 안 되는 것이기 때문이다. 왜냐하면 오판 없는 재판은 있을 수 없고 도 실수를 하지 않는 인간은 있을 수 없기 때문이다. 만약 우리가 이렇게 계속 이렇게 사형을 시키지 않는 이유를 그런 이유로 하면 그것은 정말 이상할 것이다. 왜냐하면 우리가 무조건 재판을 오심이 있지 않게 할 수 없기 때문이다. 어떤 헌법도 오심은 나올 수 있다. 그리고 사형 집행 반대론자들이 주장하는 사형의 대책으로 내세우는 무기징역 같은 경우 그것도 거의 사람에게 기회를 주지 않는 것이라고 볼 수 있는데 거의 비슷한 형벌임에도 불구하고 하나는 사용되고 다른 것인 사용되고 있지 않다. 우리가 계속 무기징역만 사용하는 것 또한 오심의 가능성이 있는데 우리가 그것만 하지 않는 것은 우리가 너무 사형에만 눈에 집중적으로 생각하고 무기징역은 너무 약한 형벌이라고 생각하고 있다고 나는 생각한다.

또 내가 사형 집행에 찬성하는 네 번째 이유는 바로 우리가 사형을 하면 그 사형수는 많은 고통을 가질 수 있을 수 있으나 지금은 덜 그렇기 때문이다. 일단 우리는 사형을 옛날에는 불에 태우거나 돌을 던지는 등의 비인간적이고 또 고통이 심한 고통을 주는 사형이 아닌 고통이 덜하고 또 인간적인 사형을 한다. 예를 들어서 가장 인간적으로 사형을 집행하는 대표적인 국가라고 볼 수 있는 국가인 미국 같은 경우에는 전기의자를 사용한다. 이 방법은 미국이 최초로 사용한 방법이다. 이 방법은 다양의 전기를 흘러 보내서 그 사람을 순식간에 죽이는 방법이다. 이 방법은 고통이 이전 방법보다 훨씬 적다. 또 총으로 쏘아 죽이는 방법 같은 경우 그 방법은 계속 지속적인 고통이 아닌 단 한 번에 죽이는 방법이므로 그것 또한 고통이 거의 없다고 보면 되고 또 우리가 지금 많이 사용하는 가장 많이 사용하는 사형 집행 방법인 독극물 주사 또한 많이 고통을 줄여주는 약 같은 것을 사용해서 좀 더 고통을 없도록 하므로 인간적인 사형으로 주목받고 있다. 만약 우리가 계속 이러한 방법을 사용하면 우리는 좀 더 많은 인권 문제가 줄어들면서 같이 사형을 시켰을 때에 있는 이득들과 함께 그러한 문제를 해결할 수 있고 한 단계 앞서가서 우리가 지금은 비록 사형을 비공개적으로 사형을 집행하지만 그래도 우리가 좀 공개적으로 하면 우리는 정말 사형에 관련된 많은 문제들을 굉장히 손쉽게 해결 할 수 있을 것이고 또 그러면 사형을 할 때의 장점들이 좀더 많을 것이므로 난 이렇게 사형을 방법을 조절해 나가면 우리는 더 많은 이득을 누릴 수 있다고 생각한다.

다섯 번째 이유는 바로 우리가 사형을 시키면 피해자의 인권을 지켜 줄 수 있다고 생각하기 때문이다. 이 세상에 사는 모든 사람들은 모두 '인권'이라는 것을 가지고 있다. 인권이란 쉽게 말해서 우리가 살아가면서 우리가 누릴 수 있는 권리를 말한다. 그리고 우리가 누릴 권리 중 우린 안전하게 살 수 있는 권리가 있다. 물론 우리는 그 권리가 있으므로 나는 그 권리를 침해 할 가능성이 높은 사형수들을 사형시켜야 한다고 생각한다. 만약우리가 그 사람들을 사형시키지 않으면 그 사람들은 밖으로 나와서 소동을 일으킬 수 있다. 또 앞에서도 말했듯이 1회의 사형으로 17명을 보호할 수 있다는 연구 결과가 있는데 이는 우리가 사형을 시키지 않으면 그만큼 많은 사람들이 위험해 진다는 것이다. 그러므로 나는 우리가 그 사람들을 사형시야 한다고 생각하고 또 앞에서 말한 인권을 범죄자들이 먼저 침해했으므로 나는 그 사람들도 사형시켜야 한다고 생각한다. 그렇지 않으면 우리는 그 사람의(사형수) 인권을 지켜준다는 명분으로(이유로) 먼저 인권을 침해당했다고 도 볼 수 있는 피해자를 죽인 범죄자를 사형시키지 않는 것은 피해자는 물론이고 그 피해자의 가족들 또한 굉장히 화날 것이고 또 그 사람을 사형시키지 않으면 그 사람들은 인권을 침해당했는데 그 대가도 받지 못 하는 셈이 됐다고 생각할 것이고 또 어떻게 보면 그것이 어느 정도 사실이라고도 볼 수 있다.

여섯 번째 이유는 바로 우리 국민의 세금이다. 국민은 모두 세금을 내는데 그 세금은 우리의 생활을 좀 더 편리하게 해 주는데 쓰이는 것이 대부분 이지만 그 세금의 일부는 범죄자들이 감옥에서 사는데 쓰이기도 한다. 그런데 문제는 그 범죄자들이 감옥에 들어간 것은 그 범죄자들 자신이 범죄를 저질러서, 즉 우리에게 피해를 줘서 인데 우리는 그 범죄자들이 먹고 입는데 돈을 계속 쓰고 있다. 사형수 1명을 위해서 우리가 쓰는 돈은 굉장히 많다. 보통 우리가 밥만 먹어도 한 끼 당 3천5백 원 정도 드는데 그러면 우리가 하루에 한 1만 원 정도 사형수 들이 먹는다고 칠 때 1달당 한 30만 원, 1년이면 정말 많은 돈이 들고 또 사형수 들은 그냥 먹고만 있는 것이 아니라 그 사람들이 입는 것에도 돈이 들고 그 돈은 그렇게 많은 양은 아니지만 그래도 그 사람 범죄자이고 감옥에 있으니 그 사람을 감시하는 사람이 꽤 있어야 할 텐데 거기다가 우리가 사형을 시키는 경우는 중범죄일 경우에만 사형을 시키는 경우가 일반적이므로 우리가 그 사람을 관리하는 사람도 일반 범죄자를 관리하는 사람보다 훨씬 더 많은 감시자 들이 필요할 텐데 그 과정에서도 그 사람들이 없었다면 있을 필요가 없을 사람들까지 감시를 해야 하므로 그 어느 정도의 감시자들을 그 배치해야 하는데 그 사람들도 먹고 살기 위해서 그 일을 하는 것인데 그러면 꽤 돈을 줘야 할 테고 또 그 돈은 우리가 낸 세금일 것이다. 그러므로 결과적으로 보면 나오는 이야기일 수 도 있으나 우리가 그 사람들을 사형시키지 않으면 피해를 줘서 감옥에 간 사람들은 그 사람들 인데 문제의 그 사람들은 감옥 안에 가서도 계속 우리들에게 피해를 주는 것이다. 문론 가벼운 범죄를 지은 범죄자들은 그렇게 할 수는 없으나 그래도 사형을 선고받은 사람은 그것도 아니면 최소한 충분히 모범수인지 확인할 기회를 준 사형수는 그대로 사형에 처해서 국민들이 피해를 받았는데 그 사형수 때문에 더 피해를 입는 일은 있어서는 안 되므로 우리는 사형을 시켜야만 할 것이다.

그리고 우리가 사형을 시켜야만 하는 마지막 이유는 바로 마지막 해결책이다. 사형 다음으로 무서운 형벌은 바로 무기징역인데 그 형벌은 죽을 때 까지 그 사람을 감옥에 가두는 형벌이다. 즉 어차피 죽을 때 까지 감옥에 있어야만 했으므로 더 이상 잃을 것이 없다는 것이다. 사형을 제외하면 말이다. 즉 사형을 집행하지 않으면 그런 범죄자 들은 결국 더 난동을 부릴 것이다. 하지만 그 사람들은 어차피 무기징역이므로 그냥 감옥에 더 오래있도록 할 수 도 없고 그전처럼 범죄자들을 고문하는 방식도 그런 것을 하면 다른 많은 나라나라 들이 무역을 하지 않거나 아니면 우리에게 손해 보는 어떤 것을 할 것이 분명하다. 그러면 결국우리는 정말 큰 일이 일어나는 것과 똑같다. 그러므로 차라리 고문을 하지 않고 그냥 다른 나라들이 그런 조치를 취하지 않게 하는 것이 좋다고 생각한다. 아무튼 우리는 사형을 집행하지 않으면 그런 문제를 해결하기가 매우 어렵다. 그러므로 그런 것을 막기 위해서도 사형을 시키는 것이 좋다고 생각한다.

일단 나는 사형제도의 찬반에 대한 여러 가지 의견이 섞여있는 책을 읽었는데 그 책에서 나온 흑인 사형 선고율이 10배 이상 높다는 정보도 많이 나와 있었고 사형은 잔인한 사형이 아니라고 해도 그 과정에서 실수가 있다면 그 사형은 굉장히 고통스러워 질 수 있고 DNA조사 결과 많은 사람이 무죄였다는 등 아니면 오판이 났다는 등 반대의 의견에도 충분히 많은 도움이 될 자료들도 많았고 또 그 책을 읽어가면서 한번 반대를 해볼까 생각도 해 보았으나 그래도 내가 생각한 것들과 그 책에서 나온 찬성 의견도 괜찮아서 찬성을 했었고 이번 토론은 꽤 치열했던 것 같다.

글쓴이	정승진
주제	법
읽은 책	세계사로 배우는 법이야기
주요 내용	황제의 법을 어겨 궁형을 선고받은 사마천이야기와 사형의 관한 내용이 나옵니다.
내가 정한 토론 주제	①황제의 법을 좋은 뜻으로 어기는 것이 옳은 가? ②크게 죄를 지은 사람한테 사형을 내리는 것이 옳은가?
학급 토론 주제	사형 집행이 옳은가?
토론 주제 점수는	90점
1차 글쓰기	저희 반의 투표결과로 나온 주제는 사형집행이 옳은 가? 라는 주제이다. 저는 사형집행이 옳은가라는 주제에 반대합니다. 지금부터 그 이유를 대보겠습니다. 첫째, 생명의 중요성입니다. 저번에 안락사를 할 때는 동물이었지만 이

	번에는 바로우리입니다. 저는 생명은 어떤 것과도 비교하고 바꿀 수 없는 것입니다. 그 사람이 아무리 큰 죄를 지었다 하더라도 그 사람의 생명은 중요하기 때문에 사형집행은 안된다고 생각합니다. 　둘째, 무고한 희생입니다. 만약 사형선고를 받게 된 사람이 억울한 누명을 쓸 경우 그 사람의 희생은 무고한 생명이 희생되는 것이기 때문이고 그렇다면 죄 없는 사람을 죽이는 것이 되기 때문에 사형집행은 안된다고 생각합니다. 예를 들어 말해보겠습니다. 7번방의 선물이라는 영화를 아십니까? 그 영화의 주인공은 살인 누명이 씌어 져서 감옥살이를 하다가 사형선고를 받고 죽고 말았습니다. 그래서 억울한 누명을 벗겨주기 위한 딸이 나중에 아버지의 죄를 벗겨주는 아주 감동적인 영화입니다. 이처럼 무고한 사람이 죽으면 안 된다고 생각하기 때문에 사형집행은 안 된다고 생각합니다. 　셋째, 살인과 같기 때문입니다. 살인을 한사람을 사형집행을 내리면 살인과 같기 때문이라는 이유도 있습니다. 　저는 이러한 생명의 중요성과 무고한 희생의 이유가 있기 때문에 저는 사형집행이 옳은 가? 라는 주제에 반대합니다.
학급 토론 주제	사형집행이 옳은가?
읽은 책 또는 자료	재미있는 법 이야기, 이재만 변호사의 리틀 로스쿨
주요 내용	사형제도에 대한 사람들의 여러 가지 사건
찬반 결정	반대
나의 토론 참여 점수	80점
2차 글쓰기	저희 반의 투표결과로 나온 주제는 사형집행이 옳은 가? 라는 주제입니다. 저는 사형집행이 옳은가라는 주제에 반대합니다. 지금부터 그 이유를 대보겠습니다. 　첫째, 생명의 중요성입니다. 저번에 안락사를 할 때는 동물이었지만 이번에는 바로우리입니다. 저는 생명은 어떤 것과도 비교하고 바꿀 수 없는 것입니다. 그 사람이 아무리 큰 죄를 지었다 하더라도 그 사람의 생명은 중요하기 때문에 사형집행은 안된다고 생각합니다. 　둘째, 오판입니다. 검사나 판사가 판단을 잘못하였거나 아니면 뇌물을 받고 오판을 하게 되면 죄가 없는 사람을 사형 당하게 한 경우 실수를 되돌릴 방법이 없기 때문입니다. 예를 들어 말해보겠습니다. 7번방의 선물이라는 영화를 아십니까? 그 영화의 주인공은 살인 누명이 씌어 져서 감옥살이를 하다가 사형선고를 받고 죽고 말았습니다. 그래서 억울한 누명을

벗겨주기 위한 딸이 나중에 아버지의 죄를 벗겨주는 아주 감동적인 영화입니다. 이처럼 무고한 사람이 죽으면 안 된다고 생각하기 때문에 사형집행은 안 된다고 생각합니다.

셋째, 살인과 같기 때문입니다. 살인을 한사람을 사형집행을 내리면 살인과 같기 때문이라는 이유도 있습니다.

넷째, 생명입니다. 사람의 생명은 조물주가 준 것으로 어떤 경우에도 사람이 다른 사람의 생명을 빼앗아 갈 권리가 없다고 생각하기 때문에 사형집행은 안됩니다.

다섯째, 형벌의 목적입니다. 원래 형벌의 목적은 범죄자를 교육하여 새사람으로 만드는 것인데 사형을 시켜버리면 교육을 포기하는 결과가 되어 형벌을 가하는 기본 목적에 위배되는 것이므로 사형집행은 안된다고 생각합니다.

여섯째, 기분입니다. 만약 살해를 당한 사람이 가족이라고 생각해봅시다. 그 사람이 사형을 당한다고 기분이 풀리겠습니까? 아닙니다. 물론 그렇다고 말씀하시는 분들도 있을 수 는 있지만 실제로 기분이 풀어지지는 않을 것입니다. 차라리 그 사람이 무기징역을 받아 스스로 잘못을 깨우치고 반성하고 미안해한다면 그냥 사형으로 끝나버리는 것 보다는 무기징역을 받는 쪽으로 하는 것이 낫기 때문에 사형집행을 하면 안 된다고 생각합니다.

일곱 번째, 기회입니다. 저는 그 사람에게 사형을 내리기 보다는 그 사람에게 미안한마음을 가지게 하고 교육하면서 기회를 주는 것이 낫다고 생각합니다. 정말로 그 사건에 반성하고 미안한 마음을 표현하고 싶은 사람이 사형집행을 당한다면 너무 몰아가는 것으로 생각하기 때문에 사형집행은 안된다고 생각합니다.

저는 이러한 생명의 중요성과 무고한 희생의 이유가 있기 때문에 저는 사형집행이 옳은가? 라는 주제에 반대합니다.

최종 찬반결정	반대
내가 쓴글 점수 주기	100점
3차 글쓰기	이번 주제는 사형집행이 옳은 가? 라는 주제입니다. 저는 사형집행이 옳은가라는 주제에 반대합니다. 지금부터 그 이유를 대보겠습니다. 첫째, 생명의 중요성입니다. 저번에 안락사를 할 때는 동물이었지만 이번에는 바로우리입니다. 저는 생명은 어떤 것과도 비교하고 바꿀 수 없는 것입니다. 그 사람이 아무리 큰 죄를 지었다 하더라도 그 사람의 생명은 중요하기 때문에 사형집행은 안된다고 생각합니다.

둘째, 오판입니다. 검사나 판사가 판단을 잘못하였거나 아니면 뇌물을 받고 오판을 하게 되면 죄가 없는 사람을 사형 당하게 한 경우 실수를 되돌릴 방법이 없기 때문입니다. 예를 들어 말해보겠습니다. 7번방의 선물이라는 영화를 아십니까? 그 영화의 주인공은 살인 누명이 씌어 져서 감옥살이를 하다가 사형선고를 받고 죽고 말았습니다. 그래서 억울한 누명을 벗겨주기 위한 딸이 나중에 아버지의 죄를 벗겨주는 아주 감동적인 영화입니다. 이처럼 무고한 사람이 죽으면 안 된다고 생각하기 때문에 사형집행은 안 된다고 생각합니다.

셋째, 살인과 같기 때문입니다. 살인을 한사람을 사형집행을 내리면 살인과 같기 때문이라는 이유도 있습니다.

넷째, 생명입니다. 사람의 생명은 조물주가 준 것으로 어떤 경우에도 사람이 다른 사람의 생명을 빼앗아 갈 권리가 없다고 생각하기 때문에 사형집행은 안됩니다.

다섯째, 형벌의 목적입니다. 원래 형벌의 목적은 범죄자를 교육하여 새 사람으로 만드는 것인데 사형을 시켜버리면 교육을 포기하는 결과가 되어 형벌을 가하는 기본 목적에 위배되는 것이므로 사형집행은 안된다고 생각합니다.

여섯째, 기분입니다. 만약 살해를 당한 사람이 가족이라고 생각해봅시다. 그 사람이 사형을 당한다고 기분이 풀리겠습니까? 아닙니다. 물론 "그렇다"라고 말씀하시는 분들도 있을 수 는 있지만 실제로 기분이 풀어지지는 않을 것입니다. 차라리 그 사람이 무기징역을 받아 스스로 잘못을 깨우치고 반성하고 미안해한다면 그냥 사형으로 끝나버리는 것 보다는 무기징역을 받는 쪽으로 하는 것이 낫기 때문에 사형집행을 하면 안 된다고 생각합니다.

일곱 번째, 기회입니다. 저는 그 사람에게 사형을 내리기 보다는 그 사람에게 미안한마음을 가지게 하고 교육하면서 기회를 주는 것이 낫다고 생각합니다. 정말로 그 사건에 반성하고 미안한 마음을 표현하고 싶은 사람이 사형집행을 당한다면 너무 몰아가는 것으로 생각하기 때문에 사형집행은 안된다고 생각합니다.

그리고 어떤 분께서 사과를 거짓으로 하고 풀려나는 경우도 있다고 했는데 약간 의아했다. 왜냐하면 모두 그런 것이 아니기 때문이고 그렇다면 진심으로 사과할 수 도 있다고 생각한다. 그리고 또 어떤 분은 오판이 일어날 가능성 때문에 사형을 하지 않는 것은 안 된다고, 그러면 무기징역의 오판은 없냐고 하셨는데 굳이 비교를 하자면 사형은 되돌릴 수 없는 시간과 같고 그의 반면에 무기징역은 완벽히는 아니지만 그래도 사람의 목숨을 잃었던 것은 아니기 때문에 다르다고 생각하고 아예 애초부터 사형은 생명형이라는 벌이고 무기징역은 무기징역인데 그것을 비교하는 것은 아니라고 생각했다. 그리고 또 가해자에게 무기징역을 하면 나라의 돈을 지원받을 바에 차라리 개발이나 도움 같은데 무기징역에 사용되는 돈을 사용하는 것이 낫다고 하시는 분들도 계셨는데 솔직히 나는 사람과 돈을 비교해선 안 된다고 생각하고 비교한다면 돈이 몇 경이나 무한대로 있다고 해도 사람의 생명보다는 가치가 떨어진다고 보는 바이다.

오늘 토론을 하면서 많은 것들을 느끼고 생각해보았지만 아무리 그래도 사형은 조금 아니라고 보는 편이 지금 나의 생각이면서 나의 입장이다. 결론을 내보자면 생명의 중요성, 오판, 생명, 기분, 기회 등의 여러 가지 통합해보자면 최종적으로 사형집행이 옳은가? 라는 주제에 반대합니다.

오늘 토론에서 질문시간에서 자신에 가족이 피해자이고 가해자가 사형이 된다면 위안이 되냐고 물었을 때? 그럴 것 같다고 하니까 조금은 당황했고 오늘 토론을 열심히 했던 내가 자랑스러웠다. 그리고 오늘 토론을 통해서 궁금한 것도 알아볼 수 있었고 적극적으로 해서 재미있었다.

글쓴이	김가영
주제	법
읽은 책	사형제도, 아빠, 법이 뭐에요?
주요 내용	사형제도의 찬성과 반대 사형의 차별, 하늘나라천사금비와 법을 알아가는 이야기
내가 정한 토론 주제	①아무리 흉악한 범죄를 저질러도 사형 시키는 것이 옳은가? ②장애가 있는 사람도 원래의 형벌대로 형을 받는 것이 옳을까?
학급 토론 주제	사형 집행이 옳은가?
토론 주제 점수는	60점
1차 글쓰기	저는 사형 집행이 옳은가? 라는 주제에 대해서 찬성합니다. 일단 첫 번째 이유는 살인의 처리성입니다. 저는 만약 살해를 저지른 사람이 형이 사형이 내려진다면 그 사람이 사형 당한이유로 다른 사람이 살인을 할 목적일 때 다시 한 번 생각을 해볼 기회가 된다고 생각합니다. 왜냐하면 다른 사람을 죽임으로 써 자신의 인생이 한꺼번에 날아가 버린다고 생각한다면 다시 생각할 수 있다고 생각합니다. 따라서 저는 사형 집행이 옳다고 생각합니다. 두 번째 이유는 피고인의 가족의 소중함입니다. 만약 당신의 가족 중 한명이 토막 살인을 당했다고 치면 정부에서는 그 사람을 무기징역을 내

렸습니다. 저는 억울해서 라도 그 사람을 사형을 내리도록 할 것 같습니다. 물론 사람에 따라 다를 수도 있지만 저는 저의 소중한 가족이 그런 꼴을 당한 다면 시위를 벌여서도 범인을 사형에 놓이게 할 것입니다. 따라서 유가족은 그런 꼴을 만들게 한 범인을 이 땅에서 사라지게 하고 싶을 것입니다. 따라서 저는 사형 집행이 옳은가? 하는 주제에 대해서 찬성합니다.

세 번째 이유는 판정입니다. 다음과 같이 영국의18세기처럼 목격자나 딱 보이는 증거로 보아서 판단하였지만 지금은 과학성이 뛰어 나게 늘었고 그리고 경찰의 뛰어난 조사력이 있으므로 지금은 정확히 판단할 수 있으므로 잘못된 결정을 내린 일도 거의 없다고 생각합니다. 따라서 저는 이러한 이유로 사형집행이 옳은가? 라는 주제에 찬성합니다.

마지막으로 저는 이러한 근거로 사형 집행이 옳은가? 라는 주제에 대해서 찬성합니다.

오늘 주제 정하기를 하였는데 나의 주제가 뽑히지 않아서 아쉬웠지만 글도 내가 원하던 사형에 관한 주제가 되어서 기쁘다.

학급 토론 주제	사형집행이 옳은가?
읽은 책 또는 자료	프랑스, 세상을 바꾼 주요 사건들
주요 내용	마리 앙투와네트의 사형 집행. 단두대
찬반 결정	찬성
나의 토론 참여 점수	90점
2차 글쓰기	저는 사형 집행이 옳은가? 라는 주제에 대해서 찬성합니다.

2차 글쓰기

저는 사형 집행이 옳은가? 라는 주제에 대해서 찬성합니다.

일단 첫 번째 이유는 살인의 처리성입니다. 저는 만약 살해를 저지른 사람이 형이 사형이 내려진다면 그 사람이 사형 당한이유로 다른 사람이 살인을 할 목적일 때 다시 한 번 생각을 해볼 기회가 된다고 생각합니다. 왜냐하면 다른 사람을 죽임으로 써 자신의 인생이 한꺼번에 날아가 버린다고 생각한다면 다시 생각할 수 있다고 생각합니다. 따라서 저는 사형 집행이 옳다고 생각합니다.

두 번째 이유는 피고인의 가족의 소중함입니다. 만약 당신의 가족 중 한명이 토막 살인을 당했다고 치면 정부에서는 그 사람을 무기징역을 내렸습니다. 저는 억울해서 라도 그 사람을 사형을 내리도록 할 것 같습니다. 물론 사람에 따라 다를 수도 있지만 저는 저의 소중한 가족이 그런 꼴을 당한 다면 시위를 벌여서도 범인을 사형에 놓이게 할 것입니다. 따라서 유가족은 그런 꼴을 만들게 한 범인을 이 땅에서 사라지게 하고 싶을 것입니다. 따라서 저는 사형 집행이 옳은가? 하는 주제에 대해서 찬성합니다.

세 번째 이유는 판정입니다. 다음과 같이 영국의18세기처럼 목격자나 딱 보이는 증거로 보아서 판단하였지만 지금은 과학성이 뛰어 나게 늘었고 그리고 경찰의 뛰어난 조사력이 있으므로 지금은 정확히 판단할 수 있으므로 잘못된 결정을 내린 일도 거의 없다고 생각합니다. 따라서 저는 이러한 이유로 사형집행이 옳은가? 라는 주제에 찬성합니다.

네 번째 금액입니다. 사형수 한명에게 드는 비용은 160만원 이라고 합니다. 하지만 사형을 시킨다면 금액도 절감하고 우리나라 발전에도 돈을 사용할 수 있습니다. 따라서 저는 사형집행에 찬성 합니다.

다섯 번째 이유는 사회의 질서입니다. 사회의 질서는 만약 D가 C를 죽였는데 D는 무기 징역으로 범죄가 끝났습니다. 그렇다면 다른 수많은 범죄자들도 나는 이 사람을 죽이고 감옥에 가겠다라는 생각을 할 것입니다. 어떤 뉴욕의 신문에서 이런 글귀가 나왔습니다. "사형이 위험한 범죄자들을 사회에서 영원히 사라지게 한다." 이런 말처럼 사형은 위험한 범죄자들을 살려두지 않아서 우리 사회의 질서를 지키는 것 이라고 생각합니다.

여섯 번째 이유는 감옥에서의 생활입니다. 요즘 감옥이 많이 좋아졌다는 기사를 우연히 보아서 감옥 안 생활을 잠깐 볼 수 있었습니다. 텔레비전과 편안한 방 그리고 따뜻한 밥을 먹을 수 있게 되어 있었습니다. 저는 저의 부모님 또는 저의 지인 분을 죽인 사람이 그렇게 따뜻한 밥을 먹고 잘고 입을 수 있다면 저는 분노 할 것입니다. 어떠한 이유를 들어서라도 그 사람이 이 땅에서 살지 못 하게 할 것입니다. 이런 말이 있습니다. "자신이 생각하기에 가벼운 범죄라도 사형을 당할만한 범죄 이고 더 잔혹한 범죄는 마땅한 형벌을 내릴 수 없으니 사형을 내릴 수밖에 없다" 이러한 이유로 사형제도가 옳은가? 라는 주제에 찬성합니다.

이러한 근거를 들어 저는 사형 제도가 옳은가? 라는 주제에 찬성 합니다.

오늘 토론 준비를 철저히 하고 토론에 참가하려고 노력을 하니 정말 기분이 좋았다. 오늘 우리 모둠이 승리를 하였고 준비를 철저히 해간 사람들이 할 말이 많다는 사실을 이제 알았다.

정말 보람차고 뿌듯한 하루였다.

최종 찬반결정	찬성
내가 쓴글 점수 주기	100점

저는 사형 집행이 옳은가? 라는 주제에 대해서 찬성합니다.

일단 첫 번째 이유는 살인의 처리성입니다. 저는 만약 살해를 저지른 사람이 형이 사형이 내려진다면 그 사람이 사형 당한이유로 다른 사람이 살인을 할 목적일 때 다시 한 번 생각을 해볼 기회가 된다고 생각합니다. 왜냐하면 다른 사람을 죽임으로 써 자신의 인생이 한꺼번에 날아가 버린다고 생각한다면 다시 생각할 수 있다고 생각합니다. 따라서 저는 사형 집행이 옳다고 생각합니다.

두 번째 이유는 피고인의 가족의 소중함입니다. 만약 당신의 가족 중 한명이 토막 살인을 당했다고 치면 정부에서는 그 사람을 무기징역을 내렸습니다. 저는 억울해서 라도 그 사람을 사형을 내리도록 할 것 같습니다. 물론 사람에 따라 다를 수도 있지만 저는 저의 소중한 가족이 그런 꼴을 당한 다면 시위를 벌여서도 범인을 사형에 놓이게 할 것입니다. 따라서 유가족은 그런 꼴을 만들게 한 범인을 이 땅에서 사라지게 하고 싶을 것입니다. 따라서 저는 사형 집행이 옳은가? 하는 주제에 대해서 찬성합니다.

세 번째 이유는 판정입니다. 다음과 같이 영국의18세기처럼 목격자나 딱 보이는 증거로 보아서 판단하였지만 지금은 과학성이 뛰어 나게 늘었고 그리고 경찰의 뛰어난 조사력이 있으므로 지금은 정확히 판단할 수 있으므로 잘못된 결정을 내린 일도 거의 없다고 생각합니다. 따라서 저는 이러한 이유로 사형집행이 옳은가? 라는 주제에 찬성합니다.

네 번째 금액입니다. 사형수 한명에게 드는 비용은 160만원 이라고 합니다. 하지만 사형을 시킨다면 금액도 절감하고 우리나라 발전에도 돈을 사용할 수 있습니다. 따라서 저는 사형집행에 찬성 합니다.

다섯 번째 이유는 사회의 질서입니다. 사회의 질서는 만약 D가 C를 죽였는데 D는 무기 징역으로 범죄가 끝났습니다. 그렇다면 다른 수많은 범죄자들도 나는 이 사람을 죽이고 감옥에 가겠다라는 생각을 할 것입니다. 어떤 뉴욕의 신문에서 이런 글귀가 나왔습니다. "사형이 위험한 범죄자들을 사회에서 영원히 사라지게 한다." 이런 말처럼 사형은 위험한 범죄자들을 살려두지 않아서 우리 사회의 질서를 지키는 것 이라고 생각합니다.

여섯 번째 이유는 감옥에서의 생활입니다. 요즘 감옥이 많이 좋아졌다는 기사를 우연히 보아서 감옥 안 생활을 잠깐 볼 있었습니다. 텔레비전과 편안한 방 그리고 따뜻한 밥을 먹을 수있게 되어 있었습니다. 저는 저의 부모님 또는 저의 지인분을 죽인 사람이 그렇게 따뜻한 밥을 먹고 잘고 입을 수 있다면 저는 분노 할 것입니다. 어떠한 이유를 들어서라도 그 사람이 이 땅에서 살지 못 하게 할 것입니다. 이런 말이 있습니다. "자신이 생각하기에 가벼운 범죄라도 사형을 당할만한 범죄 이고 더 잔혹한 범죄는 마땅한 형벌을 내릴 수 없으니 사형을 내릴 수밖에 없다" 이러한 이유로 사형제도가 옳은가? 라는 주제에 찬성합니다.

　일곱 번째 이유는 인권입니다. 사람은 누구나 살아가면서 가질 수 있는 권리를 인권이라고 합니다. 지금 말하는 것은 사람은 누구나 위협으로써 보호 받을 권리가 있습니다. 이 권리는 사람 누구나 가지고 있습니다. 하지만 피해자는 그 권리로써 위협을 받고 그리고 죽음 까지 당하는 경우도 있습니다. 물론 그 사람을 죽인 가해자에게도 인권이라는 것이 있습니다. 하지만 다른 아이디어를 가져가거나 다른 사람의 생각 한 것을 가져가는 것도 범죄로 인정이 되는데 사람을 죽인 사람이 인권을 존중받고 싶어 한다면 그 사람의 정신이 약간 이상한 것이 라고 생각합니다. 법원은 피해자의 인권을 존중하여 주고 마땅히 지켜야 할 인권을 무시하고 사람을 죽인 피해자를 법원에서는 반드시 사형 처분을 내려야 한다고 생각합니다. 그래야지 또 다시 다른 사람의 인권을 침해하는 일이 생기지 않을 것이고 그리고 그 피해자와 유가족들에게도 좀 더 위안이 될 것 이라고 생각합니다. 따라서 저는 "사형 집행이 옳은가" 라는 주제에 찬성합니다.

　여덟 번째 이유는 유가족들의 분노입니다. 만약 내가 나 자신이 다른 사람에게 죽임을 당하였습니다. 그러자 가족들은 진실을 찾기 위하여 여기저기 조사를 취하여서 드디어 범인을 잡았습니다. 그 범인이 아무리 울고불고 사정을 하여도 죽은 나 자신은 다시 돌아오지 않습니다. 그럼 우리의 부모님들은 더욱 더 슬퍼할 것이고 그 슬픔은 나중에는 분노로 봐뀔 것입니다. 그 분노는 돌아오지 않을 자신의 딸과 아들을 그리워하는 분노일 것 이고 그 분노는 범인을 이 세상 땅에서 사라져야한다는 생각이 들 것입니다. "눈에는 눈 이에는 이" 라는 말을 아십니까? 즉 말을 해석하여 보면 다른 사람의 이를 뽑았으면 뽑은 사람의 이를 똑같이 뽑아 버려야 하는 이야기입니다. 이와 같이 부모님들은 똑같이 그 사람을 죽여서 유가족들의 한을 풀어 주기 위해서라도 그 사람을 사형 시켜야 한다고 생각합니다.

　사형은 사람을 죽이는 법이 아니라 우리 생활을 지켜주고 보호해 주는 법이라고 생각 합니다. 따라서 저는 이러한 이유로 "사형 집행이 옳은가" 라는 주제에 찬성 합니다.

　오늘 토론에서는 준비를 하여서 가서 이야기를 많이 할 수 있었습니다. 예전에 토론 준비를 하지 않았을 때는 말하는 것도 재미없고 빨리 끝났으면 좋겠다고 생각하였는데 준비를 하여서 가니깐 더 이야기하고 싶었습니다. 준비하는 것은 힘들었지만 그래도 재미있었습니다.

글쓴이	김수현
주제	법
읽은 책	법과 생활
주요 내용	이혼, 사기, 법원에 고발하는 법 등등
내가 정한 토론 주제	①법은 모든 것이 다 옳은가? ②교도소에 있는 모범 죄수의 징역을 줄여주어도 되는가?
학급 토론 주제	사형 집행이 옳은가?
토론 주제 점수는	100점
1차 글쓰기	저는 이번 〈사형 집행이 옳은가?〉의 대한 주제에 반대합니다. ((예:A는 가해자,B는 피해자) 첫째, 징역기간입니다. 사람은 징역을 받을 때 심한 경우 무기징역을 받습니다. 무기징역이란 징역의 기간이 없이 계속 교도소에서 지내는 것입니다. 무기징역은 평생을 감 옥 즉, 교도소에서 지내야 하기 때문에 사형과 다를 바가 없습니다. 한 가지 다른 것을 대자면 사형은 몇일 후 죽고 무기징역은 그 사람이 수명이 다 될 때 까지 죽지 않는다는 것 이죠. 또한 사실상 교도소가 밖 보다는 좋을 리 없습니다. 그렇기 때문에 무기징역을 받은 그 시간부터 감옥에서 생의 마지막을 보내야 한다는 것입니다. 물론 A가 B를 죽인 것은 참을 수 없고 감옥에서 생의 마지막을 보내는 것 보다 더욱 참혹하게 보내고 싶을 수 있습니다. 그레도 무기징역이 얼마입니까? 이것만 했을 때 아무리 적어도 10분의 4는 통쾌하지 않을까 싶습니다. 그렇기 때문에 무기징역을 내리면 됩니다. 그럼 꽤나 충분히 괜찮지 않을까 싶습니다. 둘째, 생명입니다. 일단 모든 생명은 소중하다는 것을 아실 수 있으실 것입니다. 그런데 A가 B를 죽였다고 A도 죽이면 않됩니다. 그럼 사람이 2명이나 죽기 때문입니다. 주위사람들은 B의 죽음이 안타까워 A를 증오할지 모릅니다. 그렇지만 소중한 생명을 죽이기는 너무나도 아깝습니다. 하지만 A가 B를 죽인 것은 명백한 사실! 그렇기 때문에 즉시 죽이지 않고 무기징역 또는 죽지 않을 만큼의 긴 징역 기간 내자는 것입니다. 셋째, 집행유해입니다. 만약 무기징역이 무슨 무슨 이유 때문에 집행되지 않는다면 그 사람의 수명을 대충 가늠해 죽지않을 만큼의 징역을 내고 그리고 교도소를 나갔을 때 집행유해를 길게 내어 주면 됩니다. "만약 집행유해가 끝나고 난 뒤에 범죄를 저지르면 어떻게 하나요?" 그럼 다시 단속을 하여 교도소로 들어오도록 하고 또 나가면 집행유해를 넣으면 됩니

다.

　이런 여러 가지 이유들이 있는데 꼭 소중한 생명을 그 사람이 죄를 지었다고 없애 버리면 안 될 것 같습니다. 그렇기 때문에 여러 가지 벌로 A를 괴롭게 하면 됩니다. 그레도 사형 집행을 실행 하시겠습니까??

학급 토론 주제	사형집행이 옳은가?
읽은 책 또는 자료	법과 생활 뒤쪽
주요 내용	여러 법과, 내용, 대처법, 주의할 점 등이 있습니다.
찬반 결정	찬성
나의 토론 참여 점수	100점
2차 글쓰기	저는 이번 토론주제 〈사형집행이 옳은가?〉의 대하여 찬성합니다. 　왜냐하면 첫째, 후반 때문입니다. 만약 1이라는 사람이 2라는 사람을 살해 하였습니다. 그런데 사형집행이 내려지지 않고 그저 벌금 또는 짧은 기간의 징역이 내려진다면 그 사람은 그 간단한 벌을 끝내고 또다시 연장적으로 범행을 저지를 수 있습니다. 또한 만약 1이라는 사람이 2라는 사람을 살해하는 것으로도 모자라 3,4,5,6....... 등의 사람을 살해한다면 그 범죄는 끝도 없이 이어질 것이고 더욱 수많은 피해자가 생겨날 것입니다. 그리고 꼬리를 물고 가자면 1이라는 사람이 2라는 사람을 살해를 하여 2라는 사람의 지인이 분노해 1이라는 사람을 살해하고 또 이어지면 1이라는 사람의 지인이 2라는 사람의 지인을 살해하고 고통주고 .... 쭉 이대로 갈지도 모르기 때문입니다. 또한 어느 나라는 그 사람을 사형을 하지 않아서 범죄율이 60%나 늘었다고 합니다. 그렇기 때문에 더욱 강조 합니다. 그리고 1이라는 사람을 사형하여야지 주위 시민들도 언제가 닥쳐올 위험의 대하여 더 떨지 않아도 되게 됩니다. 그렇기 때문에 1이라는 사람은 사형선고를 하여야 합니다. 　둘째, 법정에서는 3심제도가 있기 때문입니다. 3심제도란? 3심제도란 1심의 재판을 걸치고 부정하는 사람이 2심 3심까지 재판을 받는 것입니다. 과반수의 분들이 재판을 할 때 누군가가 뇌물수수를 하여 재판 결과를 좋지 않게 즉 실제 무죄인 사람의 말을 기각한다면 완전히 유전 무죄, 무전 유죄가 되어 버립니다. 하지만 2심과 3심도 있으며 심판 즉, 판정단은 할 때 마다 바뀌게 됩니다. 그렇기 때문에 뇌물수수 라던가 의 등은 걱정을 덜 수 있습니다. 또한 오판은 날 가능성이 거의 적어서 될 확률이 매우 낮아집니다. 　셋째, 증오심입니다. 첫째에서 말하였듯이 서로 증오심을 품고 달려들

수 있습니다. 이번에도 예를 들겠습니다. 만약 1이라는 사람이 2라는 사람을 살해하였거나 큰 상해를 입혔습니다. 그런데 사형이나 무기징역을 내리지 않는다고 생각하여 보십시오. 그럼 그 주위 사람들 즉, 지인들은 피의자의 대한 증오심이 생기지 않겠습니까? 만약 아닐 것 이라고 생각하시는 분들은 실제로 겪어 보시지 않으셔서 지금의 일시적인 감정에 휩싸이시지 않았나 싶습니다. 만약 당신이 실제 상황이 되었다면 아마 증오심에 휩싸이실 것이라 생각합니다.

넷째, 아니 땐 굴뚝에 연기나지 않는다. 여러분 아니 땐 굴뚝에 연기가 나겠습니까? 말이 되지 않습니다. 만약 1이라는 사람이 사형선고를 받았습니다. 그런데 아무 이유 없이 1이라는 사람이 사형선고를 받겠습니까? 아닙니다. 1이라는 사람이 무슨 큰 죄를 지었기에 사형 선고를 받은 것일 것입니다. 그런데 만약 2의 자작극으로 1의 사형선고를 신청하게 만들었다면 2를 옥으로 넣어야 갰지요?

다섯째, 죄가 없는 사람의 생명을 빼앗을 권리X. 요즈음 사람에게 가격을 매겨 불법 판매를 하고 있지만 사실상 사람은 가격을 매길 수 없습니다. 사람은 생명이 깃들어있고 세상의 많은 일을 하고 있습니다. 그런데 가해자는 피해자를 죽일 살해할 권리가 있나요? 없습니다. 물론 피해자가 무슨 일을 하여 가해자가 화가나 그런 것일 수 있지만, 그것은 일시적인 감정입니다. 자신의 일시적인 감정으로 사람을 살해하다니 말이 안 됩니다.(살해가 아니고 정신적 또는 상해를 입혔을 수 있습니다.) 물론 가해자를 죽이는 것도 사람의 목숨을 앗아 가는 것이지만 저는 제목에 죄가 없는 사람이라고 하였습니다. 하지만 가해자는 피해자를 죽였다는 세상에서 가장 큰 죄가 있지 않습니까? 그래서 그런 근거를 들어 사형을 하여야 합니다.

이 주제의 시작인 서로 가해자가 되지 말고 피해자가 되지 맙시다.

최종 찬반결정	반대
내가 쓴글 점수 주기	100점
3차 글쓰기	저는 이번 토론주제인 {사형집행이 옳은가?}의 대하여 반대합니다. 그 이유는 첫째, 사형이라는 형벌의 단계. 저는 사형이라는 형벌이 가벼운 벌이라 생각합니다. 왜냐하면 만약 A가B를 죽였다고 해 봅시다. 그럼 죽은 B로 인하여 2명중 1명이 죽은 것이 됩니다. 그런데 B를 죽였다고 A를 죽이면 2명이나 죽은 것이 됩니다. 하지만 제가 이런 말을 하였다고 저의 마음이 A를 풀어주고 살려주라는 뜻이 아닙니다. 저는 그저 더욱 높

은 형벌을 원할 뿐입니다. 제가 사형을 가벼운 형벌이라고 생각하는 이유는 죽기 전에 두려움과 불안감은 일시적이기 때문입니다. 또한 죽을 때 고통, 아픔이 있더라도 순간 적이기 때문에 저는 사형이라는 형벌이 약하다고 생각하는 것입니다. 그렇기에 저는 차라리 '고문'을 시켰으면 합니다. 고문은 서서히 고통을 느끼고 아파하기 때문에 고문을 시키는 것이 좋다고 생각합니다. 또한 피의자가 아파하며 죄책감을 느끼고, '아 내가 잘못했구나. 죄송해요.' 라는 느낌이 들 수 있도록 하였으면 좋겠습니다.

둘째, 위로감입니다. 피해자가 죽었기에 피해자의 지인은 정말 말할 수 없는 고통을 느끼고 있을 것입니다. 그런데 목숨을 앗아가는 것만으로 만족하기에는 부족하다고 생각합니다. 죽는 것은 그저 일시적으로 아픔을 느낄뿐더러 피의자가 피해자를 죽였다고 피의자를 죽이는 것은 같은 사람이 되는 것과 같다고 생각하기 때문입니다. 또한 피의자를 죽인다고 하더라도 아무리 짧아도 한 달 정도는 피해자가 죽었다는 그 큰 상처가 될 것이라고 생각 하고, 피의자를 죽인다고 피해자가 돌아오는 것이 아니기 때문에 저라면 차라리 피의자를 죽여도 피해자가 돌아오지 않겠다. 그냥 고문이나 시켜 고통을 주고 죄책감이 들게 만들자! 라고 생각 하였을 것 같습니다.

셋째, 범죄율입니다. 어떤 분이 죄를 지은 그 사람을 사형하지 않으면 범죄율이 더욱 높아진다고 하셨는데, 그 죄를 지은 사람을 우리가 풀어주지 않고 옥에 가두어 두거나 저의 의견처럼 고문을 시키면 된다고 생각합니다. 또한 죄를 지은 사람을 고문을 주면 험악한 고문을 준다, 또는 큰 죄를 지으면 고문을 당하여 나중에 몰골이 매우 처참해 진다. 등의 소문이 들어지게 될 것이고 그럼 죄를 지으려 계획을 하였다면 '아! 나도 잘못 했다간 저렇게 처참한 몰골이 될지도 못하겠다. 안 되겠다. 계획은 접자.' 라는 생각을 할지 모르고 또 다른 사람은 무서워서 죄를 짓지 않도록 노력 할 가능성이 높다고 생각합니다. 그렇기 때문에 죄가 있는 사람에게 고문을 주어 일부로라도 퍼트리는 것이 좋겠다고 생각 합니다.

넷째, 돈 걱정 NO!입니다. 고문을 하면 고문을 하는 것의 대해 돈이 많이 든다고 생각을 하시는 분들이 있으실 것 같은데, 일단 뭐 지금으로서는 너무나도 잔인한 고문이지만 '손톱찌르기'와 같은 경우에는 바늘을 쇠라던가 철 등 관리를 좀 잘 해주면 쉽게 망가지지 않는 것을 미리 만들어 두고 쭉 사용하면 돈 부담도 조금 적을 것이라고 생각합니다. 그렇기에 돈의 대한 걱정은 많이 할 필요가 없다고 생각합니다.

여러분 만약 여러분이 집 내에서 무언가의 잘못을 하여 부모님께 혼나는데 한 번에 확 혼나고 끝나는 것이 낫겠습니까? 아님 계속 그 잔소리

혼나는 부모님의 그 말을 계속 듣는 것이 낫겠습니까? 또한 다른 예를 들자면 여러분의 가장 소중한 사람을 죽인 사람을 간단하게 잠시의 고통만 느끼는 사형을 시키는 것이 낫겠습니까? 아님 조금 조금씩 고통을 주는 것이 낫겠습니까?

이러한 이유들로 저는 이번 토론주제인 {사형집행이 옳은가?}에 대한 주제에 반대합니다.

글쓴이	김승하
주제	법
읽은 책	법, 법대로 해!
주요 내용	우리나라의 법과 그 법의 처벌 내용이 있다.
내가 정한 토론 주제	①법을 꼭 지켜야 하는가? ②법은 없어져도 된다.
학급 토론 주제	사형 집행이 옳은가?
토론 주제 점수는	50점
1차 글쓰기	저는 이번 4차 주제 (사형 집행이 옳은가?)에 찬성합니다. 왜냐하면 예를 들어봅시다. 가해자가 피해자를 칼로 죽였습니다. 그런데 그 가해자를 감옥에 가두지 않고 그냥 자유분방하게 내두면 또 일을 발생시킬 수 있기 때문입니다. 저는 가해자한테 사형 집행을 내려야 할 것이라고 생각합니다. (사형 집행이 옳은가?) 여러분들은 어떻게 생각하십니까? 여러분들은 찬성, 반대로 나뉠 수 있겠지만 지금 해에 아주 큰 사건이 일어나고 있죠? 그 사건은 강남에서 어떤 남자가 여자를 기다렸다가 칼로 어느 부위를 찔러 그 여자가 죽은 사건이 있습니다. 저는 그 남자가 사형 집행을 내려야 할 것 같다고 생각합니다. 왜냐하면 그 사건은 정말 큰 사건입니다. 그렇기 때문입니다. 우리나라는 사형 제도가 있지만 지금 현재는 사형을 하지 않고 있습니다. 근데 큰일을 버린 어떤 사람이 일을 버렸습니다. 그 다음은 감옥에 갇히게 되죠? 그렇기 때문에 그 사람이 무죄로 결정이 되면 그 사람은 다시 풀려나올 수 있습니다. 그리고 죄를 지은 사람을 대통령이 풀어줄 수 있다. 저는 생명이 중요하지만 법도 중요하다고 생각합니다. 왜냐하면 법을 지키지 않으면 많은 일이 일어날 수 있기 때문입니다. 예를 들어서 어떤 사람을 죽인다던지 죽인 시체를 토막을 내서 숨긴다던지 여러 일이 발생

	할 수 있습니다.
학급 토론 주제	사형집행이 옳은가?
읽은 책 또는 자료	세계사로 배우는 법 이야기
주요 내용	법의 대한 이야기가 나와 있다.
찬반 결정	찬성
나의 토론 참여 점수	30점
2차 글쓰기	저는 이번 4차 주제인 [사형 집행이 옳은가?]에 저는 찬성합니다. 왜냐하면 큰 죄를 지은 사람을 여러분들은 그냥 내버려두실 겁니까? 아니지 않습니까? 그렇기 때문에 저는 사형 집행이 옳다고 봅니다. 일단 저는 반대 입장입니다. 이유를 설명해드리겠습니다. 예전에도 사형 제도가 실시되었다고 합니다. 근데 이 사형 제도가 지금까지 이어졌다면 범죄율도 줄어들 것 이고, 세상이 평화롭게 될 것입니다. 여러분들은 세상을 평화롭게 살고 싶습니까? 아니면 조금 불안하게 사실 겁니까? 저는 평화로운 쪽을 선택하겠습니다. 왜냐하면 거의는 아니지만 어느 나라는 사형 제도가 없다고 합니다. 이렇게 사형 제도를 하면 여러분들이 더 편하실 겁니다. 그리고 자메이카는 사형을 한다고 합니다. 그렇기 때문에 우리나라도 사형 제도를 실시하여야 한다고 생각합니다. 그리고 지금 우리나라는 사형 제도는 있는데 그것을 사용하지는 않고 있습니다. 저는 사형 제도가 실시되었으면 좋겠습니다. 그리고 사형제도가 범인한테는 무섭지 않을 수가 있습니다. 그리고 오판이 일어날 수 있습니다. 오늘 토론을 하였는데 처음에는 판정단을 하였습니다. 판정단은 토론을 보고 심판하는 것을 말합니다. 그리고 오늘 되게 강권휘님과 김채은님과 이서현님이 토론에 잘 참가하였다. 그리고 두 번째는 반대측 의견을 내는 사람이었다. 근데 왠지 내 행동이 마음이 안 들었다. 근데 다짐을 다음번에는 토론에 잘 참여하려고 마음을 먹었다.
최종 찬반결정	찬성
내가 쓴글 점수 주기	50점
3차 글쓰기	저는 이번 [사형 집행이 옳은가?]에 찬성합니다. 저는 사람의 죄를 깨닫기 위해 찬성을 선택하였습니다. 일단 근거를 들어보겠습니다. 이유는 첫째, 사형을 하면 범죄율이 좀 줄어들 수 있기 때문입니다. 사

형은 범죄를 저지르기 전에, 다시 한 번 생각해 볼 수 있는 강력한 경고 효과를 가집니다. 우리나라의 경우, 형사소송법 465조에 따르면 사형은 형이 확정된 때로부터 6개월 이내에 집행하여야 하고, 법무장관이 집행명령을 내린 때로부터 5일 안에 집행되어야 하는데, 1997년 12월 이후로 단 한건도 사형이 집행되지 않고 있습니다. 사형을 하면 살인 범죄율이 30%가 증가하였습니다. 사형 제도는 범죄예방효과 때문이라도 유지해야 한다고 생각합니다.

둘째, 사형은 목숨을 빼앗아 가는 거라고 생각하시지만 저는 그렇지 않다고 봅니다. 왜냐하면 만약에 A양이 B양을 죽였다고 생각합시다. 그러면 A양이 B양의 목숨을 빼앗아가는 것입니다. 그러면 가해자가 사형이라고 명령이 내려져서 자신이 죽게 되는데 자신의 잘못을 인정하지 않고 그런 행동을 보인다는 것이 저는 정말 슬픕니다. 저는 사람의 목숨도 당연히 중요하지만 이 일에 대한 것에는 사형을 받아야 하고 목숨이 아깝지 않다고 봅니다.

셋째, 사형제도가 있어야 범인들이 죄를 알기 때문입니다. 범인들이 범죄를 저지르고도 잘못을 반성하지 않을 때도 있습니다. 그렇기 때문에 한 번 사형을 받아야 잘못을 인정하기 때문입니다.

결론은 사형 집행이 옳은가에 찬성합니다. 왜냐 수십 명의 사형수가 사형확정 판결을 받고도 그대로 방치되어 있는 사이에 대한민국의 살인범죄는 30% 증가하였습니다. 또한 사형에 비해 상대적으로 경미한 처벌을 받는 경우에 생길 수 있는 유가족들의 보복 범죄 가능성도 줄일 수 있습니다. 따라서 사형제도는 범죄예방효과 때문이라도 유지해야한다는 의견입니다.

글쓴이	김채은
주제	법
읽은 책	아빠, 법이 뭐예요?, 세상에 대하여 우리가 더 잘 알아야 할 교양 – 자본주의
주요 내용	법, 자본주의
내가 정한 토론 주제	①다른 사람을 도우려 법을 어기면 재판을 받지 않는다? ②법이 없었다면 우리나라의 질서는 무너질까?
학급 토론 주제	사형 집행이 옳은가?
토론 주제 점수는	80점
1차	저는 '사형집행이 옳은가?'에 대한 토론주제에 반대하는 입장입니다.

글쓰기	그 까닭은 다음과 같습니다. 첫째는 사람의 생명은 소중하기 때문입니다. 아무리 사람이 잘못을 하였다고 해도 사람의 생명은 소중하고 사람에게는 각각의 권리가 있는데 우리가 그 권리를 빼앗아갈 수는 없습니다. 잘못을 저지른 그 사람이 사형을 하지 않으면 다시 죄를 저지를 것 같다거나 교도소에서 살다가 징역기간이 끝나서 다시 나왔는데 반복해서 똑같은 잘못을 한다면 사람을 사형하는 것이 아니라 감옥에서 감행을 해주지 않고 무기징역으로 판결을 내리는 방법도 좋은 것 같습니다. 둘째는 기회입니다. 사람에게는 기회가 주어지는 것인데 한 번 잘못을 하였다고 사형을 시키는 것은 사람에게 반성할 기회를 주지 않은 것입니다. 잘못한 사람을 사형시킨다고 해서 그 잘못한 상황이 다시 회복 되는 것이 아닙니다. 저는 사람에게 기회를 주어 그 사람이 반성하여 다시 달라져서 착하게 살 수 있도록 두는 것이 좋은 방법일 것 같습니다. 생각해 보십시오. 누가 자신의 가족을 죽였다고 가족을 죽인 사람을 사형하는 것이 옳을까요? 가족을 죽인 사람을 사형시켜도 죽었던 가족은 돌아오지 않습니다. 저는 이러한 상황이 되었을 때 위의 까닭처럼 그 사람에게 기회를 주고 반성을 하게 하여서 착하게 살게 하는 것이 더 나을 것이라고 생각합니다. 저는 이러한 이유에서 '사형집행이 옳은가?'라는 주제에 대하여 반대합니다.
학급 토론 주제	사형집행이 옳은가?
읽은 책 또는 자료	세상에 대하여 우리가 더 잘 알아야 할 교양 – 인권
주요 내용	인권과 사형집행
찬반 결정	반대
나의 토론 참여 점수	90점
2차 글쓰기	저는 '사형집행이 옳은가?'에 대한 토론주제에 반대하는 입장입니다. 그 까닭은 다음과 같습니다. 첫째는 사람의 생명은 소중하기 때문입니다. 아무리 사람이 잘못을 하였다고 해도 사람의 생명은 소중하고 사람에게는 각각의 권리가 있는데 우리가 그 권리를 빼앗아갈 수는 없습니다. 세계 인권 선언 제5조에 보면 "어느 누구도 고문이나 잔인하고 비인도적인 모욕, 형벌을 받아서는 안 된다."라는 말이 있습니다. 저는 살인을 잔인한 형벌이라고 생각하여 사형을 하지 말아야 한다고 생각합니다. 그리고 잘못을 저지른 그 사람이 사형을 하지 않으면 다시 죄를 저지를 것 같다거나 교도소에서 살다가 징역기간이 끝나서 다시 나왔는데 반복해서 똑

같은 잘못을 한다면 사람을 사형하는 것이 아니라 감옥에서 감행을 해주지 않고 무기징역으로 판결을 내리는 방법도 좋은 것 같습니다.

둘째는 기회입니다. 사람에게는 기회가 주어지는 것인데 한 번 잘못을 하였다고 사형을 시키는 것은 사람에게 반성할 기회를 주지 않은 것입니다. 잘못한 사람을 사형시킨다고 해서 그 잘못한 상황이 다시 회복 되는 것이 아닙니다. 저는 사람에게 기회를 주어 그 사람이 반성하여 다시 달라져서 착하게 살 수 있도록 두는 것이 좋은 방법일 것 같습니다. 찬성측 분들 중에는 반성한다고 살인을 시키지 않으면 사람이 반성을 하지 않아도 반성을 한 것처럼 거짓말을 하여서 잘못을 회피 할 수도 있다고 하시는 분들이 계시는데 계속 거짓말을 하다보면 어느 사람이던지 양심의 가책을 느끼기 마련입니다. 계속 거짓말을 하다보면 언젠가는 거짓말이 들통이 나서 진실이 밝혀지기 마련입니다.

셋째는 혹시 모를 상황입니다. 재판을 하는 판사도 사람이기에 잘못 된 판결을 할 수가 있고, 판사가 돈을 받고 잘못 된 판결을 할 수가 있습니다. 판사의 실수로 아무 죄가 없는 사람이 사형집행 판결을 받고 사형 당했습니다. 그 죄 없는 사람이 사형에 처해진 후 그 사람이 무죄라는 것이 밝혀지면 그의 가족들은 억울할 것입니다. 그런 일이 생기지 않으려면 우리는 어떻게 해야 할까요? 사형 제도를 없애야 할 것입니다.

생각해 보십시오. 누가 자신의 가족을 죽였다고 가족을 죽인 사람을 사형하는 것이 옳을까요? 가족을 죽인 사람을 사형시켜도 죽었던 가족은 돌아오지 않습니다. 저는 이러한 상황이 되었을 때 위의 까닭처럼 그 사람에게 기회를 주고 반성을 하게 하여서 착하게 살게 하는 것이 더 나을 것이라고 생각합니다. 그 것이 그 사람을 위한 것이라고도 생각 합니다.

저는 이러한 이유에서 '사형집행이 옳은가?'라는 주제에 대하여 반대합니다. 고맙습니다.

최종 찬반결정	반대
내가 쓴글 점수 주기	80점
3차 글쓰기	저는 '사형집행이 옳은가?'라는 토론 주제에 대하여 반대하는 입장입니다. 제가 그 토론 주제에 찬성하는 이유는 이와 같습니다. 첫째, 사람의 생명은 소중하기 때문입니다. 사람의 생명은 각각 다 소중하고 소중하기에 존중받아야 합니다. 이렇게 소중한 사람의 생명을 빼앗는 것은 그 사람의 권리 곧 인권을 빼앗은 것과 다른 것이 없다고 생각하기 때문입니다. 세계 인권 선언 5조에 보면 "어느 누구도 고문이나 잔인하고 비인도적인 모

욕, 형벌을 받아서는 안 된다." 라고 나와 있습니다. 사형은 여기서 말하는 잔인한 형벌이 아닐까요?

둘째, 기회입니다. 사람에게 기회는 주어집니다. 한번 잘못을 하였다고 하여서 그 사람을 사형 시키는 것은 다시 바르게 살 수 있는 가능성이 있는 사람을 죽이는 것과 같다고 생각합니다. 사람은 반성할 줄 안다는 점에서 동물과 다르게 구분 됩니다. 물론 그 범죄자가 잘못을 뉘우치게 될 확률이 적다고 하더라도 그 적은 확률이 그 사람을 바꿀 수도 있는 것 아니겠습니까? 저는 그 작은 확률이 사람을 바꿀 수도 있다고 생각합니다.

셋째, 오판의 확률입니다. 재판을 하는 판사도 사람이기에 실수를 할 수 있으며 범죄자에게 돈을 받고 잘못 된 판결을 할 수도 있습니다. 그 잘못 된 판결된 무죄인 사람이 사형을 당하고 사형집행이 끝난 후 그 사람이 무죄 판결이 난다면 그 사람의 가족과 지인들은 억울할 것입니다. 저는 그럴 바에는 감옥에 넣고 무죄 판결이 나면 감형을 해주어 풀리게 하는 방법이 좋을 것 같습니다. 그 감옥에 있던 시간도 보상 할 수는 없지만 저는 목숨을 되돌릴 수 없게 빼앗기는 것 보다는 감옥에 있는 것이 더 나은 것 같습니다.

넷째, 사형으로 범죄를 줄일 수는 없기 때문입니다. 사형 제도를 없애고 범죄가 줄어들 수는 있습니다. 하지만 그것이 우연히 될 수도 있습니다. 예를 들어 성범죄자 같은 경우에는 자신의 욕구를 가지고 범죄를 저지릅니다. 절도도 마찬가지로 자신의 물질 적 욕구를 가지고 생기는 범죄입니다. 그런 범죄를 사형으로 해결 시킬 수 있을까요? 저는 그렇지 않을 것이라고 생각합니다. 그 범죄자들은 자기가 범죄를 저지르고 형벌을 받지 않기 위해 피해 다닐 것입니다. 작은 범죄를 저지른 사람도 벌금을 내기 싫어 도망을 다니는데 사형을 받아야 하는 사람도 마찬가지로 도망 다닐 것입니다. 이러한 사람들이 사형제도가 생긴다고 하여서 범죄를 짓지 않는 것이 아닐 것이라고 생각하기 때문입니다.

모든 사람의 생명은 소중하고 심지어 범죄자라도 그의 생명은 소중합니다. 저는 위의 이유와 사람이 사람의 생명을 빼앗아 가는 것은 옳지 않다고 생각하기 때문에 저는 '사형제도가 옳다.' 라는 토론 주제에 대하여 반대합니다. 지금까지 저의 글을 읽어 주셔서 고맙습니다.

글쓴이	박유빈
주제	법
읽은 책	아빠 법이 뭐예요?
주요 내용	법은 사회적인 약속이다 라는 것을 알려주고 있다.
내가 정한	①법대로 살아가는 것이 옳은가?

토론 주제	②법이 있는 것이 옳은가?
학급 토론 주제	사형 집행이 옳은가?
토론 주제 점수는	90점
1차 글쓰기	오늘은 법에 관한 토론 주제를 정하였습니다. 정해진 토론 주제는 사형 집행을 하는 것이 옳은가? 입니다. 그래서 저는 사형 집행을 하는 것이 옳은가에 대해 찬성하는 입장입니다. 　첫째, 죄는 강력하게 처벌해야한다는 것입니다. 물론 죄를 지었다고 사형을 하는 것은 옳지 않은 행동이라고 생각하는 분이 많으시겠지만 피해자의 입장도 생각해봐야 합니다. 죄를 지은 건 사람을 죽이는 행위와 같다고 생각합니다. 옳지 않은 행동을 강력하게 처벌하지 않으면 죄를 짓는 사람들은 우리 사회에서 점점 더 늘어날 것입니다. 　둘째, 진심으로 죄를 뉘우친 사람도 죄책감 속에 살아간다는 것입니다. 강력하게 처벌하지 않고 그 죄를 뉘우칠 때 까지 반성하도록 해도 그 사람은 죄책감 속에 살아가야 할 것입니다. 죄책감 속에 산다는 것은 고통 속에 산다는 것과 같다고 생각합니다. 그렇게 하루하루를 보낼 바 에는 자신의 죄를 인정하고 사형에 처하는 것이 옳다고 생각합니다. 　셋째, 자신의 죄는 인정해야 한다는 것입니다. 자신의 죄를 진심으로 인정하는 것이 가장 중요합니다. 죄를 진심으로 뉘우치고 인정한 사람은 사형에 처하는 것이 맞다 고 생각합니다. 　넷째, 강력하게 처벌하지 않고 넘어 간다면 그 사람은 다시 그 일을 반복할 수 있다는 것입니다. 아무리 인정하고, 반성하고, 뉘우친다고 해도 그 사람은 그 일을 다시 반복할 수 있다고 생각합니다, 그렇게 그냥 넘어 간다면 피해자도 점점 더 늘어나고 가해자 또한 점점 늘어나게 된다면 우리사회는 절대로 평화로워지지 않을 것입니다. 　다섯째, 사형제도가 없다면 세상은 엉망이 될 것입니다. 사형제도가 없다면 그만큼 강력한 법이 없다는 것과 같다고 생각합니다. 강력한 법이 없다면 아마 힘 있는 사람들이 자기 마음대로 하며 살 것입니다. 그렇게 된다면 세상은 엉망이 되고 힘없는 사람은 살아갈 수 없게 될 것입니다. 　죄는 강력하게 처벌해야하고 그런 강력한 처벌이 없다면 세상은 힘 있는 사람들이 자기 마음대로 하고 살 것입니다. 그렇게 된다면 세상은 엉망이 되고 힘없는 사람들은 살아 갈 수 없을 것입니다. 그러므로 저의 최종의견은 사행 집행을 하는 것이 옳은가에 대해 찬성합니다.
학급	사형집행이 옳은가?

토론 주제	
읽은 책 또는 자료	사형제도
주요 내용	사형제도에 대해 자세히 나와 있다
찬반 결정	반대
나의 토론 참여 점수	90점
2차 글쓰기	이번 주제는 법입니다. 그중 토론 주제는 사형집행이 옳은가로 결정 되었습니다. 저는 사형집행이 옳은가에 대해 반대하는 입장입니다. 첫째, 오판입니다. 사형을 선고하는 데 오심이 있을 수 있고, 사형은 한 번 집행된 뒤에는 절대로 되돌릴 수 없습니다. 실제 1950년 영국 런던에서는 티모시 에반스가 자신의 어린 딸과 부인을 살해한 혐의로 교수형을 당했습니다. 에반스는 유죄를 자백했다가 부정하는 등 여러 번 진술을 번복했습니다. 에반스는 지적 장애가 있었는데, 경찰의 강압의 허위 자백을 했던 것입니다. 당시 에반스의 이웃인 존 크리스터 역시 용의자 선상에 올랐으나 알리바이를 제시하고 에반스의 범행을 목격했다는 증언까지 했습니다. 몇 년 뒤에 경찰이 다른 살인 혐의로 존의 집안을 수사하는 중, 존이 티모시 에반스 사건의 진범임이 밝혀졌고 존도 티모시 에반스 사건 당시 허위 진술을 했음을 인정하였습니다. 하지만 아무런 죄가 없는 티모시 에반스는 이미 사형을 당해 이 세상에 없는 사람이었습니다. 이런 오심 사건으로 인해 영국에서는 사형제도가 폐지되었습니다. 재판에서 오심이 생기는데에는 많은 이유가 있습니다. 에반스처럼 정신적인 장애가 있는 사람들은 혼란을 일으키거나 심문에 지쳐 허위로 자백할 수 있습니다. 그러므로 이런 오심이 있을 수 있으니 사형집행에 반대합니다. 둘째, 눈에는 눈 이에는 이라는 구절입니다. 구약시대 율법에는 눈에는 눈 이에는 이 라는 구절이 있었습니다. 하지만 이것은 상대방이 나에게 피해를 준만큼 나도 상대방에게 피해를 주겠다는 부정적인 생각일 뿐입니다. 자신이 피해를 받았다고 그 피해를 다시 상대방에게 고스란히 돌려준다는 건 분명 옳지 않은 행동이라고 생각합니다. 셋째, 어느 그 누구도 생명을 빼앗을 권리는 없다는 것입니다. "법은 사람을 죽이는 것을 방지해야 할 존재 가치가 있어야 하는 데, 오히려 법이 사람을 죽이는 것을 허락하고 있다"라고 실제 영국의 형법학자인 체사레 베카리아께서 말씀하셨습니다. 이렇게 생명은 어느 그 누구도 빼앗을 권리는 없다고 생각합니다. 넷째, 사형제도는 합법적 살인과 같다는 것입니다. 보통 사형제도가 있으면 범죄를 예방하는데 도움이 된다고 생각하시는데 사형은 잔인하고 고

	통스러운 형벌입니다. 그러므로 사형제도는 오히려 사회를 폭력적으로 만들 수 있다고 생각합니다. 　사형을 선고하는데 오심이 생길 수 있고 한번 집행된 뒤에는 되돌릴 수 없습니다. 또한 그 어느 누구도 생명을 빼앗을 권리는 없다고 생각합니다. 그러므로 이번 사형 집행이 옳은가에 대해 반대합니다.
최종 찬반결정	반대
내가 쓴글 점수 주기	90점
3차 글쓰기	이번 주제 법입니다. 그중 토론 주제는 사형집행이 옳은가로 결정 되었습니다. 저는 사형집행이 옳은가에 대해 반대하는 입장입니다. 　첫째, 오판입니다. 사형을 선고하는 데 오심이 있을 수 있고, 사형은 한번 집행된 뒤에는 절대로 되돌릴 수 없습니다. 실제 1950년 영국 런던에서는 티모시 에반스가 자신의 어린 딸과 부인을 살해한 혐의로 교수형을 당했습니다. 에반스는 유죄를 자백했다가 부정하는 등 여러 번 진술을 번복했습니다. 에반스는 지적 장애가 있었는데, 경찰의 강압의 허위 자백을 했던 것입니다. 당시 에반스의 이웃인 존 크리스터 역시 용의자 선상에 올랐으나 알리바이를 제시하고 에반스의 범행을 목격했다는 증언까지 했습니다. 몇 년 뒤에 경찰이 다른 살인 혐의로 존의 집안을 수사하는 중, 존이 티모시 에반스 사건의 진범임이 밝혀졌고 존도 티모시 에반스 사건 당시 허위 진술을 했음을 인정하였습니다. 하지만 아무런 죄가 없는 티모시 에반스는 이미 사형을 당해 이 세상에 없는 사람이었습니다. 이런 오심 사건으로 인해 영국에서는 사형제도가 폐지되었습니다. 재판에서 오심이 생기는 데에는 많은 이유가 있습니다. 에반스처럼 정신적인 장애가 있는 사람들은 혼란을 일으키거나 심문에 지쳐 허위로 자백할 수 있습니다. 그러므로 이런 오심이 있을 수 있으니 사형집행에 반대합니다. 　둘째, 눈에는 눈 이에는 이 라는 구절입니다. 구약시대 율법에는 눈에는 눈 이에는 이 라는 구절이 있었습니다. 하지만 이것은 상대방이 나에게 피해를 준만큼 나도 상대방에게 피해를 주겠다는 부정적인 생각일 뿐입니다. 자신이 피해를 받았다고 그 피해를 다시 상대방에게 고스란히 돌려준다는 건 분명 옳지 않은 행동이라고 생각합니다. 　셋째, 바로 인권입니다. 인간이 가지고 있는 권리 중 가장 소중한 것은 생명이라고 생각합니다. 어느 그 누구도 생명을 빼앗을 권리는 없으며 존중받아할 가치가 있습니다. "법은 사람을 죽이는 것을 방지해야 할 존재 가치가 있어야 하는 데, 오히려 법이 사람을 죽이는 것을 허락하고 있다"

라고 실제 영국의 형법학자인 체사레 베카리아께서 말씀하셨습니다. 이렇게 법 또한 사람의 생명을 판단하고 있습니다. 어느 그 누구도 생명에 대해서 판단할 수 없으며 인간이 가지고 있는 권리는 존중해야 합니다. 사형은 생명을 앗아가는 행위와 같으며 합법적 살인과 같기 때문에 반대합니다.

넷째, 사형제도는 합법적 살인과 같다는 것입니다. 어찌되었건 간에 사형은 살인과 다름없으며 생명을 앗아가는 행위입니다. 물론 가해자도 피해자의 생명을 빼앗아 가긴 했으나 그렇다고 해서 자신이 피해 받은 것만큼 고스란히 다시 되돌려 준다는 것은 옳지 않은 행동이라고 생각 합니다.

다섯째, 기회입니다. 사람은 언제나 실수 할 수 있고 그만큼의 기회를 줘야합니다. 하지만 강력한 범죄는 물론 그만큼의 처벌이 있어야 하지만 그 사람도 사람이며 인권을 존중받아야 합니다. 강력한 범죄를 저질렀다고 해도 최소한의 생명은 존중해 주어야 한다는 것입니다. 굳이 사형을 선고하지 않아도 무기징역 같은 강력한 형벌이 있습니다. 가해자에게도 사죄를 할 수 있는 기회를 줘야합니다. 정말 깊이 반성하고 깊이 사죄하고 깊이 생각한다면 피해자의 유가족들도 그의 마음을 헤아려 줄 것입니다. 하지만 그런 기회조차도 주지 않고 사형을 선고 한다면 잘못된 행동이라고 생각합니다. 그렇기 때문에 반대합니다.

여섯째, 사죄입니다. 가해자가 사죄를 했는데도 불구하고 사형을 처하게 하는 것은 잘못된 행동입니다. 반성할 기미조차 없을 때에는 우선 기회를 줘야합니다. 그 기회마저 앗아간다면 그것은 인권을 침해하는 것과 같습니다. 인권을 존중해 준다면 가해자도 정말 깊이 반성할 것입니다. 그러므로 사형이 옳은가에 대해 반대합니다.

사형을 선고하는데 오심이 생길 수 있고 한번 집행된 뒤에는 되돌릴 수 없습니다. 또한 생명은 그 어느 누구도 생명을 빼앗을 권리는 없으며 존중받아야 할 가치가 있습니다. 사형은 생명을 빼앗는 행위와 같으며 합법적 살인과 같습니다. 반성할 수 있는 기회를 줘야하고 인권을 존중해 주어야합니다. 그러므로 이번 사형 집행이 옳은가에 대해 반대합니다.

글쓴이	박초언
주제	법
읽은 책	아빠 법이 뭐예요?
주요 내용	법은 어떤 일을 판결하는 것이다.
내가 정한	①법은 규정이 한정되어 있어야만 하나?

토론 주제	②법은 판사 말고 변호인이 하면 안 되나?
학급 토론 주제	사형 집행이 옳은가?
토론 주제 점수는	50점
1차 글쓰기	이번 4차 주제의 1차 토론은 "법"에 대한 토론 주제입니다. 〈사형 집행이 옳은가?〉입니다. 저는 "사형 집행이 하는 것이 옳은 가?"라는 토론 주제에 찬성합니다. 그 이유는 다음과 같습니다. 첫째, 여러분들은 사형집행이 어떤 것 과 같다고 생각하십니까? 저는 정당방위와 같다고 생각합니다. 그 이유는 사형 집행은 가해자가 피해자를 죽일 정도로 괴롭히고 때리는 것입니다. 그리고 사형집행은 사형을 시키라고 말하는 것입니다. 그렇기 때문에 저는 사형 집행이 정당방위와 사형집행이 같다고 생각합니다. 둘째, 죄를 지은 사람은 그 죄 값에 대한 마땅한 처벌을 받아야 한다고 생각합니다. 죄를 지었을 때, 사형은 안 된다고 생각하지만 죄 값은 치러야 함으로 죄값을 치루는 대신 사형 집행을 하면 안 된다고 생각합니다. 셋째, 사형제도의 실시하였습니다. 사형제도는 큰 범죄를 지은 사람들이나 많은 범죄를 지은 사람이 받는 형벌 입니다.
학급 토론 주제	사형집행이 옳은가?
읽은 책 또는 자료	아빠 법이 모예요? 이재만 변호사의 리틀 로스쿨
주요 내용	법은 공기와 같다, 법을 지켜야 하는 이유.
찬반 결정	반대
나의 토론 참여 점수	90점
2차 글쓰기	오늘의 4차토론 2차 주제 〈사형집행이 옳은가?〉라는 토론 주제입니다. 저는 〈사형집행이 옳은가?〉라는 토론 주제에 반대 합니다. 그 이유는 다음과 같습니다. 첫째. 보통사람들은 법이 자기와 상관없다고 생각하기 쉽지만 법은 공기와 같습니다. 그러므로 법적 상식을 조금이나마 알고 있어야 살수도 없고 실수도 덜 봅니다. 제가 이 글에서 법은 공기와 같다고 하였습니다. 그 이유는 무엇일까요? 저는 이렇게 생각합니다. 지금 우리가 사는 세상에 공기가 없으면 우리가 살수 없고 나라가 엉망이 될 것이고, 무질서 해지는 등 여러 가지의 혼란들이 올 것입니다. 그럼 법이 없다면 어떻게 될까요? 공기가 없듯이 무질서 해지고 나라가 엉망이

	될 것입니다. 그렇기 때문에 저는 법이 공기와 같다고 한 것입니다. 　둘째. 위의 글에서 보통 사람들은 법이 자기와 상관이 없다고 생각한다고 말을 했습니다. 그렇게 말한 이유는 사람들은 심리적으로 이렇게 생각합니다. "나는 법을 잘 지키고 있으니까 법은 나와 상관이 없어."라고 생각하는 사람들이 있습니다. 하지만 그건 잘못 된 생각입니다. 　그 이유는 사람은 언제든지 법을 지키지 못 할 수 있습니다. 　셋째. 저는 사형집행을 하면 안 된다고 생각합니다. 그 이유는 사람은 생명이고 그 생명은 누구도 뺏고 망가트릴 수 없다고 생각합니다. 　그러므로 저는 사형집행을 하는 것 이 옳지 않다고 생각합니다.
최종 찬반결정	반대
내가 쓴글 점수 주기	80점
3차 글쓰기	오늘의 4차토론 3차 주제 〈사형집행이 옳은가?〉라는 토론 주제입니다. 저는 〈사형집행이 옳은가?〉라는 토론 주제에 반대 합니다. 그 까닭은 다음과 같습니다. 　첫째, 보통사람들은 법이 자기와 상관없다고 생각하기 쉽지만 법은 공기와 같습니다. 그러므로 법적 상식을 조금이나마 알고 있어야 살수도 없고 실수도 덜 봅니다. 제가 이 글에서 법은 공기와 같다고 하였습니다. 그 이유는 무엇일까요? 저는 이렇게 생각합니다. 지금 우리가 사는 세상에 공기가 없으면 우리가 살수 없고 나라가 엉망이 될 것이고, 무질서 해지는 등 여러 가지의 혼란들이 올 것입니다. 그럼 법이 없다면 어떻게 될까요? 공기가 없듯이 무질서 해지고 나라가 엉망이 될 것입니다. 그렇기 때문에 저는 법이 공기와 같다고 한 것입니다. 　둘째, 위의 글에서 보통 사람들은 법이 자기와 상관이 없다고 생각한다고 말을 했습니다. 그렇게 말한 이유는 사람들은 심리적으로 이렇게 생각합니다. "나는 법을 잘 지키고 있으니까 법은 나와 상관이 없어."라고 생각하는 사람들이 있습니다. 하지만 그건 잘못 된 생각입니다. 그 이유는 사람은 언제든지 법을 지키지 못 할 수 있습니다. 　셋째, 저는 사형집행을 하면 안 된다고 생각합니다. 그 이유는 사람은 생명이고 그 생명은 누구도 뺏고 망가트릴 수 없다고 생각합니다. 그러므로 저는 사형집행을 하는 것 이 옳지 않다고 생각합니다. 　넷째, 생명의 주인은 자신의 것이기 때문입니다. 사람의 생명은 누구의 것이라고 생각하십니까? 혹시 여러분들은 사람의 생명이 누구의 것 이라고 생각하십니까? 전 생명은 자신의 것 이라고 생각합니다. 그 이유는 사람이 자살을 하고 싶을 때, 누군가의 허락을 받습니까? 그렇지 않습니다.

그렇기 때문에 생명은 자신의 것 이라고 생각합니다. 물론 자신의 생명은 자신의 것 이지만 그렇다고 재판장에서 판사가 "이 사람을 사형시켜라" 라고 말하는 것 도 어떻게 보면 사람들의 생명을 판사들이 가지고 논다는 것 입니다. 그렇기 때문에 저는 사람의 생명은 누구도 빼앗을 수 없다고 생각합니다.

다섯째. 오판입니다. 오판은 재판을 잘못 하는 것입니다. 예를 들어서 판사가 재판을 하기 전, 가해자 또는 가해자의 부모님 등 판사에게 뇌물을 받고 피해자는 죄가 없지만 감옥에 넣는 다 던지 등을 오판이라고 합니다.

그렇기 때문에 저는 사형집행이 옳지 않다고 생각합니다. 그리고 법은 공기와 같고, 법은 다른 사람들은 자신과 상관이 없다고 생각합니다. 또 사형집행을 한다면 사람의 생명을 마음대로 가지고 놀고 빼앗아 가는 것 이라고 생각합니다. 그러므로 저는 사형집행이 옳은가? 라는 이번 토론 주제에 반대 하는 입장입니다.

글쓴이	박혜연
주제	법
읽은 책	이재만 변호사의 리틀 로스쿨, 소법전
주요 내용	법에 대한 내용, 강등과 분쟁을 해결해 주는 법에 대한 내용
내가 정한 토론 주제	①증거 재판 주의가 옳은 것인가? ②남의 꽃을 자주 꺾는다고 절도죄에 해당되는 것이 옳은 법인가?
학급 토론 주제	사형 집행이 옳은가?
토론 주제 점수는	100점
1차 글쓰기	이번 4차 주제 1차 토론의 주제는 지난주에 정했던 "법"이었고 오늘 정하게 된 토론 주제는 "사형 집행이 옳은가?"로 선택 되었습니다. 저는 "사형 집행이 옳은가?"라는 토론주제에 대해 찬성합니다. 그 이유는 다음과 같습니다. 첫째, 저는 사형도 정당방위와 같다고 생각합니다. 왜냐하면 대부분 사형은 피고인이 사람을 죽여서 내리는 경우입니다. 정당방위는 상대가 나한테 피해를 입힌 만큼 되돌려 줄 수 있다고 알고 있습니다. 피해자는 이미 죽어서 되돌려 줄 수 없지만 판사나 변호사 등등 여러 법과 관련된 사람들께서 대신 돌려주어야 정정당당한 것 이라고 생각하기 때문입니다. 둘째, 생명은 소중하기 때문입니다. 어떤 사람이나 사람의 생명은 중요

합니다. 피고인도 피해자도 다 생명은 소중합니다. 그러나 피고인은 피해자의 소중한 생명을 해친 사람입니다. 물론 그런 사람의 생명도 소중하지만 아까 적었다 시피 사람의 소중한 생명을 해친 사람의 생명은 소중하다기 보다 피해자의 가족이 보면 소중하지 않을 수 있습니다. 저는 피해자의 가족은 아니지만 사람을 죽인 사람의 생명은 소중하지 않다고 봅니다.

셋째, 대통령이 풀어줄 수 있기 때문입니다. 현재 법에는 대통령의 권한으로 교도소에 있는 사람을 풀어 줄 수 있습니다. 만약 대통령이 교도소에 있는 사람을 죽인 살인자를 풀어주었다면 살인자는 풀려나와서 사람을 죽이는 행위를 계속 반복할 수 있기 때문입니다.

저는 이런 이유로 인해 사형 집행이 옳다고 생각합니다. 정당방위와 같이 똑같이 피해를 입어야 하고, 피해자의 소중한 생명을 해쳤으므로 사형 집행을 해야 합니다. 그리고 대통령이 풀어줄 수 있기 때문에 사형 집행을 해야 한다고 생각합니다. 만약 여러분의 가족이 어떤 분의 의해 돌아가신다면 여러분의 가족을 해친 사람을 가만히 내버려두실 건가요? 저는 사형 집행을 해야 한다고 생각합니다. 고맙습니다.

학급 토론 주제	사형집행이 옳은가?
읽은 책 또는 자료	인터넷, 소법전
주요 내용	법률에 대한 내용
찬반 결정	찬성
나의 토론 참여 점수	90점
2차 글쓰기	4차 주제 1차 토론의 주제는 2주 전에 정했던 "법"이었고, 지난주에 정하게 된 토론 주제는 "사형 집행이 옳은가?"로 선택되었습니다. 저는 "사형 집행이 옳은가?"라는 토론주제에 대해 찬성을 할까?, 반대를 할까? 에 대해 엄청 고민을 했습니다. 왜냐하면 찬성은 지금까지 찬성으로 해 왔고, 반대보다는 비교적 준비내용이 많기 때문입니다. 그러나 반대에는 어머니의 삼촌께서 억울하게 교도소에 계실 뻔했던 실제 사례가 있었기 때문입니다. 고민을 한 후 저는 찬성으로 결정했습니다. 왜냐하면 자료도 많고, 저는 찬성이 마음이 더 갔기 때문입니다. 찬성인 이유는 다음과 같습니다. 첫째, 정당방위입니다. 저는 사형도 정당방위와 같다고 생각합니다. 그 이유는 정당방위란 상대가 나한테 피해를 입힌 만큼 되돌려 주는 것입니다. 피해자는 이미 살해를 당해서 되돌려주지는 못하지만 변호사, 검사, 판사 등의 법과 관련된 분들께서 도와주시면 피해자는 죽어서도 억울하지

않고, 정정당당한 것이기 때문입니다. 그러므로 저는 사형을 집행해야 한다고 생각합니다.

둘째, 존엄성입니다. 그 이유는 피의자는 이미 피해자의 존엄성을 침해하였으므로 그들에게까지 존엄성을 지켜줄 필요가 없다고 생각합니다. 또한 살인자들의 존엄성을 지켜준다면 피해자들이 그들에게 침해당한 존엄성은 지켜주지 못하게 됩니다. 그러므로 저는 사형을 집행해야 한다고 생각합니다.

셋째, 피해자의 생명이 가해자의 생명보다 더 무겁기 때문입니다. 그 이유는 타인의 생명을 빼앗은 사람에게 그 사람의 생명을 빼앗지 않고 살려두는 형벌을 내리는 것은 결국 가해자의 생명에 더 무게를 두는 판단으로 똑같은 생명이라는 평등원칙에 위배되기 때문입니다. 그러므로 저는 사형을 집행해야 한다고 생각합니다.

넷째, 공포심입니다. 그 이유는 공포심 때문에 범죄를 사전에 막을 수 있습니다. 사형을 집행한다는 법이 생긴다면 범죄자들은 자기가 죽는 것을 알고 사람을 죽이는 것 외에는 자신이 죽는 것이 무서워 범죄가 줄어들 것이라고 생각합니다. 그러므로 저는 사형을 집행해야 한다고 생각합니다.

저희 어머니의 외삼촌께서는 차를 운전하시다가 횡단보도에서 멈추시고 신호를 기다리시는데 어떤 분께서 자전거를 속도내시며 지나가시다가 외삼촌의 차를 치시고 뇌진탕으로 돌아가셨습니다. 외삼촌께서는 직접 치시는 않으셨지만 어쨌든 자전거 타시던 분께서 외삼촌의 차에 치여 돌아가셔서 다행히 공탁금을 내고 교도소에서 일찍 나오셨지만 만약 공탁금을 내지 않으셨다면 고의는 없이 억울하게 교도소에 계속 계실 뻔했습니다. 사형 집행이 저희 어머니의 삼촌분과 같이 억울한 사람이 당하게 된다면 그건 안 맞지만, 확실히 고의사실의 있다는 증거가 있다면 죽어야 마땅합니다. 그러므로 저는 정당방위, 존엄성, 피해자의 생명의 무거움, 공포심이라는 이유로 저는 찬성합니다.

저는 이번 토론시간에는 반대와 심판역할을 해 보았습니다. 준비한 자료가 더 많은 찬성역할을 못 해 보아서 조금 아쉽기는 했지만, 저에게는 어머니의 삼촌분의 실제 이야기가 있으므로 반대에서도 잘 해본 것 같습니다. 이번에 준비를 잘 해왔기 때문에 잘 해본 것 같습니다. 다음에도 준비를 잘 해오겠습니다.

최종 찬반결정	찬성
내가 쓴글	100점

점수 주기	

3차
글쓰기
	4차 주제 1차 토론의 주제는 3주 전에 정했던 "법"이었고, 2주전에 정하게 된 토론 주제는 "사형 집행이 옳은가?"로 선택되었습니다. 저는 "사형 집행이 옳은가?"라는 토론주제에 대해 확실히 찬성합니다. 그 이유는 다음과 같습니다.
	    첫째, 정당방위입니다. 저는 사형도 정당방위와 같다고 생각합니다. 그 이유는 정당방위란 상대가 나한테 피해를 입힌 만큼 되돌려 주는 것입니다. 피해자는 이미 살해를 당해서 되돌려주지는 못하지만 변호사, 검사, 판사 등의 법과 관련된 분들께서 도와주시면 피해자는 죽어서도 억울하지 않고, 정정당당한 것이기 때문입니다. 그러므로 저는 사형을 집행해야 한다고 생각합니다.
	    둘째, 존엄성입니다. 그 이유는 피의자는 이미 피해자의 존엄성을 침해하였으므로 그들에게까지 존엄성을 지켜줄 필요가 없다고 생각합니다. 또한 살인자들의 존엄성을 지켜준다면 피해자들이 그들에게 침해당한 존엄성은 지켜주지 못하게 됩니다.
	    셋째, 피해자의 생명이 가해자의 생명보다 더 무겁기 때문입니다. 그 이유는 타인의 생명을 빼앗은 사람에게 그 사람의 생명을 빼앗지 않고 살려두는 형벌을 내리는 것은 결국 가해자의 생명에 더 무게를 두는 판단으로 똑같은 생명이라는 평등원칙에 위배되기 때문입니다.
	    넷째, 공포심입니다. 그 이유는 공포심 때문에 범죄를 사전에 막을 수 있습니다. 사형을 집행한다는 법이 생긴다면 범죄자들은 자기가 죽는 것을 알고 사람을 죽이는 것 외에는 자신이 죽는 것이 무서워 범죄가 줄어들 것이라고 생각합니다.
	    다섯째, 세금의 낭비입니다. 우리나라에서는 1998년 이후 사형이 실질적으로 10년 이상 시행되지 않는 잠정 사형폐지 국가이긴 하지만 사형 형벌을 내리고는 있습니다. 그러면 이러한 사형을 형벌로 받은 사람들은 어떻게 있느냐? 바로 미결수처분으로 교도소에 일반 수감자들과 같은 처우를 받고 있으며 그 복지비용이 연간 사형수 한명 당 160만원이 사용되고 있으며 해가 지날수록 사형수는 늘어나 그 돈은 늘어나고 있습니다. 이 경우는 국민의 비난을 받아 마땅한 수준의 흉악한 범죄를 저지른 사형수들이 국민의 세금으로 교도소에서 편히 지나게 됩니다. 다른 일에 사용될 수 있는 국민의 세금을 낭비하는 것은 옳지 않다고 생각합니다.
	    여섯째, 범죄자들의 행동입니다. 범죄자들은 이미 달른 사람의 인권과 자유 권리를 무자비하게 짓밟은 사람입니다. 용서 받을 수 없는 범죄를 저지른 사형수들을 사형시키는 것은 범죄에 대한 경각심을 불러일으키고

나라의 질서 유지를 위한 것으로 충분히 타당하고 집행 가능한 형벌이라고 생각합니다.

일곱째, 오판의 가능성입니다. 인간이기에 오판을 할 수도 있다는 것은 인정하나, 법관이 증거를 수집하여 사형이라는 선고형을 결정하기까지 실체진실의 발견과 적정절차의 원리, 재판의 원칙에 입각하여 재판을 진행한 것이므로 오판의 가능성은 적습니다. 최근 과학적인 수사로 오판이 점점 감소해가는 추세입니다.

저는 정당방위, 존엄성, 생명의 무게, 공포심, 세금의 낭비, 범죄자들의 행동, 오판의 가능성이라는 근거로 찬성합니다. 마지막으로 반대 측에게 질문을 하겠습니다. 님들의 범죄자의 인권이라는 의견에 대해 질문하겠습니다. 범죄자도 사람이기에 인권이 존재합니다. 또 피해자에게도 마찬가지로 인권이 존재합니다. 반대 측의 의견대로 사형집행을 안 하면 피해자는 인권이 없기에 그렇게 죽어야만 하는 것이었습니까?, 또 살인으로 인해 남은 유가족의 인권은 없기에 그런 처우를 받아야 하는 것 입니까? 저는 이런 이유로 찬성합니다.

이번 토론시간에서는 의견을 잘 말했던 것 같았고, 혹시 몰라서 반대 측의 의견까지 준비했는데 이번에는 반대 측으로 갈 기회가 없어서 아쉬웠고, 그래도 준비를 많이 해 왔으므로 잘 참여했던 것 같습니다.

글쓴이	이서현
주제	법
읽은 책	아빠, 법이 뭐예요?
주요 내용	사회생활에서 지켜야 할 법, 또는 그 외 법들
내가 정한 토론 주제	①법이 없었어도 우리의 생활은 지금 같았을까? ②다른 사람을 도우려고 법을 어기는게 되는가?
학급 토론 주제	사형 집행이 옳은가?
토론 주제 점수는	70점
1차 글쓰기	저는 '사형 집행이 옳은가?' 라는 토론 주제에 찬성합니다. 전 사실 처음부터 찬성을 하지 않았습니다. 반대 입장에 서있었는데. 1:1 하브루타를 통해 입장이 바뀌었습니다. 제가 찬성하는 이유는 다음과 같습니다. 첫 번째. 일단 제가 찬성을 선택한 까닭은 '생명'입니다. 제가 처음에 반대 입장에 선 이유는 이 것이었습니다. 생명. 생명이 ' 중요하다 ', 이것 때문에 반대 입장에 서게 되었었는데 찬성의 입장을 든 분들의 말을 들으

니까 생각이 딱 바뀌는 것입니다. 너무 '생명'만 앞서게 돼서 그 사람을 죽이지 않고 풀리게 한다면 그 사람이 다시 일을 일으킬 수 있다는 점입니다.

두 번째. 우리나라의 사형 집행 문제입니다. 우리나라는 현재 사형 집행은 있지만, 안 내린다는 점입니다. 이렇게 사형을 안 내리고 놔두면 교도소 안에서도 문제를 일으킬 수 있기 때문입니다. 이러한 사람들이 있는데 사형을 안 내리면 우리 사회가 더 망가질 수 있다고 생각합니다. 그리고 또 풀릴 수도 있긴 한데, 이 확률은 아예 사람이 바뀌었거나, 병이 걸려 나오는 확률이라 합니다. 만약에 이 사람을 풀려도 된다라고 내려 그 사람을 풀린다고 가장 해보자면, 그 사람이 사회에 나가서 잘 살 수 있다고 생각합니까? 사람을 죽인 사람을 그 누가 쉽게 다가가겠습니까. 그리고 이 사람이 사회에 나가 또 일을 일으켜서 교도소로 오게 된다면 또 이 사람은 사형 집행을 내리고 하지 않을 겁니다. 이러할 바에는 그냥 사형을 내려 죽이는 것이 옳다고 생각합니다. 그래야 우리나라 사회도 잘 풀려 나갈 것이라고 생각합니다.

이러한 이유로 저는 '사형 집행이 옳은가?'라는 토론주제에 반대합니다.

학급 토론 주제	사형집행이 옳은가?
읽은 책 또는 자료	아빠, 법이 뭐에요?
주요 내용	사회에서 지켜야 할 법들, 그 외 법들
찬반 결정	찬성
나의 토론 참여 점수	90점
2차 글쓰기	저는 4차 주제 '사형 집행이 옳은가?'에 대해 찬성합니다. 제가 이 주제에 찬성하는 이유는 다음과 같습니다. 첫 번째, 인권입니다. 오늘 2차 토론에서 이 주제에 반대하는 분들이 '사람의 생명은 소중하고, 사형 집행은 즉 그 사람의 인권을 침해하는 이유로 범죄 이다.'라는 주장이 많이 나와 있었는데, 이런 식으로 치면 그 범죄를 일으킨 사람도 사람을 죽인 것으로 인권을 침해 한 것이 아닙니까? 그리고 무조건 '생명'만 앞서다 보면 사회가 더 복잡해지고, 어지러워질 수도 있습니다. 만약 사형 집행을 하려는 사람에게 오직 '생명'만 중요하다는 이유로, 포기하고 무기징역으로 쳤다 칩시다. 또 만약 이 사람이 교도소 안에서 모범적인 행동을 해 형이 깎아 져 나왔다고 합시다. 이 사람이 모범적인 행동을 보여 나왔음에도 불구하고 또 범죄를 일으킬 수 있고, 그 사람이 제대로 반성을 하고 나온 건지 아님 나가기 위해서 속임

	을 한건지 누가 압니까?
	두 번째, 마땅한 벌입니다. 만약 어떤 범죄자가 여러분들의 부모님을 죽였다고 가장해봅시다. 화가 납니까? 누가 자기 부모를 죽었다 하면 당연히 화가 나기 마련이겠죠. 이 사람을 사형 집행을 하려는데 단지 '인권' 문제로 막았다하면, 이 사람도 여러분의 부모님을 죽인 것으로 침해 한 것이 아닙니까? 이런 사형 집행이란 법이 없으면 사회가 잘 안돌아갈 것이라고 생각합니다. 이 사람이 다른 사람의 생명을 빼앗은 것이니 그에 마땅한 벌을 줘야 한다고 생각합니다.
	세 번째, 오판 문제입니다. 많은 반대 분들이 '오판이 일어나 오히려 죽은 사람은 억울하고, 그의 가족도 억울할 것이다' 이런 오판 문제가 많이 일어날 것이라고는 생각 안 합니다. 그리고 이 사람이 다른 사람을 죽였는데 억울할 것은 없다고 생각합니다. 만약 사형 집행이 만들어져 한다고 하면 오판 문제는 잘 안 일어날 것 같습니다. 재판은 3번을 하게 되는데 만약 자신이 진짜 반성을 했다면 이 재판에서 자신이 진짜 반성했다는 걸 보여주겠죠. 오히려 이 죽은 가족들보다 피해자의 가족들은 속이 후련할 것 이라고 생각합니다.
	이러한 이유로 저는 4차 주제 '사형 집행이 옳은가?'에 찬성하는 바입니다.
최종 찬반결정	찬성
내가 쓴글 점수 주기	80점

3차
글쓰기
	저는 4차 주제 ' 사형 집행이 옳은가? '에 대해 찬성합니다. 제가 이 주제에 찬성하는 이유는 다음과 같습니다.
	  첫 번째, 인권입니다. 이번 마지막 3차 토론에서 반대하시는 분들이 또 인권이랑 관한 주장들을 펼치셨는데, 그중에 제가 제일 기억에 남는 것은 '사람은 사람을 죽이면 안 되고, 법이 사람을 죽이는 것은 옳은건가?' 라는 주장이었습니다. 이 주장대로 법도 사람을 죽이면 안 되는 것이지만, 강력범죄 같은 큰 범죄를 지은 사람들은 충분히 사형집행을 내려도 된다고 생각합니다. 이 범죄자의 '인권'을 위해 사형을 안 내리고 무기징역으로 내렸다 하면 뭐 모범적인 행동을 보여서 형이 깎아져 나갈 수도 있겠지만, 이런 사람들이 사회를 나가서 다시 잘 행동을 할 경우는 적습니다. 한마디로 이런 사람들은 나가서 다시 범죄를 일으킬 확률이 높다는 얘기죠.
	  두 번째, 존중입니다. 저는 이 사형제도가 유가족들에 대한 최소한의 존중이라고 생각합니다. 사형을 선고당한 범죄자들은 대부분 다른 사람들의

생명을 앗아갔고, 또한 피해를 당한 피해자들의 많은 유가족들의 인권도 앗아간 셈입니다. 이런 피해자 또는 그들의 유가족들은 이 범죄자들에게 의해 심리적, 물리적 고통을 받습니다. 이러한 이유로 사형제도는 심리적, 물리적 고통을 받는 유가족들에 대한 최소한의 존중, 또한 배려라고 생각합니다.

세 번째, 마땅한 벌입니다. 잘못을 저지른 사람은 반드시 벌을 받게 되어 있습니다. 아무리 숨겨도, 포장해도 언젠가는 밝혀질 사실이죠. 예를 들어 어떤 범죄자가 여러분들의 부모님을 죽였다고 가정을 해봅시다. 화납니까? 누가 자기 부모를 죽였다 하면 당연히 화가 나기 마련이겠죠. 이 사람을 사형 집행을 하려는데 단지 ' 인권 '문제로 막았다하면, 이 사람도 여러분의 부모님을 죽인 것으로 여러분과 부모님의 인권을 침해한 것이 아닙니까? 저는 저의 부모님이 범죄를 저질러 사형 집행을 한다하면 받아드릴 것 습니다. 슬프겠지만 한 쪽으로는 마땅한 벌이라고 생각하며 받아드릴 것 같습니다. 이런 것들로 사형 집행이란 법이 없으면 사회가 잘 안돌아갈 것이라고 생각합니다. 범죄자는 점점 늘어나는데 막상 사형 시키는 죄수들은 없고, 국민들의 두려움만 점점 커갈 것이라고 생각합니다.

네 번째, 비용입니다. 많은 반대 분들의 의견인 '단지 비용 때문에'에 저도 그렇게 막 생각하지는 않지만 그들로 인해 피해를 본 것은 우리들인데 사형수가 늘어남에 따라 우리가 식비를 포함한 의료비, 수용비. 연료비 등등을 내야합니까? 사형을 한다면 비용이 그나마라도 적어질 것이라고 생각합니다. 그리고 세금을 내는 국민들의 부담도 적어질 것이라고 생각합니다. 그렇다고 저도 단지 돈 때문에 사람의 생명을 앗아가는 건 아니라고 보지만, 법에서 사람의 생명을 막 앗아가겠습니까? 정확한 수사와 판정으로 결정을 하겠죠. 위에도 제가 말했듯이 강력범죄자들은 나가서 바르게 생활 할 확률이 적고, 다시 들어올 확률이 높습니다. 이래서 전 이렇게 행동 할 범죄자들에게 국민들에게 세금부담을 얹히는 것은 옳지 않다고 생각합니다.

다섯 번째, 오판 문제입니다. 저번 2차 토론과 같이 이번 3차 토론에도 '오판' 이라는 주장들이 나왔습니다. 이런 오판은 일어나기도 하겠지만 매우 적지 않을까라는 생각이 듭니다. 사형제도가 있다 해도 오판 문제는 사실상 별로 없을 거라고 생각이 듭니다. 재판을 3번씩 하는데 만약에 그 범죄자가 자기가 진짜 누명을 뒤집어써서 억울하다면 그 3번의 재판에서 자신이 억울하다는 모든 것을 보여주지 않을까라는 생각도 듭니다.

인권 문제로 막는 것은 그 범죄자도 피해자의 인권을 빼앗은 것이기 때문에 저는 인권으로 막는다는 것은 옳지 않다고 생각합니다. 또 사형제도는 피해자들과 그들의 유가족들에게 최소한의 배려이며 조금이라도 그들의 한이 풀릴 것이라고 생각합니다. 사형집행을 그냥 하는 것이 아니라 범죄를 일으킨 그들에게 마땅한 벌을 준다고 생각해야 합니다. 반대 분들에게 많이 나온 주장들 중에 또 사형은 또 다른 살인행위라는데 살인행위가 아니라 마땅한 벌이라고 저는 생각합니다. 단지 비용 때문이 아니라 그들에게 하는 마땅한 벌입니다. 오판 문제는 사실상 저는 별로 안 일어날 것이라고 생각합니다. 요즘은 수사도 거의 정확하기 때문에 오판은 확률이 적다고 생각합니다. 오늘 3차 토론에서 더 많은 내용들을 얻게 되었고, 반대 분들의 의견도 좋은 것들이 많아서 살짝 끌리기도 했지만 저는 그래도 끝까지 찬성을 선택하였습니다. 다시 한 번 저는 사형집행은 비용도 아닌 인권문제로도 아닌 피해자들과 유가족들에게 최소한의 배려이며, 그들에게 하는 마땅한 벌이라고 생각합니다. 이러한 이유로 저는 제 4차 주제 '사형 집행이 옳은가?'에 찬성합니다.

글쓴이	이하늘
주제	법
읽은 책	세빈아, 오늘은 어떤 법을 만났니?
주요 내용	세빈이가 일상생활 속에서 법을 발견하고 우리 사회와 연관 지어서 알아가는 이야기입니다.
내가 정한 토론 주제	①사형 제도를 폐지해야 할까? ②부당한 법이라도 따라야 할까?
학급 토론 주제	사형 집행이 옳은가?
토론 주제 점수는	90점
1차 글쓰기	저번 주까지 3차 토론주제인 '6.25 전쟁에서 휴전하지 않았다면 남한이 이겼을까?'를 끝냈습니다. 저번 주에 정한 4차 토론주제는 '법'이고, 오늘 토의를 통하여 정해진 토론주제는 '사형 집행이 옳은가?'입니다. 오늘 토론 주제에 대하여 1대 1 하브루타를 통한 저의 생각을 나타내기 위하여 이 글을 쓰게 되었습니다. 저는 '사형 집행이 옳은가?' 라는 토론 주제에 반대하는 입장입니다. 사형이란 살인과 같은 매우 큰 범죄를 지은 사람에게 선고하는 가장 무거운 형벌입니다. 제가 반대하는 이유를 여러 근거를 들어 설명하겠습니다. 　　첫째, 오판 때문입니다. 오판은 판사가 판결을 할 때 판정을 잘못 내리

는 것을 말합니다. 예를 들어 큰 죄를 지은 범죄자에게 사형 선고를 내리고 집행을 하였는데 다시 그 사람이 누명을 써서 잘못 선고했을 수도 있기 때문입니다. 이런 사례는 영화에서도 볼 수 있습니다. 예를 들어 영화 '7번방의 선물'에서는 실제로 살인을 하지 않았지만 누명을 써서 사형을 당한 것을 볼 수 있습니다. 이렇게 사형 때문에 무고한 생명이 희생하는 것은 절대 옳지 않습니다.

둘째, 반성 때문입니다. 사형을 직접 집행한다는 것은 그 범죄자가 반성할 수 있는 기회를 완전히 없애 버리는 것입니다. 만약 본인이 희생자의 가족이었다고 하면 물론 매우 화가 나고 사형을 집행하는 것을 간곡히 원할 것입니다. 하지만 그런 마음은 순간의 억울함과 분노 때문이라고 생각합니다. 희생자 가족들도 속마음은 그런 끔찍한 범죄가 다시는 일어나지 않기를 원하고 차라리 진심으로 반대를 해서 희생자 가족들에게 사과하는 것을 원하고 있을 것입니다. 그것을 위해서는 무작정 사형을 집행하기보다는 교화 프로그램을 이용하여 그 범죄자가 진심으로 반성하도록 해야 합니다.

셋째, 인권존중 때문입니다. 인권은 모든 사람에게 있는 것으로 사람이 사람답게 살 권리를 말합니다. 여자든 남자든, 외국인이든 한국인이든 모든 사람에게 인권이 있습니다. 이를 따르면 범죄자에게도 인권은 있습니다. 죄를 지었다는 이유로 사람을 죽일 수는 없습니다. 어떤 사람이든 생명을 죽일 권리는 절대 없습니다.

'오판의 확률', '반성 기회 박탈', '인권 존중'이라는 근거를 들어 저는 '사형 집행이 옳은가?'라는 주제에 대해 반대합니다. 지금까지 저의 글 읽어주셔서 고맙습니다.

학급 토론 주제	사형집행이 옳은가?
읽은 책 또는 자료	사형 제도
주요 내용	사형 제도에 대해 설명하고 찬성의견과 반대의견이 나와 있는 책입니다.
찬반 결정	반대
나의 토론 참여 점수	100점
2차 글쓰기	이번 주에 정한 토론 주제로 〈사형 집행이 옳은가?〉라는 주제로 토론을 하게 되었습니다. 저는 이 토론 주제에 대하여 반대하는 입장입니다. 첫째, 오판 때문입니다. 판결을 내리는 판사는 일반인들보다 법에 관한 것들을 많이 알고 있을 뿐이지 우리와 똑같은 사람입니다. 그렇기 때문에

판사도 실수를 할 수 있습니다. '열 명의 범죄자들을 놓치더라도 한 명의 무고한 희생자를 만들지 말라' 라는 말이 있습니다. 저도 이 말에 따라 오판으로 인한 무고한 희생자가 생기면 안 된다고 생각합니다. 이런 오판으로 인한 피해는 영화에서도 볼 수 있습니다. 영화 '7번방의 선물' 에서는 주인공이 누명을 써 억울하게 사형을 당한 이야기를 담고 있습니다. 다행히도 나중에 주인공의 딸이 주인공의 누명을 벗겨 주었습니다. 하지만 누명의 대가인 죽음을 어떻게 보상받을 수 있을까요? 이런 무고한 희생자들 중 당신이나 당신의 가족이 포함되어 있을 수도 있습니다. 그래도 사형이 옳다고 생각하십니까?

둘째, 위로 때문입니다. 우리가 어떤 사람이 처벌 받기를 요구할 때, 다시는 그런 범죄가 일어나지 않고 범죄를 예방하고자 하는 마음보다는 똑같이 고통을 주겠다는 복수심이 먼저 들 때가 많습니다. 하지만 살인을 저지른 가해자를 죽인다고 피해자의 가족에게 위로가 될까요? 정말 피해자 가족의 아픔이 사라질까요? 그렇지 않습니다. 죗값을 치른다는 것은 자신이 죄를 진심으로 뉘우치고 피해자 가족에게 온 마음을 다해 사과하는 일일지도 모릅니다.

셋째, 인권침해 때문입니다. 헌법의 기본정신인 인간의 존엄성에서는 인간의 본질적 인권을 침해할 수 없다고 규정되어 있습니다. 그런데 사형은 그 정신에 어긋난다고 볼 수 있습니다. 생명이라는 것은 누구의 것이라도 훼손해서는 안 됩니다. 그런데 이를 법률로 정하고 실시하여 사람의 인권을 침해하고 기본적인 권리를 침해할 수 있게 된다면 이 법률은 절대 집행되어서는 안 됩니다.

넷째, 제 기능을 하지 못하기 때문입니다. UN 마약 범죄 사무소의 '국가별 인구 10명당 살인 발생률' 이라는 통계자료를 살펴보면 '자메이카' 라는 나라는 사형을 실시하고 있어도 살인 발생률이 61.6%나 됩니다. 그 반면에 프랑스는 사형을 실시하지 않고 있지만 살인발생률이 0.7%밖에 되지 않습니다. 이 자료를 보아 사형은 제 역할을 하지 못하고 있다는 것을 알 수 있습니다.

다섯째, 사형의 공정성 때문입니다. '무전유죄 유전무죄' 라는 말이 있습니다. 모든 사람은 돈이 많건, 가난하건 모두 법 앞에서는 평등해야 한다고 생각합니다. 하지만 지금의 우리 사회는 돈이 없으면 없던 죄도 생기고, 돈이 많은 부자이면 죄가 사라질 수도 있습니다. 이런 불공정한 법에 소중한 목숨을 바칠 수는 없습니다.

여섯째, 옳지 않은 해결책이기 때문입니다. 현대 민주 국가에서 힘쓰고 있는 것들 중 하나가 민주 시민 교육입니다. 시민들이 민주적인 덕목을 생활 속에서 느끼고 배우고 실천하기 위한 것입니다. 이러한 교육을 통하여 범죄율을 낮출 수 있습니다. 법규를 준수하고 타인의 인권 존중의 중요함을 교육시킨다면 잠재적인 범죄자들까지도 줄어들게 할 수 있을 것입니다. 그러므로 사형을 집행하기 보다는 교화에 힘을 써야 한다고 생각합니다. 실제로 교도소도 범죄에 대해 범죄자들을 응징하기 보다는 범죄자들이 사회에 다시 적응할 수 있도록 교육을 하고 있습니다. 꾸준히 이를 실천한다면 범죄자가 눈에 띄게 줄어들 수 있을 것입니다.

　사형은 '범죄를 줄이기 위한 법' 이라는 이름으로 저지르는 '살인' 이라고 생각합니다. 비인간적이고 잔인한 사형은 절대로 집행해서는 안 됩니다. 또 절대로 인간이 인간을 재판하며 그 생명을 박탈할 권리가 없다고 생각합니다. 저는 오판의 확률, 인권침해, 기능을 하지 못함, 사형의 공정성, 옳지 않은 해결책 이라는 근거들을 들어 〈사형 집행이 옳은가?〉 라는 토론주제에 반대합니다.

　오늘 토론을 하며 많은 것을 느꼈습니다. 평소에는 토론을 해도 열심히 준비를 하지 않은 것 같아서 반성하고 있었는데 이번 토론은 준비를 많이 해 와서 열심히 토론에 참여할 수 있었던 것 같습니다. 앞으로도 매 토론 시간마다 열심히 나의 의견을 나타내고 근거를 수집하여 오늘처럼 열심히 토론에 참여할 수 있도록 하겠습니다. 오늘 토론은 찬성, 반대 무엇을 할지 알 수 없어서 둘 다 의견을 정리해 간 것이 정말 잘 한 것 같습니다. 다음 토론도 정말 기대되고 흥미진진할 것 같습니다.

최종 찬반결정	반대
내가 쓴글 점수 주기	90점
3차 글쓰기	저번 주에 정한 토론 주제로 〈사형 집행이 옳은가?〉 라는 주제로 토론을 하게 되었습니다. 저는 이 토론 주제에 대하여 반대하는 입장입니다. 제가 여러 근거들을 들어 사형 집행을 반대한다는 근거를 제시해 보겠습니다. 　첫째, 오판 때문입니다. 판결을 내리는 판사는 일반인들보다 법에 관한 것들을 많이 알고 있을 뿐이지 우리와 똑같은 사람입니다. 그렇기 때문에 판사도 실수를 할 수 있습니다. '열 명의 범죄자들을 놓치더라도 한 명의 무고한 희생자를 만들지 말라' 라는 말이 있습니다. 저도 이 말에 따라 오판으로 인한 무고한 희생자가 생기면 안 된다고 생각합니다. 이런 오판으로 인한 피해는 영화에서도 볼 수 있습니다. 영화 '7번방의 선물' 에서는 주인공이 누명을 써 억울하게 사형을 당한 이야기를 담고 있습니다. 다행히도 나중에 주인공의 딸이 주인공의 누명을 벗겨 주었습니다. 하지

만 누명의 대가인 죽음을 어떻게 보상받을 수 있을까요? 이런 무고한 희생자들 중 당신이나 당신의 가족이 포함되어 있을 수도 있습니다. 그래도 사형이 옳다고 생각하십니까?

둘째, 위로 때문입니다. 우리가 어떤 사람이 처벌 받기를 요구할 때, 다시는 그런 범죄가 일어나지 않고 범죄를 예방하고자 하는 마음보다는 똑같이 고통을 주겠다는 복수심이 먼저 들 때가 많습니다. 하지만 살인을 저지른 가해자를 죽인다고 정말로 피해자의 가족에게 위로가 되고 아픔이 씻은 듯이 사라질까요? 과연 가해자를 사형한다고 죽은 피해자가 다시 돌아올 수 있을까요? 그렇지 않습니다. 죗값을 치른다는 것은 범죄자 자신이 죄를 진심으로 뉘우치고 피해자 가족에게 온 마음을 다해 사과하는 일일지도 모릅니다.

셋째, 인권침해 때문입니다. 헌법의 기본정신인 인간의 존엄성에서는 인간의 본질적 인권을 침해할 수 없다고 규정되어 있습니다. 그런데 사형은 그 정신에 어긋난다고 볼 수 있습니다. 생명이라는 것은 누구의 것이라도 훼손해서는 안 됩니다. 그런데 이를 법률로 정하고 실시하여 사람의 인권을 침해하고 기본적인 권리를 침해할 수 있게 된다면 이 법률은 절대 집행되어서는 안 됩니다.

넷째, 제 기능을 하지 못하기 때문입니다. UN 마약 범죄 사무소의 '국가별 인구 10명당 살인 발생률'이라는 통계자료를 살펴보면 '자메이카'라는 나라는 사형을 실시하고 있어도 살인 발생률이 61.6%나 됩니다. 그 반면에 프랑스는 사형을 실시하지 않고 있지만 살인발생률이 0.7%밖에 되지 않습니다. 이 자료를 보아 사형은 제 역할을 하지 못하고 있다는 것을 알 수 있습니다. 오늘 토론을 하며 알게 된 것으로 한국은 사형 집행으로 인하여 약간의 범죄율이 줄었다고 합니다. 하지만 이 약간의 범죄율을 줄이기 위하여 얼마나 많은 범죄자들은 목숨을 잃었을까요? 사람들은 항상 피해자들에게만 초점을 두지만 범죄자들의 목숨도 존중할 필요가 있습니다.

다섯째, 사형의 공정성 때문입니다. '무전유죄 유전무죄'라는 말이 있습니다. 모든 사람은 돈이 많건, 가난하건 모두 법 앞에서는 평등해야 한다고 생각합니다. 하지만 지금의 우리 사회는 돈이 없으면 없던 죄도 생기고, 돈이 많은 부자이면 죄가 사라질 수도 있습니다. 이런 불공정한 법에 소중한 목숨을 바칠 수는 없습니다.

여섯째, 옳지 않은 해결책이기 때문입니다. 현대 민주 국가에서 힘쓰고 있는 것들 중 하나가 민주 시민 교육입니다. 시민들이 민주적인 덕목을 생활 속에서 느끼고 배우고 실천하기 위한 것입니다. 이러한 교육을 통하여 범죄율을 낮출 수 있습니다. 법규를 준수하고 타인의 인권 존중의 중요함을 교육시킨다면 잠재적인 범죄자들까지도 줄어들게 할 수 있을 것입니다. 그러므로 사형을 집행하기 보다는 교화에 힘을 써야 한다고 생각합니다. 실제로 교도소도 범죄에 대해 범죄자들을 응징하기 보다는 범죄자들이 사회에 다시 적응할 수 있도록 교육을 하고 있습니다. 꾸준히 이를 실천한다면 범죄자가 눈에 띄게 줄어들 수 있을 것입니다. 심하게 범죄를 저지른 사람들은 절대 반성을 하지 않을 것이라고 말씀하시는 분들이 있습니다. 하지만 '열 번 찍어서 안 넘어가는 나무 없다'라는 말이 있습니다. 혹시라도 반성을 하지 않더라도 교도소에 있는 여러 시간 동안에 느낀 외로움과 두려움 때문이라도 다시는 그런 범죄를 저지를 생각을 하지 않을 것입니다.

사형은 이름만 '범죄를 줄이기 위한 법'이지 잔인한 사형은 절대로 집행해서는 안 됩니다. 또 절대로 인간이 인간을 재판하며 그 생명을 박탈할 권리가 없다고 생각합니다. 또 사회는 사람이 사람을 죽이면 절대 안 된다고 누누이 말합니다. 그런데 과연 판사는 사람의 목숨을 놓고 재판하고 마음대로 사람을 처벌할 권리가 있을까요? 그리고 몇몇 분들은 사형으로 인하여 시민들이 내는 세금이 많이 낭비될 것이라고 말씀하십니다. 여러분 생각해보십시오. 사람이 새 사람이 되어 사회에 적응할 수 있도록 노력하는 것이 중요할까요, 아니면 단지 돈을 아끼는 것이 중요할까요? 모든 사람들은 범죄자를 사회에 적응하도록 하는 것이 중요하다고 말씀할 것입니다. 저는 어떻게 돈과 사람의 목숨을 비교할 수 있는지 정말 이해가 되지 않고 어이없는 말씀이라고 생각합니다. 이렇게 저는 오판의 확률, 인권침해, 기능을 하지 못함, 사형의 공정성, 옳지 않은 해결책 이라는 근거들을 들어 〈사형 집행이 옳은가?〉 라는 토론주제에 반대합니다.

오늘 토론을 하며 많은 것들을 느꼈습니다. 먼저 토론할 내용을 준비해 가면 할 이야기가 많다는 선생님의 말씀이 사실인 것 같습니다. 저번 주제에서는 준비를 많이 해가지 못해서 이야기를 많이 하지 못했습니다. 그런데 오늘 토론을 해보고 나니 앞으로도 열심히 준비해가야겠다는 생각을 했습니다. 결국 토론은 모두 자기 의견에 만족하고 상대편으로 이동하지 않아 무승부로 끝났습니다. 발표하고 싶어 하시는 분들이 많아서 내가 말할 기회가 많지 않았지만 나의 의견도 충분히 상대편 토론자 분들께 전달이 된 것 같아 보람 있고 뿌듯한 시간이었던 것 같습니다.

글쓴이	정유빈
주제	법

읽은 책	법 이야기
주요 내용	어떠한 법이 있고 이런 법을 어기면 어떤 벌을 받는지와 여러 나라의 법 제도 등의 내용이 나와 있습니다.
내가 정한 토론 주제	①큰 범죄를 저지른 사람도 인권이 있을까? ②옳지 않은 법에 시위를 벌이는 것에 처벌하는 것이 옳은가?
학급 토론 주제	사형 집행이 옳은가?
토론 주제 점수는	80점
1차 글쓰기	오늘은 3차토론 주제였던 '6.25전쟁 중 휴전을 하지 않았더라면 남한이 이겼을까?'라는 주제를 끝마친 뒤 법을 주제로 한 '사형 집행이 옳은가?'에 대한 새로운 토론 주제로 1차토론 글쓰기를 하게 되었습니다. 저는 '사형 집행이 옳은가?'에 대하여 찬성하는 입장입니다. 　첫째, 심한 범죄는 마땅한 벌을 받아야하기 때문입니다. 　사람을 죽이거나 아주 심하게 폭력이나 성폭력을 하거나 심하게 금품을 갈취하는 경우에는 이에 마땅한 벌로 사형을 당해야 한다고 생각합니다. 만약에 당신의 가족이나 주변 지인이 살인을 당했다고 생각해봅시다. 당신의 가족이나 주변 지인을 죽인 살인자가 교도소에서 같은 나라에서 같이 숨을 쉬며 살아가고 있다는 사실이 정말 화나고 소름이 끼치지 않습니까? 그리고 만약 무기징역이 아닌 징역 6년 형 정도를 받았다고 생각해봅시다. 그 살인자는 교도소에 들어가 온갖 착한 일과 착한 척을 다하여 감형을 받는다고 하면 얼마나 억울하고 분통이 터지겠습니까? 살인자를 내가 죽이고 싶다는 충동까지도 들 것입니다. 내가 살인자를 죽이겠다는 결정을 하면 범죄이지만 법원에서 살인자에게 사형을 내리겠다는 결정을 하면 판결이 됩니다. 내가 살인자를 죽여 범죄가 될 바에는 법원에서 내린 판결이 되는 것이 더 좋은 쪽이라고 생각하기 때문에 사형 집행이 옳다고 생각합니다. 　둘째, 또 같은 범죄를 저지를 수 있기 때문입니다. 　저 위에서 말한 것처럼 감형을 받아서 교도소에서 출소를 하면 반성을 하고 착하게 사는 사람도 있겠지만 그렇지 않은 사람도 매우 많습니다. '세 살 버릇 여든 간다.'라는 말처럼 한 번 범죄를 저지른 사람은 다시는 범죄를 저지르지 않는다는 확신은 없습니다. 사형 제도가 없다면 '저번에 저지른 범죄도 교도소에 몇 년 있다가 나왔는데 뭐.', '심한 범죄를 저질러도 내 목숨이 사라지는 것도 아니고 교도소에 또 몇 년 있다가 나오면 되지.' 이런 식의 생각으로 또 다른 심한 범죄를 저지를 수도 있습니다. 그리고 무엇보다도 교도소에서 나와 평범한 삶을 살며 나는 평생 느끼지

못할 행복을 그 살인자는 느낄 수 있다는 생각을 해봅시다. 분노 심에 빠져 정상적인 생활을 하지 못 할 것입니다. 현재 우리나라의 상황은 저 출산 문제가 매우 심각합니다. 저 출산 때문에 인구가 없는 상황에 살인자들로 인하여 적은 인구가 더 적어지는 것도 문제가 됩니다. 그러므로 저는 사형을 집행해도 된다고 생각합니다.

최종적으로 저는 심한 범죄는 마땅한 벌을 받아야하고 또 같은 범죄를 저지를 수 있다는 근거로 이번 토론 주제인 '사형 집행이 옳은가?'에 대하여 찬성하는 입장입니다.

학급 토론 주제	사형집행이 옳은가?
읽은 책 또는 자료	인터넷 백과사전, 지식사전 등의 자료
주요 내용	사형제도의 정의와 사형제도 폐지론 존치론, 사형제도 찬성의 입장과 사형제도 반대의 입장 등의 내용이 설명되어 있습니다.
찬반 결정	찬성
나의 토론 참여 점수	90점
2차 글쓰기	오늘은 3차토론 주제였던 '6.25전쟁 중 휴전을 하지 않았더라면 남한이 이겼을까?'라는 주제를 끝마친 뒤 법을 주제로 한 '사형 집행이 옳은가?'에 대한 새로운 토론 주제로 2차토론 글쓰기를 하게 되었습니다. 저는 '사형 집행이 옳은가?'에 대하여 찬성하는 입장입니다. 첫째, 심한 범죄는 마땅한 벌을 받아야하기 때문입니다. 사람을 죽이거나 아주 심하게 폭력이나 성폭력을 하거나 심하게 금품을 갈취하는 경우에는 이에 마땅한 벌로 사형을 당해야 한다고 생각합니다. 만약에 당신의 가족이나 주변 지인이 살인을 당했다고 생각해봅시다. 당신의 가족이나 주변 지인을 죽인 살인자가 교도소에서 같은 나라에서 같이 숨을 쉬며 살아가고 있다는 사실이 정말 화나고 소름이 끼치지 않습니까? 그리고 만약 무기징역이 아닌 징역 6년 형 정도를 받았다고 생각해봅시다. 그 살인자는 교도소에 들어가 온갖 착한 일과 착한 척을 다하여 감형을 받는다고 하면 얼마나 억울하고 분통이 터지겠습니까? 살인자를 내가 죽이고 싶다는 충동까지도 들 것입니다. 내가 살인자를 죽이겠다는 결정을 하면 범죄이지만 법원에서 살인자에게 사형을 내리겠다는 결정을 하면 판결이 됩니다. 내가 살인자를 죽여 범죄가 될 바에는 법원에서 내린 판결이 되는 것이 더 좋은 쪽이라고 생각하기 때문입니다. 여기서 반대 측 분들이 오판을 해서 사형을 당하면 어뜩하냐는 의견이 많으신데 우리나라는 삼심제도, 즉 3번 재판을 하여 형벌을 내리는 제도가 있기 때문에 오판이 날 가

능성은 거의 없습니다. 그래도 걱정이 된다면 경찰수사 등을 강화하는 방법도 있습니다.

둘째, 또 같은 범죄를 저지를 수 있기 때문입니다. 저 위에서 말한 것처럼 감형을 받아서 교도소에서 출소를 하면 반성을 하고 착하게 사는 사람도 있겠지만 그렇지 않은 사람도 매우 많습니다. '세 살 버릇 여든 간다.' 라는 말처럼 한 번 범죄를 저지른 사람은 다시는 범죄를 저지르지 않는다는 확신은 없습니다. 사형 제도가 없다면 '저번에 저지른 범죄도 교도소에 몇 년 있다가 나왔는데 뭐.', '심한 범죄를 저질러도 내 목숨이 사라지는 것도 아니고 교도소에 또 몇 년 있다가 나오면 되지.' 이런 식의 생각으로 또 다른 심한 범죄를 저지를 수도 있습니다. 그리고 무엇보다도 교도소에서 나와 평범한 삶을 살며 나는 평생 느끼지 못할 행복을 그 살인자는 느낄 수 있다는 생각을 해봅시다. 분노 심에 빠져 정상적인 생활을 하지 못 할 것입니다. 현재 우리나라의 상황은 저 출산 문제가 매우 심각합니다. 저 출산 때문에 인구가 없는 상황에 살인자들로 인하여 적은 인구가 더 적어지는 것도 문제가 됩니다.

셋째, 범죄 예방에 효율적이기 때문입니다. 실제로 1998년 이후 사형을 집행하지 않은 결과 살인범죄가 32%나 증가하였고 매년 193건이나 증가하였기 때문입니다. 또 자수를 하는 살인범들의 대부분이 사형이 무서워 자수하였다고 진술하였기 때문입니다. 사람은 본능적으로 사지 생명에 애착을 가지기 때문에 사형 제도로 인하여 범죄 예방을 할 수 있습니다.

넷째, 경제적으로 효율적입니다. 사형수들에게 사형을 집행하지 않고 교도소에 계속 머무르면 사형수 한 명당 약 160만원에 비용이 들어가게 됩니다. 게다가 다른 수감자들과 똑같은 대우까지 받게 됩니다. 저는 이 160만원을 죄를 범한 사형수에게 사용하기 보다는 아까 첫 번째 근거의 뒷받침문장이었던 경찰의 수사 강화, 경찰 인력 늘리기 등 수사를 강화할 수 있는 쪽에 투자하면 더 좋을 것 이라고 생각합니다. 또 아직 우리나라는 많은 발전이 필요합니다. 160만원을 우리나라가 발전하는데 투자하는 것이 흉악한 죄를 범한 사형수에게 투자하는 것 보다 훨씬 효율적이게 국민들의 세금을 사용하는 방법이라고 생각합니다.

다섯째, 선량한 시민에게 피해를 주기 때문입니다. 살인범을 사형시키지 않고 계속 사회에 내버려 두거나 교도소에 가두어 놓을 경우 선량한 시민들은 아무런 죄를 짓지 않고도 살인범으로 인하여 피해를 입을 것입니다. 또 교도소에 가두어 놓을 경우에는 국민들이 피 땀 흘려가며 힘들게 번 돈을 사형수에게 사용하는 것이므로 국민들의 화를 돋우는 일이라고 생각합니다. 극악범의 생명 박탈은 사회 정의에 합당하고 일반 국민의 생명은

	흉악범의 생명보다 더 귀중하다는 사실을 잊지 않으셨으면 좋겠습니다. 최종적으로 저는 첫째, 심한 범죄는 마땅한 벌을 받아야 하고, 둘째, 또 같은 범죄를 저지를 수도 있고, 셋째, 범죄 예방에 효율적이고, 넷째, 경제적으로도 효율적이고, 다섯째, 선량한 국민들에게 피해를 준다는 이 다섯 가지의 근거로 이번 4차 주제 2차토론 주제인 '사형 집행이 옳은가?'에 찬성하는 입장입니다. 지금까지 저의 글을 읽어주셔서 고맙습니다!
최종 찬반결정	반대
내가 쓴글 점수 주기	80점
3차 글쓰기	저는 저번 2차 토론을 하고 3차 토론을 준비하기 위해서 많은 여러 가지의 자료들을 찾아보다가 생각이 바뀌었습니다. 이번 3차 토론에서 반대측에서 의견을 주장하고 3차 글쓰기를 하려고 이 글을 씁니다. 저는 이번 '사형 집행이 옳은가?'라는 주제에 대하여 반대하는 입장입니다. 지금부터 그 근거를 들어보겠습니다. 　첫째, 복수심일 가능성이 크기 때문입니다. 저는 대부분의 사람들이 어떠한 사람이 처벌받는 것을 요구할 때 죗값을 치르게 하려는 목적보다는 똑같은 고통을 주겠다는 복수심이 먼저 들 때가 많다고 생각하기 때문입니다. 사람이라면 당연히 그런 마음을 가지는 것을 당연할 법하고 그에 마땅한 대가를 치르는 것도 당연하다고 생각하지만 남한테 그런 사형이라는 목숨을 앗아가는 피해를 끼치고 아무런 죄책감도 느끼지 않고 평소에 하던 것과 같이 생활을 이어간다면 앞으로도 남에게 해를 끼치는 범죄를 일으키고도 아무런 죄책감을 느끼지 않아 우리 사회가 매우 혼란스럽고 무질서해질 것입니다. 　둘째, 오판일 가능성이 있습니다. 많은 찬성 측 분들이 삼심제도와 과학수사로 오판일 가능성이 매우 적다고 하셨는데, 물론 그런 쪽으로 생각한다면 오판일 가능성이 매우 적을 수 있지만 다르게 생각해보십시오. 판사가 정치적인 관념을 가지고 있는 사람일 경우 그 판사의 정치적인 관념에 따라 옳고 그름을 판단하여 오판이 날 가능성을 매우 큽니다. 또, 부유한 사람들의 경우 자신의 죄를 없애기 위해 판사에게 엄청난 뇌물을 바친다면 판사들은 큰 실수를 저지를 수 있습니다. 자기의 사치, 욕심을 채우기 위해 뇌물을 받고 잘못된 판결을 내려 한 사람의 생명을 앗아갈 수도 있는 큰 실수를 말이죠. 　셋째, 사형은 또 다른 살인이기 때문입니다. 사형은 사형수의 인간의 존엄성을 해하는 야만적인 행위라고 생각합니다. 실제로 우리나라 헌법 제

37조 제 2항에는 인간의 존엄성을 지켜야한다는 내용의 법이 나와 있습니다. 이런 법을 만들어놓고 사형수의 인간의 존엄성을 해하는 사형을 하는 것은 옳지 못한 행동이라고 생각합니다. 또 피해자의 가족들도 고통이 크겠지만 가해자의 가족들도 상실감과 고통이 매우 클 것입니다. 가해자의 어머니의 입장으로 생각해 보십시오. 자기가 제대로 교육을 하지 못해 자식이 사회적 비판을 받았다는 사실로도 가슴이 찢어질 듯이 아플 텐데 사형까지 당하여 더 이상 이 세상 사람이 아니라는 생각을 하면 끔찍하지 않겠습니까? 그 다음 우리나라는 민주주의 국가입니다. 민주주의 국가에서는 그 누구도, 그 어떤 힘을 가졌다고 해도 인간의 생명을 박탈할 권리는 없습니다. 그게 국가라도 말입니다. 하지만 민주주의 국가인 우리나라는 인간의 생명을 박탈하고 있습니다. 어쩌면 이 사실도 헌법 제 1조 제1항인 '대한민국은 민주주의 국가이다.' 라는 법에 위배될 수도 있다고 생각합니다. 사형은 범죄자를 새 사람으로 죄를 뉘우치게 하여 죄를 저지르지 않는 선량한 시민인 새 사람으로 만든다는 의의에 위배되는 것이라고 생각합니다. 현대 민주주의 국가에서 힘쓰는 것 중 하나가 민주 시민 교육입니다. 시민들이 민주적인 덕목을 생활 속에서 느끼고 배우며 실천 할 수 있도록 교육을 실시하는데 이러한 교육을 통해서도 범죄율은 충분히 낮출 수 있습니다. 법규를 준수하고 타인의 인권과 생명이 중요함을 교육시키고 생활 속에서 느낄 수 있도록 환경을 개선한다면 잠재적 범죄자까지도 줄어들 것입니다.

넷째, 큰 위로가 되지 않습니다. 피해자가 죽었다고 가해자도 똑같은 처지로 만들어버리면 피해자들의 가족은 정말 행복할까요? 만약 오판으로 가해자가 사형을 당했다면 오히려 피해자의 가족들은 죄책감에 시달리며 살아갈 수도 있다고 생각합니다. 피해자의 가족에게 위안이 되는 것은 가해자를 똑같이 만드는 것보다는 진심어린, 자신의 잘못을 진심으로 뉘우치는 그런 진실 된 사과일 것입니다.

다섯째, 허위로 자백을 할 수 있습니다. 정신적으로 문제가 있는 사람들은 경찰들의 압박으로 인하여 거짓으로 자백을 할 수도 있습니다. 정신적으로 문제가 없는 사람들도 돈을 받거나 경찰에게 심한 압박을 받아서 자백을 할 수도 있습니다. 그런 거짓 자백으로 죄 없는 선량한 시민의 소중한 생명 하나를 앗아가는 것은 정말 돌이킬 수 없는 큰 잘못이라고 생각합니다.

여섯째, 다른 의도로도 쓰일 수 있기 때문입니다. 만약 사형제도가 집권자의 통치의 목적으로 사용될 때는 사형제도가 정치적인 탄압의 수단으로 쓰일 수 있습니다. 또 정치적으로 반대의 생각을 가진 사람들을 제거하는 용도로도 쓰일 수 있습니다. 실제로 과거 군사 정권의 눈으로 보면 김대중 전 대통령은 사회의 안녕과 질서를 해치는 사람 이였습니다. 심지어는 행위가 아닌 생각이나 사상을 두고 재판을 해서 사형을 시켰던 시절도 있습니다. 모두 사형을 받아야 하는 것도 아닌데 정치적인 용도로 무고한 사람들이 죽어나갔습니다. 꼭 잘못을 뉘우치게 하는 용도가 아닌 정치적인 용도로 사용될 수 있기 때문에 사형 집행은 옳지 않다고 생각합니다.

일곱째, 기회를 주는 것이 옳다고 생각하기 때문입니다. 강력범죄를 저질렀다는 이유로 바로 그 사람의 생명을 앗아가는 것은 옳지 않습니다. 범죄를 저지른 것을 뉘우치고 다시 사회에 적응하도록 도와주어야지 이렇게 기회를 주지도 않고 바로 사형을 시키는 것은 옳지 않다고 생각합니다. 형벌을 주기보다는 교화에 힘을 쓰고 범죄에 대한 응징이 아닌 새 사람으로 만들어 주는 교육에 힘쓰고 유명 인사 초청 강연회, 좋은 영화 상영, 독서 생활 권장 등 이런 교육을 실시하여 기본적인 복지를 누리며 교육을 시켜 새 사람으로 새 인생을 다시 살아갈 수 있게 도와주는 것이 옳다고 생각합니다.

결론적으로 복수심일 가능성이 있고 오판일 가능성, 또 다른 살인, 큰 위로가 되지 않고 허위 자백의 가능성, 다른 의도로 사용이 될 수 있고 기회를 주어야하기 때문에 저는 이번 주제인 '사형 집행이 옳은가?'에 대하여 반대하는 입장입니다. 오늘 토론을 하고 창성님이 아주 토론 준비를 잘 하였다는 생각이 들었습니다. 그리고 앞으로는 저도 실제로 일어난 사건으로 예를 들 수 있는 근거를 많이 찾아 토론에 참여할 수 있도록 토론 준비를 하여야겠다는 생각을 하였습니다. 이상으로 저의 글을 읽어주셔서 고맙습니다.

1차 활동 모습(첫주제 관련 독서와 토론주제 결정 후 1차 토론과 1차글쓰기)-2016.05.20

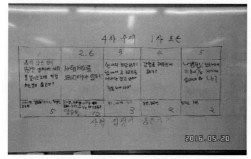

2차 활동 모습(추가 독서와 자료 조사, 2차 토론 진행 후에 2차 글쓰기)-2016.05.27

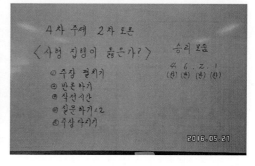

3차 활동 모습(최종 3차 토론으로 찬반 집단 토론 후, 자신의 최종 3차 글쓰기)-2016.06.10

주제 5

인터넷

토론주제 : 인터넷 실명제를 시행해야 할까?

인터넷 실명제를 시행해야 할까?

2016.06.17 ~ 2016.07.15

　다섯 번째로 아이들이 선택한 주제는 [인터넷]입니다. 인터넷이라는 부분이 너무 협소하기도 해서 조금 더 넓은 범위에서 정보통신, 인공지능, 로봇 등 조금 더 넓게 책을 읽어보기로 했습니다. 여러 친구들은 인터넷의 폐해와 예방에 대한 내용이 담긴 책들을 읽어 나갔습니다.

　주제가 정해지고 1주일 후에 토론 주제가 결정되었습니다. 토론 주제 정하기 시간에는 6모둠 중 3개 모둠은 인터넷과 관련한 직접적인 토론 주제가 나왔고, 나머지 3개 모둠은 인공지능, 로봇 등에 대한 토론주제가 제시되었습니다. 이번 주제가 인터넷으로 되었기 때문에 인터넷과 관련한 토론 주제에 더 많은 관심을 보였습니다. 아이들은 인터넷 실명제에 대한 정확한 의미를 몰라서 구체적인 설명을 해 준 다음에 최종 선택의 시간을 가졌습니다. 인터넷 실명제에 관한 토론 주제를 희망하는 친구들이 10명이 나오면서 이번 5차 토론 주제는 [인터넷 실명제를 시행해야 할까?]로 정해지게 되었습니다.

　1차 토론과 글쓰기에서는 토론 주제인 인터넷 실명제에 대한 사전 지식이 부족한 상태이기 때문에 구체적인 의견 제시보다는 실명이 인터넷에 공개되었을 때, 자신의 의견을 자유롭게 말할 수 없다는 이야기와 실명이 공개되지 않았을 때, 다른 사람들의 인권을 침해할 수 있다는 의견들을 이야기 하는 친구들이 많이 보였습니다. 토론 후에 진행된 1차 글쓰기에서 아이들은 찬성과 반대의 의견을 다양하게 제시하는 친구들도 있었고, 한 쪽의 판단을 집중적으로 표현하는 친구들도 있었습니다. 인터넷 실명제를 실시하지 않았을 때, 악성 댓글이나 다른 사람의 인권을 침해할 수 있다는 등의 의견들이 나왔고, 인터넷 실명제가 실시된다면, 개인이 인터넷 공간 속에서 자유롭게 표현을 하기 어렵다는 의견 등이 나왔습니다. 인터넷 실명제와 관련한 사전 조사가 없이 쓰여진 1차 글쓰기에서도 아이들 나름대로 비교적 정확한 논점을 가지고 글을 쓰는 친구들이 많이 보였습니다.

　2차 토론에서는 4대 4 승부내기 토론이 매우 치열한 모습을 보였습니다. 4차 주제 토론 때부터 토론 준비를 위해서 학습장에 기록해 오는 것을 조금씩 더 챙겨가고 있습니다. 이번 5차 주제 2차 토론에서는 몇 몇 친구들이 학습장에 정리가 되지 않아서, 중간 놀이 시간을 이용해서 학습장에 정리한 후에 토론에 참여할 수 있도록 하였습니다. 아이들의 토론 참여 태도는 확실하게 좋아졌습니다. 3차 주제 토론 때만 해도 별 말없이 앉아 있는 친구들도 있었는데, 이제 2차 토론 때 진행되는 4대 4 승부내기 토론 때는 더 적극적으로 토론에 임하는 모습을 보이고 있습니다. 특히 마지막 주장 다지기 시간에는 모든 친구들의 자신의 의견을 말하면서 마무리 하였습니다. 2차 글쓰기에서는 글의 구조도 더 체계적인 짜임을 갖추어서 써 갔습니다. 1학기 동안 꾸준하게 토론과 글쓰기를 하면서 자리를 잡아가는 모습입니다.

3차 토론에서는 4차 주체 3차 토론과 똑같이 찬성이 13명, 반대가 9명이 되었습니다. 최종적으로도 그대로 유지되면서 최종 승부는 무승부가 되었습니다. 찬성과 반대의 친구들은 서로 누군가 의견을 변화할 수 있도록 상대 의견을 논리적으로 반론하고 자신들의 의견을 적절하게 잘 내세웠습니다. 이번 토론이 1학기 마지막 토론이라 담임인 저도 필요한 부분에 들어가서 의견 제시를 하곤 하였습니다. 저는 찬성과 반대의 의견에 대해서 반론을 하거나 또 다른 생각을 해 볼 수 있는 의견 등을 제시하였습니다. 더 깊이 토론에 참여하고 싶었지만, 이번 토론에서는 꿈샘 친구들이 많은 의견을 내고 할 말들을 잘 풀어가서 제가 들어갈 수 있는 기회를 잡기 어려웠습니다.

5차 주제 3차 토론을 마무리 하면서 그 동안의 토론 활동이 즐거웠고, 이렇게 1학기 토론이 마무리 되는 것이 아쉽다고 표현하는 친구들이 여러 명 있었습니다. **'맨 처음 선생님 만나 뵈었을 때가 마치 어제 일어난 일인 것 같은데 시간이 정말 빨리 지나간 것 같습니다. 방학을 기다려 온 것이 아니라 방학이 저를 찾아 온 것 같습니다. 정말 후회 없는 토론 이었습니다.'** 라고 쓰여진 가영님의 5차 주제 3차 글쓰기 제일 마지막 글귀에서 아이들의 마음도 읽어집니다.

우리 꿈샘17기 친구들 모두에게 1학기 동안 진행된 주제독서토의토론글쓰기 활동이 값진 시간으로 그리고 작은 부분이나마 성장해 가는 데 발판이 되었으면 하는 바람입니다. 꿈샘 친구들이 학교생활에서 무엇인가 작은 부분이라도 뿌듯함을 가지고 한 학기를 잘 마무리 할 수 있도록 부모님들께서도 항상 격려 많이 부탁드립니다.

- 1차 글쓰기(첫 주제 관련 독서와 토론주제 결정 후 1차 토론 후에 1차로 쓴 글)-2016.06.24
- 2차 글쓰기(추가 독서와 자료 조사, 2차 토론 진행 후에 2차로 쓴 글)-2016.07.01
- 3차 글쓰기(최종 3차 토론으로 찬반 집단 토론 후, 자신의 최종 3차로 쓴 글)-2016.07.15

글쓴이	강권휘
주제	인터넷
읽은 책	why? 컴퓨터
주요 내용	엄지와 꼼지가 컴퓨터에 대해 자세히 알려 준다.
내가 정한 토론 주제	①화이트 해커가 옳은가? ②인공지능을 개발하는 것이 옳은가?
학급 토론 주제	인터넷 실명제를 시행해야 할까?
토론 주제 점수는	90점
1차 글쓰기	지금은 5차 주제 1차 글쓰기를 하는 것입니다. 주제는 인터넷 이였고, 오늘은 인터넷이라는 주제에 대해 토론주제를 정하는 것이었습니다. 토론주제를 정하기 위해 모둠별로 칠판을 하나씩 가져가 창문 모양을 그린 뒤 시작하였습니다. 창문 한 칸에다 자기가 정한 토론주제 2가지를 썼습니다. 그리고 모둠별로 협의를 통해 가장 적절한 토론주제를 한 가지 선택하여 칠판에다 적었습니다. 그중 가장 괜찮은 의견은 인터넷 실명제가 옳은가? 라는 주제였습니다. 그래서 결국에는 3모둠에 하늘님이 제시하신 인터넷 실명제가 옳은가? 라는 주제로 토론주제가 결정 되었습니다. 그리고 1대1 하브로타를 하였습니다. 그럼 이제 본론에 들어가겠습니다. 저는 인터넷 실명제를 시행해야 할까? 라는 주제에 대해 찬성합니다. 찬성하는 이유를 2가지 적어보겠습니다. 첫째, 말을 함부로 안하게 됩니다. 실명으로 하면 누가 악플을 달았고 이상한 내용의 글을 달았는지 알 수 있게 될 것입니다. 따라서 그것을 알게 되면 말을 잘못하면 경찰에 신고 받는 다는 생각에 악플이나 이상한 내용의 글을 못 올리게 될 것입니다. 둘째, 경찰이 더 쉽게 잡을 수 있을 것입니다. 사이버 폭력을 저지를 사람이 있다고 생각을 해봅시다. 이름을 알면 그 사람을 쉽게 잡을 수 있겠지만 닉네임만 떡하니 있으면 경찰이 이름까지 조사해야 하고 더 복잡한 절차가 있을 것입니다. 저는 위 두 가지 이유로 인터넷 실명제에 대해 찬성합니다. 이번 토론주제는 좋은 것 같고 아주 재미있게 2차 토론을 할 수 있을 것 같습니다.
학급 토론 주제	인터넷 실명제를 시행해야 할까?
읽은 책	네이버 자료

또는 자료	
주요 내용	인터넷 실명제 찬성과 반성에 대한 의견이 자세히 나온다.
찬반 결정	찬성
나의 토론 참여 점수	90점
2차 글쓰기	5차 주제 2차 주독토글을 쓰게 된 강권휘라고 합니다. 우리는 주독토글을 쓰기 전에 우리는 교실에서 4대4 승부내기 토론을 했습니다. 4대4 승부내기 토론은 모둠 vs 모둠이라고 보시면 됩니다. 저는 5모둠에 소속되어있습니다. 먼저 이끔이 끼리 가위바위보를 해서 어떤 모둠이랑 할지 결정했습니다. 가위바위보를 해서 결정했는데 우리는 6모둠하고 4모둠이랑 붙게 되었습니다. 일단 처음에는 우리가 찬성쪽 의견으로 토론을 했습니다. 아쉽게 처음에는 4모둠이랑 붙었는데 졌고 6모둠이랑 했을 때는 이겼습니다. 자 그럼 이제 본론으로 들어가겠습니다. 저는 인터넷 실명제를 실행해야 할까? 라는 주제에 찬성합니다. 그 이유를 말해보겠습니다. 첫째, 질서 바른 인터넷 문화를 만들 수 있습니다. 가상공간에서도 예절이 필요합니다. 직접 만나지 않고도 소통할 수 있는 가상공간의 특성 대문에 사람들은 글을 남김에 있어 가벼워지는 경향이 잇습니다. 거짓된 글이나 좋지 않은 의도의 글들이 인터넷을 통해 전파되는 것을 보면 좀 더 신중할 필요가 있다 생각합니다. 인터넷 실명제에 실행하면 사람들은 다른 사람들을 의식해서 조심성이 생기게 됩니다. 또 경찰, 간호사, 의사 등 제복을 입은 사람은 늘 명찰을 차고 있는데 이는 자신의 말과 행동에 책임을 지겠다는 의미와 같다 생각합니다. 따라서 인터넷 실명제를 찬성하게 되면 악플, 악성 게시글이 없는 예의바르고 질서 잇는 인터넷 문화를 만들어 낼 수 있게 됩니다. 둘째, 추적이 용이합니다. 인터넷 실명제를 시행하게 되면 온라인상에서 문제가 되는 발언을 한 사람이나 범죄행위를 한사람을 빠르고 쉽게 추적할 수 있어서 사이버 수사대의 운영자원을 효율적으로 활용할 수 있습니다. 셋째, 악성댓글로 인한 피해를 예방할 수 있습니다. 연예인들과 사람들이 가장 스트레스 받는 건 악성댓글 때문이라고 생각이 됩니다 심각한 경우는 악성 댓글로 인해 스스로 목숨을 끊는 경우가 발생합니다. 그만큼 댓글로 인한 무분별한 비방글로 피해자가 발생할 수 잇다는 문제점이 있습니다. 인터넷실명제를 하게 되면 악성댓글이나 안티문화를 잠재울 수 있습니다. 또 누군가는 치명적인 상처를 아무렇지 않게 주고 누군가는 치

명적인 상처를 떠안아야만 한다는 게 말이 안 되어서 찬성합니다.

넷째, 신용도가 높아지게 됩니다. 인터넷, 가상속의 사람이 아닌 현실 속의 사람을 대하게 되므로 해를 입게 될 경우 보장이 쉬워지며 거짓으로 사기를 범할 경우 엄벌로 처벌이 가능하므로 인터넷 문화의 신용도가 높아집니다.

다섯째, 온라인 정보의 신뢰도가 높아집니다. 찌라시는 보통 최초 배포자가 명확하지 않은 경우가 많습니다. 온라인에 만연한 정보는 익명성이라는 방패를 앞세워 신뢰할만한 정보라고 할 수 있는 게 사실입니다. 그러나 인터넷 실명제 실시를 하게 되면 내 신분이 노출되어 믿을만한 정보를 올리고 활용할 수 있는 인터넷 자료도 많아질 것입니다.

질서 바른 인터넷 문화를 만들 수 있고 경찰의 추적이 용이하고 악성댓글로 인한 피해를 예방할 수 있고 신용도가 높아지게 되고 온라인 정보의 신뢰도가 높아지게 되기 때문에 인터넷 실명제에 대해 찬성합니다.

오늘 한판을 져서 아쉬웠고 하지만 한판을 이겨서 뭔가 뿌듯했고 희주님이 발표한 것에 대해 박수를 쳐드리고 싶습니다. 또 우리 모둠의 팀워크 때문에 이긴 것 같습니다. 또 오늘 6모둠이랑 토론을 할 때 너무 재미있었고 다음에도 오늘처럼 발표를 잘하겠습니다. 매번 이렇게 지식을 얻게 되어서 기분이 좋고 다음 3차 토론 때도 학습장에 토론 할 것을 기록해 와서 열심히 발표 할 것입니다.

최종 찬반결정	찬성
내가 쓴글 점수 주기	90점
3차 글쓰기	5차 주제 3차 주독토글을 쓰게 된 강권휘라고 합니다. 우리는 주독토글을 쓰기 전에 교실에서 집단 토론을 했습니다. 집단 토론은 자기가 원하는 의견에 들어가서 할 수 있습니다. 그 때처럼 모둠VS모둠이 아니라 자기가 원하는 의견에 사람끼리 팀이 되어서 하는 것입니다. 오늘 저는 찬성하는 의견 쪽에 들어갔습니다. 찬성이 13명이고 9명이 반대였습니다. 그리고 주장펼치기, 반론하기 질문타임 2번 그리고 주장다지기 이 순서대로 하는 것입니다. 주장펼치기랑 반론하기, 질문타임은 모두 찬성이 먼저 하지만 주장다지기는 반대가 먼저 합니다. 오늘 집단토론이 끝나고 이길 수 있다는 생각이 들었지만 아쉽게도 비겼습니다. 오늘은 선생님이 참여해서 더욱더 좋은 의견을 들을 수 있어서 좋았습니다. 저는 인터넷 실명제를 실행해야 할까? 라는 주제에 찬성합니다. 그 이유는 다음과 같습니다. 첫째, 질서 바른 인터넷 문화를 만들 수 있습니다. 가상공간에서도 예절

이 필요합니다. 직접 만나지 않고도 소통할 수 있는 가상공간의 특성 대문에 사람들은 글을 남김에 있어 가벼워지는 경향이 잇습니다. 거짓된 글이나 좋지 않은 의도의 글들이 인터넷을 통해 전파되는 것을 보면 좀 더 신중할 필요가 있다 생각합니다. 인터넷 실명제에 실행하면 사람들은 다른 사람들을 의식해서 조심성이 생기게 됩니다. 또 경찰, 간호사, 의사등 제복을 입은 사람은 늘 명찰을 차고 잇는데 이는 자신의 말과 행동에 책임을 지겠다는 의미와 같다 생각합니다. 따라서 인터넷 실명제를 찬성하게 되면 악플, 악성 게시글이 없는 예의바르고 질서 잇는 인터넷 문화를 만들어 낼 수 있게 됩니다. 그리고 준서님이 사이코 패스 같은 사람들만 악성 댓글을 단다고 하셨는데 그것은 아닌 것 같습니다. 왜냐하면 질투나서 악플을 다는 사람도 있기 때문이다. 그리고 악플 같은 다른 사람들이 보면 마음에 상처를 입고 그런 것이 인터넷 실명제가 시행 되면 완전히 없어지지는 않겠지만 조금씩 악성댓글의 수가 줄어들 것이다. 또 실제 그런 사례가 있다.

둘째, 추적이 용이합니다. 인터넷 실명제를 시행하게 되면 온라인상에서 문제가 되는 발언을 한 사람이나 범죄행위를 한사람을 빠르고 쉽게 추적할 수 있어서 사이버 수사대의 운영자원을 효율적으로 활용할 수 있습니다

셋째, 악성댓글로 인한 피해를 예방할 수 있습니다. 연예인들과 사람들이 가장 스트레스 받는 건 악성댓글 때문이라고 생각이 됩니다. 심각한 경우는 악성 댓글로 인해 스스로 목숨을 끊는 경우가 발생합니다. 그만큼 댓글로 인한 무분별한 비방글로 피해자가 발생할 수 있다는 문제점이 있습니다. 인터넷실명제를 하게 되면 악성댓글이나 안티문화를 잠재울 수 있습니다. 또 누군가는 치명적인 상처를 아무렇지 않게 주고 누군가는 치명적인 상처를 떠안아야만 한다는 게 말이 안 되어서 찬성합니다.

넷째, 신용도가 높아지게 됩니다. 인터넷, 가상속의 사람이 아닌 현실속의 사람을 대하게 되므로 해를 입게 될 경우 보장이 쉬워지며 거짓으로 사기를 범할 경우 엄한 처벌이 가능하므로 인터넷 문화의 신용도가 높아집니다.

다섯째, 온라인 정보의 신뢰도가 높아집니다. 찌라시는 보통 최초 배포자가 명확하지 않은 경우가 많습니다. 온라인에 만연한 정보는 익명성이라는 방패를 앞세워 신뢰할만한 정보라고 할 수 있는 게 사실입니다. 그러나 인터넷 실명제 실시를 하게 되면 내 신분이 노출되어 믿을만한 정보를 올리고 활용할 수 있는 인터넷 자료도 많아질 것입니다.

여섯째, 표현의 자유로 피해를 보는 사람이 있기 때문입니다. 자신에게

는 표현의 자유라고 생각이 들 수 있지만 상대방에게는 지울 수 없는 상처가 되기도 합니다. 사회를 혼란으로 빠뜨리는 허위내용과 개인적 악감정을 근거 없이 표출하는 것을 과연 표현의 자유라고 할 수 있는지 생각해 보아야 할 것 같습니다. 가상공간에서 최소한의 제어장치로서 인터넷 실명제를 유지 보완해 나가야 한다고 생각이 듭니다. 한국인터넷 진흥원이 조사한 자료에 따르면 특정 포털사이트 3곳의 악성 댓글 비율이 실명제 시행 전인 2007년 5월 15.8%에서 2008년 2월 10.4%로 줄어들었고 내용 자체도 상당히 순화되었다고 합니다. 또 민기님이 인터넷에 자유가 있다 하셨는데 그 자유보다는 사람의 목숨이 중요하다고 생각하기 때문에 인터넷 실명제에 찬성합니다.

일곱 번째, 간첩 때문입니다. 현재 우리나라는 다들 아시는 것과 같이 분단국가입니다. 실제 현실에서 활동하는 간첩들도 4만명으로 추산되는데 개방된 인터넷에서는 훨씬 많을 것입니다. 실제로 북한에서는 사이버전사들을 교육시켜서 여러 가지 방법으로 우리나라의 웹을 공격한 전과가 있습니다. 또한 댓글들과 인위적인 조작으로 여론을 움직이게 하고 있고요. 이런 상황에서 실명제를 폐기한다면 그들은 더욱 더 손쉽게 조작을 하고 여론을 장악할 수 있다 생각합니다. 그렇기 때문에 인터넷 실명제에 대해 찬성합니다.

저는 질서 바른 인터넷 문화를 만들 수 있고 경찰의 추적이 용이하고 악성댓글로 인한 피해를 예방할 수 있고 신용도가 높아지게 되고 온라인 정보의 신뢰도가 높아지게 되고 표현의 자유로 피해보는 사람이 있고 간첩 때문에 인터넷 실명제에 대해 찬성합니다.

오늘 희주님이 발표를 하지 않아서 조금 아쉬웠지만 그 외에 모든 친구들은 토론에 잘 참여했었기 때문에 토론이 재미있었던 것 같다. 오늘 내가 민기님의 허를 찌른 것 같았는데 민기님의 마음이 바뀌지 않아서 아쉬웠다. 벌써 1학기 마지막 토론이어서 아쉬웠다. 그리고 나도 커서 선생님처럼 말을 잘하는 사람이 되고 싶다. 오늘 선생님이랑 친구들의 의견 덕분에 인터넷 실명제에 안 좋은 점과 좋은 점에 대해 더 잘 알게 된 것 같다. 어쨌든 재미있는 토론 시간이었다. 오늘은 내가 발표를 조금 많이 해서 뿌듯했다. 학습장에 자기 생각을 정리하고 기록해서 오니까 확실히 말할 내용이 많았다. 오늘 민기님의 허를 찔러서 기분이 좋았다. 매번 지식을 얻을 수 있어서 기쁘고 2학기 때도 재미있게 토론하고 싶다.

글쓴이	권재환
주제	인터넷
읽은 책	정보통신 컴퓨터

주요 내용	정보가 공유 되지 않게 실명제를 사용하는 것
내가 정한 토론 주제	①sns에 정보를 공유해야 하나? ②정보를 가입할 때 공유해야 하나?
학급 토론 주제	인터넷 실명제를 시행해야 할까?
토론 주제 점수는	60점
1차 글쓰기	주제는 인터넷이고 칠판에 모둠별로 적었는데 그 주제에서 실명제가 나왔습니다. 실명제란? 실명제는 가짜이름이 아닌 진짜이름으로 하는 것입니다. 실명제의 좋은 점 첫째 욕하는 사람들을 줄일 수 있습니다. 실명제를 사용하면 사람들이 무서워서 사용하지 않습니다. 그래도 가짜이름으로 악성댓글을 사용할 경우 신고를 하면 됩니다. 　둘째 악성댓글입니다. 악성 댓글은 실명제를 사용하면 쓰지 못합니다. 그 이유는 이름이 밝혀지고 신고를 하면 교도소를 가기 때문입니다. 　실명제는 연예인을 살리는 것 입니다 실명제를 사용하여 신고할 경우 교도소를 갑니다. 　저는 실명제로 정보가 공유 되지만 연예인이 자살하고 악성댓글 이 사라 졌으면 좋겠습니다.
학급 토론 주제	인터넷 실명제를 시행해야 할까?
읽은 책 또는 자료	실명제 찬성 자료 반대 자료
주요 내용	인터넷 실명제를 시행하면 개인정보가 유출된다.
찬반 결정	찬성
나의 토론 참여 점수	90점
2차 글쓰기	이번 5차 주제 2차 토론입니다. 저는 인터넷 실명제에 대해 찬성합니다. 왜냐하면 요즘에는 악성댓글과 악성게시판을 하기 때문입니다. 인터넷에서 실명제를 사용하면 좋은 점 5가지를 설명하겠습니다. 　첫째 질서가 바른 인터넷 문화를 만들어 나갈 수 있습니다. 그 이유는 인터넷 실명제를 하게 되면 사람들은 다른 사람들을 의식하게 되어 조심성이 생기게 된다. 이로 인해 악플, 악성 게시글 등이 없는 예의 바르고 질서 있는 인터넷 문화를 만들어 낼 수 있다. 　둘째 운영을 하는데 있어 고객 관리가 쉬워진다. 가명과 인물이 아닌 실제의 인물을 대상으로 운영을 하는 기관에서는 고객을 관리하는데 있어 편리하다.

	셋째 신용도가 높아집니다. 인터넷 가상의 속이 아닌 현실속의 사람을 대하게 되므로 해를 입게 될 경우 보장이 쉬워지며 거짓으로 사기를 범할 경우 엄벌로 처벌이 가능하므로 인터넷 문화의 신용도가 높아진다. 넷째 필요한 시에 연락을 쉽게 할 수 있다. 인터넷 실명제를 할 경우에는 메일보내기 쪽지보내기 연락처 등을 확인할 수가 있다. 이로 인해 본인이 필요로 하는 시에 연락을 쉽게 취할 수 있어 생활이 편리해질 수 있다. 다섯째 온라인 정보의 신뢰가 높아진다. 내 신분을 밝혀서 말을 하니 악성댓글 악성게시판을 못 올리게 할 수 있다. 만약 실명제를 시행하는데 가짜 이름을 쓰고도 악성 댓글 악성게시판 등을 하면 신고버튼을 하여서 신고 할 수 있다. 그리고 온라인에서 범인을 쉽게 추적할 수 있습니다. 인터넷 실명제는 예방주사와 같습니다. 왜냐하면 악성댓글을 못 하게 하는 예방주사입니다. 그래서 저는 인터넷 실명제에 대해 찬성합니다. 오늘 토론을 할 때 이겨서 기분이 좋았고 내 생각을 막 펼치니 토론이 재미있었다. 다음은 자료를 더 찾아서 3차 토론 때는 내 주장과 근거를 마음 껏 펼칠 것이다.
최종 찬반결정	찬성
내가 쓴글 점수 주기	100점
3차 글쓰기	이번 5차 주제 3차 토론입니다. 이번 1학기 마지막 토론입니다. 저는 인터넷 실명제에 대해 찬성합니다. 왜냐하면 요즘에는 악성댓글과 악성게시판을 하기 때문입니다. 인터넷에서 실명제를 사용하면 좋은 점은 다음과 같습니다. 첫째 질서가 바른 인터넷 문화를 만들어 나갈 수 있습니다. 그 이유는 인터넷 실명제를 하게 되면 사람들은 다른 사람들을 의식하게 되어 조심성이 생기게 된다. 이로 인해 악플, 악성게시글 등이 없는 예의 바르고 질서 있는 인터넷 문화를 만들어 낼 수 있다. 둘째 운영을 하는데 있어 고객 관리가 쉬워진다. 가명과 인물이 아닌 실제의 인물을 대상으로 운영을 하는 기관에서는 고객을 관리하는데 있어 편리하다. 셋째 신용도가 높아집니다. 인터넷 가상이 아닌 현실속의 사람을 대하게 되므로 해를 입게 될 경우 보장이 쉬워지며 거짓으로 사기를 범할 경우 엄한 처벌이 가능하므로 인터넷 문화의 신용도가 높아진다. 넷째 필요한 시에 연락을 쉽게 할 수 있다. 인터넷 실명제를 할 경우에는 메일보내기 쪽지보내기 연락처 등을 확인할 수가 있다. 이로 인해 본

인이 필요로 하는 시에 연락을 쉽게 취할 수 있어 생활이 편리해질 수 있다.

다섯째 온라인 정보의 신뢰가 높아진다. 내 신분을 밝혀서 말을 하니 악성댓글 악성게시판을 못 올리게 할 수 있다.

만약 실명제를 시행하는데 가짜 이름을 쓰고도 악성 댓글 악성게시판 등을 하면 신고버튼을 하여서 신고 할 수 있다. 그리고 온라인에서 범인을 쉽게 추적할 수 있습니다. 인터넷 실명제는 예방주사와 같습니다. 왜냐하면 악성댓글을 못 하게 하는 예방주사입니다. 그래서 저는 인터넷 실명제에 대해 찬성합니다. 그리고 악플 경험 여부가 있다가 63%, 없다가 37%이다. 악플을 보거나 당했을 때 기분 기분이 너무 안 좋다 37%, 아무 생각 없다.(무시한다)34%, 나도 똑같이 달아준다 25%, 기분 좋다 1%, 기타 3%, 인터넷 실명제 찬성 한다 35.5%, 반대한다 35.5%, 상관하지 않는다 28%, 기타 0.95% 실명제가 악플을 줄일 수 있다에는 그렇다 62.7%, 아니다 37.3%, 19세 이상 남,녀 700명에게 인터넷실명제 도입 찬반 의견을 조사한 결과 찬성 63.1%, 반대 24.4%이다. 실제로 인터넷 실명제를 시행해야 한다. 가명이여도 신고를 하면 되고 여러 방법이 있다. 인터넷 실명제를 실시하면 연예인 자살과 악성댓글 악플을 막을 수 있다. 여러 악플을 보거나 당한 적이 있습니다. 저는 그때 바로 신고를 합니다. 마지막 토론이니 아쉬웠다. 그리고 민기님이 마음을 안 바꾸어서 아쉬웠다. 그래도 2학기가 있으니 더 열심히 해야겠다. 오늘 내 주장을 마음껏 펼쳐서 기분이 좋다.

글쓴이	김민기
주제	인터넷
읽은 책	인터넷의 영웅 손정의
주요 내용	손정의는 미국으로 전학 온 지 2주 만에 대학을 졸업했다.
내가 정한 토론 주제	①인터넷이 있어야 하는가? ②인터넷을 꼭 바르게 써야되나?
학급 토론 주제	인터넷 실명제를 시행해야 할까?
토론 주제 점수는	100점
1차 글쓰기	저는 이번5차토론 5차주제인 인터넷에서 실명제를 사용해야 된다에 찬성합니다. 왜냐하면 만약에 실명제를 안 사용하고 가명을 사용한다면 저라면 다른

사람이 모르니까 그냥 인터넷에서 댓글을 쉽게 달수 있을 것입니다. 만약에 실제이름을 사용하면 다 들키니까 어쩔 수 없이 가명을 사용하게 됩니다.

첫째. 실명을 사용하면 좋다. 그리고 또 실명을 쓰면 바로 범인을 잡을 수 있어서 좋습니다. 그리고 실명을 쓰면 다른 사람이 자기 이름을 쉽게 알 수 있습니다.

둘째. 바로 신고 할 수 있어서 좋습니다. 만약에 님들이 경찰서에 신고 할 때 가명으로 말하는 게 좋아요? 아니면 실명으로 말하는 게 좋아요? 제 생각에도 저는 실명이 좋은 것 같습니다. 그리고 또 인터넷에서도 바로 실명을 사용하여야지 바로 인터넷에서 신고 할 수 있습니다.

그리고 또 이름은 부모님이 지어주신 것이기 때문에 만약에 가명을 사용한다면 그것은 법에 걸립니다. 그리고 또 이름을 바꾸려면 부모님이랑 같이 가서 이름을 바꿔야 그것은 인정이 됩니다. 셋째, 인터넷에 상에서 좋은 말을 써야 된다. 속담에도 가는 말이 고와야 오는 말이 곱다는 말이 있다 시피 인터넷도 좋은 말을 써야 되니까 그냥 좋은 말을 쓰면 가명을 안 써도 됩니다. 좋은 말을 쓰면 세상은 끝납니다. 결론은 우리 모두 좋은 말을 쓰고 실명을 사용합시다. 좋은 말은 고래도 춤추게 하니까 우리 모두 좋은 말을 사용합시다.

학급 토론 주제	인터넷 실명제를 시행해야 할까?
읽은 책 또는 자료	나는 사이버 박사, 조사 자료
주요 내용	이름만 알면 개인정보가 다 들킨다.
찬반 결정	반대
나의 토론 참여 점수	100점
2차 글쓰기	저는 인터넷 실명제에 반대합니다. 왜냐하면 저는 인터넷에서는 자유가 있다고 생각합니다. 그래서 인터넷 실명제를 쓰면 안 된다고 생각합니다. 첫째, 개인정보 유출이 된다. 왜냐하면 이름 하나만 공개 된다면 개인정보는 다 발각이 되는 것입니다. 전화번호, 주민등록번호 등 다 밝혀지는 것입니다. 근데 그것을 또 범죄자가 또 알고 그것을 또 이용해서 범죄를 저지를 수도 있습니다. 그래서 개인정보 유출이 되지 않게 조심조심하게 해야 됩니다. 그리고 또 절대로 다른 사람한테 중요한 정보를 알려주면 안 됩니다. 둘째, 표현에 자유를 침해한다. 왜냐하면 표현이란? 자기가 말하고 싶은 것을 표현이라고 하는 데 그것을 방해하면 그 사람은 불편해서 화가

	납니다. 근데 이것도 저는 사람이 다 인권이 있잖아요. 그래서 인권 침해하는 것 같습니다. 그래서 그 사람은 직업을 얻을 때 면접을 볼 때 그 사람은 절대로 통과를 못할 것입니다. 왜냐하면 인권을 침해 했으니까요. 그래서 그 사람은 인생이 망한 것으로 보면 됩니다. 그래서 결론은 인터넷 실명제에 반대하고 있습니다. 저도 닉네임이 한발 더 나은 것 같습니다.
최종 찬반결정	반대
내가 쓴글 점수 주기	100점
3차 글쓰기	저는 인터넷 실명제의 반대 합니다. 왜냐하면 저는 인터넷에서는 자유가 있다고 생각합니다. 그래서 인터넷 실명제를 쓰면 안 된다고 생각합니다. 첫째, 개인정보 유출이 된다. 왜냐하면 이름 하나만 공개 된다면 개인정보는 다 발각이 되는 것입니다. 전화번호, 주민등록번호 등 다 밝혀지는 것입니다. 근데 그것을 또 범죄자가 또 알고 그것을 또 이용해서 범죄를 저지를 수도 있습니다. 그래서 개인정보 유출이 되지 않게 조심조심하게 해야 됩니다. 그리고 또 절대로 다른 사람한테 중요한 정보를 알려주면 안 됩니다. 둘째, 표현의 자유를 침해한다. 왜냐하면 표현이란? 자기가 말하고 싶은 것을 표현이라고 하는 데 그것을 방해하면 그 사람은 불편해서 화가 납니다. 근데 이것도 저는 사람이 다 인권이 있잖아요. 그래서 인권 침해하는 것 같습니다. 그래서 그 사람은 직업을 얻을 때 면접을 볼 때 그 사람은 절대로 통과를 못할 것입니다. 왜냐하면 인권을 침해했기 때문입니다. 그래서 그 사람은 인생이 망한 것으로 보면 됩니다. 그래서 결론은 인터넷 실명제에 반대하고 있습니다. 저도 닉네임이 더 한발 더 나은 것 같습니다 셋째. 해킹이다. 요즘에는 막 사람들이 자주하는 게 해킹입니다. 근데 원래 해킹을 하면 처벌을 받아야 당연한 것인데 재작년에 네이트에서 3500만 명이 해킹을 당했습니다. 헌법 제 2조장 제 17조항에서 모든 국민이면 사생활에 자유와 피해를 받으면 안 된다. 만약에 이를 어길 시에는 벌을 받아야 한다. 근데 해킹은 거의 대부분 평범한 사람이면 안하는데 거의 대부분 사이코 패스나 컴퓨터를 잘 만지는 컴퓨터 해커들이 주로 합니다. 근데 이것은 안 좋은 것입니다. 근데 이제부터라도 이렇게 해킹을 한다면 벌을 받아야 합니다. 근데 이게 박근혜대통령에 귀에 까지 들어간다면 만약에 박근혜대통령님이 만약에 감옥살이나 사형을 시키라고 시키면 그 사람은 세상이 끝나는 것입니다.

	결론은 우리 모두가 해킹이 있으면 안 되고 또 특정한 사람이 하면 안 됩니다. 우리 모두 즐겁고 세상이 재미있고 활기찬 범죄 없는 대한민국을 만들어 갑시다. 그리고 인터넷실명제에 반대합니다. 오늘 토론을 했는데 강권휘님이 내 허를 찌르는 질문을 해서 기분이 좋았기도 했고 또 한편으로는 깜짝 놀랐다. 오늘 내가 다짐을 했다. 3차 토론이고 또 2학기 마지막 토론이어서 나는 많이 참여를 하고 싶었는데 많이 해서 오늘 너무 토론 재미있었고 기분이 좋았다. 지금까지 저의 이야기를 들어주셔서 고맙습니다.
글쓴이	# 김용근
주제	인터넷
읽은 책	Why 정보통신
주요 내용	꼼지와 엄지가 미래로 가서 미래의 정보통신기술을 알아가는 과정이다.
내가 정한 토론 주제	①우리는 인터넷의 노예인가? ②인터넷이 꼭 필요한가?
학급 토론 주제	인터넷 실명제를 시행해야 할까?
토론 주제 점수는	50점
1차 글쓰기	저는 이번 토론주제인 실명제를 실시하는데 일대일 하브루타를 했다. 그렇게 해서 내가정한 것은 찬성이다. 그 이유는 좋은 점이 많을 것 같기 때문이다. 첫째, 악성 댓글이 없어질 것 같다. 네이버에서 가명을 사용하게 된다면 악성댓글을 올리기가 쉬울 수 있지만 실명을 쓰면 악성댓글을 함부로 달기 힘들 것이다. 왜냐하면 이름을 알면 그 사람을 찾기 가쉬워지고 그렇게 되면 처벌이 무서워서 악성댓글을 달지 못할 것이다. 또 악성댓글 때문에 자살을 하는 연예인도 있다. 하지만 실면을 쓴다면 악성댓글을 쉽게 달지 못하기 때문에 더 좋을 것이다. 그러게면 자살을 택하는 연예인도 없어질 수 있을 것이다. 둘째, 거짓말을 줄일 수 있다. 인터넷 에서는 많은 정보가 있지만 그중에서는 거짓과 진실이 섞여있다. 그런데 일부로 거짓정보를 통보하면 가명이라면 들키지 않을 것이라고 생각을 하면 서 계속 해서 올릴 수 있지만 실명으로 일부로 거짓정보를 쓰면 범죄가 될 수 있다는 생각이 들 수 있기 때문이다. 그러면 거짓정보를 보는 사람이 적어질 것이다. 그러면 인터넷사용자가 늘 것이라고 생각을 한다. 셋째, 친구를 사귀기가 쉽다. 실명을 쓰게 된다면 인터넷 에서 친구를

사귀기가 쉽다고 생각합니다. 그 이유는 가명보다 실명이 부르기가 편할 수 있기 때문입니다. 또 아는 사람도 가명을 쓴다면 알아볼 수 없기 때문에 불편하지만 실명을 쓰면 알아보기가 쉽기 때문이다.

저는 이러한 이유 때문에 실명제를 실시하는 것이 옳다고 생각합니다. 오늘 일대일 하브르타 에서 체 은님과 유빈님이 많을 것을 알려 주셔서 고맙습니다.

학급 토론 주제	인터넷 실명제를 시행해야 할까?
읽은 책 또는 자료	인터넷지식인
주요 내용	반대와 찬성 이야기
찬반 결정	반대
나의 토론 참여 점수	80점
2차 글쓰기	저는 인터넷 실명제 실시하는 것에 대하여 반대합니다. 이유는 오늘 토론 때 반대자님들의 의견을 들어보니 일리가 있어서 찬성에서 반대를 하게 되었습니다. 첫째, 악성댓글입니다. 인터넷 실명제를 실시하면서 악성댓글 수가 1.7%밖에 줄지 않았기 때문입니다. 다른 사람들은 익명을 쓰면 자신에게 피해가 올까봐 무서워서 못단다고 하는 데 요즘은 가명으로도 그 사람을 찾아서 처벌을 줄 수 있다. 그렇기 때문에 가명을 써도 상관은 없다고 생각한다. 또 소수의 사람이 피해를 볼 수 있다고 하지만 그 소수 때문에 다수의 사람이 피해를 보는 것은 더욱 안 된다고 생각한다. 둘째, 다른 사람과 착각할 수 있다. 익명을 쓰면 이름이 똑같은 사람은 이 세상에는 많다. 그런데 익명을 쓰면 다른 사람에게 개인정보를 보내주면 그것이 악용될 수 있다고 생각하기 때문입니다. 다른 분은 말로 설명하면 된다고 하시지만 그것을 하려면 시간이 오래 걸릴 것이다. 그러면 시간낭비가 되지만 가명을 쓰면 가신이 아는 사람만 알아볼 수 있기 때문에 다른 사람과 착각할 염려가 없다. 그런 이유 때문에 가명을 써도 된다고 생각한다. 셋째, 개인정보가 유출이 될 수 있다. 이름이 공개가 되기 때문에 정보 유출이 될 수 있다. 또 신문에 따르면 해킹으로 인하여 3500여명의 개인정보가 유출이 되었다고 한다. 그러한 이유 때문에 익명을 쓰면 좋지 않은 점이 많아진다. 그러니 가명을 써도 문제가 될 이유는 없다고 생각이 된다. 넷째, 감소하는 댓글 수 때문이다. 아까 악성댓글이 1.7%밖에 감소되지

	않았다. 그런데 문제는 댓글 수가 63%나 감소가 됐다고 한다. 이건 악성 댓글을 차단을 하는 효과보다 커뮤니케이션 위축효과를 가져온다고 한다. 이것은 불이득이라고 생각하기 때문에 익명이 좋지 않다고 생각한다. 그리고 미국 유일간지 뉴욕 타임즈가 우리나라의 인터넷실명제는 멍청한 생각이라고 한다. 그러한데도 실명 제도를 써야할지 생각한다. 　저는 이러한 이유 때문에 실명제를 실시하지 않는 것이 좋다고 생각합니다. 이번 4대4 토론 때 많은 것을 알았습니다. 그리고 유빈님 승진님 혜연님이 잘했다고 생각합니다.
최종 찬반결정	반대
내가 쓴글 점수 주기	90점
3차 글쓰기	저는 이번 찬반 토론에서 반대 9명 찬성 13명으로 승부를 하였다. 그리고 마지막 토론이기도 하였다. 그래서 이기고 싶은 마음이 많이 들었다. 그리고 오늘 선생님이 가끔 들어와서 말을 하셨다. 그래서 더욱 재미있던 것 같다. 많은 사람이 반대를 하여서 그러므로 나의 의견은 반대이다. 그 이유는 다음과 같습니다. 　첫째, 악성댓글입니다. 인터넷 실명제를 실시하면서 악성댓글 수가 1.7%밖에 줄지 않았기 때문입니다. 또 댓글 수가 68%나 감소된 걸로 봐서는 이건 악성댓글 차단 효과보다 커뮤니케이션 위축효과를 가져온다. 그리고 뉴욕 타임즈는 인터넷 실명제는 멍청한 생각이라고 말하였다. 이건 불이득이라고 생각한다. 내 생각에는 실명제를 사용하는 것은 별로라는 생각이 든다. 또 찬성 분들은 다른 사람들은 익명을 쓰면 자신에게 피해가 올까봐 무서워서 못단다고 하는 데 요즘은 가명으로도 그 사람을 찾아서 처벌을 줄 수 있다. 또 연예인이 자살을 하는 큰이유가 악성 댓글 때문이라고 하지만 악성댓글을 달면 더욱 엄격한 처벌을 주면 된다고 생각한다. 저는 그렇기 때문에 가명을 써도 상관은 없다고 생각한다. 또 소수의 사람이 피해를 볼 수 있다고 하지만 그 소수 때문에 다수의 사람이 피해를 보는 것은 더욱 안 된다고 생각한다. 　둘째, 다른 사람과 착각할 수 있다. 익명을 쓰면 이름이 똑같은 사람은 이 세상에는 많다. 그런데 익명을 쓰면 다른 사람에게 개인정보를 보내주면 그것이 악용될 수 있다고 생각하기 때문입니다. 또 다른 분은 말로 설명하면 된다고 하시지만 그것을 하려면 시간이 오래 걸릴 것이다. 그러면 시간낭비가 되지만 가명을 쓰면 자신이 아는 사람만 알아볼 수 있기 때문에 다른 사람과 착각할 염려가 없다. 그런 이유 때문에 가명을 써도 된다

고 생각한다. 또 이름 밑에 나이를 적으면 된다는 사람이 있어도 나리가 똑같은 사람이고 이름도 똑같다면 밑에 나이를 적는 것은 무의미가 된다.

셋째, 개인정보가 유출이 될 수 있다. 이름이 공개가 되기 때문에 정보유출이 될 수 있다. 또 신문에 따르면 해킹으로 인하여 3500여만 명의 개인 정보가 유출이 되었다고 한다. 그러한 이유를 보면 실명제를 꼭 사용할 필요는 없다고 생각한다. 그리고 3500만 명이 해킹을 당했다는 것은 아주 큰일이다. 이런 상황에서는 실명제를 쓰지 않는 것이 좋다는 것이라고 생각한다.

넷째, 자유를 침해한다. 민주주의는 누구나 정치에 신경을 쓸 수 있지만 실명제 쓰면 그건 글을 쓰는 자유를 빼앗는 것이다. 그렇게 보면 실명제는 뉴욕 타임즈가 말했듯이 멍청한 생각이라고 생각한다. 그리고 아까 악성 댓글을 신고를 할 때 실명제를 쓰면 범인을 잡기 쉽다고 하지만 닉네임을 써도 아이디 비밀번호 등으로 알아낼 수 있다.

다섯째, 인터넷 실명제는 이득보다 실이 많다. 아까 말을 하였듯이 악성 댓글은 1.7%감소 됐지만 댓글 수는 68%나 줄어들었다. 이것은 이득보다 실이 더욱 많다는 것을 알 수 있다. 그러니까 실명제를 쓸 필요는 없다고 생각한다. 그리고 게임 bj들은 가명을 쓰는 경우가 많다. 그런데 실명제를 사용하는 것은 많은 bj들도 싫어 할 것 이라고 생각한다.

여섯째, 익명을 사용하는 사람이 더 많다. 독일, 프랑스, 영국 등은 실제로 실명제를 쓰지 않는다. 그리고 실명제를 쓰면 외국인들은 위나라의 웹을 사용하기 어렵기 때문이다. 복잡한 절차를 거칠 바에 다른 나라의 웹을 쓸 것이라고 생각할 것이다. 그렇기 때문에 저는 실명제보다는 닉네임을 쓰는 것이 더 좋다는 생각이 든다.

저는 이러한 6가지 이유 때문에 인터넷실명제를 실시하는 것에 대하여 반대하는 입장입니다. 오늘 토론에서 창성, 유빈님 등이 잘하였습니다. 그리고 오늘 토론은 잘한 것 같습니다. 그래도 오늘 토론은 무승부여서 아쉬웠다. 오늘은 마지막이여서 이기고 싶었다. 그래도 정말 재미있던 토론이 된 것 같다.

글쓴이	김준서
주제	인터넷
읽은 책	why 컴퓨터
주요 내용	인터넷의 좋은 점 로봇의 활용 사용법 , 정보해킹 등등
내가 정한 토론 주제	①게임을 3시간 이싱해도 되는가? ②sns에서 정보공유를 하는 것이 옳은가?

학급 토론 주제	인터넷 실명제를 시행해야 할까?
토론 주제 점수는	80점
1차 글쓰기	저는 인터넷 실명제를 시행해야 할까? 라는 주제에 반대합니다. 사람에게 인권이 중요한 것처럼 인터넷에서 익명을 사용해야 자기가 할 말을 하고 만약 악성댓글 이라면 사이트나 블로그를 올린 사람들이 잘못된 것 아닌가요? 아무 이유 없이 사람이 욕을 합니까?? 그러니 자유박탈, 인권무시 라고 생각하기 때문에 반대합니다. 그건 아닙니다. 사람에게도 자기가 실명제 사용이 싫으면 익명을 쓸 수도 있지 않나요?? 그것은 사람의 인권을 침해하는 일 아닙니까? 사람이 익명을 쓰고 싶다는데 그것에 찬성하는 것은 아니라고 봅니다. 여러분은 1번도 익면을 쓰지 않으셨나요? 첫째, 인권을 무시하는 것입니다. 그 이유는 그 사람이 익명을 쓰고 싶다는데 만약 쓰지 말라고 한다면 그건 아닙니다. 그리고 사람을 다 나쁘게 생각하시는데 익명을 쓴다고 꼭 악성 댓글을 다는 것은 아니지 않습니까? 그리고 이유 없이 사람을 무시하고 상처를 주는 것은 아닙니다. 그 사람이 잘못이 있으니 그런 게 아닙니다. 그러니 익명을 사용하여 익명사용 전에 공지사항 같은 글을 올려 그것을 막으면 되는 것이고 사람이 꼭 살며 자신의 이름만 사용해야 합니까?? 둘째, 자유를 무시하는 것입니다. 자유를 줍시다. 꼭 사람들은 악플을 달지 않습니다. 사람에게 불만이 있거나 말할 것을 들어주지 않으니 그렇게 오해하지는 말자는 것입니다 실명을 쓴다고 악플을 달지 않는 건 아닙니다. 그러니 저는 실명제를 사용하지 않아도 된다고 생각합니다. 저는 인권침해, 자유무시라는 이유로 반대합니다. 익명을 사용해도 괜찮다고 생각합니다. 거의 대부분 3678.cn 같은 인터넷에서 주어지는 경우도 있습니다. 과연 인터넷 개발자는 생각이 없었을까요? 인터넷 개발자도 생각은 하였지요.
학급 토론 주제	인터넷 실명제를 시행해야 할까?
읽은 책 또는 자료	말로 때리면 안돼!!
주요 내용	자두가 3차 시험에서 떨어지자 친구들은 네가 탈락할게 뻔하지, 그렇게 큰소리치더니 떨어져서 참 좋겠다. 라고 하는 등등 친구들은 악성댓글을 달기 시작한다. 그 후로 자두는 참지 못하여 욕을 했는데 자두는 그걸로

	또 비난하는 내용과 실명제의 문제점 반대의견
찬반 결정	반대
나의 토론 참여 점수	100점
2차 글쓰기	저는 인터넷 실명제를 시행해야 하나? 라는 주제에 대해 반대 한다. 먼저 내가 예를 들어 보겠다. 자두는 방송부원에 합격하기 위하여 1,2차에서 합격했다가 3차일 때 자신만 시험에서 떨어졌는데 자두는 1,2차 시험에 합격해 자신감이 생기자 인터넷에 나는 3차 시험에 합격하여 방송부원이 될게 분명하다고 인터넷에 올렸는데 자두가 3차 시험에서 떨어지자 친구들은 네가 탈락할게 뻔하지, 그렇게 큰소리치더니 떨어져서 참 좋겠다. 라고 하는 등등 친구들은 악성댓글을 달기 시작한다. 그 후로 자두는 참지 못하여 욕을 했는데 자두는 그걸로 또 비난하는 내용이 있었다. 그 후로 자두는 학교생활도 잘하지 못하였고 다들 실명제를 쓰지 않아 선생님께 말하기도 애매했다. 그 후로 '백마 탄 환자'라고 대화방에서 정체모를 사람이 들어와서 욕을 하자 그 정체모를 사람은 방송부에서 떨어져 화가 난 자두라고 생각하였다. 실명제를 쓰지 않아 생긴 일이지만 만약 애초부터 자두가 생각을 하고 처음에 자기가 꼭 합격될 자신이 없다면 자신이 통과된다고 하고 그 후로 화난 행동을 하고 다녀 오해가 생겼다고 생각한다. 제일 큰 잘못은 자두 인 것 같다 그 이유는 애초부터 자두가 인터넷에 나는 3차 시험에 합격하여 방송부원이 될게 분명이라는 내용을 쓰지 않았더라면 친구들이 이유 없이 욕을 하고 비난하진 않을 거다. 그러니 이번 주제에서 사람이 멀쩡하다면 이유 없이 악성댓글을 다는 건 아니다. 또 자두가 백마 탄 환자를 신고 했으면 사건이 이렇게 크게 일어나진 않았다. 그리고 예전부터 실명제를 사용하지 않아도 가입을 할 때 이름 빼고는 다 동일하게 적고 가입을 한다. 그래서 빨리 신고 할 수 있는 것이 아니고 둘 다 신고하는 것 조사내용, 시간은 동일하다. 실명제가 사용되지 않아도 신분은 동일하게 확인하고 신고 할 수 있다는 것이 명백한 근거가 있다. 그리고 인터넷 사이트 개발자도 최대한의 생각을 하고 만들었을 것이다. 익명을 써도 문제없다는 생각으로 사이트를 만들었을 것 같다. 첫째, 악성댓글이 달릴 수 있는 내용을 올린 사람의 잘못이다. 멀쩡한 사람인이상 그냥 이유 없이 사이코패스처럼 내용에 악성댓글을 달진 않는다. 위에 자두 이야기처럼 자두가 애초부터 자두가 인터넷에 나는 3차 시험에 합격하여 방송부원이 될게 분명이라는 내용을 쓰지 않았더라면 친구들이 이유 없이 욕을 하고 비난하진 않을 거다. 우리나라에 사이코패스

	는 10분의 1밖에 안 되는 사람이다. 그런 사람들 때문에 우리 모든 사람을 불편하게 만드는 것은 아니라고 본다. 이유 없이 쓴다 해도 그런 드문 몇몇 일 때문에 익명을 쓰는 사람들을 불편하게 하는 것은 아니라고 본다. 　둘째, 익명을 써도 신고는 실명을 쓴 사람과 동일하게 할 수 있다. 오늘 토론을 하며 휘님이 시간이 오래 걸린다고 하셨는데 그게 아니다. 개인정보는 모두 전화번호를 인증하고 이 메일, 나이, 생일 등등 다 동일하게 입력한다. 그러므로 시간은 다 동일하다. 신고도 동일하다. 　셋째, 인터넷 개발자의 생각이다. 인터넷 개발자도 익명을 써도 문제없다고 생각하고 사이트를 만든 것이다. 문제가 없으니 시이트를 만들지 생각 없이 만든 것은 아니다. 　나는 악성댓글이 달릴 수 있는 내용을 올린 사람의 잘못, 인터넷 개발자의 생각, 익명을 써도 신고는 실명을 쓴 사람과 동일하게 할 수 있다. 라는 의견으로 반대한다. 오늘은 아쉽게 토론에서 이기지 못하였지만 재미있고 값진 토론 이였다. 이 세 가지 의견으로 글을 써 봤고 실명제를 사용하지 않더라도 신분은 확인할 수 있고 인터넷 개발자도 생각이 있고 잘못된 내용을 올린 사람도 잘못이 있다.
최종 찬반결정	반대
내가 쓴글 점수 주기	90점
3차 글쓰기	저는 인터넷 실명제를 시행해야 하나? 라는 주제에 대해 반대 한다. 그 이유는 개인정보 유출문제, 익명도 신고를 할 수 있다는 의견과, 개인의 자유, 인터넷 개발자도 생각이 있을 것이라고 생각하기 때문에 반대한다. 오늘 토론으로 다양한 나의 의견이 많아서 반대 의견 중 제일 확실한 의견을 내세우려고 한다. 이유는 다음과 같다. 　첫째, 개인정보 유출문제이다. 만약 전문해커가 아니더라도 실명제를 사용하면 일반인도 해킹을 할 수 있다 실명제라면 나이와 더 많은 개인정보가 유출되어 사생활 침해, 해킹 등등으로 이루어지기 때문에 실명제를 반대한다. 실명제는 주민등록번호를 입력하기 때문에 해킹이 쉽다. 실명제를 사용하는 것은 '개인정보 덩어리'라고 생각한다. 실명제는 인터넷 상의 개인정보 동의서라고 볼 수 있다. 　둘째, 익명을 써도 신고는 할 수 있다. 익명을 써도 회원가입을 해서 신고를 할 수 있다.(회원가입= 전화번호 입력+전화번호 확인+닉네임 지정 +마무리 확인) 이러한 절차로 회원가입이 이루어진다. 닉네임을 사용

해도 신고는 충분히 가능하다. 다른 사이트도 대부분은 신고가 가능하다. 하지만 실명제는 더 많은 개인정보(주민등록번호, 나이, 전화번호, 개인정보 동의서와 같은 해킹의 위험성)를 가지고 있어서 익명을 사용 하는 것이 옳다고 생각한다.

셋째, 인터넷 개발자의 생각이다. 인터넷 개발자도 익명을 써도 문제없다고 생각하고 사이트를 만든 것이다. 문제가 없으니 사이트를 만들지 생각 없이 만든 것은 아니다.

넷째, 악성댓글이 달릴 수 있는 내용을 올린 사람의 잘못이다. 멀쩡한 사람인이상 그냥 이유 없이 사이코패스처럼 내용에 악성댓글을 달진 않는다. 책에 나온 자두 이야기처럼 자두가 애초부터 자두가 인터넷에 나는 3차 시험에 합격하여 방송부원이 될게 분명이라는 내용을 쓰지 않았더라면 친구들이 이유 없이 욕을 하고 비난하진 않을 거다. 우리나라에 사이코패스는 10분의 1밖에 안 되는 사람이다. 그런 사람들 때문에 우리 모든 사람을 불편하게 만드는 것은 아니라고 본다. 이유 없이 쓴다 해도 그런 드문 몇몇 일 때문에 익명을 쓰는 사람들을 불편하게 하는 것은 아니라고 본다. 물론 이유 없이 댓글을 다는 사람도 있다. 하지만 소수의 사람들이다. 이 사람들은 제 309조 출판물 등에 의한 명예회손 이라는 법으로 신고하면 된다.

나는 악성댓글이 달릴 수 있는 개인정보의 문제, 인터넷 개발자의 생각, 익명을 써도 신고는 실명을 쓴 사람과 동일하게 할 수 있고, 게시물을 올린 사람의 잘못이라는 의견으로 반대한다. 이 네 가지 의견으로 글을 써 봤고 게시물을 올린 사람의 잘못, 실명제를 사용하지 않더라도 신분은 확인할 수 있고 인터넷 개발자도 생각이 있고 잘못된 내용을 올린 사람도 잘못이 있다.

글쓴이	김현민
주제	인터넷
읽은 책	why? 미래과학
주요 내용	과거로 사람이 돌아와 나쁜 짓을 막고 마을 사람들을 도와주면서 미래의 일을 얘기해주는 상상내용이다.
내가 정한 토론 주제	①인터넷 사이트를 어떠한 옳고 그름의 판정을 받지 않고 막 사이트를 만들어도 괜찮은가? ②인터넷에서 욕을 써도 그것에 대한 패널티가 없어도 되는가?
학급 토론 주제	인터넷 실명제를 시행해야 할까?
토론 주제	100점

점수는	
1차 글쓰기	이번 큰 주제는 인터넷에 관한 내용이었습니다. 각자 모둠에서 좋은 주제를 배출해 냈었는데 우리 모둠에선 박혜연님의 의견으로 결정이 되었습니다. 그렇지만 주제는 2모둠 주제로 결정되었습니다. '주제는 인터넷 실명제를 시행해야 하는가?' 였습니다. 저는 인터넷 실명제를 시행하는 것에 반대합니다. 그 이유는 첫째, 자유성 침해입니다. 일단 실명을 사용하면 자신의 이름이 밝혀지기 때문에 주변사람들이 보게 되면 자신인 것을 알고 자꾸 그것에 대해서 말이 나오기 때문에 자유롭게 글을 쓰기가 어렵기 때문입니다. 만약 게임에 대한 이야기를 올렸다고 하면 그 글을 보고 가족 중 한 명이 올려도 글을 이런 걸 쓰냐면서 뭐라고 하게 되고 그에 의해서 다음부터 그런 글을 쓰기가 어려울 것입니다. 둘째, 이름의 중복입니다. 실명을 사용하게 되면 그에 대한 이름이 넘쳐흐를 것이고 그것에 의해 발생하는 문제점으론 만약에 김현민(1)이라는 사람이 있는데 또 다른 김현민(2)이 나타나서 만약에 욕을 쓰면 김현민(1)의 가족이 그 글을 보고 김현민(1)을 혼내게 되므로 김현민(1)이 억울해질 수도 있는 것이고 그렇다고 막 나이같은 것으로 구분해서 김현민(13세), 김현민(25세)로 한다 해도 또 다른 13살의 김현민이 없을 때는 드물기 때문에 문제점이 넘쳐날 것입니다. 이번 1대1 하브루타는 반대 내용은 충분했는데 찬성내용이 생각이 잘 나지 않아서 제대로 참여가 불가능 했던 것이 조금 아쉬운 점이 있었던 것 같다.
학급 토론 주제	인터넷 실명제를 시행해야 할까?
읽은 책 또는 자료	악플 전쟁
주요 내용	악플로 인해 다른 사람이 피해를 입지만 그 사람만 처벌하면 문제없다.
찬반 결정	반대
나의 토론 참여 점수	100점
2차 글쓰기	이번엔 5차 주제 2차 토론(4대4토론)을 진행했습니다. 저는 인터넷 실명제가 원래 별명제인데 실명제를 쓴다는 사람이 악플 해결방법을 모르는 것 같다. 그냥 계정정보만 보면 신원 확인이 가능한데 왜 그렇게 까지 하는지 이해가 안 되어서 반대를 선택하게 되었습니다.

	저는 인터넷 실명제를 시행하는 것에 반대합니다.
	그 이유는 첫째, 자유성 침해입니다. 일단 실명을 사용하면 자신의 이름이 밝혀지기 때문에 주변사람들이 보게 되면 자신인 것을 알고 자꾸 그것에 대해서 말이 나오기 때문에 자유롭게 글을 쓰기가 어렵기 때문입니다. 만약 게임에 대한 이야기를 올렸다고 하면 그 글을 보고 가족 중 한 명이 올려도 글을 이런 걸 쓰냐면서 뭐라고 하게 되고 그에 의해서 다음부터 그런 글을 쓰기가 어려울 것입니다.
	둘째, 이름의 중복입니다. 실명을 사용하게 되면 그에 대한 이름이 넘쳐흐를 것이고 그것에 의해 발생하는 문제점으론 만약에 김현민(1)이라는 사람이 있는데 또 다른 김현민(2)이 나타나서 만약에 욕을 쓰면 김현민(1)의 가족이 그 글을 보고 김현민(1)을 혼내게 되므로 김현민(1)이 억울해질 수도 있는 것이고 그렇다고 막 나이같은 것으로 구분해서 김현민(13세), 김현민(25세)로 한다 해도 또 다른 13살의 김현민이 없을 때는 드물기 때문에 문제점이 넘쳐날 것입니다. 그러나 만약에 별명을 사용한다면 어떤 별명이든 자신이 원하는 별명으로 인터넷 망을 돌아다닐 수 있습니다.(이름은 중복되어도 바꿀 수 없음)
	셋째, 별명에 대한 불만입니다. 분명 자신이 원하는 별명을 쓰고 싶은 사람은 세상에 몇 억 명이 넘는데 그런 악플을 달고 욕설을 하고 좋지 않은 글을 쓰고 상대방 비방 글을 쓰는 사람들 때문에 자신들이 쓰고 싶은 별명을 쓰지 못하면 억울하고 분할 것입니다. 그리고 만약에 막 욕을 하고 상대방을 비방하고 악플도 달고 그런 사람들은 일단 그 댓글을 삭제하고 그냥 계정정보 확인해서 그 사람의 신원을 확인한 후에 처벌하면 되고 뭐 그러더라도 그런 악플로 인해 삭제하기 전에 그런 많은 악플을 보고 절망하며 자살할 사람들이 있을 가능성이 있다고 쳐도 그냥 실시간으로 악성댓글 감지 프로그램을 만들어 틀어놓고 감지될 때 바로 삭제하고 그 내용과 그에 대한 신원을 띄우게 해서 처벌을 하면 됩니다.
	그렇기 때문에 자유와 원하는 별명의 사용을 막고 이름도 중복이 많이 되어 오해의 소지를 일으켜 말로 번거롭게 설명해야 오해가 풀리는 일을 만드는 인터넷 실명제에 반대합니다.
	이번토론은 할 말도 많이 하고 주장도 잘 나오고 반론도 잘되고 질문에 대한 답변도 술술 말이 잘 나와서 매우 잘 됐던 토론 같았습니다.
최종 찬반결정	반대
내가 쓴글 점수 주기	100점

| 3차
글쓰기 | 이번엔 5차주제 3차 토론(전체토론)을 진행했습니다. 저는 인터넷 실명제가 필요하단 사람들이 더 좋은 해결 방법은 생각을 안 하고 무조건 실명제만 사용하면 다 해결되는 것으로 알고 있어서 반대를 선택하게 되었습니다. 그러므로 저는 인터넷 실명제를 시행하는 것에 반대합니다. 그 이유는 다음과 같습니다.

첫째, 자유성 침해입니다. 일단 실명을 사용하면 자신의 이름이 밝혀지기 때문에 주변사람들이 보게 되면 자신인 것을 알고 자꾸 그것에 대해서 말이 나오기 때문에 자유롭게 글을 쓰기가 어렵기 때문입니다. 만약 게임에 대한 이야기를 올렸다고 하면 그 글을 보고 가족 중 한 명이 올려도 글을 이런 걸 쓰냐면서 뭐라고 하게 되고 그에 의해서 다음부터 그런 글을 쓰기가 어려울 것입니다.

둘째, 이름의 중복입니다. 실명을 사용하게 되면 그에 대한 이름이 넘쳐 흐를 것이고 그것에 의해 발생하는 문제점으론 만약에 김현민(1)이라는 사람이 있는데 또 다른 김현민(2)이 나타나서 만약에 욕을 쓰면 김현민(1)의 가족이 그 글을 보고 김현민(1)을 혼내게 되므로 김현민(1)이 억울해질 수도 있는 것이고 그렇다고 막 나이같은 것으로 구분해서 김현민(13세), 김현민(25세)로 한다 해도 또 다른 13살의 김현민이 없을 때는 드물기 때문에 문제점이 넘쳐날 것입니다. 그러나 만약에 별명을 사용한다면 어떤 별명이든 자신이 원하는 별명으로 인터넷 망을 돌아다닐 수 있습니다.(이름은 중복되어도 바꿀 수 없음)

셋째, 별명에 대한 불만입니다. 분명 자신이 원하는 별명을 쓰고 싶은 사람은 세상에 몇 억 명이 넘는데 그런 악플을 달고 욕설을 하고 좋지 않은 글을 쓰고 상대방 비방 글을 쓰는 사람들 때문에 자신들이 쓰고 싶은 별명을 쓰지 못하면 억울하고 분할 것입니다. 그리고 만약에 막 욕을 하고 상대방을 비방하고 악플도 달고 그런 사람들은 일단 그 댓글을 삭제하고 그냥 계정정보 확인해서 그 사람의 신원을 확인한 후에 처벌하면 되고 뭐 그러더라도 그런 악플로 인해 삭제하기 전에 그런 많은 악플을 보고 절망하며 자살할 사람들이 있을 가능성이 있다고 쳐도 그냥 실시간으로 악성댓글 감지 프로그램을 만들어 틀어놓고 감지될 때 바로 삭제하고 그 내용과 그에 대한 신원을 띄우게 해서 처벌을 하면 됩니다. 그리고 이 이유를 중심으로 오늘 토론 때에 나온 의견에 대한 이야기를 꺼내보는데 수현님이 닉네임 옆에 이름을 쓰면 자신 개성에 맞는 닉네임과 실명제를 같이 이룰 수 있다는 의견이 나와서 기발한 생각이여서 나도 놀랐다. 그런데 나중에 다시 생각해보니까 좋지 않은 점이 있었다. 세상에는 연예인과 bj가 넘쳐나는데 그 사람들은 오히려 실명을 사용하는 것이 더 싫은 사람 |

294

들이 대부분일 것인데 이름을 밝히기 싫은데 닉네임 옆에 이름을 붙이게 된다는 것은 그냥 닉네임만 붙이는 게 다르다는 것 뿐 이고 효과는 실명제보다 더 불만이 많아질 것이 그냥 실명만 사용하면 그 실명이 어떤 연예인의 것인지 어떤bj의 것인지 알 수 없는데 닉네임까지 붙이면 오히려 그 연예인의 활동명과 실명을 봐서 누가 누군지 알 수 있게 되기 때문에 수많은 연예인, bj들의 불만이 사라지는 것에 오히려 악영향을 끼칠 것입니다.

넷째, 실명제에 의한 바깥에서 이뤄지는 일입니다. 만약 어딘가에서 뭔 글을 썼는데 막 사람들이 욕을 한다면 바로 그 댓글들이 지워질 것입니다. 그런데 실명을 사용하면 인터넷 상에서는 막을 수 있지만 밖에 나가서 다른 사람들이 직접적으로 막 욕도 하고 그럴 것입니다. 그럼 그 사람은 엄청난 정신적 충격을 악플보다 더 심하게 받을 것이고 그럼 오히려 자살 확률이 높아집니다. 게다가 그렇게 이름을 사용하는 부분에서 악플들은 지워지겠지만 그 지워진 악플이 달렸던 글을 썼던 사람과 같은 이름을 가지고 있는 사람도 억울하게 욕을 받는 것입니다. 그러므로 더 큰 피해가 올 확률이 높은 실명제에 반대합니다.

이번토론은 조금 이야기를 많이 못하고 생각들이 잘 나질 않아서 아쉬웠다. 아무튼 이번 토론 때 인터넷 실명제에 대한 나왔던 방법을 다 생각해본 결과 인터넷 실명제를 그냥 사용하지 않는 것은 단점이 크진 않은데 인터넷 실명제를 사용하는 다른 방법들은 다들 단점이 있는데 인터넷 실명제 사용을 하지 않는 것 보다 문제가 있기 때문에 그냥 시행하지 않는 것이 옳다고 생각되었습니다.

글쓴이	김희주
주제	인터넷
읽은 책	컴퓨터
주요 내용	인터넷에 관한 이야기
내가 정한 토론 주제	①인터넷을 사용하는 게 좋은가? ②로봇을 만드는 게 좋은 건가?
학급 토론 주제	인터넷 실명제를 시행해야 할까?
토론 주제 점수는	30점
1차 글쓰기	인터넷 실명제를 시행해야 할까 에 찬성합니다. 가짜 이름을 쓰면 악플도 안 받을 수 있다. 그렇지만 연예인이 진짜 이름을 쓰면 악플을 받는다. 하지만 그걸 보고 연예인이 자기가 부족한 점

	을 고칠 수 있다. 악플은 좋은 게 아니기 때문에 연예인이 자살을 할 수 있다. 악플을 올리면 신고하면 된다. 진짜 이름을 써도 된다. 그리고 악플을 안보면 된다. 악플은 범죄기 때문에 신고하면 된다. 그리고 악플을 봐도 안 좋은 쪽으로 도 생각 할 수 있지만 좋은 쪽으로 도 생각하는 연예인도 있다. 악플이 올라오면 신고하면 된다. 연예인이 자살을 할 수 있다. 그거는 안 좋기 때문에 가짜이름을 쓰는 게 났다고 생각 할 수 있다. 하지만 악플을 좋은 쪽으로 생각하면 된다. 악플을 자기가 부족한 점을 올려주니까 그거를 좋은 쪽으로 생각 하면 된다.
학급 토론 주제	인터넷 실명제를 시행해야 할까?
읽은 책 또는 자료	인터넷 실명제 의 관한 책
주요 내용	인터넷 실명제 관한 내용
찬반 결정	찬성
나의 토론 참여 점수	40점
2차 글쓰기	인터넷 실명제를 시행해야 할까에 찬성합니다. 첫째, 가짜 이름을 쓰면 악플도 안 받을 수 있다. 그렇지만 연예인 이 진짜 이름을 쓰면 악플을 받는다. 하지만 그걸 보고 연예인이 자기가 부족한 점을 고칠 수 있다. 둘째, 악플은 좋은 게 아니기 때문에 연예인이 자살을 할 수 있다. 그렇지만 악플을 올리면 신고하면 된다. 진짜 이름을 써도 된다. 그리고 악플을 안 보면 된다. 악플은 범죄기 때문에 신고하면 된다. 그리고 악플을 봐도 안 좋은 쪽으로 도 생각할 수 있지만 좋은 쪽으로 도 생각하는 연예인도 있다. 셋째, 악플이 올라오면 신고하면 된다. 연예인 이 자살을 할 수 있다. 그거는 안 좋기 때문에 가짜이름을 쓰는 게 낫다고 생각할 수 있다. 하지만 악플을 좋은 쪽으로 생각하면 된다. 악플을 자기가 부족한 점을 올려주니까 그거를 좋은 쪽으로 생각하면 된다. 인터넷 실명제를 하게 되면 사람들은 다른 사람들을 의식하게 되어 조심성이 생기게 된다. 이로 인해 악플, 악성 게시글 등이 없는 예의 바르고 질서 있는 인터넷 문화를 만들어 낼 수 있게 된다. 연예인이 잘못을 안 해도 이유 없이 악플을 올리는 사람이 있다.
최종	찬성

찬반결정	
내가 쓴글 점수 주기	50점
3차 글쓰기	인터넷 실명제를 시행해야 할까 에 찬성합니다. 왜냐하면 첫째, 가짜 이름을 쓰면 악플도 안 받을 수 있다. 그렇지만 연예인 이 진짜 이름을 쓰면 악플을 받는다. 하지만 그걸 보고 연예인이 자기가 부족한 점을 고칠 수 있다. 둘째, 악플은 좋은 게 아니기 때문에 연예인이 자살을 할 수 있다. 그렇지만 악플을 올리면 신고하면 된다. 진짜 이름을 써도 된다. 그리고 악플을 안보면 된다. 악플은 범죄이기 때문에 신고하면 된다. 그리고 악플을 봐도 안 좋은 쪽으로도 생각할 수 있지만 좋은 쪽으로도 생각하는 연예인 도 있다. 셋째, 악플이 올라오면 신고하면 된다. 연예인 이 자살을 할 수 있다. 그거는 안 좋기 때문에 가짜 이름을 쓰는 게 낫다고 생각 할 수 있다. 하지만 악플을 좋은 쪽으로 생각하면 된다. 악플을 자기가 부족한 점을 올려주닌까 그거를 좋은 쪽으로 생각 하면 된다. 인터넷 실명제를 하게 되면 사람들은 다른 사람들을 의식하게 되어 조심성이 생기게 된다. 이로 인해 악플, 악성 게시글 등이 없는 예의 바르고 질서 있는 인터넷 문화를 만들어 낼 수 있게 된다. 연예인이 잘못을 안 해도 이유 없이 악플을 올리는 사람이 있다. 진짜 이름을 쓰면 사람들이 악플을 올리지 못한다. 진짜이름을 쓰는 건 자기 마음이다. 악플을 올리면 신고하기 쉽다. 그래서 악플이 올라오면 신고하면 된다. 그 사람한테 관심이 있으니까 악플을 올리는 거다. 관심이 없으면 악플을 올리지 않는다. 그러니까 악플을 좋은 쪽으로 생각 하면 된다. 경찰서에 가기 싫어서 악플을 알릴 수 있다. 나중에는 악플이 없어질 수도 있다. 그래서 나는 찬성이다.
글쓴이	**박재형**
주제	인터넷
읽은 책	로봇
주요 내용	중간에 어떤 사람이 나와서 인터넷 같은 인공지능으로 로봇을 조종하는 내용
내가 정한 토론 주제	①로봇이 우리 일자리까지 뺏는데 로봇을 만들어야 할까? ②로봇을 만들 때 환경오염이 되는 데 꼭 만들어야할까?
학급 토론 주제	인터넷 실명제를 시행해야 할까?
토론 주제	70점

점수는	
1차 글쓰기	저는 이번 주제인 인터넷 실명제를 시행해야 할까? 라는 주제에 찬성을 합니다. 오늘 1대1 하브르타를 하면서 알게 된 내용이다. 　첫째 인터넷 상에서 욕하는 사람들을 줄일 수 있습니다. 인터넷 실명제를 시행하면 게임 아니면 까페 이런 안 보이는 곳에서 어떤 사람이 거기에다가 욕을 하는 사람이 있는데 그곳이 실명이 밝혀져 있는 곳이면 그 사람은 왠지 더 창피해 할 것 같기 때문에 실명제를 찬성합니다. 　둘째 신고를 더 빨리 할 수 있다. 만약에 첫째 이유처럼 게임 어떤 사람들의 눈에서 잘 띄지 않는 곳에서 욕하는 사람들이 있는데 만약 그 게임이나 네이버 상에서 실명을 밝히게 돼있으면 사람들은 이 사람을 경찰서나 사이버 폭력 이런 곳에다가 전화를 하여서 그 사람이 지금부터 더 이상 욕을 못하게 할 수 도 있다. 　셋째 실명을 사용하면 사람들이 말을 해줄 수 있다. 어떤 사람이 잘못을 저질렀는데 사람들이 그 사람 이름을 말하면 또 다른 사람들이 말을 해주어서 잘못을 뉘우칠 수 있다. 　저는 이번 5차주제인 인터넷 실명제를 시행해야 할까? 라는 주제에 원래 반대를 하였었는데 1대1 하브르타 같은 상대방의 주장 같은 것을 듣고 생각을 하니까 갑자기 더 찬성이 좋아 진거 같습니다. 뭐 2차토론 3차토론 가면 갈수록 생각이 더 바뀔 수도 있지만 지금 1차 토론은 인터넷 실명제를 시행해야 할까? 라는 주제에 찬성을 합니다. 그리고 1대1 하브르타를 할 때 원래 반대였는데 찬성을 하게 만든 분은 이하늘님입니다. 매번 1차 주제 2차 주제 3차 주제 그리고 4차 주제 마지막으로 5차 주제를 할 때 마다 꼭 이하늘님 하고 이야기를 하는데 항상 좋은 얘기만 해주십니다. 이하늘님 고맙습니다.
학급 토론 주제	인터넷 실명제를 시행해야 할까?
읽은 책 또는 자료	인터넷 실명제를 시행해야 할까? (자료)
주요 내용	인터넷 실명제를 시행하면 좋은 점과 나쁜 점이 나온다.
찬반 결정	찬성
나의 토론 참여 점수	80점
2차 글쓰기	저는 이번 주제인 인터넷 실명제를 시행해야 할까? 라는 주제에 찬성을 합니다. 오늘은 4대4토론 인제 5모둠의 한분이 없으셔서 4대3 토론을 하였는데 그중에서 이익이 된 내용들이 많이 있었다. 원래 처음의 마음은

	반대였는데 갑자기 찬성을 더 많이 하고 싶기도 하였기 때문에 찬성을 하였습니다.
	첫째, 악성댓글로 인한 피해를 예방할 수 있다. 연예인들이 가장 스트레스 받는 것 준인 하나가 바로 악플 인데 그것 때문에 목숨을 끊는 경우가 있습니다. 그니까 이때 인터넷 실명제를 시행을 하면 사람들은 자기의 이름이 나오면서 욕하는 자기 자신을 보고 좀 부끄러워 할 것 같습니다.
	둘째, 건전한 인터넷 생활을 만들 수 있다. 현실 공간에서도 예절이 필요한 것처럼 가상공간 에서도 예절이 필요하다. 오늘 선생님께서 말씀하신 것처럼 일기장에는 자기의 사소한 것도 적을 수 있는 것처럼 사람들은 소통할 수 있는 공간에 가면 사람들은 자기의 이름이나 정보 같은 것이 나와 있지 않기 때문에 사람들은 더 막말을 하고 욕하고 현실에서 못할 말 같은 것을 사람들은 가상현실에서 그런 말을 한다. 그러기 때문에 인터넷에서 자기의 정보를 보여주고 이름 같은 것도 보여주면 사람들은 자기의 정보가 다 들어나 있기 때문에 사람들은 인터넷 가상현실에 가도 막말이나 욕 같은 것을 하면 자기가 왜 했는지도 이해가 안갈 정도로 사람들은 후회를 할 것이다
	셋째, 신고를 빨리 할 수 있다. 보통 인터넷, 가상현실을 가면 위에서 말한 것처럼 사람들은 더 들뜨는데 막말이나 사람이 욕을 하거나 다른 사람의 이름 갖고 장난을 치거나 다름 사람의 이름을 붙이면서 욕을 하거나 이런 것을 보게 된다면 보통 게임 상에서 그런 것을 하는데 게임에서는 자기의 이름이 들어나 있지 않기에 사람들은 어떻게 할지도 모르고 그냥 넘어가는 일이 많은데 여기서 인터넷 실명제가 시행이 된다면 사람들은 이 사람의 이름을 보고 경찰서나 사이버 폭력 이런 곳에 다가 바로 전화를 해서 신고를 하면 이 사람은 그때 서야 자기의 잘못을 알게 되고 후회를 할 수 도 있게 만들 수 있다.
	저는 원래 반대를 하려고 하였는데 하다 보니 계속 찬성을 하게 되었고 저는 이번 이유로 도 꼭 인터넷 실명제가 사용 되었으면 좋겠습니다. 이런 이유로도 통해 인터넷 실명제를 시행해야 할까? 라는 주제에 찬성을 합니다.
최종 찬반결정	찬성
내가 쓴글 점수 주기	100점
3차 글쓰기	저는 이번 5차 주제 인터넷 실명제를 시행해야 할까? 라는 주제에 계속 찬성을 하고 있었습니다. 오늘 3차 토론까지 하였는데 여기에서 좀 더 많이 말하지 못한 것이 좀 아쉽기도 하였지만, 그래도 조금이라도 말을

하여서 그렇게 답답한 것은 피한 거 같습니다. 그래서 2학기가 된 다음 6차 주제 토론을 할 때 에는 더 많이 참여 하는 것에 노력을 해야 할 거 같습니다. 저는 여전히 인터넷 실명제를 시행해야 할까? 라는 주제에 찬성을 하고 있습니다. 그 이유는 다음과 같습니다.

첫째, 신고가 편리해 지며 시간 절약이 된다. 인터넷 실명제를 사용하지 않고 닉네임을 사용 하게 된다면 만약 닉네임이 실명 이라면 실명 이라는 사람이 욕이나 남을 비아 하는 말 같은 것을 다른 사람한테 그런 말을 하였다. 그때 닉네임이라면 신고를 하고 범인을 잡을 수 있지만 시간이 오래 걸린다. 이때 만약 다른 사이트에서 실명 이라는 사람이 또 욕을 하거나 남을 비아 하는 말을 하였는데 그 사이트는 그때 당시 인터넷 실명제를 사용 하고 있었다. 그래서 처음으로 욕을 한 사이트 에서는 마약에 범인을 잡는데 5개월 정도가 걸렸다고 하면 지금 인터넷 실명제를 시행하고 있는 사이트 에서는 7일 정도 밖에 걸리지 않는다. 그렇기 때문에 인터넷 실명제를 시행하면 신고가 편리해 지며 범인을 잡는데 시간이 절약이 되기 때문에 인터넷 실명제를 시행해야 합니다.

둘째, 악성댓글로 인한 피해를 예방 할 수 있게 된다. 지금 현재 악성댓글로 인한 피해 때문에 연예인 들은 많은 스트레스를 받고 심할 경우에는 우울증 같은 것에 걸려 자살까지도 하는데 이때 인터넷 실명제를 시행하게 된다면 사람들은 자기가 자기의 이름을 사이트 같은 곳에 대고 이름을 보고 욕하는 사람들은 자기 자신을 다시 돌아 보게 되며 자기가 잘못했다는 것을 알고 다음부터는 악성댓글 같은 것을 아예 하지 않을 것 같습니다.

셋째, 건전한 인터넷 생활을 만들 수 있다. 현실 공간에서도 예절이 필요한 것처럼 가상공간 에서도 예절이 필요하다. 많은 사람들한테 안 보이는 소통 할 수 있는 공간에 가면 사람들은 자기의 이름이나 정보 같은 것이 나와 있지 않기 때문에 사람들은 더 막말을 하고 욕하고 현실에서 못할 말 같은 것을 사람들은 가상현실에서 그런 말을 한다. 그러기 때문에 인터넷에서 자기의 정보를 보여주고 이름 같은 것도 보여주면 사람들은 자기의 정보가 다 들어나 있기 때문에 사람들은 인터넷 가상현실에 가도 막말이나 욕 같은 것을 하면 자기가 왜 했는지도 이해가 안갈 정도로 사람들은 후회를 할 것이다.

넷째, 사이트 같은 곳에서 어떤 사람이 누구인지 기억하기 쉽다. 만약에 2개의 사이트가 있는데 그중 하나의 사이트는 이름이 만약에 실 사이트고 2번째 사이트는 이름이 명 사이트인데 실 사이트는 사람들이 20명 정도가 있는데 실 사이트는 인터넷 실명제를 아직 시행하지 않은 곳이라서

20명의 사람들은 모두 각자 다른 닉네임을 사용 하고 있어서 실 사이트 주인은 아직 모든 사람의 누가 누구인지 잘 모르고 있는 곳 인데 명 사이트는 사람이 총 20명 이 있는데 명 사이트는 이미 인터넷 실명제를 시행 하고 있는 곳이라서 명 사이트의 주인은 총 20명의 사람들의 이름을 다 외웠다. 그 이유가 인터넷 실명제를 시행해서였다. 이런 이유 때문에 인터 넷 실명제를 시행해야 한다고 생각합니다.

다섯째, 인터넷 실명제를 시행하고 있을 때 자기가 어떤 큰 잘 못 같은 것을 하였는데 자기는 무엇이 잘 못인지 잘 모를 때 다른 사람들이 말을 해 줄 수 있다. 만약에 이름이 페이지 라면 만약 페이지가 술을 먹고 사 람들을 폭행하고 다니거나 나쁜 짓을 하고 다녔는데 페이지 라는 사람은 술이 깨고 자기가 어떻게 하고 다녔는지도 모르고 아무 것도 모르고 그냥 편안히 살고 있었는데 뉴스에서 페이지가 어떤 사람들을 다 폭행하고 다 녔다는 것이 뉴스에 나오게 되었는데 여전히 페이지 라는 사람은 자기가 왜 갑자기 뉴스에 나오는지도 모르고 있어서 자기가 운영하고 있었던 사 이트가 하나 있어서 들어가서 자기가 무슨 잘못을 하였는지 다 물어 보았 다. 그랬더니 사람들은 페이지가 술을 먹고 다른 사람들을 폭행하고 다녔 다는 것을 사람들이 다 말을 해주어서 페이지라는 사람은 자기가 무슨 잘 못을 알게 되었다. 그래서 그 페이지 라는 사람은 자기가 잘못한 것을 알 게 되었고 페이지는 그 때부터 반성을 할 수 있게 되었다.

저는 이 다섯 가지 이유 때문에 인터넷 실명제를 시행해야 할까? 라는 주제에 찬성을 하게 되었고 여태 것 토론은 조금 힘들었지만 그래도 토론 은 재미있었다. 그리고 만약에 저가 어떤 사이트의 주인 이라면 인터넷 실명제를 시행 할 것입니다.

글쓴이	신원준
주제	인터넷
읽은 책	포털사이트
주요 내용	포털사이트의 종류와 만드는 법에 대한 직업 나쁜예와 좋은 예
내가 정한 토론 주제	①인터넷이 없으면 살기 어려울까?
학급 토론 주제	인터넷 실명제를 시행해야 할까?
토론 주제 점수는	100점
1차 글쓰기	이번 5차 주제 1 차 토론은 1학기 마지막토론이다. 이번 주제는 우리 모둠인 이하늘님의 생각이다. 나도 여기에 투표를 했다. 주제는 인터넷 실

	명제를 시행해야 할까? 이다. 이번 주제는 책과 자료도 많이 있을 것 같고 재밌을 것 같다.이 주제에 나는 반대이다. 나의 생각은
	첫 번째. 자유가 없어지는 것이다. 실명을 사용하면 사람들이 자유롭게 글을 못 올릴 것이다. 왜냐하면 내 실명을 사용하고 있을 것 이니까 두려움과 더 의견 충돌이 일어날 것 같으니까 그런 것 때문에 더 못 올릴 것이다. 그래서 우리는 인터넷 상에 있는 우리의 자유를 우리가 사용을 못 하는 것이 된다. 누가 나를 알고 볼까봐 이런 두려움이 우리의 자유를 못 사용하게 한다. 그럼 점점 사람들이 사용을 하지 않을 때 가 올 수 도 있다. 그러기에 반대한다. 두 번째, 실명을 공개하면 불편하고 자유롭지 못하는 것이다. 실명을 공개한다는 것은 나의 자유를 빼앗는 것과 자유롭게 글을 못 작성할 것 같고 사용이 점차 줄어들 것이고 불편할 것이다. 그리고 공개한다는 것은 범죄예방도 있다. 근데 사람들이 실명제를 실시하지 않으면 다 범죄를 저지른다는 생각이 잘못 되었다고 생각한다. 그리고 나의 자유를 빼앗기 때문에 불편하고 자유롭게 못한다. 그래서 결론은 실명제는 자유를 없애고 실명을 공개하기에 많이 자유롭지 못하고 불편하게 된다는 생각이다.
학급 토론 주제	인터넷 실명제를 시행해야 할까?
읽은 책 또는 자료	인터넷 실명제 찬성 자료
주요 내용	찬성 내용이 있다.
찬반 결정	찬성
나의 토론 참여 점수	100점
2차 글쓰기	이번 토론은 5 차 주제 2 차 토론이다. 이번 토론은 모둠별로 4대4 토론이다. 우리 3모둠은 1모둠과 2모둠이 랑 했다. 좀 무섭기도 하였다 왜냐하면 1모둠에는 토론을 잘하는 혜연님과 승진님이 있고, 2모둠에는 토론을 잘하는 유빈(정)님이 있었다. 나는 이번에는 찬성 측 을 할 것 이다. 그에 대한 의견은 첫 번째. 악플이다. 최근 수년간 자살로 생을 마감한 연예인들의 공통점은 악성댓글로 인한 우울증에 시달리다가 결국 스스로 목숨을 끊었다. 너무 안타깝다. 그 댓글 하나에 목숨이 사라진 것이다. 그래서 실명제를 사용하면 이름이 들어나니까 악플을 쓰면 바로 추적을 해서 잡혀가니까 실명제를 사용해서 줄여야한다고 생각한다. 실제로 포털사이트에서 2007년 8월 13.9%로 낮아졌고 이전 보다 크게 줄었다. 그리고

	2008년2월에는 이 수치가 10.4%로까지 낮아졌다 그래서 계속 시행한다면 더 많이 줄어들 것 이라 생각한다. 두 번째. 인터넷 정보의 신뢰감 이다. 실명제를 사용하면 내 실명이 노출 되는 것이기 때문에 보다 정확하고 믿을만한 정보를 올리고 활용할 수 있는 인터넷 자원도 많아 질 것이다. 여러 사람이 활용할 수 있는 인터넷 자원도 많아 질 것 이니까 인터넷을 사용하는 사람들도 많이 늘어날 것 이고 인터넷도 정말 좋은 우리의 취미생활로도 자리를 잡을 수 있을 것 이다. 세 번째. 건전한 인터넷 문화 이다. 실명제를 사용하면 앞에서 말한 것처럼 악플도 줄어들 것 이고 정확하고 믿을만한 정보들이 점차 많아 질 것 이니까. 인터넷이 건전하고 깨끗한 문화가 된다. 서로 당연히 말조심도 더 할 것 이고 인터넷 활용할 때 에도 책임감도 더 갖고 사용할 것 이다. 그러면 건전한 인터넷이 문화가 될 것 이다. 결론은 인터넷 실명제를 실시한다면 우리는 더욱더 건전한 인터넷 문화를 즐길 수 있고 악플이 줄어들어 사람들이 악플로 인해 스스로 목숨을 끊고 그럴 일 이 없어질 것이고 인터넷의 더욱 더 믿음이 가는 정보들이 많아 질 것이다. 그리고 이것으로 인해 사람들이 더욱 인터넷 사용이 늘어나면 더 좋은 정보도 많이 나올 것이고 좋은 취미생활로 발전할 수 있는 좋은 기회 가 된다. 오늘 토론은 4대4토론 나는 판정단도 하고 찬성의견도 내면서 둘 다 해보았는데 오늘은 진짜 재밌는 토론 이었다. 그리고 나는 오늘 말을 많이 했다 그래서 더 재밌는 것 같다.
최종 찬반결정	찬성
내가 쓴글 점수 주기	100점
3차 글쓰기	이번 토론은 5 차 주제 3차(최종) 토론이다. 이번 토론은 우리 반 전체가 하는 집단 토론이다. 나는 찬성이다, 내가 2차 주제 때부터 말을 하는데 이번 토론 역시 내가 말을 많이 할 것이기 때문에 굉장히 재밌는 마지막 토론이 될 것 이라고 생각한다. 찬성 측 사람들은 총 13명이다. 그리고 반대 측 사람들은 총9명 이었다. 이 토론은 어느 쪽 사람 한명이 자신의 의견이 바뀌면 바뀌어서 온 쪽 이 이기는 토론이다. 나의 찬성의견은 다음 글과 같다. 첫 번째, 악성댓글 이다. 최근 수년간 자살로 생을 마감한 연예인들의 공통점은 악성댓글로 인한 우울증에 시달리다가 결국 스스로 목숨을 끊었

다. 너무 안타깝다. 그 댓글 하나에 목숨이 사라진 것이다. 그래서 실명제를 사용하면 이름이 들어나니까 악플을 쓰면 바로 추적을 해서 잡혀가니까 실명제를 사용해서 줄여야한다고 생각한다. 실제로 포털사이트에서 2007년 8월 13.9%로 낮아졌고 이전 보다 크게 줄었다. 그리고 2008년2월에는 이 수치가 10.4%로까지 낮아졌다 그래서 계속 시행한다면 더 많이 줄어들 것 이라 생각한다.

두 번째, 인터넷 정보의 신뢰감 이다. 실명제를 사용하면 내 실명이 노출 되는 것이기 때문에 보다 정확하고 믿을만한 정보를 올리고 활용할 수 있는 인터넷 정보도 많아 질 것이다. 또, 찌라시 같은 것들도 안 올라 올 것입니다. 여러 사람이 활용할 수 있는 인터넷 정보도 많아 질 것 이니까 인터넷을 사용하는 사람들도 많이 늘어날 것 이고 인터넷도 정말 좋은 우리의 취미생활로도 자리를 잡을 수 있을 것 이다.

세 번째, 건전한 인터넷 문화이다. 실명제를 사용하면 앞에서 말한 것처럼 악성댓글 도 줄어들 것 이고 정확하고 믿을만한 정보들이 점차 많아 질 것 이니까. 인터넷이 건전하고 깨끗한 문화가 된다. 서로 당연히 말을 조심하게 더 생각을 해서 할 것 이고 인터넷 활용할 때 에도 책임감도 더 갖고 사용할 것 이다. 그러면 건전한 인터넷이 문화가 될 것 이다.

네 번째, 표현의 자유이다. 반대 측 분들은 익명 표현의 자유를 언급을 했었다. 근데 나는 익명표현의 자유도 있다고 생각하지만 실명 표현의 자유도 있다고 생각한다. 내가 실명을 사용해서 인터넷 상에서 내 실명을 달고 좋은 행동을 하려고 하면 좋게 자유적으로 표현 할 수가 있다. 실명제를 사용한다고 해서 표현의 자유가 없어지는 것은 아니라고 생각한다. 그리고 실명제를 사용하면서도 우리가 인터넷에서 누릴 수 있는 자유는 다 누릴 수 있다. 꼭 익명을 사용해야 우리의 자유가 생기는 것 이 아니다. 실명 표현의 자유가 더 좋다.

다섯 번째, 효를 무시하는 행동이다. 실명제를 실시하지 않으면 우리의 부모님께서 정성스럽게 지어주신 이름을 무시하고 가명을 사용하면 부모님의 대한 효를 무시하는 행동이다. 우리나라는 효와 예의를 중요하게 여기는 데 그런 것을 무시하면 안 된다고 생각한다. 그래서 실명제를 실시하여 우리들의 아름답고 예쁜 진짜이름을 사용해야 한다고 생각한다.

여섯 번째, 경찰의 추적이다. 실명제를 실시하면 인터넷 상에서 나쁜 짓을 하는 사람들을 경찰이 빨리 수사 할 수 있고 신고도 쉽게 할 수 있다. 그리고 경찰들의 수사 속도도 실명제를 실시하기 전보다 더 빨라질 것 이다. 그리고 수사를 할 때 에도 경찰들의 수사망을 좁혀 수색을 하고 범인을 검거 할 수 있다.

결론은 인터넷 실명제를 실시한다면 우리는 더욱더 건전한 인터넷 문화를 즐길 수 있고 악성댓글이 줄어들어 사람들이 악성댓글로 인해 스스로 목숨을 끊고 그럴 일 이 없어질 것이고 인터넷의 더욱 더 믿음이 가는 정보들이 많아 질 것이다. 그리고 이것으로 인해 사람들이 더욱 인터넷 사용이 늘어나면 더 좋은 정보도 많이 나올 것이고 좋은 취미생활로 발전할 수 있는 좋은 기회 가 된다. 그리고 익명표현의 자유뿐만 아니 실명표현의 자유도 있고 사용하면 더 좋아 지는 인터넷 세상이 되어간다고 생각한다. 그리고 오늘 1학기의 마지막 토론인 만큼 내가 말을 다 했다. 말을 많이 해서 기분이 좋았다. 또, 내가 정유빈님한테 질문을 했었는데 정유빈님이 당황을 해서 내가 질문을 잘 한 것 같아 기분이 매우 좋았다. 그리고 오늘 내가 지금까지 토론하면서 제일 말을 많이 한 것 같아 기분이 좋고 뿌듯하다.

글쓴이	양승욱
주제	인터넷
읽은 책	신나는 인터넷 세상
주요 내용	인터넷을 활용하는 점과 좋은 점 나쁜 점에 대해 자세히 나와 있다.
내가 정한 토론 주제	①인터넷 게임에서 나이제한을 걸어도 되는가? ②인터넷에서 불법 사이트를 이용한다고 그에 따른 처벌을 해도 되는가?
학급 토론 주제	인터넷 실명제를 시행해야 할까?
토론 주제 점수는	100점
1차 글쓰기	우리 반은 오늘 토의를 통해 1학기 마지막 5차 주제를 정하였습니다. 이 토론주제가 마지막이여서 열심히 의견을 내었는데 결국 3모둠의 의견인 인터넷 실명제를 시행해야 할까? 로 정해졌습니다. 저는 이 의견에 대해 찬성합니다. 첫 번째 이유는 사람들에게 피해가 없습니다. 제가 말한 피해란 인터넷에서 연예인들이 사람들의 악성댓글에 시달려 자살하는 사람이 있습니다. 그렇게 악성댓글을 달면 다른 사람을 불편하게 하는 것입니다. 하지만 인터넷 실명제를 사용하면 이런 일이 발생하지 않을 수 있기 때문에 인터넷 실명제를 사용하는 것에 찬성합니다. 두 번째 이유는 헷갈릴 수 있습니다. 만약 같이 채팅방을 만들었을 때 만약 아이디를 실명제를 하면 누가 누구인지 알아서 대화를 하는 것이 쉬운데 만약 실명을 사용하지 않으면 누가 누구인지 몰라서 대화를 할 때

	불편 할 수 도 있습니다. 또 실명을 사용하지 않으면 모르는 사람에게 대화를 해서 오해를 받을 수 있습니다. 이런 일이 발생 할 수 있기 때문에 실명제를 시행하여야 한다고 생각합니다. 　세 번째 이유는 더 큰 싸움으로 번질 수 있기 때문입니다. 만약 실명을 사용하지 않으면 게시물 안에서 의견이 충돌되어 싸우면 그 사람들이 다른 사람에게 까지 피해를 주면 안 되기 때문에 실명제를 찬성합니다. 　저는 피해가 없고 헷갈릴 수 있고 더 큰 싸움으로 번질 수 있다는 근거로 오늘 5차주제로 정해진 인터넷에서 실명제를 시행해야 할까? 라는 주제에 찬성합니다. 　이번 5차주제로 정해진 토론도 많은 이야기를 나누며 해가고 싶고 찬성반대 토론대결에서도 이기고 싶다.
학급 토론 주제	인터넷 실명제를 시행해야 할까?
읽은 책 또는 자료	나는 사이버 박사
주요 내용	인터넷에 관한 정보가 많이 나온다.
찬반 결정	찬성
나의 토론 참여 점수	100점
2차 글쓰기	우리 반은 오늘 5차주제인 인터넷 실명제를 시행해야 할까? 라는 주제로 2차 토론을 하였다. 토론은 모둠이 모둠끼리 대결을 하였다. 나는 2모둠이었는데 1모둠과 3모둠이랑 두 번 토론을 했는데 두 번 다 져서 아쉬웠지만 다음에 더 잘해야겠다는 생각이 들었다. 　첫 번째 이유는 피해가 줄어든다. 악성댓글로 인한 피해를 말한다. 악성댓글로 시달리는 사람이 많이 생기고 있다. 심지어 악성댓글로 인해 자살하는 사람이 많아지고 있다. 이러한 이유 때문에 인터넷 실명제를 사용하면 악성댓글이 줄어들 것이고 피해 보는 사람도 없기 때문에 인터넷 실명제를 찬성합니다. 　두 번째 이유는 질서가 생긴다. 질서는 인터넷 상에서 게시판에 글을 달 때 실명제를 달아놓으면 악성댓글을 달지 않을 것 이고 이렇게 하면 질서가 생기고 더 발전된 인터넷 문화를 만들 수 있기 때문에 인터넷 실명제를 찬성합니다. 　세 번째 이유는 개인정보를 빨리 알아낼 수 있다. 만약 실명제를 실시했는데도 악성댓글을 달면 이름을 통해 개인정보를 찾아내서 그것을 신고를 하면 더 편하게 인터넷을 이용 할 수 있기 때문에 인터넷 실명제를 찬성합니다.

	이러한 이유 피해가 줄어들고 질서가 생기고 개인정보를 빨리 알아낼 수 있기 때문에 인터넷 실명제를 찬성합니다. 오늘 2차 토론을 할 때 찬성의 입장 반대의 입장 다 해봐서 좋았고 다음 3차 토론에는 더 잘하고 싶다.
최종 찬반결정	찬성
내가 쓴글 점수 주기	100점
3차 글쓰기	오늘은 5차 주제 인터넷 실명제를 시행해야 할까? 로 3차 토론을 하였다. 1학기 마지막 토론이여서 더 잘해야겠다는 생각이 들었다. 토론을 하고 나니 내 생각은 더욱 확실해졌다. 나는 이 주제에 찬성하는 입장이다. 그 이유는 다음과 같다. 　첫 번째 이유는 피해와 상처를 줄일 수 있다는 것이다. 인터넷에서 실명제를 사용하지 않으면 악성댓글을 달고 그 악성댓글이 여러 사람들에게는 피해와 상처 심지어 죽음으로 몰아넣기 때문에 실명제를 찬성합니다. 　두 번째 이유는 더 건전하고 질서 있는 인터넷 문화를 만들 수 있다. 실명제를 사용하면 건전한 댓글만 달 것이다. 그리고 사람들도 인터넷 실명제를 의식하여 조심성이 생긴다. 그러면 질서 있는 인터넷 문화를 만들 수 있어 찬성합니다. 　세 번째 이유는 표현의 자유가 있지만 심리적 압박감이 더 크기 때문이다. 사람들이 개인마다 닉네임을 사용하고 싶지만 표현의 자유를 이상하게 쓰는 사람이 있습니다. 표현의 자유를 다른 사람에게 악성 댓글을 달면서 표현의 자유를 쓴다는 것은 심리적 피해를 입히기 때문에 실명제를 찬성합니다. 　네 번째는 실명제이다. 실명제를 반대하는 사람도 있다. 하지만 실명제를 사용하고 댓글을 달게 하는 것은 권리를 침해하는 것이다. 하지만 실명제를 사용하지 않고 악성댓글을 다는 것도 다른 사람을 불편하게 하는 것이기 때문에 실명제를 찬성한다. 　다섯 번째 이유는 신용도가 높아진다. 인터넷 가상의 속이 아닌 현실속의 사람을 대하게 되므로 해를 입게 될 경우 보장이 쉬워지며 거짓으로 사기를 법할 경우 처벌이 가능하므로 인터넷 문화의 신용도가 높아진다. 　여섯 번째 개인정보를 빨리 알아낼 수 있다. 만약 실명제를 사용하였는데도 인터넷에서 문제를 일으키면 신고를 해야 하는데 이 때 실명제를 보고 개인정보를 빨리 알아내 범인을 잡을 수 있기 때문에 실명제를 찬성합니다. 　일곱 번째 이유는 추적이 쉽다. 인터넷에서 실명제를 사용하게 되면 인

터넷에서 문제적인 발언을 한 사람들을 빠르고 쉽게 추적 할 수 있어서 인터넷 사용이 편리해지고 사이버 수사대에서 효율적으로 이용 할 수 있기 때문에 찬성합니다.

결론은 위의 7가지 근거를 들어 인터넷 실명제를 시행해야 할까? 라는 주제에 찬성합니다. 이제부터라도 인터넷 실명제를 사용하면 인터넷을 더 편리하게 이용할 수 있을 것 같다. 오늘 마지막 토론을 해서 좋았고 다음에도 했으면 좋겠다. 지금까지 저의 긴 글을 읽어 주셔서 고맙습니다.

글쓴이	유창성
주제	인터넷
읽은 책	와이 정보 통신, 와이 컴퓨터, 와이 생활 과학
주요 내용	인터넷과 관련된 정보와 네트워크
내가 정한 토론 주제	①인터넷에 너무 의존하면 감시당하는 생활을 하지 않을까? ②인터넷이 더 대중화 되면 사이버 폭력이 더 생기지 않을까
학급 토론 주제	인터넷 실명제를 시행해야 할까?
토론 주제 점수는	100점
1차 글쓰기	우리는 드디어 마지막 5차 토론을 했습니다. 저는 이제 마지막 토론이여서 더 잘하고 싶다는 생이 들었습니다. 일단 저는 '인터넷 실명제를 실행해야 할까?' 라는 주제에 반대 합니다. 그 첫 번째 이유는 꼭 실명이 아니라고 해도 심한 정도의 욕설은 법적으로 고소가 가능하기 때문입니다. 즉 댓글을 쓴 사람이 실명이 아니라는 이유로 악성 댓글이나 욕설을 인터넷에서 사용하면 그 사람을 고소해서 처벌할 수 있고 인터넷에서 한번 쓴 댓글은 나중에 추적을 해 보면 그런 악플을 단 정보나 단 댓글의 정보 같은 것들이 다 나오기 때문에 그 실명제를 하지 않으면 연예인 같은 유명인들이 크게는 자살도 할 수 있겠지만 이런 고소 시설들이 있고 또 좀 더 개선해 나갈 수 있으므로 인터넷 실명제는 나중에 그러한 악성 댓글 문제가 훨씬 더 심해진다면 모를까 지금 현제로서는 그렇게 악성 댓글로 인해서 자살하는 경우도 흔치 않으므로 인터넷 실명제 실시보다는 악성 댓글을 쓰면 주는 처벌을 더욱 강화하고 경찰들이 주로 연예인들 같은 악성댓글이 많이 달릴 수 있다고 생각되는 사이트를 단속해서 너무 수위가 높은 욕설이 나오면 그 사람들은 처벌을 하고 그런 식의 방법이 더 나을 것 같다. 두 번째 이유는 바로 자유롭게 주장을 펼치기 어렵고 펼친다고 해도 화

를 입을 수 있다는 것이다. 만약우리가 인터넷 실명제를 실시하면 우리가 자신의 의견을 제시했는데 그 의견이 큰 파장을 일으킨다면 잘 못해서 자신에 의견을 말한 것 뿐 인데 그 화가 돌아 올수 있다. 예를 들어서 어떤 작가가 환경에 대한 책을 출간했는데 그 환경 책에서 '어떤 회사들이 많은 환경오염 물질을 배출하고 있다!'등의 내용이 있는데 나중에 그 책이 유명해 지면 그 회사가 알아서 그 사람이 피해를 입을 수 있다. 또 제도 같은 것을 비판하면 그것 또한 화를 입을 수 있고 또 그렇지 않더라도 그 문제가 커지면서 인터넷에 그 사람 이름이 나오면서 그 사람을 욕하는 그러한 글들이 올라와서 사이버 폭력을 막기 위해서 만들어진 법인 실명제가 오히려 사이버 폭력을 만들 수 도 있다.

세 번째 실명제를 실시하면 피해를 볼 수 있는 사람들 이다. 이유는 인터넷 실명제를 실시하면 모든 닉네임 같은 것들을 실명으로 하면 게임 같은 것들에서 그냥 그 사람이 싫어도 그냥 그 사람과 같이 게임을 하는 몇 분만 싫어하고 그 사람을 직접적으로 싫어하지는 않는다. 하지만 만약 실명제를 실시하면 그 사람에 대해서 집적적인 악감정을 가질 수 있다. 또 실제 그 이름을 알고 있으므로 다른 인터넷 상에서 만나면 그 사람의 글에 악성 댓글들을 달 수 도 있다. 또 지금 실명제를 실시하면 일부로 자신의 진짜 이름을 알리기 싫던 사람이 자신의 진짜 이름을 알려야만 하는데 지금 연예인들이나 여러 유명인 들 중 익명을 쓴 사람들이 많은데 그 사람들 중에는 익명으로 하려고 생각하고 방송 같은 것을 했는데 이름이 들어나면 그 사람들은 다른 것들을 하기 에는 너무 시간이 많이 들것 같고 즉 싫어도 방송 같은 것을 끝까지 할 수 밖에 없고 실명제를 실시하면 갑자기 한꺼번에 이름이 들어나지 않았던 실명들이 여러 개가 한꺼번에 알려 지니까 큰 논란이 돼서 그 사람들이 지속적으로는 아니어도 힘들어질 수 있기 때문이다. 예를 들어 유명 비제이들은 익명을 많이 사용하는데(예 리타님, 만득님, 중력님 등)그 사람들은 보통 오래 동안 비제이 생활을 해왔는데 갑자기 실명을 사용하게 되면 피해를 본 것이라고 볼 수 도 있다.

네 번째 이유는 바로 실시한다고 해도 문제가 많을 것이라는 것이다. 일단 위에서 말한 것 같이 피해를 봤다고 볼 수 도 있는 사람들이 실명제에 반대할 것이고 그 사람들만 제외해준다고 하면 그 사람들의 반대는 줄어들 수 있겠지만 그렇게 하면 그것을 노리는 사람이 생길 것 이고 그러면 너무 논란이 많이 될 것이고 실시 된다고 해도 그 반대들 때문에 거의 효과가 있든 없든 거의 비슷한 효과라고 볼 수 있다. 결국 열심히 만들어도 크게 다를 것이 없어질 수 있다는 것이다.

오늘 1차 토론 글을 쓰면서 사실 나도 확실히 확신을 가졌다고는 확신하지 못하겠다. 하지만 그래도 어느 정도 최선을 다했던 것 같다. 이 글을 쓰면서 나는 드디어 1학기가 거의 다 갔다는 것을 체감했고 또 토론이 마지막이고 1학기엔 더 없다는 것도 1학기가 거의 갔다는 사실과 함께 느껴졌다. 하지만 그만큼 이 글을 열심히 썼던 것 같다. 지금까지 중 썼던 1차 토론 중 최고로 말이다. 또 잘 쓴 것 같기도 하다. 다음에 쓸 2차 토론과 3차 토론도 이 글처럼 만족스러운 글을 쓰고 싶다.

학급 토론 주제	인터넷 실명제를 시행해야 할까?
읽은 책 또는 자료	소셜 네트워크, 자료
주요 내용	sns와 인터넷 실명제
찬반 결정	반대
나의 토론 참여 점수	80점
2차 글쓰기	우리 반은 오늘 5차주제인 '인터넷 실명제를 실행해야 할까?'라는 주제로 5차 주제 2토론을 했다. 나의 의견은 반대였다. 왜냐하면 내가 읽은 자료 중에는 반대를 하면 유리한 자료들이 더 많았기 때문이다. 또 나는 우리나라가 자유 민주주의라는 것에 정면으로 반대되므로 아니라고 본다. 　　일단 내가 인터넷 실명제에 반대하는 첫 번째 이유는 바로 인터넷 실명제의 효율 문제이다. 인터넷 실명제는 요즘 악성 댓글 같은 문제가 꽤 심각하므로 그러한 문제를 줄이기 위해서 '익명을 사용하지 않고 실명을 사용하면 좀 악성 댓글이 줄어들지 않을까?'라는 생각에서 시작되어 논의되고 있는 문제이다. 하지만 내 생각에 우리는 지금 인터넷에서 사람들의 마음의 상처를 주는 악성 댓글이 많이 달리는 이유를 익명성으로 보고 있는데 나는 그 관점이 잘못된 것 같다. 지금 우리가 부족한 것은 인터넷을 사용하는 태도, 그리고 상대방을 존중하는 것 같다. 그런데 문제는 우리의 사용 태도인데 문제를 익명 사용으로 보고 인터넷 실명제를 하면 그것은 지금의 문제에도 잘 맞지 않고 또 실명이 있다고 해도 그것을 신고할 용기가 없으면 안 되고 실제로 신고하는 경우도 적다. 또 이를 의미하듯이 자료를 찾아보면 일부 특정 웹 사이트는 그 효과가 크지만 그러한 일정 웹 사이트 말고는 효과를 본 사이트는 찾아보기 힘들다. 실제로 인터넷 실명제를 실시하고 난 후에도 악성댓글은 겨우 2퍼센트 밖에 줄지 않았다. 또 인터넷 실명제란 실행하기 전에 해봐야 했을 여러 가지 검토들도 별로 하지 않고 성급하게 실행된 법률이라서 그 효과는 더 입증이 필요하다고 볼 수 있다. 즉 어느 정도 효과를 본 아주 소수의 사이트들을 정보

로 제시해서 그것을 가지고 인터넷 실명제가 효력이 많다고 하는 것은 옳지 않고 인터넷 실명제의 효력은 강제적인 것이라고 보기에는 실명을 사용해서 그 사람이 실명을 사용하지 않아서 부담이 적었던 사이버 공간에서 악성 댓글을 쓸 때 그것을 심리적으로 들킬 수 도 있다는 생각이 들게 하여서 막는 심리적인 것이 여서 그것의 효과가 더 있다고 해도 시간이 지나면 욕을 하지 않게 되었던 사람들도 서서히 다시 사이버 공간에서 악성 댓글을 남기게 될 수 있기 때문에 그러한 불안정한 득을 이유로 인터넷 실명제가 좋다고 하는 것은 아니라고 본다.

두 번째 이유는 바로 인터넷 실명제는 득보다 실이 더 크다는 것이다. 실제로 인터넷 실명제를 여러 선진국들도 인터넷 실명제를 그렇게 평가하고 있고 그러므로 미국이나 그런 국가들도 인터넷 실명제를 실시하지 않는다. 또 실제로 우리가 인터넷 실명제를 사용하면 여러 실이 있다. 한번 예를 들어보면 우리는 인터넷 실명제가 실행되면 우리의 실명을 드러내야만 하는데 그러면 익명이면 그 닉네임에 약간 불만을 가지고 금방 잊어버릴 텐데 실명이면 직접적인 그 사람에 대한 악감정을 품고 또 닉네임보다 더 기억하기 쉬우므로 그 사람의 글에 나중에 악감정을 가지고 별로 잘못도 없었는데 그 글에 그 악감정으로 오히려 더 악성 댓글을 쓸 수 도 있다. 또 그 사람의 이름이나 그런 것들을 아니까 그 사람의 개인정보를 해킹 할 수 있고 실제로 sk컴즈 무려 우리 국민을 대상으로 3500만 명이 개인 정보를 해킹당한 사건이 있었다. 그 사건은 인터넷 실명제의 실이 대놓고 나타난 큰 사건이라고 볼 수 있고 이는 인터넷 실명제 사용 이후 악성 댓글이 2퍼센트 밖에 줄어든 것에 비해 3500만 명이 해킹을 당한 것을 보면 너무 대조적이다. 또 주민번호가 재발행 까지 불가능 하게 되고 아이핀을 사용해도 그래도 어느 정도의 개인정보가 전화번호 등이 필요하므로 저는 개인정보 유출문제가 심해서 아니라고 생각 한다.

또 내가 반대하는 3번째 이유는 바로 우리 사이트의 회원들이 외국 사이트로 넘어가는 것이다. 외국 사이트는 우리 정부에서도 통제하기 어렵고 또 주민번호 같은 것도 대부분 필요가 없으므로 많은 사람들이 우리나라 사이트에서 외국 사이트로 넘어가고 있다. 그러면 우리가 인터넷 실명제를 실행하는 이유도 없어서 첫 번째 이유처럼 어떻게 보면 효과가 적어서 나는 인터넷 실명제가 실행되면 안 된다고 생각한다.

네 번째 이유는 바로 인터넷 실명제를 사용할 경우 역효과가 일어날 수 있다는 것이다. 앞에서 말했듯이 인터넷 실명제를 실행하면 역으로 그 사람의 이름을 알기 때문에 다른 사람들이 악성 댓글을 쓰면 그런 것에 악감정을 가져서 그 사람도 악성 댓글을 쓸 수 있고 또 그냥 싫어하는 사람을 만나면 그 사람의 글에도 악성 댓글이나 심한 욕설 등을 쓸 수 있다. 또 그냥 그 글에 대한 나쁜 생각이나 그냥 기분이 나빠서 악성댓글을 올린다고 해도 그것에 실명을 알면 보복을 할 수 도 있다. 또 그런 보복이 당장은 없어도 어쩌다 만나면 그때도 보복이 있을 수 있고 그 사람에 대한 악감정은 실명을 알기 때문에 악감정은 더 깊어질 수 있다. 또 인터넷을 사용하면서 글을 써서 질문을 하거나 답변을 해 주는 사람들은 지속적으로 하므로 또 만날 수 있는데 그렇게 사이버 상에서 악감정을 쌓다가 현실에서 만나면 그런 것들이 터지면서 문제가 있을 수 도 있다.

다섯 번째 이유는 바로 인터넷 실명제를 사용하면 잘못하다가 특정 사람들이 피해를 볼 수 있다. 인터넷을 사용할 때 그 사람이 유명인이면 그 사람의 글에 관심을 많이 가질 수 도 있는데 그러면 그러한 사람들은 그런 관심 때문에 인터넷 사용에 여러 가지 불편함이 따를 수 있다. 꼭 안티가 아니 여도 그 사람이 관심을 끌게 되면서 그 사람은 그런 것이 불편해서 익명을 쓸 수 도 있는데 그것이 불편해서 익명을 쓴 유명인 같은 경우에는 인터넷 사용 밑 글 작성에 불편함을 가질 수 있고 또 웹 툰 작가 같이 인터넷에서 글을 쓰는 사람들은 실명을 밝히지 않고 한 경우들이 거의 대부분 인데 실명을 공개하게 되면 피해가 입으므로 그런 사람들의 자유롭게 일을 할 권리를 무시하는 것이 되므로 어떤 부분에서 보면 인권 침해라고도 볼 수 있다.

여섯 번째 이유는 우리나라는 민주국가라는 것이다. 민주국가라면 누구나 정치에 관해서 말을 할 수 있어야 하고 정치에 관한 부분에서 자유의 핵심은 바로 비판의 자유이다. 하지만 어떤 사람의 의견에 반대하는 의견을 내면, 그리고 그 사람이 정치적으로 영향력이 큰 사람이면 반대 의견을 낸 사람은 자연스럽게 화를 볼 수 도 있다. 그래서 비판의 자유에서 가장 중요한 부분은 그런 화를 볼 가능성이 없게 하여 그 사람이 더 자유롭게 의견을 낼 수 있도록 도와주는 익명, 익명의 자유이다. 그런대 만약 우리가 인터넷 실명제를 실시하면 우리는 그러한 민주주의의 특징에 정면으로 반대하는 것이 되고 만다. 그러면 우리는 진정한 민주주의 국가라고 하기 어렵다. 그리고 또 우리가 인터넷 실명제를 실시하면 그것은 강제성을 가지는 것이므로 그런 꼭 필요하지 않은 것도 억제하는 것은 민주주의 국가인 우리나라의 입장에서 일어날 수 없는 일이라고 생각한다. . 만약 우리가 인터넷 실명제가 실시되면 우리는 그에 따라 실명을 써야 할 것이고 그렇게 정치적인 발언을 한 사람들이, 특히 비판적인 말을 한 사람들은 그만큼 화를 볼 수 있다. 그러면 사람들은 화를 보지 않기 위해서 자유롭게 자신의 의견을 제시하지 않을 것이고 그러면 사회는 자연스럽게 어떤 한 사람의 영향력이 커지게 될 것이다. 국민이 나라의 주인인 우리나라 같은 경우에 그러한 일들은 좋다고 볼 수 없다. 그것역시 어쩌면 앞에서 말한 민주주의의 정 반대되는 행동이다.

일곱 번째 인터넷 실명제 원래의 목적과 다르게 사용되려 하고 있다. 인터넷 실명제는 원래 불법 선거운동 방지를 위해서 만들어졌다. 그런데 지금의 실명제는 그런 것이 아니다. 만약 우리가 실명제를 시행하기 위해서는 그런 이유가 있어야 할 것이다. 그런데 그런 이유도 없이 불법 선거운동을 막기 위한 법을 악성 댓글을 막기 위해서 적용한다면 그 효과는 굉장히 미미할 것이고 또 처음에는 잘되었다고 해도 나중에 시간이 지나면서 상황과 맞지 않는 문제점이 생길 것이다. 앞에서 말했듯이 충분히 검토되지 않고 시행 준비를 하고 있는 법이기 때문이다. 그러면 그 법은 만들지 않는 것 보다 못한 법이 될 수 도 있다. 그러므로 최소 검토가 더 되어야만 할 것인데 그럴 바에는 차라리 다른 방책을(악성 댓글을 감시하는 프로그램을 깔게 하거나 그런 시스템을 만들거나 처벌을 강화 하는 등의 방법들을 하면 좋겠다.) 만들어서 하는 편이 훨씬 더 효율적이고 빨리 할 수 있는 더 좋은 방법이라고 나는 생각을 한다.

오늘 토론은 지금 까지 내가 한 2차토론 중 가장 아쉬웠다. 왜냐하면 앞에서 시간이 많이 끌려서 내 의견을 많이 못 말해서도 있었고 또 토론을 하면서 거의 나 다음에 가영님이 하셨는데 가영님이 내가 말을 하느라 말을 못 하시는 경우가 많았던 것이다. 가영님께서 좀 적게 시간을 쓰자고 하셨을 때는 사실 나는 시간을 최대한 적게 쓴 것이 여서 나도 줄인 것이니까 머라고 하지 말라는 듯이 말했으나 지금 생각해 보니 그렇게 말할 만도 한 것 같았다. 나도 시간이 적었으나 그래도 가영님이 말을 못했던 경우가 있었으므로 한쪽으로는 미안하기도 했다. 또 토론을 하면서 나도 잘 한 것 같지는 않았다. 약간 아쉬운 토론이었다.

최종 찬반결정	반대
내가 쓴글 점수 주기	90점
3차 글쓰기	오늘은 드디어 마지막 3차 토론을 했다. 이번 토론 주제는 바로 "인터넷 실명제가 옳은가?"이다. 나는 이 주제에 대해서 반대했다. 사실 나도 이 주 제가 옳은지는 꽤 고민이 됐다. 선생님의 말씀을 듣고 난 후에는 특히 고민 되었다. 하지만 그래도 나는 반대가 좀 더 낮다고 생각했다. 일단 내가 반대하는 첫 번째 이유는 효과가 미미하다는 것이다. 현제 우리나라가 악성 댓글로 인한 자살 횟수가 굉장히 많은 것은 사실이다. 하지만 난 그것이 오로지 익명이라는 인터넷의 특수성 때문만은 아니라고

생각한다. 실제로 인터넷 실명제를 실시한 이후에도 악성댓글은 단지 1.7 퍼센트 밖에 줄어들지 않았다. 즉 인터넷 실명제를 실시한 다음에도 그다지 효력을 보지 못했다는 것이다. 또 인터넷 실명제는 어떤 특정 사이트에서만 효력을 증명하고 있을 뿐 다른 사이트에서는 인터넷 실명제가 거의 효과가 없다고 봐야하는 것이 사실이다. 특히 효과가 있는 사이트 또한 소규모 사이트인 경우가 많다. 즉 대체적으로 변화가 없다고 봐야하는 것이 사실이다. 또 인터넷 상에서 욕을 많이 하는 이유는 단지 익명성 때문이 아니다. 그 사람들은 그냥 욕을 많이 하는 사람들 인 것이다. 즉 우리는 익명을 사이버 폭력의 원인으로 보기 보다는 처벌 강화와 그런 욕을 하지 않도록 교육을 하는 것이 중요하다고 본다. 왜냐하면 인터넷 실명제는 이미 효과를 거의 못 본다는 것이 사실상 증명된 샘이고 또 그것이 증명되어서 폐지된 법이 된 것이기 때문이다.

두 번째 이유는 바로 인터넷 실명제는 득보다 실이 많다는 것이다. 인터넷 실명제를 쓴 결과 악성 댓글이 줄어든 것 자체는 맞다. 실제로 나도 토론을 하면서 그 부분은 인정을 했다. 하지만 나도 그렇게 물러나지는 않았다. 그때 내가 한 말이 바로 득보다 실이 훨씬 크다는 것이 다. 인터넷 실명제는 글을 쓸 때 자신의 본명과(실명)주민 등록 번호 등의 개인정보를 써야한다.(운영자에게 본인 인증 같은 것을 해야 한다.)그러므로 자연스럽게 그것이 개인정보 유출로 연결되는 것이다. 그런 사례는 인터넷 실명제를 실시했을 때의 좋은 점과 비교해보며 꽤 극단적인 결과를 내놓는다고 볼 수 있다. 인터넷 실명제를 사용하고 나서 악성댓글은 1.7퍼센트 줄어들었으나 인터넷 실명제를 사용하고 나서 개인정보 유출이 많이 늘어났고 그러다가 네이트에서 무려 우리 인구 3500만 명의 개인정보가 유출되었다. 그 사람들은 엄청난 피해를 입었으면 다시 주민등록 번호도 받지 못했다고 한다. 이는 악성댓글 1.7감소와 비교 해 보면 너무나도 뼈 아픈 피해라고 볼 수 있다. 또 다른 피해도 엄청나게 많이 있다. 대표적으로 인터넷을 사용하는 사람들이 무려 68퍼센트나 줄어들었다. 그것은 내가 감소된 1.7퍼센트도 실명제 때문에 욕설을 자제하게 된 것이 아니라 그냥 댓글을 다는 사람이 줄어든 것이 아닌지에 대한 의문을 갖게 했다. 하지만 그것과 연관 짓지 않아도 인터넷을 사용하는 사람들이 무려 68퍼센트나 줄어들었다는 것은 약간 큰 피해가 아니라 정말 큰 피해라고 본다. 물론 1.7퍼센트라도 줄어든 것이 어디냐고 질문 할 수도 있다. 실제로 채은님도 나한테 그렇게 질문했다. 하지만 내 생각에는 그것이 아닌 것 같다. 우리나라에서 연예인 들이 자살을 많이 하는 것은 사실이다. 하지만 여기서 자살을 하는 사람이 많다는 것은 언제까지나 상대적인 것이다. 아무리 자살 하는 사람이 많아도 1년에 20명도 되지 않는다. 무론 20명이 죽는 것 또한 굉장히 많이 죽는 것이다. 아무리 사람이 1명 죽어도 그 일은 큰일이다 하지만 우리는 현제 70억 인구 속에서 살아가고 있다. 그런 20명 때문에 우리나라 국민 5000만 명이 전부 피해를 보면 안 된다고 생각한다. 또 다른 문제도 있다. 바로 인터넷 실명제가 우리를 감시하는 법이 될 수 도 있다는 것이다. 실제로 인터넷 사용을 엄격하게 금지하는 아주 대표적인 국가라고도 할 수 있는 중국 같은 경우에는 실제로 국민들의 인터넷 사용을 감시하고 추적하기 위한 용도로 인터넷 실명제를 사용하고 있다고 볼수 있다. 그런데 우리도 그런 인터넷 실명제를 사용하게 되면 누군가가 인터넷 실명제를 감시 용도로 사용하게 될 가능성도 충분히 있다고 본다. 즉 그러면 우리는 인터넷 생활이 엄격히 금지될 것이다. 나는 그런 것이 싫으므로 인터넷 실명제에 반대한다.

내가 인터넷 실명제에 반대하는 세 번째 이유는 바로 자유이다. 우리는 모두 자유를 가지고 있다. 또한 그 자유가 침해되면 안 된다. 하지만 인터넷 실명제는 표현의 자유를 침해하는 법이다. 그 이유는 바로 인터넷 실명제를 하면 잘못하면 어떤 글을 올렸을 때 화를 입을 수 도 있다는 압박감에 정치적 발언을 하기도 힘들 것이다. 즉 인터넷 실명제를 하면 표현의 자유를 침해한다. 또 표현의 자유 침해만이 아니다. 인터넷 실명제는 다른 많은 자유도 침해한다. 그 자유중 하나는 바로 자유롭게 일할 권리이다. 자유롭게 일할 권리는 인권법 상에 명백하게 표기되어 있는 것이기도 하다. 자유롭게 일할 권리는 자신이 어떤 직업을 할지 등의 것을 자유롭게 자신이 선택할 수 있게 해주는 것이다. 그러므로 bj들이나 연예인들 같은 경우에는 가명으로 일하고 싶은 사람들이 있다. 그런데 그런 사람들은 이름을 숨기고 싶은 생각이 있을 수 도 있고 그런 사람들은 이미 연예인이거나 bj이일 경우 자유롭게 일할 권리를 일어버리게 되는 것이고 또 그런 경우가 아니라면 자신이 이름을 숨기고 하고 싶은 직업을 하고 싶은 경우에는 자유롭게 직업을 고를 권리도 침해받을 수 있다. 또 익명의 자유도 일어버린다. 실제로 인터넷 실명제 같은 경우에 상업용 사이트에도 적용이 되는 법이고 그렇게 되면 그 사람들은 자유롭게 일할 권리를 완전히 잃어버리는 것이 되는 것이고 또 그 사이트가 정보같은 것으로 돈을 버는 사이트면 그것은 그 사이트의 손실과 직결될 수 있다. 또 사람들 중에는 자신이 사회적으로 큰 영향을 줄 수 있는 발언을 할 경우 이름을 숨기고 싶어야 할 경우가 있을 것이다. 하지만 인터넷 실명제가 실시되면 그런 생각은 불가능 할 것이다. 그러면 민주주의 국가인 우리나라가 민주주의의 핵심이라고도 할 수 있는 것을 일어버린 것이다. 왜냐하면 일단 누구나 정치에 참여할 수 있어야만 하는데 그러한 정치의 핵심은 바로 비판의 자유가 필요하다. 그런데 우리가 인터넷 실명제를 실시하게 되면 그 비판의 자유가 좀 더 자유로워 질 수 있는 익명의 자유가 빠지는 것이다. 그러면 우리는 굉장히 중요하다고 볼 수 있는 여러 가지 자유를 잃어버리게 된 것이다. 또 이번 토론에서 많은 사람들이 자유가 목숨과 바꾸는 것은 안 된다고 하셨는데 그 주장에도 내가 한 말이 있다. 그것은 바로 굉장히 주장하신 분들의 실수가 있는 것이다. 바로 인터넷 실명제를 실시하지 않아서 많은 사람들이 자유를 침해 받더라도 그로인해서 많은 사람의 목숨을 지킬 수 있다고 하셨는데 그 말은 굉장히 많은 사람들이 자살하는 것처럼 들리는 것이다. 하지만 사실은 그렇지 않다 많은 사람들이그로인해 죽지 않지만 개인정보를 침해당한 사람은 굉장히 많다. 그 사람들은 아주 큰 피해를 입게 되면 아주 힘든 인생을 살아가게 될 수 도 있다.

네 번째 이유는 바로 인터넷 실명제는 제대로 검토되지 않은 법이라는 것이다. 인터넷 실명제는 원래 불법 선거운동을 막기 위해서 만들어진 법이다. 하지만 지금은 인터넷 실명제가 악성댓글 감소 목적으로 쓰이고 있다. 하지만 악성댓글을 막기 위해서 만든 법이 아닌 불법 선거운동을 막기 위해서 만들어졌던 법을 악성댓글을 막기 위한 법으로 내세우는 것은 과연 충분히 검토되고 실용성이 있는지 생각해 봐야할 필요가 있다. 실제로 인터넷 실명제를 반대하는 사람들의 의견에는 인터넷 실명제가 충분히 검토되지 않았다는 의견이 굉장히 많이 있고 사실도 그렇다. 인터넷 실명제는 제대로 된 검토 없이 진행되었으며 그나마 진행된 검토도 거의 맞지 않았다. 결국 인터넷 실명제는 그 효과를 예상 수치보다도 내지 못했다. 인터넷 실명제는 현제 거의 검토되지 않은 상태에서 실행되고 있다. 원래 용도와도 다르고 검토도 별로 되지 않은 법이 과연 어느 정도의 효과가 있을지는 장담하기 힘들고 있어도 미미할 것이다. 또한 그 미미한 효과도 점점 우리나라 사이트가 아닌 다른 외국 사이트에서 하면 그것은 어떻게 처벌하기도 힘들다. 또 그런 사람들이 전부다 외국 사이트에 가면 피해도 클 것이고 또 실명제의 효과도 적을 것이다.

내가 반대하는 다섯 번째 이유는 바로 인터넷에서의 악성댓글의 원인은 익명성이 아니라 그 사람들이 욕을 많이 하는 것이 여서 익명성이 문제라고 보는 것은 맞지 않을 수 있다는 것이다. 그러므로 우리는 인터넷 실명제가 아니라 다른 교육등의 시설에 좀 더 힘을 싫어야 할 것이다. 그렇지 않으면 인터넷 실명제를 실시하든 실시하지 않던 간에 악성댓글은 줄어들지 않을 것이다. 그러면 많은 사람들이 악성댓글로 고생하는 것은 맞지만 인터넷 실명제를 실시하여 생기는 해만 입는 꼴이 될 것이다.

내가 인터넷 실명제에 반대하는 여섯 번째 이유는 바로 인터넷 실명제를 사용하면 역으로 더 큰 상처를 입을 수 있다는 것이다. 예를 들어서 어떤 사람이 게임을 하다가 한 사람 때문에 그 게임에서 졌다고 가정해보자. 만약 인터넷 실명제를 실시하지 않으면 그 사람의 닉네임은 욕을 먹지만 직접적으로 욕을 먹거나 지속적인 악감정을 가지진 않을 것이다. 하지만 인터넷 실명제를 실시하게 되면 그 사람에 대한 좀 더 직접적이고 큰 욕을 할 수 있고 또 그 사람을 좀 더 오래 기억 할 것이다. 그러면 잘못하다가 장기적인 악감정을 가지고 그 사람의 글에 악성댓글을 달거나 그런 등의 일을 할 수 도 있다. 또 그 이름을 직접적으로 욕하면 그 욕을 듣는 사람은 직접적인 욕을 듣는 것이여서 더 큰 상처가 될 수 있다. 그러면 인터넷 실명제는 오히려 역효과 까지 보면서 사용하면 피해가 훨씬 더 커질 것이다.

인터넷 실명제를 반대하는 일곱 번째 이유는 인터넷 실명제는 언제까지 그 효과를 유지하기 힘들다는 것이다. 인터넷 실명제를 실시 하므로서 그 당시에는 큰 효과를 볼 수 도 있다. 하지만 그 효과가 과연 끝까지 갈까? 아는 아니라고 생각한다. 인터넷 실명제란 언제까지나 심리적 제제일 뿐이다. 사람의 심리라는 것은 변동이 심하고 한번 하지 말겠다고 생각되는 것도 그때는 하지 않으나 나중에 하게 될 수 도 있다. 그러므로 인터넷 실명제를 실시하므로서 그 효과가 앞으로 점점 커지면서 오래 가는 것은 점점 효력이 떨어진다면 모를까 약간의 변동은 있을 수 있겠으나 근본적으로는 별로 효력을 보기 힘들 것이고 그러면 우리가 본 피해는 굉장히 헛된 피해가 되므로 우리는 인터넷 실명제를 반대해야 한다고 생각한다.

내가 인터넷 실명제에 반대하는 마지막 이유는 바로 인터넷 실명제 말고도 악성 댓글의 수를 줄일 수 있는 방법은 굉장히 많다는 것이다. 예를 들어서 앞에서 말했듯이 그러한 악성댓글을 막기 위해서 좀더 규제를 엄격하게 하는 등의 조취이다. 처벌이 지금보다 훨씬 더 강화되면 악성댓글은 굉장히 줄어들 것이다. 거기에 만약 인터넷 관련된 쪽에 좀더 강의 같은 것을 많이 가고 또 더 잘 교육한다면 그것이 인터넷 실명제 보다 낫다고 생각한다. 또 인터넷 실명제를 쓰지 않는 다는 방법은 인터넷에서 글을 쓸때는 이름이나 다른 개인 정보 등이 필요 없으나 메니저가 그런 정보를 수집해서 그 정보를 사용해서 누가 아주 심한 악성댓글을 다는 사람들을 처벌시키면 좋을 것 같다. 인터넷 실명제를 실시하면 그 사람이 누구인지 알 수는 있으나 인터넷 실명제를 실시하지 않아도 그런 정보를 회원가입 할 때 내야하게만 하면 그런 문제는 아주 금방 해결될 것이다. 그런데 그런 방법이 있음에도 불구하고 인터넷 실명제를 사용하는 것은 훨씬 비효율적이고 좋지 못한 방법일 것이고 그것을 아는 선진국들 또한 (예를 들어서 미국 같은 여러 개의 선진국들.)인터넷 실명제를 실시하지 않는다. 우리도 빨리 그런 사회의 세계적인 변화를 눈치 채고 하루 빨리 인터넷 실명제를 폐지하는 것으로 완전히 단정 지어야 할 것이다.

오늘 토론은 꽤 재미있었다. 왜냐하면 오늘 토론은 다른 토론들과는 달리 질문이나 질문에 대한 답변 또 반론등 토론의 중요한 부분에서 많이 만족스럽게 하였던 것 같고 또 선생님께서 질문하기 때 약간 찬성 쪽에 입장을 가지신 것 같았는데(반대쪽에 좀 더 질문을 하셨습니다) 그래도 승부가지지 않았고 무승부로 끝났기 때문이다. 이번 토론은 마지막(1학기 마지막)토론답게 그전 토론보다 훨씬 더 잘 한 것 같았고 1차 글쓰기 때 썼던 듯이 이번 토론을 잘 한 것 같았다.

글쓴이	정승진
주제	인터넷
읽은 책	정보통신, 관련자료
주요 내용	앞으로 미래의 펼쳐질 인터넷과 인터넷이 반란도 하고 바이러스에 대한 내용도 나오게 된다.
내가 정한 토론 주제	①인터넷이 악용될 수 도 있는데 계속 사용해도 될까? ②우리가 인터넷에 많이 의존해도 될까?
학급 토론 주제	인터넷 실명제를 시행해야 할까?
토론 주제 점수는	80점
1차 글쓰기	이번에 정해진 토론주제는 '인터넷 실명제를 시행해야 할까? 라는 주제가 나오게 되었다. 저의 입장은 찬성과 반대 모두 의견이 있다. 먼저 찬성의 의견을 쓰고 그다음에 반대의 의견을 써보겠다. 첫 번째, 악성댓글을 예방할 수 있다. 인터넷 실명제를 사용하게 된다면 자신의 이름이 나오기 때문에 함부로 말할 수 없게 되는 악성댓글을 예방하는 용도로 사용될 수 있다. 연예인들한테 막말을 하거나, 욕설을 퍼붓거나, 거짓 소문을 퍼트리는 일이 없어져서 연예인들이 그런 댓글을 보고 자살을 하는 경우가 없어지기 때문에 인터넷 실명제를 시행한다면 한 사람이 아닌 여러 사람들의 목숨을 살리게 되는 계기가 될 것 같다. 두 번째, 범인을 잡기 수월해질 것이다. 만약 이런 인터넷 실명제가 있더라도 악성댓글을 달아서 그 사람에게 피해를 끼쳤을 때 그 범인의 이름과 정보를 쉽게 파악해서 범인을 잡기 수월해질 것 같다. 지금부터는 반대 입장을 써보겠다.

	첫 번째, 개인정보유출을 막는 것이다. 인터넷 실명제를 시행하면 개인정보가 쉽게 유출될 수 있지만 실명제를 시행하지 않으면 개인정보가 유출될 가능성이 많이 줄어들기 때문에 개인정보유출을 어느 정도 막을 수 있다. 두 번째, 자신의 의견을 마음껏 펼칠 수 있을 것이다. 만약 인터넷 실명제를 사용하게 된 다면 잘못 올려서 사람들에게 비난을 받을 수도 있지만 시행하지 않는 다면 잘못 올려도 비난을 받지 않고 자신의 생각과 마음을 자유롭게 표현할 수 있게 될 것이다. 이 글에서는 둘 다 좋다고 되어 있기는 하지만 사실 약간 반대하는 입장이 더 가까운 것 같다. 그래도 아직은 정확하게 어느 의견이다 라고는 말할 수 는 없을 것 같다.
학급 토론 주제	인터넷 실명제를 시행해야 할까?
읽은 책 또는 자료	반대와 찬성에 대한 자료들
주요 내용	반박할만한 내용, 근거, 주장 등으로 되어 있다.
찬반 결정	반대
나의 토론 참여 점수	100점
2차 글쓰기	이번 토론주제는 인터넷 실명제를 시행해야 할까? 라는 주제인데 저는 이 주제에 반대합니다. 저는 첫 번째 토론에서는 찬성의 이유도 있었고 반대도 있었지만 자료를 많이 찾아보았을 때 생각이 바뀌었습니다. 지금부터 이유를 들며 써보겠습니다. 첫 번째, 사람의 심리이다. 방통위에 따르면 인터넷 실명제를 실시한 이후에 악성댓글에 수는 겨우 1.7%감소한 반면, 전체 댓글 수는 68%나 감소하였다. 이 자료에 따르면 인터넷 실명제의 가장 큰 부작용은 글 쓰는 사람의 심리를 위축시킨다는 점에서 반대합니다. 두 번째, 개인정보유출이다. 인터넷 실명제를 정식으로 도입하고 있지 않은 지금도 개인정보유출 문제가 심각하다. 현재 개인정보유출을 위해 10단계를 거쳐야 한다면, 인터넷 실명제를 도입 한 후에는 1단계로 줄여지는 꼴이 되는 이유 때문에도 반대합니다. 세 번째, 건전한 인터넷 문화이다. 인터넷은 하나의 무정부사회라고 볼 수 있다. 우리나라는 실질적으로 인터넷 실명제를 바탕으로 하고 있으나, 독일, 영국, 프랑스, 미국 등 많은 선진국들은 그렇게 하고 있지 않고 있다. 이는 인터넷 실명제를 시행함으로써 얻는 득보다 실이 많기 때문이다.

	악성댓글을 다는 소수의 사람으로 인해 다수의 사람이 피해를 볼 필요는 없다고 생각한다. 건전한 인터넷 문화를 위한 사람들의 인식변화가 우선시 되어야 하고, 그렇지 않은 사람들에 대한 처벌이 강화되어야 한다고 생각하기 때문에 반대합니다. 　네 번째, 인터넷 실명제로 인한 피해이다. 인터넷 실명제로 인해서 3500만 명이 해킹을 당했습니다. 그래서 여러 명의 피해자가 생겼으며, 보상조차도 제대로 받지 못한 피해자도 있다고 합니다. 그러므로 저는 인터넷 실명제를 반대합니다. 　다섯 번째, 기사에 자료이다. 미국 뉴욕타임즈의 어느 한 기사에서는 '한국의 실패를 보라. 익명 표현의 자유는 정치적 반대, 내부고발에 필수적이다. 인터넷 실명제는 멍청한 아이디어' 라고 말하였고 그렇게 쓰여 있기 때문에 반대합니다. 　결론적으로 저는 사람의 심리, 개인정보유출, 건전한 인터넷 문화, 인터넷 실명제로 인한 피해, 기사에 자료를 통해서 생각하여본 결과 인터넷 실명제를 시행해야 할까? 라는 주제에 최종적으로 반대합니다.
최종 찬반결정	반대
내가 쓴글 점수 주기	90점
3차 글쓰기	오늘을 5차 주제 3차 토론을 하였다. 나는 이번 주제인 인터넷 실명제를 시행해도 될까? 라는 주제에 반대 입장으로 토론을 하였다. 오늘 한 토론은 찬성과 반대가 모두 시간활용도 잘하였고 모든 것들을 잘해서 그런지 무승부가 나왔다. 지금도 나는 반대에 생각이 있고 물론 찬성도 좋지만 반대가 나의 생각과 더 잘 맞아서 반대에 입장을 담아서 글을 써보겠다. 내가 반대인 까닭은 다음과 같다. 　첫째, 사람의 심리이다. 방통위에 따르면 인터넷 실명제를 실시한 이후에 악성댓글에 수는 겨우 1.7%감소한 반면, 전체 댓글 수는 68%나 감소하였다. 이 자료에 따르면 인터넷 실명제의 가장 큰 부작용은 글 쓰는 사람의 심리를 위축시킨다는 점에서 반대합니다. 　둘째, 개인정보유출이다. 인터넷 실명제를 정식으로 도입하고 있지 않은 지금도 개인정보유출 문제가 심각하다. 현재 개인정보유출을 위해 10단계를 거쳐야 한다면, 인터넷 실명제를 도입 한 후에는 1단계로 줄여지는 꼴이 되는 이유 때문에도 반대합니다. 　셋째, 건전한 인터넷 문화이다. 인터넷은 하나의 무정부사회라고 볼 수 있다. 우리나라는 실질적으로 인터넷 실명제를 바탕으로 하고 있으나, 독

일, 영국, 프랑스, 미국 등 많은 선진국들은 그렇게 하고 있지 않고 있다. 이는 인터넷 실명제를 시행함으로써 얻는 득보다 실이 많기 때문이다. 악성댓글을 다는 소수의 사람으로 인해 다수의 사람이 피해를 볼 필요는 없다고 생각한다. 건전한 인터넷 문화를 위한 사람들의 인식변화가 우선시되어야 하고, 그렇지 않은 사람들에 대한 처벌이 강화되어야 한다고 생각하기 때문에 반대합니다.

넷째, 인터넷 실명제로 인한 피해이다. 인터넷 실명제로 인해서 3500만 명이 해킹을 당했습니다. 그래서 여러 명의 피해자가 생겼으며, 보상조차도 제대로 받지 못한 피해자도 있다고 합니다. 그러므로 저는 인터넷 실명제를 반대합니다.

다섯째, 기사에 자료이다. 미국 뉴욕 타임즈의 어느 한 기사에서는 "한국의 실패를 보라. 익명 표현의 자유는 정치적 반대, 내부고발에 필수적이다. 인터넷 실명제는 멍청한 아이디어"라고 말하였고 그렇게 쓰였있기 때문에 반대합니다.

여섯째, 자유침해이다. 만약 인터넷 실명제가 사용이 될 경우 사람들이 글을 올리기를 꺼려하며 자신이 올리고 싶은 글이 있더라 해도 쉽게 올리지 못하게 되기 때문에 그 사람의 올리고 싶은 자유를 침해하게 되는 것과 마찬가지라고 생각하기 때문에 반대합니다.

일곱째, 안 좋은 댓글을 막기에는 역부족이라는 것이다. 사실 인터넷 실명제는 악성 댓글, 명예훼손에 관한 글, 여론 조작 같은 안 좋은 글들을 막기에는 턱없이 부족한제도 라고 생각하며 남을 비방하고 싶거나 명예훼손 시키거나 무언가 상대방에게 악한 글을 남기고 싶다면 인터넷 실명제를 시행한다고 해도 그런 악성댓글을 달 것 이라고 생각하기 때문에 자유를 침해하면서 실명제를 시행하기 보다는 교육이나 법을 강화시켜서 예방하는 방법이 좋을 거라고 생각한다. 그래서 악성댓글을 막기에는 역부족이라고 생각하기 때문에 반대합니다.

여덟째, 익명제로 인한 이득이 역효과가 될 수 도 있다. 예를 들어, 왕따를 당하고 있는 학생이 올린 도움 요청 글이 익명제가 아닌 실명제가 실시된다면, 그 작성자의 이름이 뚜렷히 밝혀지므로 왕따를 시킨 가해자가 보복을 할 수도 있기 때문에 실명제를 실시하면 안 된다고 생각하기 때문에 반대합니다.

아홉째, 동명이인의 가능성이다. 만약 어떤 사람이 다른 사람은 알면 안되는 글을 그 사람에게 보내었는데 내가 아는 그 사람이 아니라 이름이 같은 동명이인이라면 중요한 이야기가 순식간에 퍼질 수도 있다. 그래서 아는 사람에게 인터넷 상에서 이야기를 할 때 위험할 수도 있기 때문에 반대합니다.

　나는 사람의 심리, 개인정보유출, 건전한 인터넷 문화, 피해와 기사에 자료, 자유침해, 제도 역부족, 역효과, 동명이인의 가능성 같은 이유 때문에 '인터넷 실명제를 시행해야 할까? 라는 주제에 최종적으로 반대합니다.

　오늘 토론은 잘한 것 같은데 무승부가 나와서 조금 아쉬웠고 유빈님과 창성님이 예리한 질문을 할 때 나도 생각은 하지 못하였던 이유지만 공감도 가서 재미있었고 오늘 희주님이 발표를 하지 않아서 아쉬웠다(희주님 다음번에는 도전해보아서 잘해보아요.^^). 아무튼 오늘 토론은 정말 재미있었던 것 같다. 그리고 오늘 토론이 1학기 마지막 토론이어서 내 자신이 뿌듯하기도 하였고 기특하기도 하였다. 2학기 때는 지금보다 성장하여서 토론도 더 잘하고 글도 더 잘 쓰고 싶다.

글쓴이	김가영
주제	인터넷
읽은 책	지엠오아이, 정보통신
주요 내용	2032년의 컴퓨터 시대가 온 미래의 이야기, 미래의 통신 로봇을 알려주는 이야기
내가 정한 토론 주제	①인터넷에서 자신의 개인 정보를 공유하는 것이 옳은가? ②인공 수정 아이를 만드는 것이 옳은가?
학급 토론 주제	인터넷 실명제를 시행해야 할까?
토론 주제 점수는	80점
1차 글쓰기	저희 반은 독서 토론을 위해서 주제를 정하고 그에 마땅한 자신만의 학급 주제를 만들어 모둠에서 서로 뽑고 그리고 반 전체 친구들이 투표하는 방법으로 주제를 정하는데 이번 주제는 '인터넷'이고 그에 따른 학급 주제는 '인터넷 실명제를 시행해야 할까?'라는 주제가 정해 졌습니다. 　저는 '인터넷 실명제를 시행해야 할까?'라는 주제에 대해서 찬성합니다. 그 이유는 　첫 번째 자살률과 폭력률 저하 입니다.실제로 인터넷 상에서 욕이나 막말, 폭언 등으로 연예인들이 자살 하는 경우가 실제 사례로 있고 또는 인터넷 방송에서 게임을 하다가 괜히 시비가 붙어서 직접 만나서 폭력을 행사 하는 경우의 사례도 있습니다. 이 또한 실명제를 사용하게 된다면 자신의 개인정보가 낱낱이 들어나서 자신의 행동을 더욱 조심스럽게 할 것입니다. 그리고 폭언과 남을 비하하는 말 그리고 욕설도 줄어들 것으로 생각 됩니다. 이러한 이유로 '인터넷 실명제를 시행해야 할까?'라는 주제

에 찬성 합니다.

두 번째로 경찰의 신고 접수 후 찾는 일입니다. 만약 '오이'라는 닉네임이 있다고 한다면 또 다른 사람들도 이 닉네임이 좋다고 생각 되어서 다른 사람들도 닉네임도 '오이' 라고 하였을 때 어떤 사람이 폭언이나 욕을 하였는지 쉽게 찾아 볼 수가 없어서 만약 경찰이 찾는 다고 하더라도 많은 시간이 걸릴 수도 있습니다. 하지만 만약 실명제를 쓰게 된다면 누가 어떤 사람이 하였는지를 바로 바로 찾아 볼 수 있기 때문에 '인터넷 실명제를 시행해야 할까?' 라는 주제에 찬성 합니다.

세 번째 이유는 '심각성 조취' 입니다. 만약 '오'라는 닉네임을 가진 사람이 다른 사람의 글에 대해서 폭언을 하고 욕설을 하였다면 '오' 라는 다른 사람들이 이 닉네임을 쓰고 있는 경우가 많을 경우 그 사람을 찾기가 어렵고 또 그 사람이 똑같은 일을 또 저지를 수도 있고 또 저지를 수도 있습니다. 하지만 실명제를 사용한다면 그 사람을 바로 찾아 낼 수도 있고 또 그에 마땅한 처벌을 내릴 수도 있기 때문입니다. 그렇기 때문에 '인터넷 실명제를 실행해야 할까?' 라는 주제에 찬성합니다.

'인터넷 실명제'는 사람의 자유를 침해하는 것이 아니라 강력한 범죄를 해결 할 수 있는 해결책이라고 생각합니다.

학급 토론 주제	인터넷 실명제를 시행해야 할까?
읽은 책 또는 자료	이야기 형법
주요 내용	법을 모르는 사람들에게 법을 이해 시킬 수 있는 책
찬반 결정	찬성
나의 토론 참여 점수	70점
2차 글쓰기	저희 반은 독서 토론을 위해서 주제를 정하고 그에 마땅한 자신만의 학급 주제를 만들어 모둠에서 서로 뽑고 그리고 반 전체 친구들이 투표하는 방법으로 주제를 정하는데 이번 주제는 '인터넷' 이고 그에 따른 학급 주제는 '인터넷 실명제를 시행해야 할까?' 라는 주제가 정해 졌습니다. 저는 '인터넷 실명제를 시행해야 할까?' 라는 주제에 대해서 찬성합니다. 그 이유는 첫 번째 자살률과 폭력률 저하 입니다.실제로 인터넷 상에서 욕이나 막말, 폭언 등으로 연예인들이 자살 하는 경우가 실제 사례로 있고 또는 인터넷 방송에서 게임을 하다가 괜히 시비가 붙어서 직접 만나서 폭력을 행사 하는 경우의 사례도 있습니다. 이 또한 실명제를 사용하게 된다면 자신의 개인정보가 낱낱이 들어나서 자신의 행동을 더욱 조심스럽게 할 것

입니다. 그리고 폭언과 남을 비하하는 말 그리고 욕설도 줄어들 것으로 생각 됩니다. 이러한 이유로 '인터넷 실명제를 시행해야 할까?'라는 주제에 찬성 합니다.

두 번째로 경찰의 신고 접수 후 찾는 일입니다. 만약 '오이'라는 닉네임이 있다고 한다면 또 다른 사람들도 이 닉네임이 좋다고 생각 되어서 다른 사람들도 닉네임도 '오이' 라고 하였을 때 어떤 사람이 폭언이나 욕을 하였는지 쉽게 찾아 볼 수가 없어서 만약 경찰이 찾는 다고 하더라도 많은 시간이 걸릴 수도 있습니다. 하지만 만약 실명제를 쓰게 된다면 누가 어떤 사람이 하였는지를 바로 바로 찾아 볼 수 있기 때문에 "인터넷 실명제를 시행해야 할까?" 라는 주제에 찬성 합니다.

세 번째 이유는 '심각성 조취' 입니다. 만약 '오'라는 닉네임을 가진 사람이 다른 사람의 글에 대해서 폭언을 하고 욕설을 하였다면 '오' 라는 다른 사람들이 이 닉네임을 쓰고 있는 경우가 많을 경우 그 사람을 찾기가 어렵고 또 그 사람이 똑같은 일을 또 저지를 수도 있고 또 저지를 수도 있습니다. 하지만 실명제를 사용한다면 그 사람을 바로 찾아 낼 수도 있고 또 그에 마땅한 처벌을 내릴 수도 있기 때문입니다. 그렇기 때문에 '인터넷 실명제를 실행해야 할까?' 라는 주제에 찬성합니다.

네 번째 이유는 '형법'입니다. 형법 제 309조 (출판물에 의한 명예회손) 사람을 비방할 목적으로 신문, 잡지, 라디오, 기타 출판물에 의하여 제 307조 제1항의 죄를 범한 자는 3년 이하의 징역이나 금고 또는 700만원 이하의 벌금에 처한다. 라는 형법이 있습니다. 하지만 유명한 사람들이나 연예인들이 아니면 처벌이 쉽지 않을 수도 있습니다. 일단 같은 닉네임으로 활동하는 사람들이 있을 때는 어느 누가 어떤 게시판에 댓글을 달았는지 모릅니다. 만약 경찰에 신고를 한다고 하더라도 제대로 처벌이 되지 않는 경우도 있습니다. 따라서 이러한 이유로 '인터넷 실명제를 시행해야 할까?' 라는 주제에 찬성합니다.

다섯 번째 이유는 '민주주의'입니다. 사람이 다른 사람을 때리면 '폭행죄'라고 하는 것과 같이 다른 사람이 악성 댓글을 달았을 때 내가 상처를 입었더라면 그것은 엄연한 범죄입니다. 하지만 그 범죄가 처벌 되지 않았을 때 우리의 민주주의는 자유롭지 못하다고 생각합니다. 실명제를 사용한다고 해서 절대 자신의 생각이 눌려지는 것이 아닙니다. 물론 욕설도 자신의 생각이긴 하지만 다른 사람에게 피해를 입힐 때 그것은 자신의 생각이 아니라 무기가 됩니다. 따라서 마땅히 법의 처벌을 받아야 한다고 생각합니다. 실명제는 다른 사람의 인권을 존중해주고 그 인권을 존중해주는 것입니다. 따라서 이러한 이유로 인터넷 실명제를 시행해야 할까?

	라는 주제에 찬성 합니다. 　인터넷 실명제는 사람의 인권을 억압하는 것이 아니라 사람의 인권을 지켜주고 보호해 주는 것이 라고 생각합니다. 　오늘 토론을 할 때 시간이 많이 부족하여서 말을 제대로 하지 못하였습니다. 시간을 조금씩 늘려 주어서 많은 분들이 좀 더 자신의 생각을 이야기 할 수 있도록 하면 좋을 것 같습니다. 오늘 토론은 말을 제대로 정리하지를 못해서 어려움이 있었습니다. 집단 토론에서는 좀 더 준비를 많이 해가서 말할 수 있도록 하겠습니다.
최종 찬반결정	찬성
내가 쓴글 점수 주기	100점
3차 글쓰기	저희 반은 독서 토론을 위해서 주제를 정하고 그에 마땅한 자신만의 학급 주제를 만들어 모둠에서 서로 뽑고 그리고 반 전체 친구들이 투표하는 방법으로 주제를 정하는데 이번 주제는 '인터넷' 이고 그에 따른 학급 주제는 '인터넷 실명제를 시행해야 할까?' 라는 주제가 정해 졌습니다. 　저는 '인터넷 실명제를 시행해야 할까?' 라는 주제에 대해서 찬성합니다. 그 이유는 다음과 같습니다. 　첫 번째 자살률과 폭력률 저하 입니다. 실제로 인터넷 상에서 욕이나 막말, 폭언 등으로 연예인들이 자살 하는 경우가 실제 사례로 있고 또는 인터넷 방송에서 게임을 하다가 괜히 시비가 붙어서 직접 만나서 폭력을 행사 하는 경우의 사례도 있습니다. 이 또한 실명제를 사용하게 된다면 자신의 개인정보가 낱낱이 들어나서 자신의 행동을 더욱 조심스럽게 할 것입니다. 그리고 폭언과 남을 비하하는 말 그리고 욕설도 줄어들 것으로 생각 됩니다. 이러한 이유로 '인터넷 실명제를 시행해야 할까?' 라는 주제에 찬성 합니다. 　두 번째로 경찰의 신고 접수 후 찾는 일입니다. 만약 "오이"라는 닉네임이 있다고 한다면 또 다른 사람들도 이 닉네임이 좋다고 생각 되어서 다른 사람들도 닉네임도 '오이' 라고 하였을 때 어떤 사람이 폭언이나 욕을 하였는지 쉽게 찾아 볼 수가 없어서 만약 경찰이 찾는 다고 하더라도 많은 시간이 걸릴 수도 있습니다. 하지만 만약 실명제를 쓰게 된다면 누가 어떤 사람이 하였는지를 바로 바로 찾아 볼 수 있기 때문에 '인터넷 실명제를 시행해야 할까?' 라는 주제에 찬성 합니다. 　세 번째 이유는 '심각성 조취'입니다. 이유는 다음과 같습니다. 만약 '오'라는 닉네임을 가진 사람이 다른 사람의 글에 대해서 폭언을 하고 욕설을 하였다면 '오' 라는 다른 사람들이 이 닉네임을 쓰고 있는 경우가

많을 경우 그 사람을 찾기가 어렵고 또 그 사람이 똑같은 일을 또 저지를 수도 있고 또 저지를 수도 있습니다. 하지만 실명제를 사용한다면 그 사람을 바로 찾아 낼 수도 있고 또 그에 마땅한 처벌을 내릴 수도 있기 때문입니다. 그렇기 때문에 인터넷 실명제를 실행해야 할까? 는 주제에 찬성합니다.

네 번째 이유는 '형법'입니다. 그 이유는 다음과 같습니다. 형법 제 309조 (출판물에 의한 명예회손) 사람을 비방할 목적으로 신문, 잡지, 라디오, 기타 출판물에 의하여 제307조 제1항의 죄를 범한 자는 3년 이하의 징역이나 금고 또는 700만원이하의 벌금에 처한다. 라는 형법이 있습니다. 하지만 유명한 사람들이나 연예인들이 아니면 처벌이 쉽지 않을 수도 있습니다. 일단 같은 닉네임으로 활동하는 사람들이 있을 때는 어느 누가 어떤 게시판에 댓글을 달았는지 모릅니다. 만약 경찰에 신고를 한다고 하더라도 제대로 처벌이 되지 않는 경우도 있습니다. 따라서 이러한 이유로 '인터넷 실명제를 시행해야 할까?' 라는 주제에 찬성합니다.

다섯 번째 이유는 '민주주의'입니다. 그 이유는 다음과 같습니다. 사람이 다른 사람을 때리면 '폭행죄' 라고 하는 것과 같이 다른 사람이 악성 댓글을 달았을 때 내가 상처를 입었더라면 그것은 엄연한 범죄입니다. 하지만 그 범죄가 처벌 되지 않았을 때 우리의 민주주의는 자유롭지 못하다고 생각합니다. 실명제를 사용한다고 해서 절대 자신의 생각이 눌려지는 것이 아닙니다. 물론 욕설도 자신의 생각이긴 하지만 다른 사람에게 피해를 입힐 때 그것은 자신의 생각이 아니라 무기가 됩니다. 따라서 마땅히 법의 처벌을 받아야 한다고 생각합니다. 실명제는 다른 사람의 인권을 존중해주고 그 인권을 존중해 주는 것입니다. 따라서 이러한 이유로 인터넷 실명제를 시행해야 할까? 라는 주제에 찬성 합니다.

여섯 번째, 이유는 조사 자료를 예로 들어보겠습니다. 실명제가 악성 댓글을 줄일 수 있다. 라는 사람이 67.2% 이였고 아니다 라고 대답한 사람은 37.3% 이였습니다. 민주주의 는 개개인의 생각을 존중해주되 선택은 다수결로 해야 한다고 말합니다. 이러한 자료를 근거로 인터넷 실명제를 시행해야 할까? 라는 주제에 찬성합니다.

일곱 번째, 이유는 질서 바른 인터넷 문화를 만들기 위해서입니다. 인터넷 실명제를 시행하게 되면 사람들은 다른 사람들을 의식 하게 되어 '조심성' 이 생깁니다. 조심서이 생기면 자신의 말을 가려서 할 것입니다. 이러한 이유로 '인터넷 실명제를 시행해야 할까?' 라는 주제에 찬성합니다.

여덟 번째, 이유는 '신용도의 중요성' 입니다. 이유는 다음과 같습니다. 인터넷 가상 속이 아닌, 현실속의 사람을 대하게 되므로 해를 입게 될 경우 보장이 쉬워지며, 거짓으로 사기를 범할 경우 엄한 처벌이 가능 하므로 인터넷 문화의 신용도가 높아지게 됩니다. 이러한 이유로 '인터넷 실명제를 시행해야 할까?'라는 주제에 찬성합니다.

아홉 번째, 이유는 사기입니다. 그 이유는 다음과 같습니다. 이름이 공개 되지 않아서 자신의 개인정보가 노출이 되지 않아서 사기를 치는 사람들이 있습니다. 하지만 실명제를 실행 하게 된다면 자신의 개인정보가 공개되기 때문에 사기를 치는 사람들이 줄어들 것 입니다. 그리고 만약 사기를 치더라도 개인정보의 노출로 범인을 쉽게 찾고 잡을 수 있을 것입니다. 이러한 이유로 '인터넷 실명제를 시행해야 할까?'라는 주제에 찬성합니다.

열 번째, 이유는 '네티즌들을 반응성'입니다. 그 이유는 다음과 같습니다. 네티즌들 에게 실명제를 시행하지 않고 의무 교육을 좀 더 강화 하였습니다. 하지만 이런 상황 속에서도 악성 댓글을 다는 사람들도 있을 것입니다. 교육을 좀 더 강화 한다거나 처벌을 좀 더 강화 한다고 하더라도 분명히 피해자는 계속 발생 될 수도 있습니다. 네티즌 들이 받아들이고 이해하고 실천하는 사이에 또 다른 사람이 죽을 수도 있습니다. 강제 억압적 이여도 실명제를 실시하여서 하루 빨리 악성 댓글 없는 편안한 인터넷 문화가 확산 되었으면 좋겠습니다. 이러한 이유로 찬성합니다.

인터넷 실명제는 민주주의를 억압하는 것이 아니라 지켜주고 보호해 주는 것이라고 생각합니다. 저는 찬성입니다.

오늘 1학기 마지막 주제 독서 토론을 하면서 그동안에 해왔던 독서 토론들이 생각이 났습니다. 맨 처음부터 적극적으로 참여하여서 모둠 토론도 승리로 이끌고 또 그런 친구들을 보면서 저는 다음에는 자료를 좀 더 많이 가져와야지, 다음에는 더 열심히 해야겠다. 라는 생각이 든 것 인지도 모릅니다. 토론과 함께 하면 1학기를 지낸 것이 믿기지 않을 정도로 시간은 빨리 지나간 것 같습니다. 맨 처음 선생님 만나 뵈었을 때가 마치 어제 일어난 일인 것 같은데 시간이 정말 빨리 지나간 것 같습니다. 방학을 기다려 온 것이 아니라 방학이 저를 찾아 온 것 같습니다. 정말 후회 없는 토론이었습니다.

글쓴이	김수현
주제	인터넷
읽은 책	Why? 생활 과학
주요 내용	우리나라의 기술 발전과 여러 가지 생활 용품의 원리

내가 정한 토론 주제	①우리가 로봇에게 지배당할지도 모르는 상태에서 계속 로봇을 만드는 것이 옳은가? ②인터넷을 계속 개발하여 중독되는 경우가 있음에도 불과하고 계속 인터넷의 관한 계발을 해야 하나?
학급 토론 주제	인터넷 실명제를 시행해야 할까?
토론 주제 점수는	100점
1차 글쓰기	이번 토론주제는 {인터넷 실명제를 시행해야 될까?} 라는 주제가 뽑혔습니다. 이 의견이 뽑힌 이유는 로봇에 대한 의견 3가지 인터넷에 대한 의견 3가지였으나, 이 주제가 더욱 많은 의견이 나올 것 같았고, 지금도 오락가락 생각되는 주제였기 때문입니다. 저는 찬성과 반대 의견 모두 쓰도록 하겠습니다. 　찬성의견. 　첫째, 조사의 속도. 요즘은 연예인에 대한 악플이 많습니다. 하지만 그의 대한 신고 시간과 조사시간은 오래갑니다. 하지만 실명이라면 그 사람의 대하여 금방 찾아내기 쉽습니다. 그 이름이 본명이며 실제 신고를 하면 더 간단한 자료를 모아 그 사람에게 처벌을 내릴 수 있기 때문입니다. 저의 예상에는 예를 들어 일단 실명이 아닌 사람의 조사 자료를 봅니다. 그 사람의 대하여 알아보기 위하여 클릭을 하고 몇 가지 정보를 보는데 이름과 관련한 이야기가 있어 그것도 읽고 다른 것도 읽는데 시간이 3분이라고 치자면 실명이 적혀 있는 것은 이미 이름을 알려주는 것이기 때문에 빠르면 2분30초 평범하면 2분 50초라고 생각을 합니다. 비록 10초 이지만 절약이 되기 때문입니다. 　둘째, 당당한 몹쓸 짓 없음. 원래는 이러면 안 되지만 당신이 자신의 실명이 밝혀져 있는 SNS에 다른 사람에게 욕을 할 수 있으십니까? 저는 과반수가 아니라고 대답을 하였을 것 이라 생각합니다. 왜냐하면 나의 이름이 떡~하니 보이는데 욕을 하면 상대방은 "OOO이놈이 진짜!!!"라고 금방 화를 내고 신고를 할 수 있기 때문에 대놓고 뻔뻔한 짓을 쉽사리 할 수 있지 않다고 생각합니다. 　반대의견. 　첫째, 신고의 대한 것입니다. 다른 사람들은 실명이 아니면 신고할 때 누군지도 모르고 빠르지 못하게 된다고 하시는 분들이 계시지만, 그것의 대하자면 그 사람의 닉네임을 누르고 신고 버튼을 누르면 기계가 자동적으로 매우 빠른 속도로 정보를 분석하게 만들어 신상정보 몇 가지라던가 필요한 정보만 딱 뜨게 하여 신고 접수 버튼을 누르면 바로 처벌을 가할

수 있도록 하면 된다고 생각합니다. 그렇게 하면 사실상 실명일 때보다 더욱 빨리 할 수 있다고 생각합니다.

둘째, 자신감 증폭입니다. 이 세상에는 소심한 사람들이 있습니다. 그중 상대가 나의 얼굴과 이름을 모르기만 한다면 자신의 주장이나 생각을 잘 표현하고 당당하게 적을 수 있는 사람들도 상당수 있습니다. 그런 사람들은 소수 일 수 있지만 그 사람들도 잘 존중해주고 받아 주어야 한다고 생각합니다. 그럼 그런 사람들은 자신의 의견을 잘 말 할지도 모르는 사람이라는 말은 완벽히는 아니지만 잘 듣지 않을 수 있고, 그렇게 SNS에서라도 잘 말하다보면 언젠가는 실생활 에서도 쓰여 좋은 사람으로 지목 받을 수 있다고 생각합니다.

이렇게 저는 찬성과 반대의견을 두 가지씩 말하여 보았습니다. 여러분의 생각이 바뀌었을지는 잘 모르겠습니다.

이상 저의 말을 들어주셔서 고맙습니다.

학급 토론 주제	인터넷 실명제를 시행해야 할까?
읽은 책 또는 자료	사이버 거래
주요 내용	사이버거래의 문제점과 하면 않 되는 것.
찬반 결정	찬성
나의 토론 참여 점수	100점
2차 글쓰기	저는 이번 토론주제인 {인터넷 실명제를 시행해도 될까?}의 대한 의견에 찬성합니다. 일단 오늘 2차 토론은 정말 치열하게 의견을 대립했고 상대가 제시한 의견이 많이 도움이 되었습니다. 그럼 오늘 제가 알게 된 것과 저의 의견을 내보도록 하겠습니다. 찬성합니다. 이유는 첫째, 사이버 폭력입니다. 요즈음 인터넷 게시판의 익명성을 악용한 다양한 사이버 범죄가 발생하여 개인적, 사회적으로 피해자가 커지자 2002년 이후 공공기관이나 인터넷 포털사이트 등의 게시판에 글을 올릴 때에는 본인 확인을 거치도록 하는 인터넷 실명제를 의무화 하게 되었습니다. 이점으로 봐서는 이미 사람들은 인터넷 실명제가 좋고 활용이 잘된다는 것을 알고 있습니다. 그런 인정된 문제를 아니라고 주장하는 것은 저의 입장에서 어찌 보면 억지 일지도 모른다고 생각합니다. 둘째, 사건에 대한 실용성 입니다. 실명제를 사용하지 않고 닉네임 즉, 가짜이름으로 있다면 사기를 당해도 간단히 확인하고 검거하기 쉽지 않습니다. 만약 온라인 게임에서 실명제가 아닌 상태로 사기를 당하면 그 사

람의 닉네임을 찾아보고 신원조회를 해야 합니다. 그렇게 늦을 바에는 차라리 실명제를 하여 급하지 않아도 빠르게 조사가 될 수 있도록 하는 것이 더 좋다고 생각합니다. 물론 실명제를 하게 되면 그 사람이 남의 이름을 복제하여 사용할 수 있으나 아이디를 만들 때에나 회원가입을 할 때 그 사람의 몇 가지 신원조회를 하여 그 사람이 그 이름이 맞는지 확인하여 검증하면 됩니다.

셋째, 상대의 상처와 아픔입니다. 만약에 닉네임을 사용해 누군지 모르는 상태로 상대에게 무심코 던진 나의 말이, 무심코 던진 나의 돌이, 장난으로 한 그 말이 상대가 맞아 매우 속상하고 큰 아픔이 될 수 있습니다. 사람들은 서로 다치지 않고 싸움이 나지 않기를 바라는 수가 많습니다. 그런데 거기서 나의 본명을 알리지 않은 상태로 상대방에게 막말을 하면 그것은 사이버 폭력입니다. 사이버 폭력은 처벌을 받아야 합니다. 하지만 그 사람을 처벌하는데는 과정이 필요합니다. 하지만 실명제를 하여 그런 사이버 폭력의 당당함을 없애 버릴 수 있다고 생각합니다. 실명제가 되어 있는 상태로 누군가에게 욕을 한다는 것은 그 사람 앞에서 대놓고 욕을 하는 것과 같은 치명타라고 생각합니다.

넷째, 기계의 도움입니다. 우리에게는 기계를 개발 할 수 있는 힘이 있습니다. 만약에 실명제를 하고도 욕을 한다면 있어서는 안 될 일이긴 하지만 그 사이버에 기계의 도움을 받아 욕 부분은 X표시로 뜨도록 하는 것입니다. 그럼 욕을 하였다는 것을 알게 되지만 그 욕이 심하다는 것도 알게 되어 신고를 할 수 있도록 하는 것입니다. 그리고 어떤 사람의 댓글에 X표시가 있는 것은 댓을 창의 맨 끝 부분에 신고 버튼을 만들어서 신고를 누르면 재빠르게 하면 더욱더 좋다고 생각합니다. 하지만 신고를 하기 전에 그 욕이 내가 신고를 할 만한 것인지 알아보기 위하여 신고 버튼 옆에 알아보기 버튼을 만들어 알아보기 버튼을 누르면 무슨 욕 인지 무슨 말을 하였는지 알아볼 수 있도록 하여 신고를 할지 말지 정하는 것이 좋다고 생각합니다. 그렇게 하면 실명제 덕에 더욱 빠르게 수사가 진행 될 것이고 더욱더 편하고 간단해 질 것입니다. 그런데 아마도 저와 같이 실수로 신고를 누를 수 있습니다. 그런 경우를 대비하여 신고 버튼을 누르면 '이 댓글을 신고하시겠습니까?' 라는 창이 뜨게 합니다. 하지만 여기서도 Enter를 누른다거나 뭐 Ctrl를 눌러 수락이 되지 않도록 무조건 마우스로 클릭을 해야지만 통과가 되는 설정을 해 두면 된다고 생각합니다.

다섯째, 개인정보 유출 이 되지 않습니다. 몇 분이 실명제를 사용하면 개인정보 유출이 심하게 될 것이라는 말을 하시지만 이름이 알려지는 것은 어쩔 수 없지만 나머지 개인정보는 그 주인만 풀 수 있는 보안을 해

	두면 됩니다. 그렇게 하면 다른 사람들이 쉽게 개인정보를 유출시키기 힘들 것입니다. 　여섯째, 이름의 자유성 존중 입니다. 이름의 자유성 하자면 아마도 닉네임이 생각나실 것입니다. 만약에 실명제가 받아들여져서 실명제를 해야 하는데 내가 너무나도 닉네임을 하고 싶다!? 그렇다면 아이디를 만들거나 회원가입을 할 때 닉네임 부분에서 항목을 두 개를 만들면 됩니다. 한 항목은 '실명제', 두 번째 항목은 '실명과 닉네임' 이라는 항목입니다. '실명제' 라는 항목은 말 그대로 나의 실명을 쓰고, '실명과 닉네임' 이라는 것은 실명 옆에 괄호를 사용해 내가 원하는 닉네임을 사용하는 것입니다. 예를 들자면 '실명제'를 선택하면 '홍길동' 으로 끝나고 '실명과 닉네임'을 선택하면 '홍길동(미니 황금)' 이라는 식으로 끝나는 것입니다. 그렇게 하면 실명제를 사용하더라도 내가 원하는 이름을 사용할 수 있는 것입니다. 　이러한 이유로 저는 실명제를 찬성하겠습니다. 실명제를 사용해도 이런 점들이 개선된다면 실명제를 사용하는 것이 좋을 것 같다고 생각됩니다. 저의 의견은 여기 까지 이고 오늘 토론은 상대의 의견이 옳다고 생각하게 되는 경우가 많았던 것 같습니다. 또한 두 번째에 판정단을 하였을 때에는 반대의 의견이 귀에 쏙쏙 잘 들어와서 좋았습니다. 　이상 저의 의견을 들어주셔서 고맙습니다.
최종 찬반결정	찬성
내가 쓴글 점수 주기	100점
3차 글쓰기	저는 이번 5차 주제인 {인터넷 실명제를 시행하여도 될까?}라는 토론 주제에 찬성합니다. 오늘 집단 토론에서는 선생님도 조금의 참여를 하셨고, 팽팽한 의견 대립이 있었을 뿐더러, 우리가 토론하기 어려운 분야의 전문적인 말과 의견도 나왔습니다. 저는 찬성이고 저의 의견은 다음과 같습니다. 　첫째, 사람들의 투표 수 입니다. 실시한 여론 조사에서도 평균 73%의 네티즌 들이 찬성을 표하였습니다. 이것은 예전에 표현의 자유를 해친다는 의견에 중시하는 압도적인 분위기 속에서 개인의 사생활의 존중과 인원의 존중이 더 중요하다는 여론은 반영 한 것이라 보여 지는 조사가 나왔습니다. 이것을 보았을 때 우리는 실명제를 사용하는 것이 더욱 옳은 것이라고 판정되는 것으로 보이며, 아무리 표현의 자유를 얻고 싶어도 실명제를 사용하는 것이 더욱 옳다는 말을 해 주는 것 같습니다. 　둘째, 우리나라의 특성과 그로인한 문제입니다. 우리나라는 '댓글' 문화와 세계 어느 나라보다 커뮤니티와 게시판을 이용하나 활동이 양성한 특

수성을 이용하여 인권침해라는 심각한 도전을 맞고 있습니다. 사이버 상에서 익명을 사용한다면 누가누구인지를 알 수 없기 때문에 무자비한 욕설과 비방이 난무여 죄책감 또한 느끼지 못하게 됩니다. 하지만 죄책감을 느끼지 않게 되면 그 사람은 자신이 죄책감을 느끼지 못하니 범죄를 더욱 저지를 것입니다. 그렇기 때문에 실명제를 사용하여서 죄책감을 느낄 수 있도록 하는 것이 올바르다고 생각합니다. 우리나라는 컴퓨터와 인터넷의 대한 것이 많이 발전되어있기 때문에 더욱더 보안을 철저히 해야하고 더욱더 사건사고가 일어나지 않도록 해야 합니다.

셋째, 실명제의 효과를 인지하고 있는 우리들입니다. 인터넷 게시판의 익명성을 악용한 다양한 사이버 범죄가 발생하여 개인적, 사회적으로 피해가 커지자 2002년 이후 공공기관이나 인터넷 포털사이트 등의 게시판에 글을 올릴 때에는 본인확인을 거치도록 하는 실명제가 의무화 되었습니다. 이런 범위로 보았을 때에는 이미 사람들은 흔히 말하는 악플과 사이버 폭행의 심각성을 알고 실용성 있는 실명제를 사용하는 것입니다. 사이버 범죄와 악플의 대하여 대처하는 방법이 실명제라는 것도 지금의 사람들은 실명제에 신뢰감을 가지고 있고, 사용하는 것이라고 생각합니다.

넷째, 사람의 목숨이 걸려있을 수 있습니다. 토론을 할 때 보면, 많은 사람들이 실명제를 사용하는 것은 사람의 자유를 해치는 것이라고 하십니다. 하지만 지금까지 많은 연예인들이나 다른 사람들이 악플로 인하여 자살, 즉 사망에 이르게 됩니다. 그렇게 사람의 목숨이 걸려있는 문제에 그거 그 작은 의견 '자유를 해친다.'로 인하여 사람이 죽으면 그건 정말 말도 않되는 일이라고 생각합니다. "여러분 자유가 중요합니까? 사람의 목숨이 중요합니까?" 만약 자유라고 대답하신 분들에게 다시 질문을 하도록 하겠습니다. "죽으면 자유도 함께 없어지는데요?" 여러분 저는 당연히! 당연히 목숨이 중요하다고 생각합니다. 그런데 인터넷에서는 그 자유라는 것 하나 때문에 목숨이 헛되게 날아갈 수 있습니다. 그래서 저는 결국 자유를 해친다는 이유는 근거가 부족한 말 이라 생각합니다.

다섯째, 사기당할 가능성 증가입니다. (예를 들어서 티볼 부 분들에게 질문.) 여러분 여러분이 만약 티볼 장비 세트를 온라인상에서 구매를 하시려고 합니다. 그 세트에는 베팅티, T대, 배트, 글러브, 공, 타격망, 연맹 장비 세트 등이 들어있습니다. 이렇게 많이 들어있기도 하고, 고급지고 잘 헐지 않는 장비들이라서 10만원에 구매를 하시기로 하셨습니다. 그런데 실명제가 시행되지 않고 익명을 사용하는 때 이였습니다. 익명이라서 상대가 사기를 쳐서 장비를 주지 않고 10만원을 때먹고 갔습니다. 여러분이라면 어떠시겠습니까? 물론 기분이 100% 짜증, 분노, 슬픔, 절망 등 부정적인 생각에 가득 차 있으실 것입니다. 나에게 소중한 10만원이 그냥 한 방에 날아간 것이기 때문이지요. 하지만 실명을 사용하면 (예를 들어 그 사기를 친 사람의 본명이 홍길동) 경찰에 신고를 하여 "어떤 온라인 상에서 홍길동이라는 사람이 장비를 주지 않고 10만원을 떼어먹고 도망쳤어요!"라고 말하여 경찰이 그 온라인을 만드신 분들에게 말씀을 드리고 홍길동 이름을 가지고 있는 사람들을 신원조회 하여 대화한 내용을 보아 그 사람을 잡아 10만원을 얻을 수 있습니다. 그런데도 실명제를 반대하면 사기를 당할지 모릅니다.

저는 이러한 이유로 실명제를 찬성하겠습니다. 저도 실명제를 100% 찬성을 하는 것은 아닙니다. 정확히 말씀을 드리자면 찬성 95%, 반대 5%입니다. 많은 문제점들이 개선된다면 저도 반대편을 들 수 있지 않을까 싶습니다. 하지만 제 생각에는 찬성을 하면 더욱 개선할 수 있는 내용이 많다고 생각합니다. 오늘 집단토론은 어려운 말들이 조금씩 나와서 조금은 어렵기도 하였지만 그래도 팽팽한 의견 대립이 멋있고 재미있었습니다. 이상 저의 의견을 들어주셔서 고맙습니다.

글쓴이	김승하
주제	인터넷
읽은 책	디지털로 보는 세상
주요 내용	컴퓨터에 관한 설명이 들어있다.
내가 정한 토론 주제	①인터넷은 게임 기구다. ②학교에서 스마트교육을 꼭 해야 하나?
학급 토론 주제	인터넷 실명제를 시행해야 할까?
토론 주제 점수는	80점
1차 글쓰기	저는 이번 5차주제인 [인터넷 실명제를 시행해야 할까?]라는 주제로 두 가지의 이유를 대보겠습니다. 저는 찬성합니다. 이유는 첫째, 나쁜 글을 쓰는 사람들이 줄어듭니다. 왜냐하면 자신의 실명을 공개되면 이 글을 누가 썼는지 알 수 있고 만약에 나쁜 글이 올라와도 이 사람을 신고할 수도 있기 때문입니다. 저는 공개하는 것이 더 옳다고 봅니다. 만약 실명을 공개하지 않고 가짜 이름을 써서 사람에게 피해를 입히지만 실명을 공개하면 이런 피해까지는 못할 것입니다. 왜냐하면 그것에 대한 압박감이 생기기 때문입니다. 저는 찬성합니다. 둘째, 연예인과 사람에게 아주 큰 피해를 입힐 수 있습니다. 왜냐하면 진짜 이름이 아닌 가짜 이름으로 사람에게 나쁜 말을 할 수 있습니다. 예

를 들어서 '너 연예인에 안 어울린다.' 그리고 '너 연예인 하지 마라!' 라는 이런 나쁜 글을 올려서 사람에게 피해를 주고 있다. 현재 지금도 대부분 사람들이 다른 사람들에게 피해를 주고 있다. 나쁜 글을 올려서 연예인 중에는 연예인을 그만두기도 하고, 스스로 목숨을 끊기도 하는 행동이 발생된다. 저는 이런 면에서 너무 슬프고 아깝습니다. 저는 그렇기 때문에 또 이런 일이 발생하지 않도록 실명을 공개해야한다고 생각합니다. 저는 공개하면 다른 사람이 신고를 했을 때 '죄송합니다.' 라고 사과를 하면 되고 그러면 되는데 구지 닉네임을 바꿔서 나쁜 글을 올리는 건 정말 잘못된 행동이라고 생각합니다.

셋째, 실명을 사용하면 누군가 피해를 받아도 신고를 할 수 있어서 좋다. 왜냐하면 그 사람이 어디에 사는지도 알고, 어디에 진학하고 있는지 여러 가지 등등의 정보들이 나옵니다. 특히 페이스북 같은 경우도 그렇게 나와 있다. 프로필을 들어가면 정보같이 것들이 나와서 신고하면 그 범인을 신속히 잡을 수 있다.

저의 의견은 [인터넷 실명제를 시행해야 할까?]에 찬성합니다. 왜냐하면 나쁜 글을 쓰는 사람이 줄어들 것이고, 연예인과 사람에게 큰 피해를 줄어들 것입니다. 그리고 사람들이 진짜 정말로 실명을 썼으면 좋겠다. 저의 의견을 들어주셔서 고맙습니다.

학급 토론 주제	인터넷 실명제를 시행해야 할까?
읽은 책 또는 자료	자료 : 인터넷 실명제
주요 내용	인터넷실명제랑 악성댓글에 대하여 나와 있다.
찬반 결정	찬성
나의 토론 참여 점수	80점
2차 글쓰기	저는 이번 5차 토론주제인 [인터넷실명제를 시행해도 될까?]에 찬성의견을 3가지를 말해보겠습니다. 저는 이번 5차 토론주제인 [인터넷실명제를 시행해도 될까?]에 찬성합니다. 저는 인터넷실명제가 실시되었으면 좋겠습니다. 그러면 우리 사회는 좋아질 것입니다. 이유는 첫째, 나쁜 글 때문에 많은 사람들이 자살을 한다. 최근 수년간 자살로 생을 마감한 연예인들의 공통점은 한결같이 '악성댓글'에 시달리고 있습니다. 근데 악성댓글 때문에 여러 가지의 사건들이 발생하였습니다. 어떤 사건이냐면 2007년에 가수 유니라는 사람이 있었는데 그 사람이 무차별한 악성댓글로 우울증을 앓다가 악성댓글 때문에 생을 마감하였습니

다. 그리고 같은 해에 배우였던 정다빈씨도 악성댓글로 인하여 자살로 생을 마감하였고, 2008에 톱스타였던 최진실이라는 사람이 악성루머와 무분별한 댓글로 인해 최진실씨도 생을 마감하였습니다. 저는 이런 생각이 갑자기 떠올랐습니다. 어떤 생각이냐면 '악성댓글이 사람을 자살하게 할 수도 있구나'라는 생각을 하였습니다. 그리고 전문가들은 연예인들의 자살원인은 100% 장담은 못하지만 악성댓글로 인하여 자살을 한다고 주장하였습니다.

둘째, 악성댓글이 줄어든다. 저는 인터넷 실명제를 실시하면 악성댓글과 자살을 하는 사람들이 줄어들 것이라고 생각합니다. 왜냐하면 악성댓글을 수없이 많이 달았다고 해도 인터넷실명제가 실행하면 그 악성댓글을 많이 올리는 사람은 더 이상은 아니지만 조금이나마 올리지 못할 것입니다. 만약에 실시가 된다면 자살로 인해 죽는 사람들도 줄어들 것이고, 악성댓글을 올리는 사람도 줄어들 것입니다. 그리고 실제로 한국인터넷진흥원 조사 자료에 따르면 인터넷실명제가 실시된 이후 악성 댓글이 크게 감소하였다. 특정 포털사이트 3곳에 오른 악성 댓글은 시행 직후인 2007년 8월 13.9%로 이전(15.8)보다 크게 줄었다. 2008년 2월에는 이 수치가 10.4%로까지 낮아졌다. 그렇기 인터넷실명제를 사용하면 어느 정도는 줄어들 것이라고 생각하기 때문에 어느 정도는 확률이 있다고 봅니다.

셋째, 인터넷실명제를 실시하면 범인을 빨리 잡을 수 있다. 인터넷 실명제를 사용하면 법인을 빨리 잡을 수 있다는 것은 거짓말은 아닙니다. 왜냐하면 그 악성댓글을 올린 사람의 아이디를 캡처해서 범인을 잡을 수 있고, 아니면 페이스북은 그 사람의 프로필을 보면 주거지, 어느 초등학교를 졸업하였는지 알 수 있다. 그럼 이것을 어떻게 활용을 하면 범인을 잡을 수 있다. 그렇기 언제든지 범인을 쉽게 잡을 수 있습니다.

저는 총정리를 하자면 저는 찬성입니다. 왜냐하면 첫째, 많은 악성댓글 때문에 많은 사람이 자살을 하고, 둘째, 악성댓글이 줄어들고, 셋째, 인터넷실명제를 실시하면 범인을 빨리 잡을 수 있다. 그렇기 때문에 저는 인터넷실명제를 실시해야 한다고 주장합니다. 제 의견을 들어주셔서 고맙습니다.

최종 찬반결정	찬성
내가 쓴글 점수 주기	80점
3차 글쓰기	저는 이번 5차 주제인 [인터넷 실명제를 시행해도 될까?]에 대해 저의 의견을 내보도록 하겠습니다. 찬성의견을 세 개정도 들어보겠습니다. 일단

저의 의견은 찬성입니다. 왜냐하면 인터넷 실명제를 하게되면 악성댓글을 올린 사람들이 많이 줄어들 것이라고 생각합니다. 그렇기 때문에 저는 찬성합니다.

이유는 첫째, 악성댓글이 줄어들 것입니다. 저는 인터넷 실명제를 실시하면 악성댓글이 줄어들 것이라고 생각합니다. 실제 자료를 보면 특정포털사이트 3곳에 오른 악성댓글은 시행 직후인 2007년 8월 13.9%로 이전(15.8%)보다 크게 줄었다. 2008년 2월에는 이 수치가 10.4%로까지 낮아졌다. 이런 결과까지 나왔는데 인터넷 실명제를 시행해야 한다고 생각합니다. 악성댓글이 줄어들면 그만큼 스스로 목숨을 끊는 사람은 거의 없을 것입니다. 그래서 저는 인터넷 실명제를 실시하면 더욱 큰 효과를 얻을 수 있다고 생각합니다. 그리고 현재도 많은 사람들이 악성댓글 때문에 피해를 보거나 목숨을 스스로 끊습니다. 그렇기 때문에 저는 찬성합니다.

둘째, 추적이 용이합니다. 인터넷 실명제를 하게 되면 온라인상에게 문제가 되는 발언을 한 사람이나 범죄행위를 한 사람을 빠르고 쉽게 추적 가능 사이버 수사대의 운영사원을 효율적으로 활용할 수 있다. 그리고 저는 요즈음 페이스북을 하면서 다른 사람의 프로필을 훑어보면 어디에서 졸업을 하였는지 그런 것들이 등등 나옵니다. 저는 이렇게 해서라고 범인을 잡을 수 있는 것은 좋은 방법이라고 생각합니다.

셋째, 악성댓글입니다. 요즈음 악성댓글 때문에 사람들이 스스로 목숨을 끊거나 우울증을 앓는 사람도 있습니다. 저는 이런 일은 다시 일어나지 않아야한다고 생각합니다. 그리고 연예인들의 자살원인을 100%라고 악성댓글로 보기는 어렵지만 악플을 가중시키는 하나의 바이러스라고 진단합니다. 그렇기 때문에 저는 인터넷실명제에 찬성합니다. 저는 여기에서 이렇게 생각합니다. 여러분들의 악성댓글 하나가 한 사람의 목숨을 없애는 것 같다고 생각합니다. 그리고 만약 여러분들이 악성댓글을 받아보거나 읽으셨다면 기분이 어떻습니까? 저는 마음의 상처가 너무 깊어서 만약에 쓴 사람이 사과를 해도 받아주지 않을 것입니다. 그리고 저는 기분이 좋지 않거나 살기가 싫을 것이라고 생각합니다.

저는 정리를 하자면 [인터넷 실명제를 시행해도 될까?]에 찬성합니다. 왜냐하면 추적이 용이하고, 악성댓글을 줄어들 것입니다. 그렇기 때문에 저는 [인터넷 실명제를 시행해도 될까?]에 찬성합니다. 저는 이번 토론은 정말 재미있었다. 그래서 총 토론 중에서 이 [인터넷 실명제를 시행해야 할까?]라는 이 토론 주제가 제일 재미있었다. 지금까지 저의 발표를 들어주셔서 고맙습니다.

글쓴이	김채은
주제	인터넷
읽은 책	지엠오아이
주요 내용	한 할아버지가 유전자 조작으로 태어났지만 아이다움을 간직한 '나무'라는 아이를 만나게 되는 내용이다.
내가 정한 토론 주제	①인터넷은 좋은 점이 많은가? ②인터넷으로 인한 교육을 시행하여야 하는가?
학급 토론 주제	인터넷 실명제를 시행해야 할까?
토론 주제 점수는	90점
1차 글쓰기	저는 이번 1학기 마지막 5차토론 주제로 결정 된 '인터넷 실명제를 시행해야 할까?' 라는 주제에 대해 찬성하는 입장입니다. 그 이유는 다음과 같습니다. 첫째, 전에나 요즘이나 '악성댓글 문제가 심각해지고 있습니다. 자신이 싫어하는 연예인의 동영상, 사진에 악성댓글을 달거나, 다른 사람이 인터넷에 올린 글에 악성 댓글을 다는 등의 문제로 많은 사람이 자살을 하기도 하고, 우울증에 걸리기도 합니다. 이러한 문제를 일으키는 원인의 악성댓글을 다는 사람은 어떤 생각을 가지고 있을까요? 아마 자신의 얼굴이 보이지 않고 자신이 누구인지 모르기 때문에 장난삼아 하는 사람들도 있고 아마 다양할 것입니다. 하지만 여기서 이름이 공개된다면 이러한 악성댓글은 조금 줄어들 것이라고 저는 생각합니다. 아마 반대하시는 분들 중에는 요즘은 인터넷 사이버수사대가 익명으로 하여도 다 찾아낼 수 있다고 하시는 분들 게십니다. 그것이 틀린 말은 아닙니다. 하지만 사이버 수사대가 인터넷에 올라온 글 모두를 다 하나하나 읽고 악성댓글을 골라낼 수 있을까요? 누군가가 신고를 한다면 가능한 일이 될지도 모르지만 아무도 신고하지 않는다면 끝까지 찾아내지 못할 수도 있습니다. 하지만 자신을 익명이 아닌 실명으로 한다면 악성댓글 보다는 다른 사람을 조금 더 존중해주는 댓글 들이 많이 나올 것 같습니다. 둘째, 나이를 속여 범죄를 저지를 수도 있기 때문입니다. 자기가 누군지 모르니 자신의 나이와 성별 가족관계를 숨겨 자신의 욕구와 이익을 챙기는 사람은 있을 것입니다. 저는 실명제를 시행하는 것으로 그런 일들을 조금이나마 예방할 수 있을 것 같다고 생각합니다. 저는 인터넷에서 자신의 이름을 익명으로 하는 것보다 실명으로 하면 악성댓글이 조금이나마 줄어들 것 같고, 신상을 속여 범죄를 일으키는 것을 예방하기 위하여 '인터넷 실명제를 시행해야 할까?' 라는 주제에 대하

	여 찬성하는 입장입니다.
학급 토론 주제	인터넷 실명제를 시행해야 할까?
읽은 책 또는 자료	네이버 자료
주요 내용	인터넷 실명제 찬성 반대의견 등
찬반 결정	찬성
나의 토론 참여 점수	90점
2차 글쓰기	저는 이번 5차 주제 2차토론 '인터넷 실명제를 허용하여야 한다?' 라는 토론 주제에 대하여 찬성하는 입장입니다. 오늘2차 토론을 하며 생각이 바뀔 뻔 하였지만 저는 찬성을 선택 하였습니다. 그 까닭은 다음과 같습니다. 첫째, 악성댓글로 인한 피해를 예방 할 수 있습니다. 저는 인터넷 상에서의 악성댓글은 심한 경우 목숨을 끊는 사람이 생기는 등 많은 사람에게 큰 스트레스가 된다고 생각합니다. 그만큼 언론 플레이나 무분별한 비방 글로 피해자가 발생할 수 있는 문제점이 있습니다. 하지만 인터넷 실명제를 실행하게 된다면 최우선적으로 주장하는 부분이 바로 악성댓글이나 안티문화를 조금이나마 줄일 수 있는 방법이 될 수 있다고 생각하기 때문입니다. 둘째, 온라인 신뢰도가 높아집니다. 온라인의 올라오는 정보들은 익명성이 라는 이유로 신뢰할 만한 정보가 적고, 허위사실 유포가 있는 것이 사실입니다. 하지만 인터넷 실명제를 실시하게 된다면 내 신분이 노출되어 믿을 만한 정보를 올릴 수 있게 되어 믿지 믿을만한 정보가 더 많아지고 허위사실 유포 등이 줄어들 것 같다고 생각하기 때문입니다. 셋째, 예절문제입니다. 인터넷이라는 가상세계에서도 인격적으로 상대방을 존중하며 예절을 바르게 지켜야 합니다. 하지만 직접 대명하지 않고도 소통할 수 있는 가상공간의 특수성 때문에 사람들은 글을 남김에 있어 가벼워지는 경향의 사람들이 있습니다. 거짓된 글이나 좋지 않은 의도의 글들이 인터넷을 통제하는 파급력을 생각해본다면 좀 더 신중할 필요가 있습니다. 따라서 이를 제제할 수 있는 규제가 필요한데 그것이 인터넷 실명제 시행이라고 생각합니다. 넷째, 책임이 뒤따르지 않는 자유의 방종입니다. 실명제가 개인의 자유를 침해한다고 한다. 하지만 표현의 자유 같은 생대적인 기본권들은 항상 100퍼센트 지켜져야 하는 자유가 아닙니다. 인터넷 상에서의 질서가 지켜지려면 정당한 자유의 제제가 필요하며 책임이 뒤따르지 않은 자유는 옳

	지 않은 것이라고 생각하기 때문입니다.
	반대 측 분들 중에서는 '인터넷 실명제가 표현의 자유를 억압한다.' 라는 분이 계십니다. 하지만 제가 위에서 말했듯이 가명의 인터넷 악성댓글은 사람을 자살까지 만드는 일명 살인과 다름이 없습니다. 자신이 아무생각 없이 쓰는 댓글이 한 사람의 생명을 빼앗아 갈 수가 있는데 사람을 죽이면서까지 자신의 자유를 누릴 필요가 있을까요? 저는 상대방을 죽이면서까지 자유를 누리려고 하는 사람들은 옳지 않다고 생각합니다. 또 인터넷 실명제 대신 윤리의식이나 온라인 문화의식을 높이자는 분이 계십니다. 하지만 위는 개개인의 면화가 필요한 것입니다. 저는 그것보다 실명제를 실시함과 동시에 윤리의식과 문화의식을 높이려고 한다면 효율성을 극대화 하는 것이 좋다고 생각합니다. 　저는 인터넷 실명제가 악성댓글로 인한 피해를 조금이나마 줄일 수 있고, 실명제를 시행함으로써 가상공간의 예절을 지키고, 자신이 한 댓글에 책임을 질 수 있다고 생각하기 때문에 저는 인터넷 실명제를 시행해야 한다는 주제에 대하여 찬성합니다. 고맙습니다.
최종 찬반결정	찬성
내가 쓴글 점수 주기	90점
3차 글쓰기	저는 이번 1학기의 마지막 5차주제인 '인터넷 실명제를 시행해야 한다?' 라는 주제에 대하여 찬성하는 입장입니다. 오늘은 3차 토론인 집단 토론을 하였습니다. 저는 오늘 토론을 하며 반대 측 분들과 바른 찬성 편 분들의 의견을 들으며 그 주제에 대하여 조금 더 생각해 본 것 같고, 저의 생각을 한 번 더 정리할 수 있게 되어서 좋았던 것 같습니다. 그러면 제가 이 주제에 대하여 찬성하는 까닭을 말해보겠습니다. 　첫째, 악성댓글 예방입니다. 실제로 일본에서 악성 글을 근절하고자 시범적으로 인터넷 실명제를 도입한 결과 시행 6개월 만에 절반으로 줄어 효과를 본 사례가 있습니다. 또 인터넷 핫라인 센터 측은 "실명이 노출되면 누가 어떤 내용의 글을 썼는지 확인할 수 있어 글을 쓸 때 조금 더 신중을 기하는 듯하다" 며 "실명제를 도입한 해외에서도 같은 효과가 있었다."라고 말했다고 합니다. 이렇듯이 저는 실명제 사용으로 악성댓글을 줄일 수 있다고 생각하기 때문입니다. 　둘째, 예절문화입니다. 인터넷이라는 가상공간 속에서도 어느 정도의 예절은 필요하다고 생각합니다. 하지만 얼굴이 보이지 않고, 직접 대화하지 않는다고 하여 몇몇의 사람들은 가벼워지는 경향이 있습니다. 어떠한 대상이 마음에 들지 않다고 그 대상에 대하여 허위사실을 유포한다거나 글

의 남김에 있어 가벼워지지 않으려면 그것에 대하여 신중해야 할 필요가 있고 그것을 제제할 수 있는 것이 필요한데 저는 그것을 인터넷 실명제 시행이라고 생각합니다.

셋째, 자유의 보장되지 않는 것이 아니라는 것입니다. 많은 반대의 의견 중 나오는 의견이 '사람의 자유권 침해'이다. 하지만 현제 우리나라에서는 충분히 자유가 보장되고 있다. 원하는 어떠한 댓글을 쓰더라도 그것이 법에 걸리지 않는다면 신분이 밝혀질 염려도 없습니다. 정치에 관련한 문제는 익명성을 가지고 말해야 한다는 분이 계신데 정치문제에 관한 반박도 타당하게 반박을 하면 아무 문제도 되지 않습니다. 하지만 익명으로 정치에 관련된 문제를 마냥 욕으로 풀어나가거나 하는 것이 문제입니다. 그렇기에 악성댓글을 달 것이 아니라면 익명이 필요한 이유는 특별한 경우 외에는 없다는 것입니다.

넷째, 추적이 용이 합니다. 인터넷 실명제를 하게 되면 온라인상에서 문제가 되는 발언을 한 사람이나 범죄행위를 한 사람을 빠르고 쉽게 추적을 할 수 있어서 사이버 수사대의 운영자원을 효율적으로 활용할 수 있습니다. 반대 편 분들은 익명을 사용하고도 사이버수사대가 찾아낼 수 있다고 하시는데 맞습니다. 익명을 사용하여도 찾아낼 수 있습니다. 하지만 사이버 수사대가 추적을 할 폭이 넓어집니다. 저는 실명을 사용하면 익명을 사용하는 것보다 조금이나마 추적이 빠를 것이라고 생각하기 때문입니다.

지금까지 지켜본 바에 따르면 인터넷 실명제에 단점과 장점은 분명히 공존합니다. 누군가는 자신의 권리의 침해를 걱정할 것이고, 또 다른 누군가는 악성댓글이나 명예훼손을 걱정할 수 있기 때문입니다. 하지만 저는 인터넷 실명제를 시행함으로써 자신의 권리 침해보다는 악성댓글이나 명예훼손을 더 걱정하기 때문에 저는 인터넷 실명제 시행에 찬성하는 입장입니다.

글쓴이	**박유빈**
주제	인터넷
읽은 책	지엠오아이
주요 내용	인공지능로봇이 정회장을 보살펴주는 이야기이다.
내가 정한 토론 주제	①SNS를 해도 되는가? ②인공지능로봇, 이렇게 늘어나도 되는가?
학급 토론 주제	인터넷 실명제를 시행해야 할까?
토론 주제	90점

점수는	
1차 글쓰기	이번 5차 주제 1차 토론의 주제, 인터넷 중 인터넷 실명제를 시행해야 할까 라는 주제가 결정되었습니다. 저는 이번 인터넷 실명제를 시행해야 할까 라는 주제에 찬성합니다. 　첫째, 효에 어긋난다는 점입니다. 부모님께서 정성스럽게 지어주신 자신의 본명을 가명으로 바꾸어 인터넷에서 가명으로 활동한다는 점은 효에 어긋난다고 생각합니다. 부모님께서 정성스레 지어주신 본명을 가명으로 바꾸면 안 된다고 생각하기 때문에 찬성합니다. 　둘째, 자신이 하고 싶은 말도 자제가 있어야한다는 점입니다. 물론 인터넷을 통해 자신의 의사를 표현하는 것도 좋지만 요즘 남을 비난하는 글, 또는 악성댓글이 너무 심해지고 있습니다. 거의 매년 한두 번은, 악성댓글이나 자신을 비난하는 글을 통해 많은 사람들이 자살을 하고 있습니다. 이렇게 자신의 의사를 자제하지 못하고 가명이라고 해서 막말을 하게 된다면 다른 사람의 생명을 앗아가는 행동이랑 같다는 것 입니다. 이렇게 가명을 통해 자신의 의사를 자제하지 못하고 악성댓글이나 남을 비난하는 글을 써서 올리는 것은 옳지 않은 행동이라고 생각합니다. 　셋째, 자신의 이름은 소중히 여겨야 한다는 것입니다. 어떤 글귀를 보면 자신의 모든 것을 사랑하라 라는 말이 있습니다. 이렇게 자신의 이름 또한 자신에게 해당되는 것이니 자신의 이름을 사랑하고 소중히 여겨야 한다고 생각합니다. 　넷째, 가명은 자신을 낮게 부른다는 말과 같다는 것입니다. 부모님께서 정성 드려 지어주신 이름을 무시하고 가명으로 바꾸어 인터넷상에서 활동한다는 점은 자신을 낮게 부른다는 것과 다를 바 없다고 생각합니다. 부모님께서 지어주신 이름이 있는데도 불구하고 실명을 가명으로 바꾼다는 점은 옳지 않다고 생각합니다. 　다섯째, 좀 더 깊게 생각해봐야 한다는 것입니다. 자신의 의사를 자제하지 못하고 너무 막말만 하게 되면 언젠가는 어느 그 누군가는 상처를 입고 피해를 입을 수 있다는 것입니다. 설사 가명으로 바꾼다고 해도 자신이 자신의 의사를 자제할 수 있는지는 충분히 생각해봐야 한다는 것입니다. 가명이라고 해서 다른 사람의 입장을 생각해보지 않고 글을 올린다면 언젠가는 그 누구는 피해를 입을 것입니다. 다른 사람의 입장을 생각하고 배려하는 점을 고려하자면 실명을 가명으로 바꾸면 안 된다고 생각합니다. 　실명을 가명으로 바꾸게 되면 효에 어긋날 수 있고 자신의 의사를 자제하지 못하고 막말만 하게 된다면 어느 그 누군가는 상처를 입고 피해를

	입을 수 있습니다. 설사 가명으로 바꾼다고 해도 다른 사람에게 피해를 입히지 않을 것인 지 충분히 책임감을 가지고 생각해 봐야 된다는 점입니다. 글 하나로 인해 어느 그 누군가는 상처를 입고 피해를 입을 수 있습니다 심할 경우 생명을 앗아가는 행동으로 이어 질 수 있습니다. 그러므로 실명제를 시행해야 한다는 주제에 찬성합니다.
학급 토론 주제	인터넷 실명제를 시행해야 할까?
읽은 책 또는 자료	찬성자료
주요 내용	인터넷 실명제를 시행해야 하는가에 대한 찬성 내용
찬반 결정	찬성
나의 토론 참여 점수	90점
2차 글쓰기	이번 주제는 인터넷인데 그중 토론주제는 인터넷 실명제를 실행해도 한다로 결정되었습니다. 입니다. 그래서 저는 이번 인터넷 실명제를 실행해도 된다에 찬성합니다. 　첫째 상처입니다. 물론 자신에게는 표현의 자유라 할 수 있겠지만 상대방에게는 지울 수 없는 상처가 되기도 한다는 것입니다. 사회를 혼란으로 빠뜨리는 허위 내용과 개인적 악감정을 근거 없이 표출하는 것을 과연 표현의 자유라고 할 수 있는지 생각해봐야합니다. 가상공간에서 최소한의 제어 장치로서 인터넷 실명제를 유지하고 보완해 나가야 합니다. 한국인터넷 진흥원이 조사한 자료에 따르면 특정 포털사이트 3곳의 악성 댓글 비율이 실명제 실행 전인 2007년 5월 15.8%에서 2008년 2월 10.4%로 줄어들었고 내용 자체도 상당히 순화 되었습니다. 또한 인터넷이 개발된 가장 근본적인 목적은 정보의 공유입니다. 무분별한 정보로 인해 정보의 신뢰도도 많이 떨어지고 있기 때문에 찬성합니다. 　둘째 개인정보유출입니다. 확실하지 않은 정보로 인해 오히려 엉뚱한 사람이 '마녀사냥'의 표적되기도 합니다. 인터넷 실명제로 인한 개인정보 유출 가능성은 암호화 의무 대상을 확대하고 아이 핀으로 대체한 실명확인을 통해 줄일 수 있습니다. 현재 국내 전자상거래를 하는 인터넷 사이트들은 전자상거래 법에 따라야 하므로 부득이 하게 주민등록번호를 수집하고 있는 것이 현실이나 과거에는 회원들의 개인정보를 많이 수집하는 것이 마케팅에 유리하다는 인식이 있었지만 최근 들어 불필요한 개인정보는 수집하지 않고 있습니다. 인터넷 기업 입장에서도 아이 핀의 도입으로 인해 주민번호 수집 의무가 없어지면 부담을 줄 일 수 있습니다. 　셋째 가상 공간속에서도 예절이 필요하다는 것입니다. 직접 대면하지

않고도 소통할 수 있는 가상공간의 특수성 때문에 사람들은 글을 남김에 있어 가벼워지는 경향이 있습니다. 또한 거짓된 정보나 좋지 않은 의도의 글이 인터넷을 통해 가지는 파급력을 생각해본다면 좀 더 신중할 필요가 있습니다. 따라서 이를 제지할 수 있는 규제가 필요합니다. 건전한 인터넷 문화를 만들기 위해서 사람들의 인식을 변화시키는 것 보다 인터넷 실명제를 시행하는 것이 훨씬 빠르고 효과적이라고 생각합니다.

넷째 인터넷의 익명성입니다. 평소 사람들이 많이 사용하는 포털 사이트에 들어가 보면 해당기사의 댓글들은 모두 닉네임으로 되어있다고 합니다. 실제로 외국의 사례를 인용해보면 인터넷 실명제를 사용하면 인터넷 실명제로 인해 상대적으로 악성댓글의 빈도수가 줄어들었다고 합니다. 이렇듯 인터넷 실명제를 사용하면 상대적으로 자신의 이름을 걸고 댓글을 쓰면 악성 댓글이 줄어들 것 이라고 생각합니다.

다섯째 인터넷과 이동 통신망의 확산으로 인한 문제입니다. 인터넷과 이동 통신망으로 언제 어디서나 쉽게 기사를 볼 수 있고 자신의 의견을 자유로 표현 할 수 있게 되어있기 때문입니다. '인간은 표현의 자유가 있다' 라는 말도 옳긴 하나 그 의사표현을 자제하지 못하게 된다면 인터넷 상에서 어느 그 누구는 피해를 입고 상처를 입게 될 것입니다. 그것을 이해하고 자제할 규제가 바로 인터넷 실명제라고 생각합니다.

자신에게는 표현의 자유일 수 있겠지만 상대방에게는 지울 수 없는 상처가 되기도 합니다. 또한 가상공간세서도 예절이 필요하고 이를 자제할 수 있는 규제가 필요합니다. 건전한 인터넷 문화를 만들어 가기 위해 사람들의 인식을 변화시키는 것 보다 인터넷 실명제를 실행하는 것이 더 효과적입니다. '인간은 표현의 자유가 있다'라는 말도 옳기는 하나 그 의사표현을 자제할 수 있는 규제인 인터넷실명제를 시행해야 한다고 생각합니다.

최종 찬반결정	찬성
내가 쓴글 점수 주기	90점
3차 글쓰기	이번 주제는 인터넷인데 그중 토론주제는 인터넷 실명제를 실행하는 것이 옳다 로 결정되었습니다. 그래서 저는 이번 인터넷 실명제를 실행하는 것이 옳다 에 대하여 찬성하는 입장입니다. 제가 인터넷 실명제를 찬성하는 이유는 다음과 같습니다. 첫째, 악성댓글입니다. 2012년 8월 23일, 헌법재판소 에서는 표현의 자유는 민주주의의 근간이 되는 중요한 헌법적 가치라며 인터넷 실명제 위

헌 판결을 내렸습니다. 하지만 인터넷 실명제가 폐지된 이후 표현의 자유는 지켜졌지만 그 이면에 놓인 악성댓글은 증가하고 있습니다. 3년 전 암으로 세상을 떠난 가수 임 윤택씨를 향한 댓글이 세상을 떠나는 순간까지 계속되었습니다. 이렇게 자유도 중요하지만 더욱더 중요한 것은 자유를 어떻게 사용하느냐 이라고 생각합니다. 이렇게 자유 뒤에는 그만큼에 책임이 있어야한다는 의견으로 찬성합니다.

둘째, 인터넷의 익명성입니다. 실제 뉴스기사에 따르면 인터넷이 주는 익명성 때문에 자신이 무슨 말을 해도 거기에 대한 책임을 지지 않는 다는 생각으로 악성댓글을 다는 것을 계속해서 중독적으로 달라붙어서 하는 경우가 많다고 합니다. 이렇게 인터넷이 주는 익명성 때문에 자신이 한말에 책임을 지지 않을 수 있으므로 찬성합니다.

셋째, 어느 그 누군가는 상처를 입을 수 있다는 것입니다. 자신에게는 표현의 자유이지만 상대방에게는 큰 상처를 줄 수 있습니다. 표현의 자유도 존중해 주어야하는 것 은 맞지만 그만큼에 책임과 자제가 필요하다고 생각합니다. 주로 표현의 자유는 민주주의의 근본이다라고 생각하실 수 있겠지만 표현의 자유를 자제할 수 있는 규제가 필요합니다. 바로 그 규제가 인터넷실명제입니다. 자신의 이름을 상대방에게 보여준다는 것 은 자신의 말과 행동에 책임을 지겠다는 의미와 같습니다. 그래서 인터넷실명제를 실행하면 자신이 한말과 행동에 책임을 지겠다는 인식변화가 생길 것 이라고 생각합니다.

넷째, 인터넷 상에서도 예의가 필요하다는 것입니다. 생활 속에서도 예의가 필요하듯이 가상공간 속에서도 예의가 필요하다고 생각합니다. 예의는 우리가 생활하면서 지켜야할 규칙입니다. 하지만 그 규칙을 어기고 다른 사람을 비난하는 글, 무시하는 글들이 요즈음 증가하고 있습니다. 이 악성댓글을 방지할 수 있는 것이 바로 인터넷실명제입니다. 실제로 외국의 사례를 인용하여 보면 인터넷실명제로 인해 악성댓글의 빈도수가 줄어들었다고 합니다. 또한 한국인터넷진흥원이 조사한 자료에 따르면 특정 포털 사이트 3곳의 악성댓글 비율이 실명제 실행전인 2007년 5월 15.8%에서 2008년 2월 10.4%로 줄어들었다고 합니다. 이렇게 인터넷실명제를 사용하면 가상공간 속에서의 예의를 지킬 수 있다고 생각합니다.

다섯 째, 인터넷(이동 통신망)의 확산으로 인한 문제입니다. 인터넷(이동 통신망)으로 언제 어디서나 쉽게 기사를 볼 수 있고 인터넷 실명제가 폐지된 이후 자신의 의견을 자유로 표현할 수 있게 되었습니다. '인간은 표현의 자유가 있다' 라는 말도 맞지만 오히려 표현의 자유가 다른 사람의 생명을 앗아갈 수 있다는 것입니다. 인터넷은 언제 어디서나 기사를 볼 수 있듯이 악성 댓글 또한 언제 어디서나 달 수 있습니다. 그로인해 수 많은 사람들이 세상을 떠난 사람들이 많습니다. 단지 자신의 표현이라고 할 수 있겠지만 다른 사람의 생명을 앗아 갈 수 있는 행위입니다. 이렇게 자신의 표현을 자제할 수 있어야 하고 다른 사람의 생명 또한 존중해주어야 합니다.

여섯째, 비속어를 사용하지 않게 됩니다. 악성댓글 말고도 요즈음 비속어를 사용하는 사람들이 많아지고 있습니다. 인터넷 실명제를 실행하게 된다면 자신의 말에 대한 책임이 생기기 때문에 비속어를 사용하지 않게 된다고 생각합니다. 비속어 또한 악성댓글에 포함되기는 하지만 비속어가 증가하는 요즈음 비속어에 대한 자제가 필요 하다고 생각합니다.

표현의 자유는 민주주의의 근간이 되는 중요한 헌법적 가치라며 위헌 판결을 내렸지만 인터넷 실명제가 폐지된 이후 표현의 자유는 지켜지고 있지만 그 이면에 놓인 악성댓글은 증가하고 있습니다. 인터넷 실명제를 사용하게 되면 자신의 말과 행동에 대하여 책임을 지게 되고 가상 공간속에서의 예절 또한 지킬 수 있다고 생각하기 때문에 찬성합니다.

오늘은 1학기 마지막 토론을 하였습니다. 인터넷 실명제가 처음에는 뭔지도 몰랐는데 이번 토론을 하면서 알게 되는 것 이 많아져서 보람 있었습니다. 다음 2학기 토론에는 자료와 생각을 더 보충에서 더욱 더 토론에 적극적로 참여하겠습니다. 이번 인터넷 실명제에 대해 알게 된 것이 많아 값진 토론이 되었던 것 같습니다. 이상으로 저의 글을 읽어주셔서 고맙습니다.

글쓴이	박초언
주제	인터넷
읽은 책	인터넷의 영웅들, Why? 미래과학
주요 내용	미래에는 로봇과 하늘을 나는 자동차등 여러 기계를 개발하게 될 수도 있다.
내가 정한 토론 주제	①로봇을 개발하여 공장, 사회 등 필요한 부분에 쓰면 않될까? ②SNS에서 자신의 정보나 다른 사람의 정보를 공유해도 될까?
학급 토론 주제	인터넷 실명제를 시행해야 할까?
토론 주제 점수는	80점
1차 글쓰기	오늘의 5차 주제 1차 토론은 인터넷이고, 최종으로 결정된 주제는 '인터넷 실명제를 시행해야 할까?' 라는 토론주제로 결정 되었습니다. 저는

	인터넷 실명제 사용해야 하는 것이 옳은가? 라는 토론주제에 찬성 합니다. 그 이유는 다음 글과 같습니다.
	첫째, 악성댓글로 인한 피해를 막을 수 있다. 만약 실명제를 시행한다면 악성댓글 등 여러 가지 등을 막을 수 있습니다. 예를 들어서 한 연예인이 있었습니다. 그런데 어떤 사람은 그 연예인을 싫어해서 그녀에게 악성댓글을 쓴다고 생각해 보세요. 그런데 과연 그 사람은 악성댓글을 쓸 때, 아이디 또는 닉네임을 자신의 이름으로 할까요? 예전에 한 연예인이 악성댓글로 스트레스를 받다가 결국 버티지 못 하여서 스스로 목숨을 끊었다고 합니다. 이런 불행한 사고대신 악성댓글이 없는 좋은 행복한 세상을 만들 수는 없을까요?
	둘째, 인터넷에서 쓰는 용어- 요즘 세상에는 게임, 카카오톡, 페이스북 등 여러 가지의 어플이 있습니다. 그런데 단점은 이 어플 안에서도 자심의 본명을 사용하지 않는 것입니다. 문제점은 어플 안에서 자신의 이름 말고 닉네임을 쓴다는 것입니다. 하지만 그것은 자신의 마음이지만 그렇게 사용 한다면 다른 사람에게 피해가 갈수도 있다는 점 아시나요? 상대방이 당신의 닉네임을 보고 누구인지 모를 수 있기기 때문입니다.
	그렇기 때문에 저는 "인터넷 실명제를 시행해야할까?"라는 토론주제에 대해 찬성하고, 저는 이렇게 생각합니다. 악성댓글도 없고 인터넷에서 좋은 용어를 쓰는 실명제를 시행하는 그런 세상이 되었으면 좋겠습니다.
학급 토론 주제	인터넷 실명제를 시행해야 할까?
읽은 책 또는 자료	나는 사이버 박사, 인터넷의 영웅들, Why?미래과학
주요 내용	실명제는 사람을 보호하는 것으로 실명제를 실시해야 한다.
찬반 결정	찬성
나의 토론 참여 점수	90점
2차 글쓰기	오늘의 5차 주제 2차 토론은 인터넷이고, 최종으로 결정된 주제는 '인터넷 실명제를 시행해야 할까?'라는 토론주제로 결정 되었습니다. 저는 인터넷 실명제 사용해야 하는 것 이 옳은가? 라는 토론주제에 찬성합니다. 그 이유는 다음 글과 같습니다. 첫째, 악성댓글로 인한 피해를 막을 수 있다. 만약 실명제를 시행한다면 악성댓글 등 여러 가지 등을 막을 수 있습니다. 예를 들어서 한 연예인이 있었습니다. 그런데 어떤 사람은 그 연예인을 싫어해서 그녀에게 악성댓글을 쓴다고 생각해 보세요. 그런데 과연 그 사람은 악성댓글을 쓸 때, 아이디 또는 닉네임을 자신의 이름으로 할까요? 예전에 한 연예인이 악성댓

글로 스트레스를 받다가 결국 버티지 못 하여서 스스로 목숨을 끊었다고 합니다. 이런 불행한 사고대신 악성댓글이 없는 좋은 행복한 세상을 만들 수는 없을까요?

둘째, 인터넷에서 쓰는 용어를 막아야 한다. 요즘 세상에는 게임, 카카오톡, 페이스북 등 여러 가지의 어플이 있습니다. 그런데 단점은 이 어플 안에서도 자심의 본명을 사용하지 않는 것입니다. 문제점은 어플 안에서 자신의 이름 말고 닉네임을 쓴다는 것입니다. 하지만 그것은 자신의 마음 이지만 그렇게 사용 한다면 다른 사람에게 피해가 갈수도 있다는 점 아시나요? 상대방이 당신의 닉네임을 보고 누구인지 모를 수 있기기 때문입니다.

셋째, 개인정보 유출을 막아야 한다. 개인정보 유출이 되기 쉽습니다. 요즘 확실치 않은 정보들을 인터넷 상에 올리는 사람들이 많다. 하지만 인터넷에서는 자신의 이름 등을 밝히지 않습니다. 그런 이유 때문에 여러 가지의 사건이 일어날 수도 있습니다.

넷째, 인터넷 상의 판매를 막아야 한다. 인터넷 상에서 물건을 주고 팔 때 자신의 이름을 사용하지 않고 닉네임을 사용하기 때문에 물건이 들어 있지 않을 수고 있고 물건이 불량품일 경우는 실제 이름이 아니기 때문에 범인을 쉽게 찾을 수 없습니다. 그런 문제가 일어날 수 있으므로 저는 실명제를 사용해야 한다고 생각합니다.

그렇기 때문에 저는 인터넷 실명제를 시행해야 할까? 라는 토론 주제에 찬성합니다. 만일 우리가 조금이라도 도 더 신경을 쓰면 사람을 비하하는 악성댓글도 없어지고 인터넷에서 고운 말을 쓸 수 있는 그런 마음과 개인 정보 자신의 정보를 막을 수도 있고 사기당하지도 않는 그런것도 막을 수 있지 않을까요? 그렇기 때문에 저는 이번 5차 주제 2차 토론에 찬성합니다.

최종 찬반결정	찬성
내가 쓴글 점수 주기	90점
3차 글쓰기	오늘의 5차토론 주제는 인터넷이고, 최종으로 결정된 주제는 "인터넷 실명제를 시행해야 할까?" 라는 토론주제로 결정 되었습니다. 저는 인터넷 실명제 사용해야 하는 것 이 옳은가? 라는 토론주제에 찬성합니다. 그 이유는 다음 글과 같습니다. 첫째, 악성댓글로 인한 피해를 막을 수 있다.만약 실명제를 시행한다면 악성댓글 등 여러 가지 등을 막을 수 있습니다. 예를 들어서 한 연예인이

있었습니다. 그런데 어떤 사람은 그 연예인을 싫어해서 그녀에게 악성댓글을 쓴다고 생각해 보세요. 그런데 과연 그 사람은 악성댓글을 쓸 때, 아이디 또는 닉네임을 자신의 이름으로 할까요? 예전에 한 연예인이 악성댓글로 스트레스를 받다가 결국 버티지 못 하여서 스스로 목숨을 끊었다고 합니다. 이런 불행한 사고대신 악성댓글이 없는 좋은 행복한 세상을 만들 수는 없을까요?

둘째, 인터넷에서 쓰는 용어를 막아야 한다. 요즘 세상에는 게임, 카카오톡, 페이스북 등 여러 가지의 어플이 있습니다. 그런데 단점은 이 어플 안에서도 자심의 본명을 사용하지 않는 것입니다. 문제점은 어플 안에서 자신의 이름 말고 닉네임을 쓴다는 것입니다. 하지만 그것은 자신의 마음이지만 그렇게 사용 한다면 다른 사람에게 피해가 갈수도 있다는 점 아시나요? 상대방이 당신의 닉네임을 보고 누구인지 모를 수 있기기 때문입니다.

셋째, 개인정보 유출을 막아야 한다. 개인정보 유출이 되기 쉽습니다. 요즘 확실치 않은 정보들을 인터넷 상에 올리는 사람들이 많다. 하지만 인터넷에서는 자신의 이름 등을 밝히지 않습니다. 그런 이유 때문에 여러 가지의 사건이 일어날 수도 있습니다.

넷째, 인터넷 상의 판매를 막아야 한다. 인터넷 상에서 물건을 주고 팔 때 자신의 이름을 사용하지 않고 닉네임을 사용하기 때문에 물건이 들어 있지 않을 수고 있고 물건이 불량품일 경우는 실제 이름이 아니기 때문에 번인을 쉽게 찾을 수 없습니다. 그런 문제가 일어날 수 있으므로 저는 실명제를 사용해야 한다고 생각합니다.

다섯째, 해킹을 당할 수 있습니다. 만일 실명제를 상용하지 않는다면 해킹을 당할 수 있다고 생각합니다. 예를 들어서 자신이 게임을 하고 있다고 치면 그 게임에서는 닉네임을 쳐야 한다고 하면 닉네임을 쳤을 때 닉네임이 존재하지 않는 닉네임이라고 떴다면 잘못 입력했다거나 해킹을 당한 것 일수 있습니다. 만일 잘못 친 것이 아니라 해킹을 당한 것 이라면 억울하고 분할 것입니다. 그렇기 때문에 해킹을 막을 수 있는 것은 실명제를 찬성하는 것으로 막을 수 있습니다. 실명제를 실시한다면 해킹을 하는 사람이 자신의 이름을 모르기 때문에 해킹을 당할 수 없다고 생각합니다.

여섯째, 조사를 할 수 있는 속도입니다. 악성댓글로 설명을 하자면 한 연예인이 있었습니다. 그런데 그 연예인이 악성댓글 때문에 스트레스를 받아서 결국 자살을 했다고 합니다. 그렇다면 당연히 경찰 쪽에서는 검사를 합니다. 이 사람이 왜 자살을 하였는지 등등을 조사합니다. 그리고 조사를 할 때 단서를 찾습니다. 만일 조사에 도움이 될 단서가 있으면 그 단서를 보고 쉽게 조사를 할 수 있을 것입니다.

일곱째, 인터넷 상에서는 속일 수 있습니다. 여러분 여러분들은 인터넷 상에서 자신의 나이나 이름 등등을 속일 수 있다는 것을 아십니까? 페이스 북 이라는 어플 에서는 14살부터 할 수 있습니다. 하지만 5,6학년 정도 되는 친구들이 나이를 속이고 할 수 있다는 점 도 있습니다. 그렇기 때문에 인터넷 실명제를 사용해야 한다고 생각합니다.

그렇기 때문에 실명제를 실시한다면 악성댓글로 인한 피해를 막을 수 있고 인터넷에서 쓰는 나쁜 용어도 바르게 고칠 수 있습니다. 또, 개인정보 유출도 막을 수 있고 해킹도 막을 수 있습니다. 그리고 조사를 하는 속도도 빨라질 수 있고, 인터넷 상에서 속이는 일도 없앨 수 있습니다. 그렇기 때문에 저는 이번 5차토론 (인터넷 실명제를 시행하는 것이 옳은가?) 라는 토론주제에 찬성합니다.

글쓴이	박혜연
주제	인터넷
읽은 책	Why? 생활과학, Why?정보통신
주요 내용	정보통신 : 정보와 통신에 대한 내용과 미래의 발전할 과학에 대한 내용 등 생활과학 : 생활 속에 있는 과학과 관련된 것을 알려줌
내가 정한 토론 주제	①인터넷용어를 사용해도 될까?(ㄳ, ㅅㄱ, ㅎㅇ 등) ②인터넷 실명제를 하는 것이 옳은가?
학급 토론 주제	인터넷 실명제를 시행해야 할까?
토론 주제 점수는	100점
1차 글쓰기	이번 5차 주제는 2주 전에 정했던 인터넷이었고, 오늘 정하게 된 토론주제는 "인터넷 실명제를 시행해야 할까?"로 선택되었습니다. 저는 "인터넷 실명제를 시행해야 할까?" 라는 토론주제는 찬성과 반대중 선택하기가 어려웠습니다. 그 이유는 다음과 같습니다. 첫째, 악성댓글입니다. 악성댓글부터 찬성 측으로 보자면 지금은 악성댓글의 문제점이 큽니다. 보통 인터넷에서는 실명보다는 닉네임으로 사용하고 있습니다. 닉네임을 사용하게 되면 그 사람이 악성댓글을 남겼을 때 쉽게 처벌을 할 수 없습니다. 그러나 반대 측으로 보자면 대부분의 사이버 폭력 범죄자들이 본인의 실명을 사용하기 보다는 명의 도용을 통해 자신의 불법 행위를 위장하고 있기 때문에 사실상 러한 범죄 행위를 예방하기 위한 효과적인 대안은 아닙니다.

둘째, 자신의 닉네임 표현의 자유입니다. 자신의 닉네임 표현의 자유를 찬성 측으로 보자면 닉네임으로 사용하고 있는 자로부터 사이버 명예훼손을 당한 경우 가해자의 신원을 추적하기가 쉽지 않은 문제가 있기에 실명제를 통하여 명예훼손을 한자의 신원을 보다 쉽게 추적할 수 있게 됩니다. 그러나 반대 측으로 보자면 누구에게나 자유가 있습니다. 그러나 인터넷 실명제를 시행하게 되면 자유를 심각하게 침해하는 것으로 볼 수 있습니다. 그리고 자신의 신원을 밝히지 않으면서 자유롭게 자신의 생각과 사상을 표출하고 전파할 수 있습니다.

　　셋째, 인터넷 실명제의 뜻입니다. 2004년 3월 12일 개정 공포된 '공직선거 및 선거부정방지법에 규정된 개념으로, 인터넷 언론사의 게시판에 선거와 관한 의견을 게시할 때 의견 게시하는 자가 기입하는 성명과 주민등록번호의 일치 여부를 확인한 후 일치하는 경우에 한하여 의견을 게시할 수 있도록 하는 기술적 조치를 말합니다. 그러나 반대 측으로 보자면 자신의 개인정보(성명, 주민등록번호 등)를 쓰면 개인정보 유출의 가능성도 있습니다. 그리고 인터넷 실명제뿐만 아니라 다른 방법도 있습니다. 굳이 개인정보를 써서 개인정보의 유출의 가능성을 가질 이유가 없다고 생각합니다.

　　저는 "인터넷 실명제를 시행해야 할까?"라는 5차 토론주제에 대해 악성 댓글과 자신의 닉네임표현의 자유, 인터넷 실명제라는 이유로 찬성과 반대합니다. 저는 토론주제가 정해지기 전 2주 동안 책을 읽을 때 인터넷 자료를 뽑아왔었는데 그때 인터넷 실명제에 대해서 뽑아 와서 의견을 잘 말했던 것 같습니다. 그리고 제가 정한 토론주제에서 인터넷 실명제를 해야 하는 지에 대해 썼었는데 뽑혀서 좋았습니다. 지금까지 제 글을 읽어주셔서 고맙습니다.

학급 토론 주제	인터넷 실명제를 시행해야 할까?
읽은 책 또는 자료	인터넷 자료와 제 생각입니다.
주요 내용	인터넷 실명제의 찬, 반 의견과, 인터넷 실명제의 뜻 등
찬반 결정	반대
나의 토론 참여 점수	90점
2차 글쓰기	5차 주제는 3주 전에 정했던 '인터넷'이었고, 지난주에 정하게 된 토론주제는 '인터넷 실명제를 시행해야 할까'로 선택되었습니다. 저는 '인터넷 실명제를 시행해야 할까?' 라는 토론주제에 대해 반대합니다. 반대로 선택

한 이유는 다음과 같습니다.

첫째, 표현의 자유입니다. 인터넷으로 여러 의견을 낼 수 있지만, 특히 정치적 표현 자유의 핵심은 비판의 자유를 보장하는 것이며, 비판의 자유는 익명으로 표현할 수 있는 자유가 보장 되어야 완전해 집니다.

둘째, 현실에서 소외되는 사람들이 네트워크에서도 소외됩니다. 실명제가 실시된다면 현실에서 소외받고 있는 사람이 가상 네트워크에서도 소외받고 현실에서 영향력 있는 사람의 네트워크에서 영향력을 행사하는 일이 일어날 것입니다. 예를 들어 대학교 2학년 학생 둘이 똑같이 인터넷에 글을 씁니다. 이때 한 명은 명문대학교를 다니고 있고, 한명은 지방대학교를 다니고 있다면 실명제가 실시되었을 때 단순히 명문대 학생이라는 이유만으로 지방대 학생보다 글의 신뢰도를 인정받을 겁니다. 네트워크는 가상 공간으로서 여러 사람이 자신의 의견을 거리낌 없이 제시할 수 있으며 그 글을 읽는 모든 사람들도 편견 없이 스스로 판단합니다. 실명제를 실시하면 각 개인의 지위나 사회적 위치에 따라서 글의 신뢰도가 평가도 일 것이고 현실에서 소외된 사람들은 결국 네트워크에서도 소외되고 마는 실명제의 역기능이 반드시 생길 것 같습니다.

셋째, 개인의 정보가 유출되기 쉬워집니다. 시간이 흐를수록 더욱 빨리 진보되는 현대 시대에, 인터넷에는 수많은 정보와 바이러스가 유포되어 있습니다. 이러한 많은 정보를 잘못 이용할 경우, 개인의 정보가 유출되어 사생활이 침해될 우려가 생기게 됩니다. 또, 게시판 관리를 잘한다면야 문제가 없겠는데, 네이버 같은 대형 게시판은 관리를 하더라도 한 번에 몇 페이지씩 올라오기 때문에 일명 "사각지대"의 게시물은 관리를 하지 못합니다. 물론 문제되는 게시물에 대해서 확실하게 조사를 할 수는 있겠지만, ID와 이름IP등이 함께 공유될 위험이 존재합니다. 이 정보들을 부석한다면 충분히 게시 글을 올린사람의 거주지 등의 개인정보가 유출될 수도 있고, 이를 악용해 범죄행위로 이용될 수도 있습니다.

넷째, 자신의 개성이 무시됩니다. 인터넷 실명제는 가상의 이름 즉 닉네임 등을 사용할 수가 없게 됩니다. 사람들은 자신의 개성을 언급한바 와 같이 꾸미고 싶어 하는 마음이 있을 것입니다. 하지만 인터넷 실명제를 실행하게 되면 이러한 가상의 닉네임을 정할 수가 없으므로, 자신이 행하고 싶어 하는, 보이고 싶어 하는 개성이 무시될 것입니다.

다섯째, 현실적 실행 방안이 뚜렷하지 못합니다. 수십 개의 언론사들은 수 천 만 건의 게시물에 대하여 실명인증을 하거나, 한 번 글을 올린 게시자 들의 개인정보를 수집해 자체적으로 데이터베이스를 구축해야 하는 등 개인 한 사람 한 사람 저작권 사항에서 관리는 쉽지 않을 것 이고, 이

	러한 문제 사항으로 문제를 제기하기도 쉽지 못할 것입니다.
	저는 표현의 자유, 현실에서 소외되는 사람들의 소외감, 개인정보가 유출될 위험성, 개인의 개성무시, 현실적 실행 방안이 뚜렷하지 못한다는 근거를 들어 반대합니다. 저는 인터넷 실명제가 시행되면 사람들은 고정된 틀에 갇혀 사는 원숭이와 다를 바 없다고 생각합니다.
	이번 토론시간에서는 준비를 A4용지 5장정도 준비를 해 와서 잘 말했던 것 같습니다. 저는 매번 토론시간이 즐겁습니다. 서로 말을 나누고 상대의 의견에 대해 반박하고 질문을 하는 점이 흥미로워서 다음 토론시간을 기다리게 됩니다. 빨리 다음 토론시간이 되었으면 좋겠습니다.
최종 찬반결정	반대
내가 쓴글 점수 주기	90점

3차
글쓰기
	오늘 3,4교시에 "인터넷 실명제를 시행해야 할까?" 라는 1학기 마지막 토론을 했습니다. 이번 토론주제는 3주전에 정했습니다. 제가 생각한 토론주제중 하나가 인터넷 실명제를 시행해야 할까 이었지만, 저희 모둠 대표로 나온 토론 주제는 제가 생각한 인터넷 용어를 써도 될까로 선택되었습니다. 이하늘님도 저와 같이 인터넷 실명제를 시행해야 할까? 라고 생각을 하셨고, 모둠 대표로 인터넷 실명제를 시행해야 할까? 로 선택 되었습니다. 그리고 투표를 통해 인터넷 실명제를 시행해야 할까? 라고 5차 토론주제가 뽑혔습니다. 저는 인터넷 실명제를 시행해야 할까? 라는 1학기 마지막 5차 주제에 대해 반대합니다. 반대하는 이유를 여러 가지 근거를 통해 아래에 설명하겠습니다.
	  첫째, 개인 정보의 유출 위험성입니다. 신문에 따르면 네이트 해킹으로 3500여명의 개인정보가 유출되었습니다. 일차적인 보안문제도 있지만, 이 사태의 근본 원인이 바로 인터넷 실명제라고 방송통신위원회에서 밝혔습니다. 그리고 게시판 관리를 잘 한다면야 문제가 없겠는데, 네이버 같은 대형 게시판은 관리를 하더라도 한 번에 몇 페이지씩 올라오기 때문에 일명"사각지대"의 게시물은 관리를 하지 못합니다. 물론 문제되는 게시물에 대해서 확실하게 조사를 할 수는 있겠지만, ID와 이름 등이 함께 공유될 위험이 존재합니다. 이 정보들을 분석한다면 충분히 게시 글을 올린 사람의 개인정보가 유출될 수 있고, 이를 악용해 범죄행위로 이용될 수 있습니다.
	  둘째, 인터넷 실명제의 안 좋은 효과입니다. 실제로 인터넷 실명제를 실시한 이후 이론대로라면 줄어들어야 할 악플의 수가 1.7%감소했습니다. 이는 인터넷 실명제가 효과가 없다는 말입니다. 이것보다 문제가 되는 것

은 댓글 수가 68%가 감소했다는 것입니다. 이 말은 인터넷 실명제를 실시하여도 악플 차단 효과 등의 좋은 효과 보다는 커뮤니케이션 위축 효과 즉 소통의 가림 막을 가져온다고 볼 수 있습니다.

셋째, 표현의 자유입니다. 사람들은 자신의 개성을 언급한 바와 같이 꾸미고 싶어 하는 마음이 있을 것입니다. 하지만 인터넷 실명제를 실행하게 될 시에 이러한 가상의 닉네임을 정할 수 없으므로 자신이 행하고 싶어 하는, 보이고 싶어 하는 개성이 무시되기 쉽습니다.

넷째, 현실적 실행 방안이 뚜렷하지 못하기 때문입니다. 수 십 개의 언론사들은 수 백 수 천 만 건의 게시물에 대하여 실명인증을 하거나 한 번 글을 올린 게시자 들의 개인정보를 수집해 자체적으로 데이터베이스를 구축해야 하는 등 개인 한 사람 한 사람 저작권 사항에서 관리는 쉽지 않을 것 이고, 이러한 문제 사항으로 문제를 제기하기도 쉽지 못할 것입니다.

다섯째, 실명제의 역기능입니다. 실명제가 실시된다면 현실에서 소외되고 있는 사람이 가상 네트워크에서 소외받고 현실에서 영향력을 행사하는 일이 일어날 것입니다. 네트워크는 가상공간으로서 여러 사람이 자신의 의견을 거리낌 없이 제시할 수 있으며 그 글을 읽는 모든 사람들도 편견 없이 읽고 스스로 판단합니다. 실명제를 실시하면 각 개인의 지위나 사회적 위치에 따라서 글의 신뢰도가 평가 될 것이고 현실에서 소외된 사람들은 결국 네트워크에서도 소외되고 마는 실명제의 역기능이 생길 것입니다.

여섯째, 특정사람들의 피해입니다. 유명인같은 경우는 그 사람의 글에 대해 사람들이 관심을 가질 수 있습니다. 그 유명인은 그 관심이 불편할 수 있습니다. 그래서 가명을 사용하고도 하는데 실명제를 실시하게 되면 그 사람들이 피해를 입으므로 글을 쓸 권리 일을 할 권리를 침해하는 인권침해가 될 수 있습니다.

일곱째, 악성댓글이 줄어들지 않는 점입니다. 실명제를 시행하면 악성댓글을 줄 일 수 있다고 찬성 측 분들이 말씀하십니다. 그러나 저는 그렇게 생각하지 않습니다. 그 이유는 관련 자료입니다. 실제로 '다음'이라는 포털 사이트에서 실명제가 사용되기 전인 2007년 2월에는 악성댓글이 8.3%이었지만 실명제가 실행된 직후인 2008년 8월에는 14.1%로 약 2배나 상승하였습니다. 또 '머니투데이'라는 곳에서는 8.6%가 9.9%로 '디시인사이드'라는 곳은 12.4%에서 16.2%로 증가하였기 때문입니다. 그러나 일부 사이트에서는 악성 댓글이 적어지기 했습니다. 그 일부 사이트는 소수일 뿐입니다. 대다수의 사이트는 악성댓글이 줄어들지 않았습니다.

인터넷 실명제가 시행되면 사람들은 고정된 틀에 갇혀 사는 원숭이와 다를 바 없습니다. 인터넷이란 무엇인가요? 인간이 자유롭게 정보를 검색하며 자유롭게 글을 올릴 수 있는 말 그대로 자유로운 공간이 아닌가요? 저는 개인 정보의 유출 위험성, 인터넷 실명제의 안 좋은 효과, 표현의 자유, 현실적 실행 방안이 뚜렷하지 못함, 실명제의 역기능, 특정 사람들의 피해 , 악성댓글이 줄어들지 않음 이라는 근거를 들어 반대합니다.

이번 토론시간이 1학기 마지막이라니 시간이 너무 야속하기만 합니다. 그래도 많이 참여했고, 준비를 많이 해 와서 잘 참여 했던 것 같습니다.

글쓴이	이서현
주제	인터넷
읽은 책	지엠오 아이
주요 내용	'지엠오 아이'는 정상적인 유전자를 가졌지만 유전자 산업 회사의 대표로서 기계처럼 살고 있는 할아버지가, 유전자 조작으로 태어났지만 아이다움을 간직한 '나무'라는 아이를 만나게 되면서 본마음을 회복해가는 이야기다.
내가 정한 토론 주제	①만약 미래에 로봇이 우리의 생활을 침해한다면 과연 그것이 옳을까? ②인터넷 실명제를 해야 하는가?
학급 토론 주제	인터넷 실명제를 시행해야 할까?
토론 주제 점수는	80점
1차 글쓰기	오늘 4차 주제 '사형 집행이 옳은가?'를 마치고 새로운 5차 주제를 들어갔습니다. 이번 5차 주제는 '인터넷 실명제를 시행해야 할까?' 라는 주제입니다. 오늘 1차 토론으로 생각이 많이 왔다 갔다 했던 것 같습니다. 저는 처음에 반대를 선택하였습니다. 그렇지만 토론하던 중 찬성 쪽으로 갔다가, 마지막으로 다시 반대로 이동을 한 것 같습니다. 이렇기에 저는 5차 주제 '인터넷 실명제를 시행해야 하는가?'에 반대하는 입장입니다. 그 이유는 다음과 같습니다. 첫 번째. 자신의 이름보다 닉네임을 선호할 수 있습니다. 어떤 사람은 자신의 이름이 밝혀지는 것이 싫을 수도 있고, 또 어떤 사람은 자신의 이름이 밝혀지는 게 괜찮다고 느끼는 사람도 있습니다. 저는 당연히 반대이기 때문에 실명보다 닉네임을 사용해 하는 것이 더 좋게 느껴집니다. 그 이유는 인터넷공간에서는 내 인맥 외에 다른 사람도 많이 만나기 때문에 자신의 이름이 밝혀지는 게 좀 꺼려질 것이라고 전 생각합니다. 이런 이유로 인터넷상에서는 자신의 이름을 밝히는 것보다 닉네임을 사용하는 것이 더 선호할 수 있다고 생각합니다.

두 번째. 자신의 이름을 정할 권리입니다. 만약 자신이 어떤 글을 올리고 싶은데 올렸다가 욕을 받을까라고 생각하기도 합니다. 이렇기에 이런 글을 올렸다가 욕을 받을 수도 있으니 자신의 이름이 아닌 닉네임을 사용해서 글을 올리거나 댓글을 쓰는 경우가 대부분입니다. 무조건 자신의 이름을 밝혀야 하는 것도 아니고, 닉네임을 사용해도 되기 때문에 그것은 개인의 자유라고 생각합니다. 법으로 인터넷상에서 이름을 자신의 이름으로 하라는 법도 없기 때문에 누가 실명제를 꼭 사용해야 된다고 하는 것은 그 사람의 자유를 빼앗는 것이라고 생각합니다.

아직 1차 토론 밖에 안하여 아무 자료도 다른 분들의 의견도 못 들었지만, 이번 1학기 마지막 주제 이니 이번 토론에서는 전보다 더 자료도 많이 준비해 와서 토론에 많이 참여해 보려고 생각 중입니다. 아무튼 이번 주제도 정말 기대되고, 재밌을 것 같습니다. 아 그리고 마지막으로 제 생각을 요약하자면, 인터넷 실명제는 사람마다 생각하는 것은 다르겠지만 저는 이 실명제가 그리 좋다고는 생각은 들지 않습니다. 제가 만약 올리고 싶은 글을 실명으로 올렸는데 만약 비난을 받는다면 썩 그리 좋지는 않을 것 같습니다. 이러한 이유로 인해 저는 '인터넷 실명제를 시행해야 할까?'라는 주제에 반대하는 입장입니다.

학급 토론 주제	인터넷 실명제를 시행해야 할까?
읽은 책 또는 자료	프라이버시와 감시
주요 내용	중간에 인터넷 실명제에 관한 것들이 들어있다.
찬반 결정	반대
나의 토론 참여 점수	80점
2차 글쓰기	'인터넷 실명제가 시행해야 할까?'에 반대합니다. 저번에 새로운 5차 주제인 '인터넷 실명제를 시행해야 할까?'라는 토론주제에 대한 1차 토론을 마치고 오늘 2차 토론을 들어갔습니다. 이번 2차 토론에서도 많은 생각들을 했던 것 같습니다. 아무래도 찬반 결정이 좀 어려웠는데, 그래도 전 반대를 선택하였습니다. 이렇기에 저는 5차 주제 '인터넷 실명제를 시행해야 할까?'에 반대하는 입장입니다. 그 이유는 다음과 같습니다. 첫 번째. 자신의 이름보다 닉네임을 선호할 수 있다. 사람에 따라 생각하는 것이 다르니 당연히 인터넷 실명제를 하는 것에 대해 호불호가 갈립니다. 저처럼 인터넷 실명제를 반대하는 사람들은 만약 모든 사이트에 실명제가 시행되었다하면 전처럼 글쓰기가 꺼려지거나 댓글 달기가 꺼려지는 사람도 꽤 있을 것이라고 생각합니다. 예를 들어서 sns에서 처음 만난

사람들에게 자신의 이름이 공개된다 하면 sns가 하기 꺼려질 것이라고도 생각합니다. 지금도 많은 sns에서 자신의 이름이 아닌 닉네임이나 익명으로 표기 하시는 분들이 많기 때문에 인터넷 실명제가 시행이 된다면 이분들에게 불편할 것이라고 생각합니다.

두 번째. 표현의 자유를 억압한다. 위에서 말했듯이 인터넷 실명제에 대해 호불호가 갈린다고 말했었는데요. 이러한 인터넷 실명제는 그 사람의 표현의 자유를 억압하는 것이라고 생각합니다. 저도 sns를 하는 사람으로써 가끔 자신의 이름보다는 닉네임을 선호할 때가 꽤 많은데요. 아무래도 처음만나는 사람들에게 자신의 이름이 공개되기가 꺼려져서 그러는 것 같습니다. 이러한 이유에 저는 꼭 실명제를 시행해야 한다고는 생각하지 않습니다.

세 번째. 인터넷 실명제가 시행 된다고 크게 변화하는 것은 없다. 요즘 연예인의 가장 스트레스 받는 것 중에 하나가 이 악성댓글이라고 합니다. 이것으로 인해 스스로 목숨을 끊는 사람들도 있다고 들었는데요. 이 악성댓글이 단지 인터넷 실명제가 시행 된다고 하더라도, 크게 달라지는 않을 거라고 생각합니다. 제가 알아본 결과 실명제를 실시하는 사이트들 중 일부만 효과를 보고 거의 다 효과를 못 본 걸로 알고 있습니다.

네 번째. 실명도입으로 인한 개인정보 유출 우려이다. 인터넷을 실명제로 도입하기 위해서는 각 사이트 마다 개인의 주민등록번호와 실명 등 기본적인 신상이 꼭 들어갈 수밖에 없습니다. 이러한 개인정보의 유출을 막을 수 있는 것에 대한 검토가 충분하지 않고, 만약 개인정보유출이 될 시 개인의 재산 등 문제가 2차, 3차까지도 지속적으로 일어날 것이 분명합니다. 이를 막기 위해서는 실명제가 실시되지 않아야 된다고 생각합니다.

다섯 번째. 실명이 아닌 닉네임 추적을 강화한다. 찬성 분들 중 나온 의견 중에 꼭 이 한 가지가 들어있었는데요. ' 인터넷 실명제를 하게 되면 온라인상에서 문제가 되는 발언을 한 사람이나 범죄행위를 한사람을 빠르고 쉽게 추적 할 수가 있기 때문이다 '바로 이 의견이었습니다. 근데 왜 꼭 실명이어야 그럴 수 있는지 의문이었습니다. 실명제를 시행하지 않고, 그 사이트에 가입을 할 때에 절차를 꼼꼼하게 하여 익명이나 닉네임일 때도 쉽게 찾을 수 있도록 하면 꼭 인터넷 실명제가 시행 되지 않아도 사이버 수사대의 운영자원이 효율적으로 돌아가지 않을까라는 생각이 듭니다.

이러한 이유들로 저는 반대를 선택하였는데요. 오늘 2차 토론에서도 좀 흔들림이 많았다고 봐야하나, 의견이 왔다 갔다 했던 것 같습니다. 내가 찬성을 해야할 지, 반대를 해야할 지 정말 고민을 하다가 반대를 선택하

	였는데, 다음 3차 토론 때 제가 과연 찬성을 갈지 반대에 머물러 있을지 벌써부터 생각이 듭니다. 마지막으로 제 주장을 요약하자면 사이버 상에서는 자신의 실명보다, 익명이나 닉네임 같은 것을 쓰는 것이 좋다고 생각하고, 실명을 쓰던 말던, 자신의 표현의 자유이기 때문에 닉네임을 쓰던 익명을 쓰던 자신의 선택이라고 생각합니다. 그리고 이 인터넷 실명제가 시행된다고 사이버 폭력이나 악성댓글이 줄어들 것이라고는 생각이 들지 않습니다. 또한 이 인터넷 실명제로 인해 개인정보 유출이 될 수도 있고, 실명에서가 아닌 닉네임에서도 쉽게 사이버 수사대가 찾을 수 있도록 만들면 좋겠습니다. 이렇기에 저는 '인터넷 실명제가 시행해야 할까?'라는 주제에 반대하는 입장입니다.
최종 찬반결정	반대
내가 쓴글 점수 주기	80점
3차 글쓰기	저번에 5차 주제 '인터넷 실명제를 시행해야 할까?'에 대한 2차 토론을 마치고 오늘 3차 토론으로 들어갔습니다. 이번 3차 토론을 준비하면서도 많은 생각을 해왔던 것 같습니다. 하지만 오늘 3차 토론도 반대입장으로 토론을 진행하였습니다. 방금 말과 같이 저는 이번 5차 주제 '인터넷 실명제를 시행해야 할까?'에 반대하는 입장입니다. 그 이유는 다음과 같습니다. 첫 번째, 인터넷 실명제가 시행 된다고 큰 변화하는 것은 없다. 요즘 연예인이나 사람들이나 우리에게 가장 스트레스를 주는 것 중에 하나가 바로 '악성댓글'이라고 합니다. 이 악성댓글을 포함하여 그런 글 등으로 인해 목숨을 끊는 사람들도 꽤 있다고 합니다. 하지만 이 문제를 해결하기 위하여 인터넷 실명제를 시행하더라도 크게 달라질 것들은 별로 없을 것입니다. 만약에 시행이 되어 조금이라도 감소가 된다면 좋은 일이지만, 하지만 이것이 변화가 없다면 인터넷 실명제가 시행된 것은 무의미가 될 것입니다. 제가 알아본 결과 실명제를 시행하는 사이트들 중 일부만 효과를 보고 거의 효과를 못 봤다고 합니다. 실제사례를 하나 들자면 '싸이월드'라고 아십니까? 싸이월드는 일방적인 'SNS'로 사람들과 소식을 주고받는 그런 사이트인데, 이곳에서도 인터넷 실명제가 시행 되었지만 효과는 없었다고 합니다. 인터넷 실명제를 시행해야 하는 까닭은, 사이버폭력과 악성댓글, 온라인상에서 문제가 되는 발언을 한 사람이나 범죄행위를 한 사람들을 줄이거나, 쉽게 잡을 수 있다 등 이런 문제 되는 것을 더 이상 진행되지 않게 막기 위하여 인터넷 실명제가 시행해야 된다고는 생각하기는 합니다. 하지만 제가 반대하는 까닭은 다음 나오는 이유

때문입니다. 만약 인터넷 실명제가 모든 사이트 마다 시행 된다고 가장을 해봅시다. 인터넷 실명제가 시행은 되는데 사이버폭력이나 악성댓글 등 그런 문제점들이 고쳐지지 않거나, 더 악화가 된다 치면은 인터넷 실명제를 시행 한 것은 무의미라고 생각합니다. 그리고 사이버상에서는 자신의 이름이 밝히기가 싫어 익명이나 닉네임을 선호하는 사람이 꽤 많으니, 시행이 된다면 문제점도 여럿 있을 것 같습니다.

두 번째, 실명도입으로 인한 개인정보 유출 우려이다. 인터넷을 실명제로 도입하기 위해서는 각 사이트 마다 개인의 주민등록번호와 실명 등 기본적인 신상이 들어갈 수 밖에 없습니다. 이러한 개인정보의 유출을 막을 수 있는 것에 대한 검토가 충분하지 않고, 만약 개인정보유출이 될시 개인의 재산 등 문제가 2차, 3차까지도 지속적으로 일어날 것이 분명합니다. 이를 막기 위해서는 인터넷 실명제는 시행되지 말아야 합니다. 단지 소수의 의견으로 인터넷 실명제가 시행이 되야 한다면은 옳지 않은 행위인 것 같습니다. 우리나라가 민주주의로 소수의 의견을 귀담아 듣는 것은 사실이지만 그렇다고 해서 그 작은 소수 분들을 위해 많은 분들이 피해를 보는 것은 옳지 않다고 생각합니다.

세 번째, 사이버상에서는 익명이나 닉네임을 더 선호할 수 있다. 제 세 번째 의견은 사람마다 생각하는 게 다르니 다 다르다고 볼 수 있습니다. 하지만 저는 이렇게 생각하기에 세 번째 이유로 나간 것입니다. 저처럼 생각하시는 분들도 있고, 또한 그렇게 생각하지 않은 분들도 많습니다. 저는 주관적으로 말하자면 인터넷 실명제가 좋다고 생각하지 않습니다. 오늘 토론에서 나온 의견 중에 하나가 있었는데, 그 의견내용이 '인터넷 실명제는 닉네임이나 익명이 아닌 자신의 이름을 사용하는 것인데, 이를 안 지키면 효에 어긋나는 것이다.'라는 의견이었습니다. 솔직히 저는 이해가 잘 안되었습니다. 자신이 모르는 사람들에게 자신의 이름이 밝혀지기가 싫어서 닉네임으로 이름을 표기하는 것인데, 이것이 효에 어긋난다는 말은 아닌 것 같습니다. SNS에서 글을 올리는 사람들도 자신의 이름을 사용하지 않고, 거의 다 닉네임을 사용하고 올리시는데 이런 분들이 만약 인터넷 실명제가 된다고 하여라도 그냥 올릴거라고 생각합니까? 물론 악성댓글, 온라인상에서 문제가 되는 발언을 한 사람이나 범죄행위를 한 사람들은 조금은 줄 것이라고 생각하지만, 평소에 정상적인 글들을 올리는 사람들은 편하게 올리지 못한다고 생각합니다. 저도 SNS를 하는 사람으로서 자신의 이름을 감춘 채 닉네임으로 글을 올리고 있는데, 만약 인터넷 실명제가 시행이 된다면 그렇게 쉽게 올리지는 못할 것 같습니다. 사람들이 다 그러지는 않겠지만, 제 관점에서는 그렇다고 생각하기에 인터넷 실명제가 좋다고 생각하지 않습니다.

　네 번째, 닉네임 표현의 자유를 억압한다. 찬성 측에서도 반대 측에서도 ' 표현의 자유 '라는 말이 많이 나왔습니다. 찬성 측에서는 ' 우리가 실명을 사용할 자유가 있다. ', 반대 측에서는 ' 우리가 실명이 아닌 닉네임을 사용할 자유가 있다. '라는 것이였는데, 뭐 솔직히 똑같다고 생각합니다. 인터넷 실명제는 사람들마다 따른 자신의 표현의 자유니까, 자신의 주관적 생각에 따라서 정할 것이라고 생각합니다. 저는 표현의 자유를 억압한다는 말은 찬성 측, 반대 측 모두 들어가는 것이라고 생각합니다. 저는 솔직히 말해서 이 인터넷 실명제가 시행되는 것이 아니라 자신의 선택에 따라 정해져줬으면 좋겠습니다. 예를 들어서 말하면 게임이나 등등 그런 것들을 할때에 이름을 정해야 한다면, 닉네임과 실명을 따로 표시해놔서 닉네임으로 사용하고 싶은 사람들은 닉네임칸을 눌러 닉네임으로 하고, 실명으로 사용하고 싶은 사람들은 실명칸을 눌러 실명으로 사용하면 좋을 것 같습니다.

　다섯 번째, 실명이 아닌 닉네임 추적을 강화한다. 찬성 분들 중 나온 의견 중 이 의견도 많이 나왔었습니다. ' 인터넷 실명제가 시행이 된다면 온라인상에서 문제가 되는 발언을 한 사람이나 범죄행위를 한사람을 빠르고 쉽게 추적 할 수가 있기 때문이다. '라는 의견이었습니다. 근데 왜 꼭 실명이어야 그럴 수 있는지 의문이었습니다. 그냥 실명제를 시행 하지 않아도, 쉽게 찾을 수 있게 만들면 되지 않을까? 라는 생각이 토론 하면서 자주 났던 것 같습니다. 닉네임일때도 쉽게 찾아 잡을 수 있게 만들면 굳이 인터넷 실명제를 시행 하지 않아도 사이버 수사대의 운영자원이 효율적으로 돌아가지 않을까 라는 생각이 듭니다.

　위에서 말한 의견들로 저는 반대를 선택하였습니다. 이번 1학기 마지막 주제인 5차 주제 ' 인터넷 실명제를 시행해야 할까? '가 3차 토론, 글쓰기로 끝이 났습니다. 토론하면서 찬성 측 분들 의견 중 좋은 의견들도 있어서, 생각을 많이 해봤는데 저희 반대 측 분들도 굉장히 좋은 의견을 내신 분들이 되게 많으셔서 결국 끝까지 반대를 선택하였습니다. 다음 주제는 어떤 주제로 정해질지 벌써부터 궁금해지고, 벌써 1학기 마지막 주제가 끝이 났다니 아쉽기도 합니다. 아무튼 이러한 이유들도 저는 5차주제 ' 인터넷 실명제를 시행해야 할까? '에 반대하는 입장입니다.

글쓴이	이하늘
주제	인터넷
읽은 책	사이버 폭력

주요 내용	사이버 폭력의 특징과 해결책이 나타나 있다.
내가 정한 토론 주제	①인터넷 실명제를 시행해야 할까?
학급 토론 주제	인터넷 실명제를 시행해야 할까?
토론 주제 점수는	90점
1차 글쓰기	저번 '사형 집행이 옳은가?'라는 주제에 대하여 토론을 마친 후 5차 주제인 인터넷에 대한 토론 주제로 '인터넷 실명제를 시행해야 할까?'라는 토론 주제에 대하여 토론하게 되었습니다. 이 주제는 제가 낸 주제입니다. 처음에 이 주제를 낼 때는 이 주제가 토론에 적합한지 잘 모르겠다고 생각했는데 다른 분들도 좋아해 주셔서 기뻤습니다. 저는 '인터넷 실명제를 시행해야 할까?'라는 주제에 대하여 반대하는 입장입니다. 제가 반대하는 까닭을 여러 가지 근거를 들어 설명하겠습니다. 첫째, 인터넷 문화가 활성화되지 않기 때문입니다. 저는 이렇게 여러 가지 문화를 즐기고 편하게 사는 것이 인터넷의 역할도 있었다고 생각합니다. 모든 사람의 생각이 다르기 때문에 인터넷에서도 한 문제에 대한 옳고 그름이 확실치 않습니다. 그런데 한 문제에 대하여 자신과 다른 의견은 잘못되었다라고 인식하고 누구든지 신고를 할 수 있다는 것은 옳지 않습니다. 그래서 인터넷 공간에서 자신의 의사를 표현하지 못하여 소심한 성격을 가진 사람들이 늘어날뿐더러 인터넷 문화가 잘 이루어지지 않을 것입니다. 둘째, 악성 댓글 문제에 대한 확실한 해결책이 아니기 때문입니다. 악성 댓글을 다는 사람들은 실명제가 있다고 하더라도 악성 댓글을 달 수 있습니다. 그 까닭은 인터넷 실명제를 시행하지 않아도 얼마든지 조사하면 가해자를 찾을 수 있는데도 악플을 다는 것이라면 처벌받을 각오를 하고 악성 댓글을 올릴 것이라고 생각하기 때문입니다. 이렇게 된다면 피해자들을 줄이기 위하여 시행하는 인터넷 실명제는 아무 의미가 없어질 것입니다. 셋째, 개인정보 유출 우려 때문입니다. 최근에 뉴스에서 개인정보 유출 사례가 쏟아져 나오고 있습니다. 그런데 인터넷 실명제를 시행하게 된다면 자신의 본명을 인증할 더 많은 자료들이 필요할 것입니다. 그렇게 된다면 소수의 가해자들을 감시하기 위한 것이 모든 사람들에게 피해를 줄 수도 있습니다. 오늘 토론을 하며 같은 의견이더라도 다양한 근거와 생각들이 나올 수 있다는 것을 알고 신기했습니다. 그리고 이번 토론 주제가 1학기의 마지

	막 토론 주제인 만큼 더 열심히 하고 더 의미 있는 토론이었으면 좋겠습니다.
학급 토론 주제	인터넷 실명제를 시행해야 할까?
읽은 책 또는 자료	인터넷 실명제에 대한 인터넷 자료
주요 내용	인터넷 실명제를 시행했을 때의 장점과 단점
찬반 결정	찬성
나의 토론 참여 점수	10점
2차 글쓰기	저는 이번 토론 주제인 〈인터넷 실명제를 시행해야 할까?〉에 대하여 찬성하는 입장입니다. 제가 인터넷 실명제 시행을 찬성하는 까닭을 악성 댓글 피해 예방, 추적용이, 온라인 정보의 신뢰도 이렇게 총 3개의 근거를 들어 설명하겠습니다. 　첫째, 악성댓글 피해 예방 입니다. 저는 연예인들이 가장 스트레스를 받고 힘들어 하는 것 중 하나가 악성 댓글이라고 생각합니다. 심각한 경우에는 악성 댓글로 인해 스스로 목숨을 끊는 경우까지 발생할 수 있습니다. 그만큼 댓글로 인한 언론 플레이나 무분별한 비방글로 인해 피해자가 발생할 수 있다는 문제가 있습니다. 그런데 만약 인터넷 실명제를 하게 되면 최우선적으로 주장하는 부분인 악성 댓글 문제를 예방할 수 있습니다. 그 까닭은 요즘 사람들은 직접 대명하지 않고도 소통할 수 있는 인터넷 공간의 특수성 때문에 글을 남김에 있어 가벼워지는 경향이 있습니다. 하지만 거짓된 글이나 좋지 않은 의도의 글들이 인터넷을 통해 가지는 영향력을 생각해 본다면 조금 더 신중하게 생각해 볼 필요가 있습니다. 따라서 이를 제제할 수 있는 규제가 필요하다고 생각하고 그 규제가 바로 인터넷 실명제라고 생각합니다. 경찰, 간호사, 의사 등 제복을 입은 사람들은 늘 명찰을 차고 있습니다. 이는 자신의 말과 행동에 책임을 지겠다는 의미와 같다고 생각합니다. 따라서 인터넷 실명제를 시행하게 된다면 스스로 자신이 말하는 것에 대해 조심하게 되고, 보다 좋은 인터넷 문화가 조성될 수 있습니다. 　둘째, 추적용이 때문입니다. 인터넷 실명제를 시행하게 되면 온라인상에서 문제가 되는 발언을 한 사람이나 범죄행위를 한 사람을 빠르고 쉽게 추적할 수 있어서 사이버 수사대의 운영자원을 효율적으로 이용할 수 있습니다. 제가 2차 토론은 아쉽게도 참여하지 못했지만 1차 토론에서는 인터넷 실명제를 시행하면 개인정보 유출이 우려된다고 말씀하신 분들이 많이 계셨습니다. 하지만 인터넷 실명제라는 것이 모든 개인정보를 표면에

드러내놓고 활동하라는 것이 아닙니다. 단순히 사용자 본인이 정보의 본인이 맞는지 확인하는 절차를 넣자는 것입니다. 또 악성 댓글로 인하여 많은 사람들의 목숨을 잃고 있습니다. 그런데도 사람의 목숨보다 단지 개인정보가 중요하다고 생각하십니까?

셋째, 온라인 정보의 신뢰도 때문입니다. 찌라시는 보통 최초로 배포한 사람이 명확하지 않은 경우가 대다수입니다. 온라인에 만연한 정보는 익명성이라는 방패를 앞세워 신뢰할만한 정보가 적은 것이 사실입니다. 그러나 인터넷 실명제를 실시하게 된다면 나의 신분이 노출될 것이기 때문에 믿을 만한 정보만을 배포할 것이고 실질적으로 우리에게도 믿을 만한 인터넷 자료가 늘어날 것입니다.

반대 측 분들은 인터넷 실명제가 표현의 자유를 억압한다고 말씀하셨습니다. 하지만 저는 이 말에 대하여 반대합니다. 인터넷 실명제는 표현의 자유를 억압한다는 것이 아니라 사용자가 한 말에 사용자의 이름 등의 개인정보를 기재함으로서 그에 대한 책임을 진다는 것을 뜻합니다. 하지만 댓글로 다른 사람을 괴롭히고 거짓 정보를 인터넷 공간에 배포하는 것이 과연 표현의 자유일까요? 게다가 모든 권리에는 의무가 따르듯 표현의 자유라는 권리를 얻었으므로 그에 따른 책임이 필요하다고 생각합니다. 책임을 다하지 않는 자유는 방임이라고 말할 수 있습니다. 그렇다면 결과적으로 방임을 인정하는 것이 아닐까요? 또한 내가 아무 생각 없이 쓰는 댓글이 한 사람의 생명을 앗아갈 수 있는데, 과연 사람을 죽이면서까지 누리는 자유가 필요할까요?

제가 2차 토론을 참여하지는 못했지만 학급 홈페이지에 올라온 2차토론 글을 보며 다른 분들의 의견과 근거들을 많이 알 수 있었습니다. 다음 3차토론 열심히 준비해서 저의 의견이 다른 분들에게 잘 전달될 수 있도록 노력하겠습니다.

최종 찬반결정	찬성
내가 쓴글 점수 주기	100점
3차 글쓰기	이번 토론은 5차 주제의 3차 토론으로 1학기의 마지막 토론입니다. 이번 토론 주제는 〈인터넷 실명제를 시행해야 할까?〉입니다. 저는 이번 토론 주제에 대하여 찬성하는 입장입니다. 제가 인터넷 실명제를 찬성하는 까닭은 악성 댓글 피해 예방, 추적용이, 인터넷 정보의 신뢰도, 민주주의, 효 이렇게 총 5개의 근거를 들어 설명해보도록 하겠습니다.

첫째, 악성댓글 피해 예방 입니다. 저는 연예인들이 가장 스트레스를 받고 힘들어 하는 것 중 하나가 악성 댓글이라고 생각합니다. 심각한 경우에는 악성 댓글로 인해 스스로 목숨을 끊는 경우까지 발생할 수 있습니다. 그만큼 댓글로 인한 언론 플레이나 무분별한 비방글로 인해 피해자가 발생할 수 있다는 문제가 있습니다. 그런데 만약 인터넷 실명제를 하게 되면 최우선적으로 주장하는 부분인 악성 댓글 문제를 예방할 수 있습니다. 그 까닭은 요즘 사람들은 직접 대명하지 않고도 소통할 수 있는 인터넷 공간의 특수성 때문에 글을 남김에 있어 가벼워지는 경향이 있습니다. 하지만 거짓된 글이나 좋지 않은 의도의 글들이 인터넷을 통해 가지는 영향력을 생각해 본다면 조금 더 신중하게 생각해 볼 필요가 있습니다. 따라서 이를 제제할 수 있는 규제가 필요하다고 생각하고 그 규제가 바로 인터넷 실명제라고 생각합니다. 경찰, 간호사, 의사 등 제복을 입은 사람들은 늘 명찰을 차고 있습니다. 이는 자신의 말과 행동에 책임을 지겠다는 의미와 같다고 생각합니다. 따라서 인터넷 실명제를 시행하게 된다면 스스로 자신이 말하는 것에 대해 조심하게 되고, 보다 좋은 인터넷 문화가 조성될 수 있습니다.

둘째, 추적용이 때문입니다. 인터넷 실명제를 시행하게 된다면 온라인상에서 문제가 되는 발언이나 다른 사람들을 비하하는 글, 폭력 글 등을 쓴 사람을 빠르고 쉽게 추적할 수 있습니다. 그러므로 사이버 수사대의 운영 자원도 보다 효율적으로 이용할 수 있을 것이라고 생각합니다. 반대 측 분들은 인터넷 실명제를 시행하지 않아도 다른 방법으로도 문제적인 행동을 한 사람을 추적해 처벌할 수 있다고 하셨습니다. 하지만 익명 댓글을 쓴 사람을 찾아내기는 매우 어렵습니다. 그 때문에 우리는 악성 댓글 피해자들을 위해서라도 인터넷 실명제를 시행해야 합니다.

셋째, 온라인 정보의 신뢰도 때문입니다. 찌라시는 보통 최초로 배포한 사람이 명확하지 않은 경우가 대다수입니다. 온라인에 만연한 정보는 익명성이라는 방패를 앞세워 신뢰할만한 정보가 적은 것이 사실입니다. 그러나 인터넷 실명제를 실시하게 된다면 나의 신분이 노출될 것이기 때문에 조금이나마 부담을 가지고 믿을 만한 정보만을 배포할 것이고 실질적으로 우리에게도 믿을 만 한 인터넷 자료가 늘어날 것입니다.

넷째, 우리나라는 민주주의 국가이기 때문입니다. 민주주의 국가는 소수의 의견도 존중하되 결정은 다수결의 원칙으로 결정합니다. 그에 따르면 소수의 말과 여러 사람들의 말을 듣기 위하여 여러 인터넷 실명제 폐지론이나 존치론이 오갔지만 결정은 역시 다수결의 원칙으로 해야 한다고 생각합니다. 그런데 'SBS 라디오 김어준의 뉴스 앤 조이'가 여론 조사 전문

기관 '리얼미터'에 의뢰해 조사한 결과 자료를 살펴보면 인터넷 실명제에 찬성한다는 의견은 72.1%였으며 실명제에 반대하는 의견은 21.8%에 불과했습니다. 그러므로 국민들의 의견을 반영하여 인터넷 실명제를 시행해야 한다고 생각합니다.

다섯째, 효 때문입니다. 요즘 우리나라는 효를 중요시 여기지 않고 있습니다. 예전 일제 강점기 때 일본에서 단발령을 강요하자 우리나라 사람들은 부모님이 주신 소중한 신체의 일부라며 거부했습니다. 우리의 조상님들께서는 그렇게 효를 중요시 여기셨는데 훨씬 발전한 지금에 효를 중요시 하지 않고 부모님이 지어 주신 소중한 이름을 다른 이름으로 바꾸어 쓰는 것은 효에 어긋나는 행동이라고 생각합니다.

반대 측의 매우 많은 분들은 인터넷 실명제가 표현의 자유를 억압한다고 말씀하셨습니다. 하지만 저는 이 말에 대하여 반대합니다. 인터넷 실명제는 표현의 자유를 억압한다는 것이 아니라 사용자가 한 말에 사용자의 이름 등의 개인정보를 기재함으로서 그에 대한 책임을 진다는 것을 뜻합니다. 하지만 댓글로 다른 사람을 괴롭히고 거짓 정보를 인터넷 공간에 배포하는 것이 과연 표현의 자유일까요? 게다가 모든 권리에는 의무가 따르듯 표현의 자유라는 권리를 얻었으므로 그에 따른 책임이 필요하다고 생각합니다. 책임을 다하지 않는 자유는 방임이라고 말할 수 있습니다. 그렇다면 결과적으로 방임을 인정하는 것이 아닐까요? 또한 내가 아무 생각 없이 쓰는 댓글이 한 사람의 생명을 앗아갈 수 있는데, 과연 사람을 죽이면서까지 누리는 자유가 필요할까요?

또 반대 측의 분들은 인터넷 실명제를 대신하여 교육을 시키는 등의 프로그램을 실천하면 인터넷 실명제를 시행하는 것 보다 큰 효과를 거둘 수 있을 것이라고 말씀하셨습니다. 하지만 저의 생각은 다릅니다. 악성 댓글 다는 일이나 남을 비하하는 등의 글을 쓰는 것을 멈추는 것이 개인의 노력으로 실현되어야 하는 것은 맞습니다. 하지만 모든 잘못에는 그것을 제제할 수 있는 규제가 필요합니다. 또 자신이 직접 멈출 수 없으면 강제적으로라도 멈추게 해야 하고 그 규제가 바로 인터넷 실명제라고 생각합니다.

저는 이러한 근거를 들어 5차 주제인 〈인터넷 실명제를 시행해야 할까?〉에 대하여 찬성합니다. 오늘 토론하기 전에는 마지막 토론이라는 생각에 조금 더 열심히 토론에 참여하고 싶다고 생각했는데 막상 토론을 하니 저의 생각보다는 많이 참여하지 못한 것 같아 조금 아쉬웠습니다. 그래도 마지막 토론이라고 생각하며 열심히 참여하니 평소 토론보다는 훨씬 더 열심히 참여한 것 같습니다. 1학기 마지막 토론이기 때문에 조금 아쉬

	운 마음이 있었으나 1학기 내내 열심히 참여했다는 생각에 후회 없는 토론이었던 것 같습니다. 오늘 정말 많은 분들께서 토론에 열심히 참여해 주셨습니다. 그렇지만 저는 유창성님과 정유빈님께서 정말 토론을 열심히 준비해 오셨던 것 같습니다. 그 까닭은 다른 분들이나 저에게 예리한 질문들을 해 주셔서 제가 약간 흔들렸기 때문입니다. 지금까지 저의 글 읽어주셔서 고맙습니다.
글쓴이	## 정유빈
주제	인터넷
읽은 책	미래 과학 이야기
주요 내용	기술과학, 생명과학, 정보과학 등의 단원으로 나누어져 개발된 로봇, 전자종이, 과학적으로 개발된 자동차 등 과학기술로 개발된 사례들이 많이 나와 있다.
내가 정한 토론 주제	sns는 우리에게 이로운 것일까? 로봇을 계속 개발하는 것이 인간에게 이로울까? 어떠한 게시물에 댓글을 달 때 누가 단 댓글인지 모르도록 익명을 해주는 것이 옳은 것일까?
학급 토론 주제	인터넷 실명제를 시행해야 할까?
토론 주제 점수는	70점
1차 글쓰기	저는 이번 1학기 마지막 5차 주제인 '인터넷'에서 나온 1차토론 주제인 '인터넷 실명제를 시행해야 할까?' 라는 주제가 나왔습니다. 제가 쓴 토론 주제 중 익명이 옳은가? 라는 비슷한 내용의 토론 주제를 썼었는데 내 의견과 비슷한 토론 주제가 나와서 기뻤습니다. 총 10이 이 주제를 선택하여 이번 5차 주제 1차토론 주제로 결정되는 순간 재밌는 의견들도 많이 나올 것 같고 내 의견도 자유롭게 다른 사람들에게 펼칠 수 있을 것 같아서 매우 기뻤습니다. 저는 이번 토론 주제인 '인터넷 실명제를 시행해야 할까?'라는 주제에 반대하는 입장입니다. 지금부터 그 이유를 들어보겠습니다. 첫째, 자유롭게 말을 하지 못 합니다. 어떤 가수의 팬이라는 사실을 알리는 것이 부끄러운 사람이나 남에게 내 정보를 알리지 않고 내 기분이나 상황이나 취미생활, 일상생활, 자신이 겪은 일 등을 말하고 싶을 때 실명제가 사용된다면 다른 사람에게 자유롭게 내가 하고 싶은 말을 하지 못 합니다. 실명을 밝히고 만약 조금의 말실수를 한다면 네티즌들은 꼬투리를 잡고 끝까지 내 정보를 알아내려고 하고 비난하며 주변 지인들까지도 글쓴이에 대한 안 좋은 소문을 퍼트려 자살에까지 이르게 할 수 있습니

다. 실명제를 사용하면 악성 댓글을 단 사람을 알아 연예인이나 일반인의 자살을 막는다고 하지만 그 실명제로 또 다른 무고한 생명이 사라질 수 있다는 걸 알아주셨으면 합니다.

둘째, 실명제를 사용하지 않아도 악성댓글을 단 사람들은 얼마든지 알아낼 수 있습니다. 악성댓글을 단 사람을 실명제를 사용하여야지만 찾을 수 있다는 보장은 없습니다. 네티즌 수사대들이 가명을 사용한 사람의 신상을 알아내는 것도 본 적이 있고 충분히 우리나라 경찰들의 수사실력으로 어떠한 사람인지 알아낼 수 있다고 생각합니다.

셋째, 유명인의 자살을 줄일 수 없다고 생각합니다. 찬성 측 분들이 실명제를 사용하여야 악성댓글을 다는 사람들을 알아낼 수 있다고 하셨는데 실제로 네티즌 수사대들이 악성댓글을 단 사람의 신상을 알아내는 것을 보았기도 하고 유명한 대형 소속사에서는 악성 댓글을 단 사람의 댓글을 스크린샷해서 소속사 홈페이지에 올려달라고 연예인들의 팬들에게 부탁하였고 그 스크린샷을 증거로 악성댓글을 단 사람들을 고소하였기 때문입니다. 이러한 근거로 연예인들의 자살을 줄일 수는 없다고 생각합니다.

오늘 주제가 정해질 때 제가 원했던 주제가 되어 정말 좋았습니다. 이 주제로 2차, 3차 토론을 해나가면 할 이야기도 많을 것 같다는 생각도 들었고 찬과 반이 잘 나뉘어 재미있는 토론을 할 수 있을 것 같습니다. 이상으로 저의 글을 읽어주셔서 고맙습니다.

학급 토론 주제	인터넷 실명제를 시행해야 할까?
읽은 책 또는 자료	인터넷 자료
주요 내용	실명제의 정의, 실명제의 예, 실명제 반대의견, 실명제 찬성의견 등
찬반 결정	반대
나의 토론 참여 점수	70점
2차 글쓰기	저는 이번 5차 주제 2차 토론주제인 '인터넷 실명제를 실행해야 할까?' 에 대한 2차 토론을 하고 난 뒤 다시 저의 생각을 정리하고 주장하기 위하여 이 글을 쓰게 되었습니다. 저는 '인터넷에서 실명제를 실행해야 할까?'에 대하여 반대하는 입장입니다. 지금부터 그 근거를 들어보겠습니다. 첫째, 표현의 자유를 침해하는 것입니다. 실명제를 사용하게 되면 자신이 인터넷에 하고 싶은 표현을 침해하는 것이라고 생각합니다. 왜냐하면 예를 들어 박근혜 대통령이 제대로 하지 못한 일이 있다고 가정해 봅시

다. 실명제를 사용하지 않고 익명을 사용하면 자신이 누군지 사람들이 모를 거라는 생각에 더 자신감 있게 정치적인 나의 생각을 표현하거나 정치적인 비판, 사회의 불만 등을 표출할 수 있을 것입니다. 하지만 실명제를 사용하게 되면 나의 신상이 드러나므로 머릿속에 '내가 누군지 알고 나한테 해코지를 하면 어떡하지?', '내가 내 마음을 표출함으로 나에게 불이익이 오면 어떡하지?' 등의 생각이 들어서 사회적으로 필요한 비판도 하지 못할 것이고 정치적인 비판과 나의 생각도 마음껏 표출하지 못할 것입니다.

둘째, 악성 댓글이 줄어들지 않습니다. 실명제를 사용함으로써 악성 댓글을 줄일 수 있다고 찬성 측 분들이 말씀하시는데 저는 그렇지 않다고 생각합니다. 왜냐하면 내가 악성 댓글을 내 이름을 밝히고 써도 상관이 없는 사람들도 있기 때문입니다. 실제로 '다음'이라는 포털 사이트에서 실명제가 사용되기 전인 2007년 2월에는 악성 댓글이 8.3%이었지만 실명제가 실행된 직후인 2008년 8월에는 14.1%로 약 2배나 상승하였습니다. 또 '머니투데이'라는 곳에서는 8.6%가 9.9%로 '디시인사이드'라는 곳은 12.4%에서 16.2%로 증가한 사례들이 있기 때문입니다. 일부는 악성 댓글이 적어지는 효과를 보기도 하였습니다. 하지만 그 것은 소수의 웹사이트일 뿐입니다. 대다수의 웹사이트는 전체 댓글의 수는 감소하고 악성 댓글의 비중은 증가하는 역효과를 보았습니다.

셋째, 세계적으로 익명을 사용하는 추세이기 때문입니다. 실제로 독일, 영국, 프랑스 등의 선진국들이 실명제를 사용하지 않고 있고 만약 실명제를 사용하게 되면 주민등록번호를 소유하고 있지 않은 외국인들은 우리나라의 웹사이트를 사용하기가 매우 어렵습니다. 만약 사용할 수 있다고 하여도 외국인이 가입하려면 각종 서류를 보내야하는 등의 복잡한 절차를 거쳐야 하는데 과연 우리나라의 웹사이트를 사용하려고 할까요? 실명제를 사용하게 되면 우리나라 웹사이트는 우리나라 국민들에게만 특화되어 있는 웹사이트가 될 것입니다, IT강국? 인터넷 속도가 빠른 나라이면 뭐합니까? 정작 우리는 우물 안 개구리처럼 우리나라 현 인구 5000만 명에게만 특화되어 있는 웹사이트를 만들려고 하는 셈인데요. 실제로 우리나라 1위라는 네이버도 세계에서는 점유율이 2.4%밖에 되지 않습니다. 영어권 국가들의 인구와 차이가 있기는 하지만 실명제를 사용하지 않고 외국인도 쉽게 가입을 할 수 있도록 외국인에게 개방을 한다면 우리나라에서도 구글과 야후 등 세계적으로 사랑을 받는 웹사이트가 나올 것이라고 생각합니다.

넷째, 개인정보 침해의 위험이 있습니다. 인터넷 실명제란 인터넷 사용자의 실명과 주민등록번호가 확인되어야만 인터넷 게시판에 글을 올릴 수 있는 제도입니다. 주민등록번호가 확인되어야만 게시판에 글을 올릴 수 있는 이 실명제 때문에 개인정보를 침해당할 수 있다고 생각합니다. 실제로 인터넷 실명제로 인하여 '네이트'라는 포털사이트 쪽에 3500만 명이 해킹당하는 사건이 있었습니다. 그래서 매우 많은 사람들이 피해를 입었지만 보상조차 제대로 받지 못 한 피해자도 있다고 합니다. 이 사례를 보면 알 수 있듯이 주민등록번호를 확인하는 인터넷 실명제를 이용하여 주민등록번호를 알아낸 뒤 범죄로 악용하는 경우도 있을 것입니다. 만약 아이핀을 사용한다고 하여도 이미 알아낸 개인 정보로 아이핀을 발급받아 불법 거래를 한 사례도 있기 때문에 실명제를 사용하면 개인정보를 침해당할 가능성이 매우 크다고 생각합니다.

결과적으로 표현의 자유를 침해하고 실명제 실행에 악성 댓글을 줄이자는 의미도 있었지만 악성 댓글은 줄어들기는커녕 증가하고 세계적으로도 익명을 사용하는 추세이고 개인정보 침해의 위험도 매우 크다는 이 4가지의 이유로 저는 실명제 실행에 반대하는 입장입니다.

이번 2차 토론에서 졌지만 토론을 2번 할 수 있어서 좋았고, 원준님이 평소에 토론 참여를 잘하지 않다가 오늘 매우 적극적으로 참여를 해주셔서 토론이 매우 재미있었던 것 같습니다. 그리고 오늘 혜연님, 승진님, 현민님, 초언님 모두 토론에 잘 참여해주셔서 재미있는 토론을 할 수 있었던 것 같습니다. 그리고 토론에 대한 자료를 많이 준비했다고 생각했는데 오늘 토론을 하면서 더욱 더 많이 준비해야겠다는 생각을 하게 되었습니다. 앞으로는 더 열심히 토론 준비를 해가서 나의 주장을 더 확실하게 표현해야겠다는 생각이 들었습니다. 지금까지 긴 글을 읽어주셔서 고맙습니다.

최종 찬반결정	반대
내가 쓴글 점수 주기	60점
3차 글쓰기	저는 이번 5차 주제 2차 토론주제인 '인터넷 실명제를 실행해야 할까?'에 대한 3차 토론을 하고 난 뒤 다시 저의 생각을 정리하고 주장하기 위하여 이 글을 쓰게 되었습니다. 1학기의 마지막 글쓰기인 만큼 더 많은 근거를 찾고 생각을 정리하여 글을 쓰려고 노력했습니다. 저는 '인터넷에서 실명제를 실행해야 할까?'에 대하여 반대하는 입장입니다. 지금부터 그 근거를 들어보겠습니다. 첫째, 표현의 자유를 침해하는 것입니다. 실명제를 사용하게 되면 자신

이 인터넷에 하고 싶은 표현을 침해하는 것이라고 생각합니다. 왜냐하면 예를 들어 박근혜 대통령이 제대로 하지 못한 일이 있다고 가정해봅시다. 실명제를 사용하지 않고 익명을 사용하면 자신이 누군지 사람들이 모를 거라는 생각에 더 자신감 있게 정치적인 나의 생각을 표현하거나 정치적인 비판, 사회의 불만 등을 표출할 수 있을 것입니다. 하지만 실명제를 사용하게 되면 나의 신상이 드러나므로 머릿속에 '내가 누군지 알고 나한테 해코지를 하면 어떡하지?', '내가 내 마음을 표출함으로 나에게 불이익이 오면 어떡하지?' 등의 생각이 들어서 사회적으로 필요한 비판도 하지 못할 것이고 정치적인 비판과 나의 생각도 마음껏 표출하지 못할 것입니다.

둘째, 악성 댓글이 줄어들지 않습니다. 실명제를 사용함으로써 악성 댓글을 줄일 수 있다고 찬성 측 분들이 말씀하시는데 저는 그렇지 않다고 생각합니다. 왜냐하면 내가 악성 댓글을 내 이름을 밝히고 써도 상관이 없는 사람들도 있기 때문입니다. 실제로 '다음'이라는 포털 사이트에서 실명제가 사용되기 전인 2007년 2월에는 악성 댓글이 8.3%이었지만 실명제가 실행된 직후인 2008년 8월에는 14.1%로 약 2배나 상승하였습니다. 또 '머니투데이'라는 곳에서는 8,6%가 9.9%로 '디시인사이드'라는 곳은 12.4%에서 16.2%로 증가한 사례들이 있기 때문입니다. 일부는 악성 댓글이 적어지는 효과를 보기도 하였습니다. 하지만 그 것은 소수의 웹사이트일 뿐입니다. 대다수의 웹사이트는 전체 댓글의 수는 감소하고 악성 댓글의 비중은 증가하는 역효과를 보았습니다.

셋째, 세계적으로 익명을 사용하는 추세이기 때문입니다. 실제로 독일, 영국, 프랑스 등의 선진국들이 실명제를 사용하지 않고 있고 만약 실명제를 사용하게 되면 주민등록번호를 소유하고 있지 않은 외국인들은 우리나라의 웹사이트를 사용하기가 매우 어렵습니다. 만약 사용할 수 있다고 하여도 외국인이 가입하려면 각종 서류를 보내야하는 등의 복잡한 절차를 거쳐야 하는데 과연 우리나라의 웹사이트를 사용하려고 할까요? 실명제를 사용하게 되면 우리나라 웹사이트는 우리나라 국민들에게만 특화되어 있는 웹사이트가 될 것입니다, 현재 우리 나라는 IT강국이라는 이미지와 인터넷 속도가 빠른 이미지를 가지고 있습니다. 하지만 이런 이미지를 가지고 유지하는 것이 옳은 것일까요? 저는 옳지 않다고 생각합니다. 아무리 인터넷에 대한 좋은 이미지를 가진 나라라고 하여도 우리나라 현 인구 5000만 명에게만 특화되어 있는 웹사이트만 만들려고 하고 있습니다. 이로 인하여 우리나라는 우리나라에게만 특화되고 세계적으로는 특화되지 못하였습니다. 실제로 우리나라 점유율 1위라는 네이버도 세계에서는 점유율이 2.4%밖에 되지 않습니다. 영어권 국가들의 인구와 차이가 있기는 하지만 실명제를 사용하지 않고 외국인도 쉽게 가입을 할 수 있도록 외국인에게 개방을 한다면 우리나라에서도 구글과 야후 등 세계적으로 사랑을 받는 웹사이트가 나올 것이고 IT강국과 인터넷이 빠른 나라로만 기억되는 것이 아니라 IT강국과 인터넷이 빠르고 세계적으로 특화된 웹사이트를 만드는 나라로 기억될 수 있을 것이라고 생각합니다.

넷째, 개인정보 침해의 위험이 있습니다. 인터넷 실명제란 인터넷 사용자의 실명과 주민등록번호가 확인되어야만 인터넷 게시판에 글을 올릴 수 있는 제도입니다. 주민등록번호가 확인되어야만 게시판에 글을 올릴 수 있는 이 실명제 때문에 개인정보를 침해당할 수 있다고 생각합니다. 실제로 인터넷 실명제로 인하여 '네이트'라는 포털사이트 쪽에 3500만 명이 해킹당하는 사건이 있었습니다. 그래서 매우 많은 사람들이 피해를 입었지만 보상조차도 제대로 받지 못 한 피해자도 있다고 합니다. 이 사례를 보면 알 수 있듯이 주민등록번호를 확인하는 인터넷 실명제를 이용하여 주민등록번호를 알아낸 뒤 범죄로 악용하는 경우도 있을 것입니다. 만약 아이핀을 사용한다고 하여도 이미 알아낸 개인 정보로 아이핀을 발급받아 불법 거래를 한 사례도 있기 때문에 실명제를 사용하면 개인정보를 침해당할 가능성이 매우 크다고 생각합니다. 또 2008년 옥션에서도 인터넷 실명제의 사각지대를 이용하여 해킹한 사례도 있습니다. 물론 사이트들의 일차원적인 보안문제도 있겠지만 인터넷 실명제의 영향이 없을 것이라고는 보기 어렵다고 생각합니다.

다섯째, 인터넷 상에서의 예의와 질서는 스스로 지켜야 합니다. 바른 인터넷 문화를 만들기 위해서 실명제를 사용하여야 한다고 하시는데 과연 실명제를 사용하면 바른 인터넷 문화를 만들 수 있을까요? 예를 들어 학교에서 왕따인 A와 일진인 B, C, D가 있다고 가정하여 봅시다. A는 실명제가 사용되기 전까지 사회적 비판과 정치적 비판으로 자신의 생각을 자유롭게 표현하고 다른 사람에게 도움이 될 만한 정보라면 적극적으로 인터넷에 남겨 남에게 도움을 주는 그런 바른 인터넷 문화를 만들어가는 데에 앞장서는 사람이었습니다. 하지만 어느 날 실명제를 사용하라는 정부의 지시가 내려져 A는 실명으로 인터넷 활동을 하게 되었고 평소처럼 인터넷 활동을 하다가 A를 괴롭히는 일진인 B, C, D를 만나게 되었습니다. 일진 B, C, D는 왕따 A의 정체를 알고 난 뒤 A의 정체를 인터넷 여기저기에 퍼트리기 시작하였습니다. 그로 인하여 A는 극심한 스트레스로 자살을 하게 되었습니다. 여기서 중점은 무엇일까요? 바른 인터넷 문화를 만들기 위해 실시한 실명제가 한 사람의 소중한 생명을 앗아갈 수 있다는 점입니다. 모든 사람이 이렇지는 않겠지만 이런 경우가 적지도 않을 것입니다. 그럼 결국 인터넷 실명제가 시행됨으로써 한명 한명의 소중한 생명을 앗아가게 될 것입니다. 또 실명제를 이용하여 강제적으로 허위 사실을 유포하는 글이나 남을 비방하는 글, 남에게 불편함을 주는 글 등을 일시적으로는 줄일 수 있겠지만 점점 시간이 지나면 사람들은 내 이름을 공개하며 악성댓글을 달고 허위사실을 유포하고 남을 비방하는 등 옳지 않은 행동에 또 익숙해 질 것입니다. '인간의 욕심은 끝이 없고 같은 실수를 반복하지.' 라는 말처럼 일시적으로는 효과를 줄 수 있어도 꾸준히 지속적인 효과는 줄 수 없다고 생각합니다. 저는 차라리 네티즌들이 스스로 힘을 모아 검색어 클린 운동이라던가 아니면 상대에게 무작정 욕을 내뱉거나 아무 이유 없이 남을 비방하는 사람을 혼내주는 그러한 네티즌들이 강제적인 압박에 의해 질서 있는 인터넷을 만드는 것이 아니라 스스로 깨달아 질서 있는 인터넷을 만드는 것 같은 방법이나 악성댓글을 단 사람을 신고하면 처벌 수위를 높게 하고 인터넷을 순찰하는 등의 제도를 강화하거나 만드는 방법이 좋다고 생각합니다.

여섯째, 사생활 침해의 위험이 있습니다. 저 위에 말했듯이 개인정보도 침해가 될 수 있지만 사생활 또한 심각하게 침해될 것입니다. 방송인이나 팬이 많은 아이돌, 페이스북의 유명인 흔히 말하는 페북 스타, 아프리카 BJ 등 많은 팬들을 가지고 있는 인기 있는 사람들은 현재 가명 즉, 닉네임이라는 것을 사용하거나 페이스북 같은 SNS를 사용하지 않는 유명인들도 있습니다. 왜 그러는 것일까요? 자신의 팬들과 보기 싫어서? 귀찮아서? 아닙니다. 이들은 SNS를 하지 않거나 팬들을 만나지 않아도 심각한 사생활 침해를 당하고 있습니다. 일명 '사생팬'이라는 사람들 때문에 말이죠. 실명제를 사용하지 않고 세상과 별다른 소통도 하지 않는데도 이런 극심한 사생활 침해를 받는데 만약 이런 사람들이 실명제를 사용하게 되면 어떡할까요? 이제는 악성댓글이 아니라 사생활을 침해받아 괴로움에 시달리다가 자살하는 사람들의 비중도 크게 늘어날 것입니다, 꼭 유명한 사람들이 아니더라도 스토커라는 범죄자의 표적이 된 사람들도 말이죠. 악성댓글로 인하여 피해를 받아 자살하는 극소수의 사람들을 살리려고 지금 실명제가 시행되지 않아도 사생팬들에게 하루하루 고통에 시달리며 죽고 싶다는 생각을 하는 사람들을 죽이는 것이 을까요? 악성댓글로 인하여 죽는 사람과 사생활을 침해 받아 죽는 사람 중 누가 더 큰 비중을 차지할까요? 실명제가 시행되지 않고 있는 지금에도 죽고 싶다는 생각을 수십 번, 아니 수천 번, 수만 번 하는 사람들이 실명제가 시행되는 순간 다 죽어나가지 않을까요? 저는 악성댓글로 인하여 죽는 사람보다 사생활 침해로 죽는 사람들의 비중이 더 클 것이라고 생각합니다. 저는 악성댓글로 인하여 죽는 극소수의 사람들을 살리기 위하여 사생활을 침해받아서 죽는 사람들을 죽이는 것은 옳지 않다고 생각하기 때문에 실명제에 반대하는 입장입니다.

결과적으로 표현의 자유를 침해하고 실명제 실행에 악성 댓글을 줄이자는 의미도 있었지만 악성 댓글은 줄어들기는커녕 증가하고 세계적으로도 익명을 사용하는 추세이고 개인정보 침해의 위험도 매우 크고 바른 인터넷 문화는 스스로 만들어야 하고, 사생활 침해의 위험이 있다는 이 6가지의 이유로 저는 실명제 실행에 반대하는 입장입니다. 이번 3차 토론을 하면서 아직 인터넷에 관한 지식이 많이 부족하다는 것을 알게 되었습니다. 자료를 많이 준비해왔다고 생각했지만 똑같은 내용의 자료가 많아서 자료의 양이 생각보다 많지 않다는 사실도 알게 되었습니다. 오늘 토론에 대체적으로 많은 분들이 참여를 많이 해주셨지만 창성님께서 예리한 질문들을 많이 해주신 것 같고, 하늘님, 혜연님이 자신의 의견을 많이 발표해주신 것 같습니다. 그리고 저번에 원준님이 적극적으로 참여하였는데 오늘도 적극적으로 참여하시는 모습이 보기 좋았고 재형님과 용근님, 민기님도 참여하셔서 보기 좋았습니다. 마지막으로 1학기의 마지막 토론을 만족스럽지 못하게 끝낸 것 같아서 많이 아쉽고 다음 2학기 토론에는 더 좋은 근거와 의견들을 가지고 만족스러운 토론을 할 수 있도록 노력하겠습니다. 지금까지 저의 글을 읽어 주셔서 고맙습니다.

1차 활동 모습(첫주제 관련 독서와 토론주제 결정 후 1차 토론과 1차글쓰기)-2016.06.24

2차 활동 모습(추가 독서와 자료 조사, 2차 토론 진행 후에 2차 글쓰기)-2016.07.01

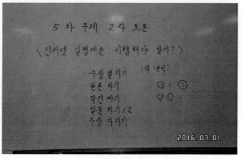

3차 활동 모습(최종 3차 토론으로 찬반 집단 토론 후, 자신의 최종 3차 글쓰기)-2016.07.15

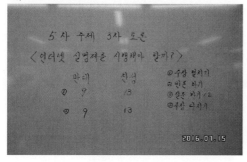

2016 제주 아시아주니어 티볼선수권대회 참가한 꿈샘17기